Heidelberger Taschenbücher Band 232

S. Maaß

Statistik für Wirtschafts- und Sozialwissenschaftler I

Wahrscheinlichkeitstheorie

Springer-Verlag
Berlin Heidelberg New York Tokyo 1983

Priv.-Doz. Dr. Siegfried Maaß
Volkswirtschaftliches Institut
Friedrich-Alexander-Universität Erlangen-Nürnberg
Lange Gasse 20, 8500 Nürnberg

ISBN 3-540-12839-5 Springer-Verlag Berlin Heidelberg New York Tokyo
ISBN 0-387-12839-5 Springer-Verlag New York Heidelberg Berlin Tokyo

CIP-Kurztitelaufnahme der Deutschen Bibliothek
Maaß, Siegfried: Statistik für Wirtschafts- und Sozialwissenschaftler / S. Maaß. –
Berlin; Heidelberg; New York; Tokyo: Springer
1. Wahrscheinlichkeitstheorie. – 1983, (Heidelberger Taschenbücher; Bd 232)
ISBN 3-540-12839-5 (Berlin, Heidelberg, New York, Tokyo)
ISBN 0-387-12839-5 (New York, Heidelberg, Berlin, Tokyo)
NE: GT

Das Werk ist urheberrechtlich geschützt. Die dadurch begründeten Rechte, insbesondere die der Übersetzung, des Nachdrucks, der Entnahme von Abbildungen, der Funksendung, der Wiedergabe auf photomechanischem oder ähnlichem Wege und der Speicherung in Datenverarbeitungsanlagen bleiben, auch bei nur auszugsweiser Verwertung, vorbehalten. Die Vergütungsansprüche des § 54, Abs. 2 UrhG werden durch die ‚Verwertungsgesellschaft Wort', München wahrgenommen.

© by Springer-Verlag Berlin Heidelberg 1983
Printed in Germany

Die Wiedergabe von Gebrauchsnamen, Handelsnamen, Warenbezeichnungen usw. in diesem Werk berechtigt auch ohne besondere Kennzeichnung nicht zu der Annahme, daß solche Namen im Sinne der Warenzeichen- und Markenschutz-Gesetzgebung als frei zu betrachten wären und daher von jedermann benutzt werden dürfen.

Druck- und Bindearbeiten: Weihert-Druck GmbH, Darmstadt
2142/3140-5 4 3 2 1 0

Vorwort

In dem vorliegenden statistischen Grundkurs für Wirtschafts- und Sozialwissenschaftler: Wahrscheinlichkeitstheorie und induktive Statistik werden Stoffgebiete behandelt, die für Wirtschafts- und Sozialwissenschaftler zur Standardausbildung im Bereich der statistischen Methodenlehre gehören. Der Stoff ist auf zwei Bände verteilt, wobei der erste Band die Darstellung wahrscheinlichkeitstheoretischer Grundbegriffe und der zweite Band die Behandlung von Problemgebieten der induktiven Statistik aufnimmt.

Der Inhalt und die Darstellungsweise des vorliegenden ersten Bandes sind ausgerichtet auf das Ziel, wahrscheinlichkeitstheoretische Grundlagen für die induktive Statistik, also für den Stoff des zweiten Bandes zu legen. Dabei wurde Wert darauf gelegt, Herleitungen möglichst weitgehend in den Text einzubeziehen. Soweit Herleitungen wünschenswert, aber für den Textteil zu umfangreich erschienen, wurden sie in Form von Aufgaben gekleidet und in den Aufgabenteil verwiesen. Lösungswege zu den Aufgaben finden sich dann im Lösungsanhang. Die Darstellung im Textteil ist intensiver und stofflich umfassender als üblicherweise in den Lehrveranstaltungen der Wirtschafts- und Sozialwissenschaften für die Studienanfänger.

Für Studienanfänger, die das vorliegende Buch als Begleittext zu Lehrveranstaltungen im Grundstudium lesen möchten, ergibt sich aus diesen Ausführungen die Empfehlung, selektiv zu lesen, je nach der in der Vorlesung üblichen Intensität der Beweisführung und dem dort gewählten Stoffumfang; ferner können die zu lösenden Aufgaben nach diesen Gesichtspunkten ausgewählt werden. In einem späteren Stadium des Studiums sollte dann die Lektüre der zunächst überschlagenen Teile nachgeholt werden.

Dem Ziel des besseren Verständnisses dienen die Beispiele im Text sowie die Aufgaben zu den einzelnen Kapiteln. Ein Anhang enthält neben den Ergebnissen der Aufgaben auch einen geeigneten Lösungsweg. Natürlich ist der vorgeführte Lösungsweg nicht der einzig mögliche und der Leser ist eingeladen, auch andere Lösungswege zu beschreiten. Dem Lösungsanhang ist lediglich eine Kontrollfunktion zugedacht; er soll es dem Leser ermöglichen, die selbst erarbeitete Lösung mit einer "Musterlösung" zu vergleichen. Auch wenn eine Lösung nicht gefunden wird, sollte der Lösungsanhang erst nach ausreichendem eigenen Bemühen um die Lösung zu Rate gezogen werden.

"Vorgänger" dieses Buches ist ein Skript eines Autorenteams unter gleichem Titel aus dem Jahre 1974, in dem der Verfasser die Verantwortung für den Textteil trug. Die von Hugo Ch. Rieß für dieses Skript entwickelten Aufgaben wurden vollständig übernommen und durch zusätzliche Aufgaben ergänzt. Auf einen Tabellenanhang wurde verzichtet, um den Umfang nicht zu groß werden zu lassen. Im Textteil finden die Lehrerfahrungen des Verfassers in den vergangenen Jahren ihren Niederschlag. In dieser Zeit konnte der Verfasser zahlreiche Diskussionen führen mit den Herren Diplom-Volkswirt Werner Heinlein und Dr. Erhard Pechstein. Die Ergebnisse dieser Gespräche haben die Textfassung mitgeprägt. Herzlicher Dank gebührt auch Herrn cand.rer.pol. Helmut Uschner für die Durchsicht des Textes, die Bereitstellung von Ergänzungsvorschlägen zum Text- und Aufgabenteil sowie das Anfertigen des Sachregisters. Schließlich bedankt sich der Verfasser ganz besonders bei Frau Anita Eggers und Frau Ursula Sachse für das Schreiben des schwierigen Textes.

Nürnberg, im Januar 1983   Siegfried Maaß

Inhaltsverzeichnis

1. Mathematische Grundlagen	1
1.1. Das Rechnen mit dem Summenzeichen und dem Produktzeichen	1
1.1.1. Das Summenzeichen	1
1.1.2. Das Produktzeichen	15
1.2. Das Beweisprinzip der vollständigen Induktion	17
1.3. Grundzüge der Mengenlehre	20
1.3.1. Grundlagen	20
Begriff der Menge 20; Die Beschreibung von Mengen 21; Die leere Menge 23; Geordnete Paare und Produktmenge 24; Teilmenge und Obermenge 27	
1.3.2. Operationen auf Mengen	29
Komplement von Mengen 29; Durchschnitt von Mengen 30; Vereinigung von Mengen 31; Differenz von Mengen 33	
1.3.3. Rechenregeln für Mengen	34
1.3.4. Abbildungen und Funktionen	38
1.3.5. Die Mächtigkeit von Mengen	40
1.3.6. Systeme von Teilmengen: σ-Algebren	41
1.4. Elemente der Kombinatorik	45
1.4.1. Einführung	45
1.4.2. Binomialkoeffizienten	48
1.4.3. Geordnete Stichproben	51
Geordnete Stichproben mit Zurücklegen 51; Geordnete Stichproben ohne Zurücklegen 52	
1.4.4. Ungeordnete Stichproben	54
Ungeordnete Stichproben ohne Zurücklegen 54; Verallgemeinerung für ungeordnete Stichproben ohne Zurücklegen: sukzessive Ziehung mehrerer Stichproben 58; Ungeordnete Stichproben mit Zurücklegen 60	
1.5. Die Betafunktion und Gammafunktion	61
1.5.1 Die Gammafunktion	61
1.5.2 Die Betafunktion	64
Aufgaben zu Kapitel 1	66

2. Wahrscheinlichkeitsräume	72
2.1. Zufallsvorgänge	72
2.2. Der Stichprobenraum (Ergebnisraum)	76
2.3. Ereignissysteme	77
2.4. Wahrscheinlichkeiten	82
2.4.1. Definition der Wahrscheinlichkeit	82
2.4.2. Folgerungen	84
2.4.3. Interpretation der Wahrscheinlichkeit von Ereignissen	85
2.4.4. Die zahlenmäßige Bestimmung der Wahrscheinlichkeiten für Ereignisse	87
2.4.4.1. Die Bestimmung von Wahrscheinlichkeiten bei diskreten Stichprobenräumen	88

Die a-priori-Methode 88; Die statistische Bestimmung 89; Vergleich der beiden Methoden 91; Die subjektive Bestimmung von Wahrscheinlichkeiten 93

2.4.4.2. Die Bestimmung von Wahrscheinlichkeiten bei stetigen Stichprobenräumen	94
Aufgaben zu Kapitel 2	99
3. Bedingte Wahrscheinlichkeit; stochastische Unabhängigkeit von Ereignissen	103
3.1. Bedingte Wahrscheinlichkeit	103
3.1.1. Definition der bedingten Wahrscheinlichkeit	103
3.1.2. Das Rechnen mit bedingten Wahrscheinlichkeiten	109
3.1.3. Die Regel von Bayes	111
3.2. Die stochastische Unabhängigkeit von Ereignissen	113
3.3. Folgen unabhängiger Zufallsvorgänge	117
Aufgaben zu Kapitel 3	120
4. Zufallsvariablen und ihre Verteilungen	124
4.1. Eindimensionale Zufallsvariablen und ihre Verteilungen	124
4.1.1. Eindimensionale Zufallsvariablen	124
4.1.2. Die Verteilungsfunktion einer Zufallsvariablen	130
4.1.3. Diskrete Zufallsvariablen und ihre Verteilungen	133

Wahrscheinlichkeitsfunktion 133; Verteilungsfunktion 136

4.1.4. Stetige Zufallsvariablen und ihre Verteilungen 138
Dichtefunktion 139; Verteilungsfunktion 142

4.1.5. Lineare Transformationen von Zufallsvariablen und deren Verteilungen 145

4.2. Zweidimensionale Zufallsvariablen und ihre Verteilungen 150

4.2.1. Zweidimensionale Zufallsvariablen 150

4.2.2. Die Verteilungsfunktion einer zweidimensionalen Zufallsvariablen 153

4.2.3. Diskrete zweidimensionale Zufallsvariablen und ihre Verteilungen 154
Wahrscheinlichkeitsfunktion 155; Verteilungsfunktion 157

4.2.4. Stetige zweidimensionale Zufallsvariablen und ihre Verteilungen 158
Dichtefunktion 159; Verteilungsfunktion 161

4.2.5. Transformationen von zweidimensionalen Zufallsvariablen 162

4.2.6. Randverteilungen für die Zufallsvariablen X_1 und X_2 165

4.2.7. Bedingte Verteilungen für die Zufallsvariablen X_1 und X_2 169

4.2.8. Stochastische Unabhängigkeit von Zufallsvariablen 172

4.2.9. Funktionen von zweidimensionalen Zufallsvariablen 179

4.3. Bemerkungen zur Betrachtung von n-dimensionalen Zufallsvariablen 184

Aufgaben zu Kapitel 4 189

5. Maßzahlen von Zufallsvariablen bezüglich ihrer Verteilungen 192

5.1. Maßzahlen für eindimensionale Zufallsvariablen 193

5.1.1. Der Erwartungswert 193

5.1.1.1. Definition 193

5.1.1.2. Der Erwartungswert einer Funktion einer eindimensionalen Zufallsvariablen 198

5.1.1.3. Der Erwartungswert für eine Funktion einer mehrdimensionalen Zufallsvariablen 201

5.1.2. Die Varianz 205

5.1.2.1. Definition 205

5.1.2.2. Die Varianz für eine Funktion von Zufallsvariablen 209

5.1.3. Momente von eindimensionalen Zufallsvariablen 211

5.1.4. Die Ungleichung von Tchebycheff 212

5.1.5. Die momenterzeugende Funktion 217
Definition 217; Die Berechnung von Momenten mit Hilfe der momenterzeugenden Funktion 218; Die momenterzeugende Funktion für Funktionen von Zufallsvariablen 221

5.2. Maßzahlen für zweidimensionale Zufallsvariablen	224
5.2.1. Die Definition der Kovarianz	224
5.2.2. Die Kovarianz für lineare Funktionen von Zufallsvariablen	228
5.2.3. Momente von zweidimensionalen Zufallsvariablen	230
5.2.4. Die Varianz einer Summe von Zufallsvariablen	231
Aufgaben zu Kapitel 5	233
6. Das schwache Gesetz der großen Zahlen; Konvergenzbegriffe	236
6.1. Einführung	236
6.2. Das schwache Gesetz der großen Zahlen	238
6.2.1. Das schwache Gesetz der großen Zahlen von Bernoulli	238
6.2.2. Varianten des schwachen Gesetzes der großen Zahlen	246
6.2.3. Der Begriff der stochastischen Konvergenz	250
6.3. Die Konvergenz der Verteilung nach	251
7. Spezielle Wahrscheinlichkeitsverteilungen	254
7.1. Spezielle Wahrscheinlichkeitsverteilungen für diskrete Zufallsvariablen	255
7.1.1. Die diskrete Gleichverteilung	255
7.1.2. Die hypergeometrische Verteilung Darstellung der Problemstellung durch ein Urnenmodell 257; Wahrscheinlichkeitsfunktion 258; Verteilungsfunktion 261; Erwartungswert 261; Varianz 262; Verallgemeinerung 264	257
7.1.3. Die Binomialverteilung Darstellung der Problemstellung durch ein Urnenmodell 265; Wahrscheinlichkeitsfunktion 266; Verteilungsfunktion 268; Erwartungswert 268; Varianz 269; Reproduktivitätseigenschaft 269; Binomialverteilung als Grenzverteilung der hypergeometrischen Verteilung 270; Verallgemeinerung 272	265
7.1.4. Die geometrische Verteilung Darstellung der Problemstellung als Urnenmodell 272; Wahrscheinlichkeits- und Verteilungsfunktion 273; Erwartungswert 275; Varianz 277	272
7.1.5. Die negative Binomialverteilung Darstellung der Problemstellung durch ein Urnenmodell 278; Wahrscheinlichkeits- und Verteilungsfunktion 279; Erwartungswert und Varianz 281	278

7.1.6. Die Poisson-Verteilung 283
Wahrscheinlichkeits- und Verteilungsfunktion 283; Erwartungswert 284; Varianz 285; Die Poissonverteilung als Grenzverteilung der Binomial-hypergeometrischen und negativen Binomialverteilung 286; Ableitung der Poisson-Verteilung aus dem Poisson-Prozeß 290; Reproduktivitätseigenschaft 295

7.2. Spezielle Wahrscheinlichkeitsverteilungen für stetige Zufallsvariablen 298

7.2.1. Die stetige Gleichverteilung 298
Dichte- und Verteilungsfunktion 298; Erwartungswert und Varianz 299

7.2.2. Die Normalverteilung 299
Dichte- und Verteilungsfunktion 300; Erwartungswert 303; Varianz 304; momenterzeugende Funktion 305; Reproduktivitätseigenschaft 306; Standardnormalverteilung 309; Der zentrale Grenzwertsatz von Lindeberg-Levy 312; Die Normalverteilung als Grenzverteilung ausgewählter diskreter Verteilungen (Binomialverteilung, hypergeometrische Verteilung, Poisson-Verteilung, negative Binomialverteilung. Übersicht über Approximationsmöglichkeiten) 315

7.2.3. Die Gamma-Verteilung und ihre Spezialfälle Exponentialverteilung und χ^2-Verteilung 323

7.2.3.1. Die Gamma-Verteilung 323

7.2.3.2. Die Exponentialverteilung 324
Dichte- und Verteilungsfunktion 325; Erwartungswert und Varianz 326; Reproduktivitätseigenschaft 328

7.2.3.3. Die χ^2-Verteilung 329
Dichte- und Verteilungsfunktion 329; Erwartungswert und Varianz 331; Reproduktivitätseigenschaft 332; Beziehungen zur Normalverteilung (Verteilung einer Summe von unabhängigen, quadrierten Standardnormalvariablen; Normalverteilung als Grenzverteilung der χ^2-Verteilung) 333

7.2.4. Die t-Verteilung von Student 335
Dichte- und Verteilungsfunktion 335; Erwartungswert 336; Varianz 338; Die Normalverteilung als Grenzverteilung der t-Verteilung 339

7.2.5. Die F-Verteilung 340
Dichtefunktion 340; Erwartungswert 341; Varianz 341; Beziehungen zur Normal-χ^2- und t-Verteilung 342; reziproke Symmetrie 344

Aufgaben zu Kapitel 7 346

Anhang: Lösungshinweise zu den Aufgaben 350

Literaturhinweise 400

Sachregister 401

1. Mathematische Grundlagen

1.1. DAS RECHNEN MIT DEM SUMMENZEICHEN UND DEM PRODUKTZEICHEN

1.1.1. Das Summenzeichen

1.1.1.1. Einfache Summen

<u>Symbole</u>

Mathematische Ausdrücke wie $x_m + x_{m+1} + x_{m+2} + \ldots + x_{n-1} + x_n$ schreibt man abgekürzt wie folgt:

$$x_m + x_{m+1} + \ldots x_{n-1} + x_n = \sum_{i=m}^{n} x_i$$

Dabei heißen:

Σ	das Summationszeichen (Kurzzeichen zur Symbolisierung einer Summe)
x_i	das allgemeine Glied der Summe
i	der Summationsindex
m bzw. n	die untere bzw. obere Summationsgrenze ($m \leq n$, m und n ganzzahlig)
i=m, m+1,...n	die Summationsvorschrift (lies: i=m bis i=n)

Der Summationsindex nimmt alle ganzzahligen Werte von der unteren bis zur oberen Summationsgrenze an: i=m, m+1, m+2, ..., n (eine Verallgemeinerung findet sich unter 1.1.1.3.). Er dient der fortlaufenden Numerierung der Summanden. Unter- und Obergrenze können daher so gewählt werden, wie sie für die Summation zweckmäßig sind. Läßt man

den Summationsindex alle Werte von der Untergrenze bis zur Obergrenze der Summation durchlaufen, so erhält man die Folge der Zahlen $x_m, x_{m+1}, \ldots, x_{n-1}, x_n$. Fügt man noch die Rechenvorschrift hinzu, so erhält man $x_m + x_{m+1} + \ldots + x_n = \sum_{i=m}^{n} x_i$. Für den Summationsindex kann man beliebige Symbole verwenden. Üblich sind außer i auch j, k, l, ν, r oder s. Es ist also $\sum_{i=m}^{n} x_i = \sum_{j=m}^{n} x_j$. Wenn die Summationsgrenzen aus dem Zusammenhang eindeutig bestimmt sind, schreibt man auch
$$\sum_{i=m}^{n} x_i = \sum_{i} x_i = \Sigma x_i.$$

Beachte:
Die unter das Summenzeichen fallenden Summanden sind durch eine Klammer zusammenzufassen: z.B. ist im Ausdruck $\Sigma(x_i+c)$ die Konstante c der Summation unterworfen, im Ausdruck $\Sigma x_i + c$ dagegen außerhalb der Summation.

Beispiele:

a) Sei $x_1=6$, $x_2=8$, $x_3=10$, $x_4=12$, $x_5=14$.
   Dann ist $6 + 8 + 10 + 12 + 14 = \sum_{i=1}^{5} x_i = \sum_{i=1}^{5} (2i+4)$

b) $-1 + 8 - 27 + 64 - 125 = \sum_{i=1}^{5} x_i = \sum_{i=1}^{5} (-1)^i i^3$

c) $1 + \frac{1}{2} + \frac{1}{4} + \frac{1}{8} + \ldots = \sum_{i=0}^{\infty} x_i = \sum_{i=0}^{\infty} (\frac{1}{2})^i = \frac{1}{1-\frac{1}{2}} = 2$

   (vgl. Beispiel (c), S. 13 mit $q = \frac{1}{2}$)

d) $\frac{a_3}{b_3} + \frac{a_4}{b_4} + \ldots + \frac{a_{10}}{b_{10}} = \sum_{i=3}^{10} \frac{a_i}{b_i}$

e) $s_1 x_1 + s_2 x_2 + s_3 x_3 + s_4 x_4 = \sum_{i=1}^{4} s_i x_i$

Rechenregeln für einfache Summen

1) Ist speziell $x_i = c$ für $i = m, m+1, \ldots, n$, so ist

$$\sum_{i=m}^{n} x_i = \sum_{i=m}^{n} c = (n-m+1)c$$

Daraus folgt für $m=1$:

$$\sum_{i=1}^{n} x_i = \sum_{i=1}^{n} c = nc$$

Beweis:

$$\sum_{i=m}^{n} c = \underbrace{c + c + \ldots + c}_{(n-m+1)\text{-mal}}$$

2) Zwei Summen mit gleicher Summationsvorschrift dürfen zu einer Summe vereinigt werden:

$$\sum_{i=m}^{n} x_i + \sum_{j=m}^{n} y_j = \sum_{i=m}^{n} (x_i + y_i)$$

Entsprechendes gilt für die Subtraktion:

$$\sum_{i=m}^{n} x_i - \sum_{j=m}^{n} y_j = \sum_{i=m}^{n} (x_i - y_i)$$

Beweis:

$$\sum_{i=m}^{n} x_i + \sum_{j=m}^{n} y_j = (x_m + x_{m+1} + \ldots + x_n) + (y_m + y_{m+1} + \ldots + y_n) =$$

$$= (x_m + y_m) + (x_{m+1} + y_{m+1}) + \ldots + (x_n + y_n) =$$

$$= \sum_{i=m}^{n} (x_i + y_i)$$

Der Beweis für die Subtraktion verläuft analog.

3) Enthält die Summe einen konstanten Summanden, so kann dessen Vielfaches aus der Summe herausgenommen werden.

$$\sum_{i=m}^{n} (x_i + c) = \sum_{i=m}^{n} x_i + (n-m+1)c$$

Beweis: Ergibt sich sofort aus den Regeln (2) und (1).

4) Ein allen Summanden gemeinsamer Faktor darf vor das Summenzeichen gezogen werden.

$$\sum_{i=m}^{n} cx_i = c \sum_{i=m}^{n} x_i$$

Beweis:
$$\Sigma cx_i = cx_m + cx_{m+1} + \ldots + cx_n = c(x_m + x_{m+1} + \ldots + x_n) = c \sum_{i=m}^{n} x_i$$

5) Bei einer Transformation des Summationsindex muß die Summationsvorschrift entsprechend geändert werden.

Beispiele:

a) $\sum_{i=1}^{n} x_i = \sum_{j=2}^{n+1} x_{j-1}$ Transformation: $i = j-1$

b) $\sum_{i=0}^{n} x_i = \sum_{j=0}^{n} x_{n-j}$ Transformation: $i = n-j$

6) Es gilt:

$$\sum_{i=1}^{n} x_i = \sum_{i=1}^{m} x_i + \sum_{i=m+1}^{n} x_i \quad (m<n)$$

Beweis:
$$\sum_{i=1}^{m} x_i + \sum_{i=m+1}^{n} x_i = (x_1 + x_2 + \ldots + x_m) + (x_{m+1} + x_{m+2} + \ldots + x_n) =$$
$$= (x_1 + x_2 + \ldots + x_{n-1} + x_n) = \sum_{i=1}^{n} x_i$$

7) Die Summe von Produkten ist im allgemeinen nicht gleich
   dem Produkt der Summen

$$\sum_{i=m}^{n} x_i y_i \neq \sum_{i=m}^{n} x_i \sum_{i=m}^{n} y_i$$

Die Regel (2) entsprechende Regel für Produkte gilt
also nicht.

Beweis:

$$\sum_{i=m}^{n} x_i \sum_{i=m}^{n} y_i = (x_m + x_{m+1} + \ldots + x_n)(y_m + y_{m+1} + \ldots + y_n) =$$

$$= (x_m y_m + x_{m+1} y_{m+1} + \ldots + x_n y_n) + \left[(x_m y_{m+1} + \ldots + x_m y_n) + \right.$$

$$+ x_{m+1} y_m + x_{m+1} y_{m+2} + \ldots + x_{m+1} y_n) + \ldots$$

$$\left. + (x_n y_m + \ldots + x_n y_{n-1}) \right] =$$

$$= \sum_{i=m}^{n} x_i y_i + R$$

wobei R = Summe der eckigen Klammer.

Die beiden Größen unterscheiden sich also durch den Wert von R.

Entsprechend gilt für

Quotienten $\quad \sum \dfrac{x_i}{y_i} \neq \dfrac{\Sigma x_i}{\Sigma y_i}$

Potenzen $\quad \Sigma x_i^k \neq (\Sigma x_i)^k$

Wurzeln $\quad \Sigma \sqrt[k]{x_i} \neq \sqrt[k]{\Sigma x_i}$

Logarithmen $\quad \Sigma \log x_i \neq \log \Sigma x_i$

1.1.1.2. Doppelsummen

Definition

Wird die Summe von Summen gebildet, so entsteht eine Doppelsumme. Zur Erläuterung dieses Ausdrucks ist von einer Gesamtheit von m·n Zahlen auszugehen, die wie folgt in einem rechteckigen Zahlenschema angeordnet werden:

$$\begin{array}{cccc} a_{11} & a_{12} \cdots a_{1j} \cdots a_{1n} \\ a_{21} & a_{22} \cdots a_{2j} \cdots a_{2n} \\ \vdots & \vdots \quad \vdots \quad \vdots \\ a_{i1} & a_{i2} \cdots a_{ij} \cdots a_{in} \\ \vdots & \vdots \quad \vdots \quad \vdots \\ a_{m1} & a_{m2} \cdots a_{mj} \cdots a_{mn} \end{array}$$

Dieses rechteckige Zahlenschema heißt Matrix. Es enthält m·n Zahlen a_{11} bis a_{mn}. Es hat m horizontale Reihen, die Zeilen heißen, und n vertikale Reihen, die Spalten heißen. Ein Element dieser Matrix heißt allgemein a_{ij}, wobei i für die Nummer der Zeile und j für die Nummer der Spalte stehen, in der das Element zu finden ist.

Alle Elemente der Matrix sollen nun addiert werden. Hierzu werden zunächst die Summen der einzelnen Zeilen gebildet:

1. Zeile $\quad \sum_{j=1}^{n} a_{1j}$

2. Zeile $\quad \sum_{j=1}^{n} a_{2j}$

$\vdots$

i-te Zeile $\quad \sum_{j=1}^{n} a_{ij}$

$\vdots$

Letzte (m-te) Zeile $\quad \sum_{j=1}^{n} a_{mj}$

Diese Summen werden aufaddiert:

$$\sum_{j=1}^{n} a_{1j} + \sum_{j=1}^{n} a_{2j} + \ldots \sum_{j=1}^{n} a_{ij} + \ldots \sum_{j=1}^{n} a_{mj}$$

Dieser Ausdruck wird abgekürzt geschrieben:

$$\sum_{i=1}^{m} \sum_{j=1}^{n} a_{ij}$$

Die Summation ist so auszuführen, daß zunächst die innere Summe gebildet wird und dann die äußere. Das heißt: Für jede Zeile i (i = 1,2,...,m) wird, wie oben veranschaulicht, über alle n Spalten j (j = 1,2,...,n) summiert; dann werden diese m Teilsummen zur Gesamtsumme zusammengefaßt.

Hinweis:

In der Statistik sind gelegentlich Doppelsummen zu bilden, bei denen die einzelnen Zeilen eine verschiedene Anzahl von Elementen aufweisen, daß z.B. die erste Zeile n_1 Elemente hat, die zweite Zeile n_2 Elemente usw.

$$a_{11}, a_{12}, \ldots, a_{1n_1}$$
$$a_{21}, a_{22}, \ldots, a_{2n_2}$$
$$\vdots$$
$$a_{i1}, a_{i2}, \ldots, a_{in_i}$$
$$\vdots$$
$$a_{m1}, a_{m2}, \ldots, a_{mn_m}$$

Wir bilden zunächst die Zeilensummen und erhalten: $\sum_{j=1}^{n_i} a_{ij}$
$i = 1,2,\ldots,m$. Die Addition dieser Zeilensummen
ergibt die Doppelsumme:

$$\sum_{j=1}^{n_1} a_{1j} + \sum_{j=1}^{n_2} a_{2j} + \ldots \sum_{j=1}^{n_m} a_{mj} = \sum_{i=1}^{m} \sum_{j=1}^{n_i} a_{ij}$$

Rechenregeln für Doppelsummen

1) In der Doppelsumme dürfen die Summationsindizes vertauscht werden, d.h., es ist

$$\sum_{i=1}^{m} \sum_{j=1}^{n} a_{ij} = \sum_{j=1}^{n} \sum_{i=1}^{m} a_{ij}$$

Beweis:

Die Summe $\sum_i \sum_j a_{ij}$ wird durch Bildung der Zeilensummen und deren Addition ge- bildet. Bilden wir zunächst die Spaltensummen, so ergibt sich:
$\sum_{i=1}^{m} a_{ij}$, $j = 1,2,\ldots,n$. Ihre Addition ergibt:

$\sum_i a_{i1} + \sum_i a_{i2} + \ldots + \sum_i a_{in}$. Dafür schreibt man: $\sum_{j=1}^{n} \sum_{i=1}^{m} a_{ij}$, also die

rechte Seite unserer Behauptung. Die Vertauschung der Summationsindizes ist demnach einfach eine Folge des Unterschiedes in der Reihenfolge der Summation. Da aber in beiden Summen alle Elemente der Matrix addiert werden und die Reihenfolge der Addition keinen Einfluß auf die Summe hat, ist $\sum_i \sum_j a_{ij} = \sum_j \sum_i a_{ij}$, wie behauptet.

2) Es ist

$$\sum_{i=1}^{m} x_i \sum_{j=1}^{n} y_j = \sum_{i=1}^{m} \sum_{j=1}^{n} x_i y_j$$

Beweis:

$$\sum_{i=1}^{m} x_i \sum_{j=1}^{n} y_j = (x_1 + x_2 + \ldots x_m)(y_1 + y_2 + \ldots y_n) =$$

$$= x_1 y_1 + x_1 y_2 + \ldots x_1 y_n$$
$$+ x_2 y_1 + x_2 y_2 + \ldots x_2 y_2$$
$$\vdots$$
$$+ x_m y_1 + x_m y_2 + \ldots x_m y_n$$

Dies ist eine Matrix mit den Elementen $a_{ij} = x_i y_j$. Ihre Summation ergibt folglich:

$$\sum_{i=1}^{m} \sum_{j=1}^{n} a_{ij} = \sum_{i=1}^{m} \sum_{j=1}^{n} x_i y_j.$$

1.1.1.3. Verallgemeinerung

Unzulänglichkeiten in der Anwendung der bisherigen Darstellung

Bisher wurde in einem Ausdruck der Form

$$\sum_{i=m}^{n} x_i$$

gefordert, daß i alle ganzen Zahlen m, m+1,..., n-1, n durchläuft. In vielen Anwendungsfällen ist es jedoch bequemer, eine andere Summationsvorschrift zu wählen.

Beispiele:

a) Sollen von den Zahlen x_m, x_{m+1},..., x_{n-1}, x_n nur einige addiert werden, etwa x_{m+1}, x_{m+3}, x_{m+7}, x_n, so ist eine Verwendung des Summenzeichens in der bisherigen Form nicht möglich.

b) Angenommen, ein Konzern bestehe aus den 5 Unternehmen A, B, C, D und E, deren jeweilige Teilumsätze mit U_A, U_B, U_C, U_D und U_E bezeichnet seien. Dann wäre es angenehm, den Gesamtumsatz U des Konzerns als Summe der Teilumsätze unter Zuhilfenahme des Summenzeichens darstellen zu können.

c) Für manche theoretische Überlegungen ist es notwendig, eine nicht endliche Zahl von "Summanden" zu betrachten. Obwohl es sich hierbei nicht um eine Summenbildung im eigentlichen Sinne handelt, hat es sich doch eingebürgert, das Summenzeichen zu einer kurzen, übersichtlichen Darstellung solcher Ausdrücke soweit wie möglich zu verwenden.

Zur Erfassung auch derartiger Fälle dient die folgende Erweiterung.

Sei zunächst I eine beliebige Menge, die den Namen "Indexmenge" erhält, und sei $X = \{x_i | i \varepsilon I\}$ eine Menge von reellen Zahlen x_i, die durch die Indexmenge I "indiziert" seien, d.h. jedem $i \varepsilon I$ entspricht genau ein $x_i \varepsilon X$.

Dann läßt sich ein Ausdruck der Form

$$\sum_{i \varepsilon I} x_i$$

wie folgt erklären:

1) Falls I eine endliche Menge ist, so gibt es eine natürliche Zahl n (nämlich die Zahl der Elemente von I), so daß sich jedem $i \varepsilon I$ umkehrbar eindeutig eine natürliche Zahl $j = n(i)$ zwischen 1 und n zuordnen läßt.

Durch Umbenennung der Elemente von X gemäß

$$y_j = y_{n(i)} = x_i \qquad \text{für alle } i \varepsilon I$$

läßt sich dann definieren:
$$\sum_{i \in I} x_i = \sum_{i \in I} y_{n(i)} = \sum_{j=1}^{n} y_j$$

2) Falls I eine nicht endliche Menge ist, kann man ohne weiteres eine vergleichbar allgemeine Definition von $\sum_{i \in I} x_i$ nicht angeben.

Wir beschränken uns hier auf den Fall, daß $I = \mathbb{N}$ = Menge der natürlichen Zahlen. Dann läßt sich definieren:

$$\sum_{i \in I} x_i = \sum_{i \in \mathbb{N}} x_i = \sum_{i=1}^{\infty} x_i = \lim_{n \to \infty} \sum_{i=1}^{n} x_i,$$

falls eine solche Grenzwertbildung sinnvoll ist. Sollte es einmal nötig sein, die Indizierung bei 0 beginnen zu lassen, d.h. falls $X = \{x_i | i \in I\}$ mit $I = \{0;1;2;...\}$, so ist klar, daß zu definieren wäre:

$$\sum_{i \in I} x_i = x_0 + \sum_{i \in \mathbb{N}} x_i = \sum_{i \in \mathbb{N}_0} x_i = \sum_{i \in \mathbb{N}} x_{i-1}$$

Anwendung auf die Beispiele
==========================

a) Sollen von den Zahlen $x_m, x_{m+1}, ..., x_n$ nur $x_{m+1}, x_{m+3}, x_{m+7}, x_n$ addiert werden, so läßt sich dies durch die Festlegung

$$I = \{m+1, m+3, m+7, n\} \text{ und}$$
$$X = \{x_{m+1}, x_{m+3}, x_{m+7}, x_n\} = \{x_i | i \in I\}$$

schreiben als:

$$x_{m+1} + x_{m+3} + x_{m+7} + x_n = \sum_{i \in I} x_i$$

Es ist klar, daß i.a. $\sum_{i=m}^{n} x_i \neq \sum_{i \in I} x_i$

Benennt man die Elemente von X um, etwa durch

$$y_1 = x_{m+1}, \ y_2 = x_{m+3}, \ y_3 = x_{m+7}, \ y_4 = x_n,$$

so gewinnt man die einfache Darstellung

$$\sum_{i \in I} x_i = \sum_{j=1}^{4} y_j.$$

Man beachte, daß es zu Verwirrungen führen kann, wenn man einen Bezeichnungswechsel wie hier von "x" zu "y" unterläßt:

Setze z.B. m=1. Dann gilt:

$$y_1 = x_2, \ y_2 = x_4, \ y_3 = x_8, \ y_4 = x_n.$$

Hätte man es statt des Wechsels zu "y" bei "x" belassen, so wäre:

$$x_1 = x_2, \ x_2 = x_4, \ x_3 = x_8, \ x_4 = x_n,$$

was ja für die ursprünglichen Werte $x_1, x_2, \ldots, x_n$ keineswegs zu gelten braucht.

b) Um den Gesamtumsatz des Konzerns mithilfe des Summenzeichens darzustellen, könnte man schreiben:

$$U = \sum_{i \in \{A,B,C,D,E\}} U_i = \sum_{i \in I} U_i \quad \text{mit } I = \{A,B,C,D,E\}.$$

Hätte man von vornherein die Teilunternehmen des Konzerns A,...,E mit den Zahlen 1,...,5 bezeichnet, so wäre natürlich ganz einfach zu schreiben gewesen:

$$U = \sum_{i=1}^{5} U_i.$$

c) Aus der bekannten geometrischen Folge von Zahlen

$$x_1, \quad x_2 = x_1 q, \quad x_3 = x_1 q^2, \ldots, \quad x_n = x_1 q^{n-1}, \ldots (|q|<1)$$

gewinnt man zunächst

$$\sum_{i=1}^{n} x_i = x_1 \sum_{i=1}^{n} q^{i-1} = x_1 \sum_{i=0}^{n-1} q^i = \frac{x_1(1-q^n)}{1-q} \quad \text{(vgl. Beispiel (c), S.1}$$

und daraus:

$$\lim_{n\to\infty} \sum_{i=1}^{n} x_i = \sum_{i=1}^{\infty} x_i = \sum_{i \in \mathbb{N}} x_i = \lim_{n\to\infty} \frac{x_1(1-q^n)}{1-q} = \frac{x_1}{1-q}$$

da wegen $|q|<1$ für $n\to\infty$ gilt: $q^n \to 0$.

Hier wäre also $I = \mathbb{N}$ und $X = \{x_i | i \in \mathbb{N}\}$.

Bemerkungen
==========

1) Die Verallgemeinerung für einfache Summen läßt sich sinngemäß auf Doppelsummen erweitern. So heißt etwa

$$\sum_{i \in I} \sum_{j \in J} x_{ij}$$

daß die Summe (bzw. der Grenzwert der Teilsummen) aus den Elementen einer Menge $X = \{x_{ij} | i \in I; j \in J\}$ gebildet werden soll, wobei I und J Indexmengen sind.

2) Im Falle einer (oder mehrerer) nicht endlicher Indexmengen ist Vorsicht bei der Übernahme der Rechenregeln aus 1.1.1.1. bzw. 1.1.1.2. geboten.

Beispiel:

Sei $I = \mathbb{N}$; $J = \{1;2\}$; $x_{ij} = \begin{cases} 1 & \text{für } j = 1 \\ -1 & \text{für } j = 2 \end{cases}$

Dann ist einerseits

$$\sum_{i \in \mathbb{N}} x_{i1} + \sum_{i \in \mathbb{N}} x_{i2} = \sum_{i=1}^{\infty} x_{i1} + \sum_{i=1}^{\infty} x_{i2}$$

$$= \sum_{i=1}^{\infty} 1 + \sum_{i=1}^{\infty} (-1)$$

$$= +\infty + (-\infty)$$

ein Ausdruck, der nicht sinnvoll definiert werden kann; andererseits ist:

$$\sum_{i \in \mathbb{N}} (x_{i1} + x_{i2}) = \sum_{i=1}^{\infty} (x_{i1} + x_{i2}) = \sum_{i=1}^{\infty} (1-1) = \sum_{i=1}^{\infty} 0 = 0,$$

so daß hier Rechenregel 2 für endliche einfache Summen verletzt wäre. Ebenso stellt man fest, daß zwar

$$\sum_{i \in I} \sum_{j \in J} x_{ij} = \sum_{i \in \mathbb{N}} \sum_{j=1}^{2} x_{ij} = \sum_{i=1}^{\infty} (1-1) = 0$$

(innere Summation zuerst!), aber daß

$$\sum_{j \in J} \sum_{i \in I} x_{ij} = \sum_{i \in \mathbb{N}} x_{i1} + \sum_{i \in \mathbb{N}} x_{i2},$$

ein, wie oben bereits festgestellt, nicht sinnvoller Ausdruck, so daß auch Rechenregel 1 für Doppelsummen verletzt ist.

3) Durch Einführung des Begriffs der "Indexmenge" kann man die Unterscheidung zwischen Einfach- und Doppelsummen aufgeben, solange man es mit endlichen Indexmengen zu tun hat.

Seien etwa I und J Indexmengen zu einer Menge X = $\{x_{ij} | i \in I; j \in J\}$, so kann man durch Bildung der "Produktmenge"[1] $L = I \times J = \{(i,j) | i \in I; j \in J\}$, d.h. durch Bildung einer neuen Indexmenge L, deren Elemente alle geordneten Paare (i,j) aus Elementen $i \in I$ und $j \in J$ sind, schreiben:

---

[1] Vgl. 1.3.1.4.

$$\sum_{i \in I} \sum_{j \in J} x_{ij} = \sum_{(i,j) \in I \times J} x_{ij} = \sum_{l \in L} x_l$$

Im allgemeinen gilt dies nicht für I und/oder J nicht endlich, was daran liegt, daß nur im Falle endlich vieler Summanden das Ergebnis nicht von der Reihenfolge der Summation abhängt. Die Reduktion auf eine Einfachsumme ist also nicht möglich für das Beispiel zu Bemerkung 2.

1.1.2. Das Produktzeichen

Definition

Den mathematischen Ausdruck $x_m \cdot x_{m+1} \cdot \ldots \cdot x_n$ schreibt man abgekürzt wie folgt:

$$x_m \cdot x_{m+1} \cdot \ldots \cdot x_{n-1} \cdot x_n = \prod_{i=m}^{n} x_i$$

Dabei heißen:

Π das Produktzeichen (Kurzzeichen zur Symbolisierung eines Produkts)
x_i das allgemeine Glied des Produkts
i   der Multiplikationsindex
m,n die untere bzw. obere Multiplikationsgrenze
    ($m \leq n$, m und n ganzzahlig)
i=m, m+1,...,n Multiplikationsvorschrift (lies: i=m bis i=n)

Beispiele:

a) $2 \cdot 4 \cdot 6 \cdot 8 \cdot 10 \cdot 12 \cdot 14 = \prod_{i=1}^{7} x_i = \prod_{i=1}^{7} (2i)$

b) Das Produkt der natürlichen Zahlen 1,2,...,n läßt sich schreiben:

$1 \cdot 2 \cdot 3 \cdot \ldots \cdot (n-1)n = \prod_{i=1}^{n} x_i = \prod_{i=1}^{n} i = n!$ (lies: "n Fakultät")

Rechenregel für das Produktzeichen

1) Es gilt:

$$\prod_{i=1}^{n} (x_i \cdot y_i) = \prod_{i=1}^{n} x_i \prod_{i=1}^{n} y_i$$

Entsprechend ist

$$\prod_{i=1}^{n} (x_i : y_i) = \prod_{i=1}^{n} x_i : \prod_{i=1}^{n} y_i.$$

Die entsprechende Regel für die Addition gilt jedoch nicht:

$$\prod_{i=1}^{n} (x_i + y_i) \neq \prod_{i=1}^{n} x_i + \prod_{i=1}^{n} y_i$$

2) Es ist:

$$\prod_{i=m}^{n} (cx_i) = c^{n-m+1} \cdot \prod_{i=m}^{n} x_i$$

Ist speziell $m=1$, so ergibt sich

$$\prod_{i=1}^{n} (cx_i) = c^n \prod_{i=1}^{n} x_i$$

Beweis:

$$\prod_{i=m}^{n} cx_i = cx_m \cdot cx_{m+1} \cdot \ldots \cdot cx_n = c^{n-m+1} x_m \cdot x_{m+1} \cdot \ldots \cdot x_n =$$

$$= c^{n-m+1} \prod_{i=m}^{n} x_i$$

3) Es gilt:

$$\prod_{i=1}^{m} x_i \cdot \prod_{i=m+1}^{n} x_i = \prod_{i=1}^{n} x_i \quad (m<n)$$

4) Ist speziell $x_i = c$ für alle $i=m,\ldots,n$, so ist

$$\prod_{i=m}^{n} c = c^{n-m+1}$$

5) $$\prod_{i=m}^{n} x_i^c = \left(\prod_{i=m}^{n} x_i\right)^c$$

1.2. DAS BEWEISPRINZIP DER VOLLSTÄNDIGEN INDUKTION

Mit der Beweismethode der vollständigen Induktion zeigt man die Richtigkeit von Aussagen, die für alle natürlichen Zahlen, von einer kleinsten Zahl n_o an gültig sind. Der Beweis erfolgt in zwei Schritten:

Schritt 1
Man beweist die Richtigkeit der Aussage für den kleinsten Wert $n = n_o$

Schritt 2
Man nimmt an, die Aussage sei richtig für einen beliebigen Wert $n = k \geq n_o$ (Induktionsvoraussetzung) und beweist unter Verwendung dieser Annahme, daß die Aussage dann auch für den Wert k+1 richtig ist.

Nach diesen beiden Schritten ist die Aussage für alle $n \geq n_o$ richtig; denn nach dem ersten Schritt ist die Richtigkeit für n_o bewiesen, nach dem zweiten Schritt zunächst für $n_o + 1$ (denn im zweiten Schritt wird speziell gezeigt, daß die Aussage für $n_o + 1$ richtig ist, unter der Voraussetzung, daß sie für n_o richtig ist, was jedoch in Schritt 1 bewiesen wurde). Eine nochmalige Anwendung von Schritt 2 ergibt die Richtkeit für $n = n_o + 2$. Fortgesetzte Anwendung von Schritt 2 ergibt demnach die Richtigkeit der Aussage für alle $n \geq n_o$.

Beispiele:

a) Die Richtigkeit der Aussage

$$1 + 3 + 5 + \ldots + (2n-1) = \sum_{i=1}^{n} (2i-1) = n^2$$

ist zu beweisen für $n \geq 1$; ($n_0 = 1$)

1. Schritt: Induktionsbeginn

Die Behauptung ist richtig für $n = 1$, da gilt:

$$\sum_{i=1}^{1} (2i-1) = 1 = 1^2$$

2. Schritt: Induktion

(α) Induktionsvoraussetzung (Induktionsannahme):
Die Behauptung sei richtig für $n = k$, d.h. es gelte:

$$\sum_{i=1}^{k} (2i-1) = k^2$$

(β) Induktionsbehauptung:
Die Behauptung ist dann auch richtig für $n = k+1$, d.h., es gilt:

$$\sum_{i=1}^{k+1} (2i-1) = (k+1)^2$$

(γ) Induktionsbeweis:
Es gilt (unter Verwendung der Informationen aus (α)):

$$\sum_{i=1}^{k+1} (2i-1) = \sum_{i=1}^{k} (2i-1) + [2(k+1)-1] = k^2 + [2k+1] = k^2 + 2k+1 = (k+1)^2$$

Induktionsschluß:

Es wurde gezeigt, daß die Behauptung für $n = 1$ richtig ist. Außerdem wurde aus der Annahme, daß die Behauptung für $n = k$ richtig sei, bewiesen, daß sie auch für $n = k+1$ richtig ist. Die Behauptung ist somit für alle natürlichen Zahlen richtig.

b) Die Bernoullische Ungleichung:

$$(1+h)^n \geq 1 + nh, \text{ mit } h > -1$$

ist für $n \in \mathbb{N}$ zu beweisen.

1. Schritt: Induktionsbeginn

Die Behauptung ist richtig für $n = 1$, da gilt:

$$(1+h)^1 = 1 + h \geq 1 + 1 \cdot h$$

2. Schritt: Induktion

(α) Induktionsvoraussetzung (Induktionsannahme):
Die Behauptung sei richtig für $n = k$, d.h. es gelte:

$$(1+h)^k \geq 1 + kh$$

(β) Induktionsbehauptung:
Die Behauptung ist dann auch richtig für n = k+1, d.h. es gilt:
$(1+h)^{k+1} \geq 1 + (k+1)h = 1 + kh + h$

(γ) Induktionsbeweis:
Aus der Induktionsvoraussetzung
$(1+h)^k \geq (1+kh)$
folgt wegen h > -1:
$(1+h)^{k+1} = (1+h) \cdot (1+h)^k \geq (1+h) \cdot (1+kh) = 1 + kh + h + kh^2$
Wegen $kh^2 \geq 0$ ist $1 + kh + h + kh^2 \geq 1 + kh + h$ und somit
$(1+h)^{k+1} \geq 1 + kh + h$

Induktionsschluß:
Es wurde gezeigt, daß die Behauptung für n = 1 richtig ist. Außerdem wurde aus der Annahme, daß die Behauptung für n = k richtig sei, bewiesen, daß sie auch für n = k+1 richtig ist. Die Behauptung ist somit für alle natürlichen Zahlen richtig.

c) Die Summenformel für geometrische Reihen:

$$\sum_{i=0}^{n} q^i = \frac{1-q^{n+1}}{1-q} , \quad q \neq 1 \quad \text{ist für } n \in \mathbb{N} \text{ zu beweisen.}$$

1. Schritt: Induktionsbeginn

Die Behauptung ist richtig für n = 0, da gilt:
$$\sum_{i=0}^{0} q^i = q^0 = 1 = \frac{1-q^1}{1-q}$$

2. Schritt: Induktion

(α) Induktionsvoraussetzung (Induktionsannahme):
Die Behauptung sei richtig für n = k, d.h. es gelte:
$$\sum_{i=0}^{k} q^i = \frac{1-q^{k+1}}{1-q}$$

(β) Induktionsbehauptung:
Die Behauptung ist dann auch richtig für n = k+1, d.h. es gilt:
$$\sum_{i=0}^{k+1} q^i = \frac{1-q^{k+2}}{1-q}$$

(γ) Induktionsbeweis:
Es gilt (unter Verwendung der Informationen aus (α)):
$$\sum_{i=0}^{k+1} q^i = \sum_{i=0}^{k} q^i + q^{k+1} = \frac{1-q^{k+1}}{1-q} + q^{k+1} = \frac{1-q^{k+1}}{1-q} + \frac{(1-q) \cdot q^{k+1}}{1-q} =$$
$$= \frac{1-q^{k+1}+q^{k+1}-q^{k+2}}{1-q} = \frac{1-q^{k+2}}{1-q} .$$

Induktionsschluß:
Es wurde gezeigt, daß die Behauptung für n = 0 richtig ist. Außerdem wurde aus der Annahme, daß die Behauptung für n = k richtig sei, bewiesen, daß sie auch für n = k+1 richtig ist. Die Behauptung ist somit für alle natürlichen Zahlen und die Null richtig.

1.3. GRUNDZÜGE DER MENGENLEHRE

1.3.1. Grundlagen

1.3.1.1. Begriff der Menge

Am Ende des vorigen Jahrhunderts hat Georg Cantor (1845-1918) die Mengenlehre begründet. Er schreibt: "Unter einer Menge verstehen wir jede Zusammenfassung M von bestimmten wohlunterschiedenen Objekten in unserer Anschauung oder unseres Denkens (welche die Elemente von M genannt werden) zu einem Ganzen."[1]

Eine Menge ist also eine wohldefinierte Gesamtheit von wohlunterschiedenen Objekten.[2]

"Wohldefiniert" bezieht sich auf eine klare Entscheidungsregel, die aussagt, ob ein Objekt zur Menge gehört oder nicht.
"Wohlunterschieden" bedeutet, daß jedes Objekt einer Menge nur einmal in der Menge enthalten sein darf.

Beispiele:
a) Eine Menge sei definiert als die Zusammenfassung der Buchstaben des Alphabets. Der Buchstabe a ist deshalb nur einmal in der Menge enthalten.
b) Entsprechend enthält die Menge, definiert als die Zusammenfassung der verschiedenen Buchstaben im Wort Banane, nur vier wohlunterschiedene Objekte: nämlich: a, b, e, n.

---

[1] Georg Cantor, Beiträge zur Begründung der transfiniten Mengenlehre, in: Mathematische Annalen, Bd. 46, 1895, S. 481

[2] Der Cantor'sche Mengenbegriff ist keine Definition im strengen Sinne. Er läßt noch Begriffsbildungen zu, die sich als widersprüchlich erweisen, z.B. die "Menge aller Mengen". Vgl. dazu Georg Cantor, a.a.O.. Bei Vermeidung solcher Begriffsbildungen ist jedoch die hier skizzierte "naive" Mengenlehre für unsere Zwecke völlig ausreichend.

Mengen werden üblicherweise mit Großbuchstaben (A,B,..,Z) gekennzeichnet.

Die "Objekte" einer Menge werden als deren Elemente bezeichnet. Der Begriff Objekt ist dabei entsprechend der Definition von CANTOR weit auszulegen; es kann sich z.b. um physische Objekte handeln oder um Erscheinungsformen (Ereignisse im Sinne der Wahrscheinlichkeitstheorie).

Die Elemente von Mengen werden üblicherweise durch kleine Buchstaben (a,b,...,z) gekennzeichnet. Ob ein Element zu einer bestimmten Menge gehört oder nicht, wird durch folgende Schreibweise charakterisiert:

$a \in A$: a ist ein Element der Menge A
$a \notin A$: a ist kein Element der Menge A

Zwei Mengen heißen gleich, wenn sie dieselben Elemente enthalten.

1.3.1.2. Die Beschreibung von Mengen

Die Beschreibung von Mengen kann auf zwei Wegen erfolgen:

1) durch Aufzählen der Elemente (Umfangsdefinition), z.B.

$$A = \{a,b,c,d,e\}$$

oder die Menge $\mathbb{N}$ der natürlichen Zahlen:

$$\mathbb{N} = \{1,2,3,...\}.$$

Die Reihenfolge bei der Aufzählung der Elemente einer Menge ist nach der im Abschnitt 1.3.1.1 gegebenen Definition der Gleichheit von Mengen unerheblich:

$$A = \{a,b,c,d,e\} = \{d,a,b,c,e\}$$

2) Durch Angabe einer definierenden Eigenschaft für die
Elemente einer Menge (Inhaltsdefinition), z.b. läßt
sich die Menge A aus 1) auch darstellen als die Menge

A = {x|x ist einer der ersten fünf Kleinbuchstaben des lateinischen Alphabets}

lies: A ist die Menge aller Elemente x, wobei x einer der ersten fünf Kleinbuchstaben des lateinischen Alphabets ist,

oder die Menge Z der ganzen Zahlen:

Z = {x|x ε $\mathbb{N}$ oder -x ε $\mathbb{N}$ oder x = 0}

Um eine gegebene Menge nach der Inhaltsdefinition zu beschreiben, können i.a. mehrere Eigenschaften herangezogen werden. Diese müssen in dem Sinne äquivalent sein, daß sie mit der Gleichheitsdefinition aus Abschnitt 1.3.1.1 verträglich sind.

Beispiel:

Die Menge B = { 2,3 } sei definiert durch die Bedingung:
B ist die Menge aller x, wobei x = 2 oder x = 3.

Die Menge C sei definiert durch die Bedingung:
C ist die Menge aller x, wobei x eine ganze Zahl ist und die Gleichung $x^2 - 5x + 6 = 0$ erfüllt.

Die Menge D sei definiert durch die Bedingung:
D ist die Menge aller x, wobei x eine Primzahl kleiner als 5 ist.

Da B = C = D = {2,3}, sind die definierenden Eigenschaften der Mengen B, C und D logisch äquivalent.

Elemente von Mengen können selbst wieder Mengen sein. Es liegt dann eine Menge von Mengen vor, die auch als Mengensystem bezeichnet wird. Es würde jedoch zu Widersprüchen führen, wenn man zulassen würde, daß eine Menge Element von sich selbst sein kann. Elemente, die Mengen sind, werden üblicherweise mit lateinischen Großbuchstaben bezeichnet. Mengen von Mengen werden mit Großbuchstaben bezeichnet, die sie von ihren Elementen unterscheidbar machen.

Sind z.B. die Mengen $A_1 = \{2,3\}$, $A_2 = \{4,5\}$, $A_3 = \{1,2,4\}$, gegeben, so kann man das Mengensystem $A = \{A_1, A_2, A_3\} = \{\{2,3\}, \{4,5\}, \{1,2,4\}\}$ bilden.

1.3.1.3. Die leere Menge

In formaler Anwendung der Eigenschaftsdefinition bilden wir aus der Menge der reellen Zahlen die Konstruktion

$$\emptyset := \{x \in \mathbb{R} \mid x^2 < 0\}$$

d.h., wir betrachten die reellen Zahlen mit der Eigenschaft, daß ihr Quadrat negativ ist. Solche reellen Zahlen gibt es nicht. Obwohl $\emptyset$ also keine Elemente hat, spricht man dennoch von einer Menge, da formal jedes Element von $\emptyset$ die geforderte Eigenschaft besitzt.

Wenn, wie hier, die Erfüllung der geforderten Eigenschaften unmöglich ist, spricht man von einer leeren Menge. Die Nützlichkeit dieser Konstruktion wird sich später beispielsweise bei der Definition eines "unmöglichen Ereignisses" herausstellen.

Neben der oben angegebenen unerfüllbaren Eigenschaft lassen sich beliebig viele weitere finden. Jede kann zur Bildung einer leeren Menge benutzt werden. Wie anschließend gezeigt werden soll, sind alle so konstruierten leeren Mengen gleich und damit gemäß 1.3.1.2 alle nicht erfüllbaren Eigenschaften logisch äquivalent. Deshalb spricht man von der leeren Menge $\emptyset$ schlechthin.

Eindeutigkeit der leeren Menge

Seien E und F zwei beliebige Eigenschaften, die zwei Mengen X bzw. Y definieren:

$X = \{x \mid x \text{ erfüllt } E\}$ bzw. $Y = \{y \mid y \text{ erfüllt } F\}$

Seien $\bar{E}$ und $\bar{F}$ die Negation von E bzw. F. Dann bilden wir die leeren Mengen

$\emptyset_X$ = {x∈X|x erfüllt $\bar{E}$} bzw. $\emptyset_Y$ = {y∈Y|y erfüllt $\bar{F}$}

Um zu beweisen, daß $\emptyset_X$ = $\emptyset_Y$, ist zu zeigen, daß für alle x∈$\emptyset_X$ gilt: x∈$\emptyset_Y$ und für alle y∈$\emptyset_Y$ gilt: y∈$\emptyset_X$

Sei x∈$\emptyset_X$. Dann erfüllt x sowohl E (da ja x∈X) als auch seine Negation $\bar{E}$. Jedes x∈$\emptyset_X$ erfüllt also jede beliebige Eigenschaft, z.B. auch die Eigenschaft x∈$\emptyset_Y$. Analog erfüllt jedes y∈$\emptyset_Y$ die Eigenschaft y∈$\emptyset_X$. Also sind $\emptyset_X$ und $\emptyset_Y$ dieselben Mengen und es läßt sich schlechthin von der leeren Menge $\emptyset$ sprechen.

1.3.1.4. Geordnete Paare und Produktmenge

Definition

Gegeben seien zwei beliebige Mengen A und B. Je zwei Elementen a∈A und b∈B wird ein Element zugeordnet, das als geordnetes Paar (a,b) bezeichnet wird. Dabei heißt a die erste Koordinate und b die zweite Koordinate des geordneten Paares.

Beispiel:

Ein Metzger führt in seinem Sortiment Gelbwurst und Schinken, in Mengenschreibweise A = {Gelbwurst, Schinken}. Der angrenzende Bäcker bietet Schwarzbrot, Weißbrot und Semmeln an, also B = {Schwarzbrot, Weißbrot, Semmeln}.
Wählt man ein Element aus A und ein Element aus B, so kann man mengentheoretisch das so zu bildende belegte Brot als geordnetes Paar ausdrücken: (Gelbwurst, Schwarzbrot) oder (Schinken, Semmel). Natürlich kann man noch mehrere geordnete Paare bilden. Die Anzahl aller möglichen geordneten Paare aus zwei Mengen A und B zu finden, ist ein Problem der Kombinatorik (vgl. 1.4).

Im Gegensatz zur Mengenschreibweise einer Umfangsdefinition ist es bei den geordneten Paaren im allgemeinen nicht möglich, die Reihenfolge der Koordination zu vertauschen, ohne daß sich ein neues geordnetes Paar ergibt; es gilt also für a ≠ b:

$$(a,b) \neq (b,a)$$

Beispiele:

a) Innerhalb der Mengenklammern hat die Reihenfolge der Elemente keine Bedeutung: {1,3} = {3,1} Eine Änderung der Elementreihenfolge liefert also keine neue Menge.

b) Im kartesischen Koordinatensystem der Ebene ist jeder Punkt der Ebene eindeutig durch seine Koordinaten bestimmt und als geordnetes Paar darstellbar. Bekanntlich gilt hier aber z.B. $(3,1) \neq (1,3)$.

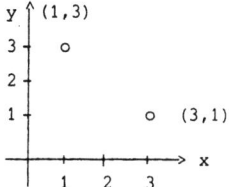

Über die Gleichheit zweier geordneter Paare gilt folgende Aussage: Zwei geordnete Paare sind dann und nur dann gleich, wenn die entsprechenden Koordinaten gleich sind. Seien also zwei Mengen A und B gegeben mit den Elementen a∈A, c∈A, b∈B, d∈B. Dann kann man kurz so schreiben:

$$(a,b) = (c,d) \iff a = c \text{ und } b = d \quad ^{1)}$$

Bei der Konstruktion des geordneten Paares (a,b) wurde den Elementen a∈A und b∈B ein neues Element zugeordnet, eben dieses geordnete Paar. Wie sieht nun die Menge aller geordneten Paare aus, die auf diese Weise konstruiert werden können? Diese Frage soll die folgende Definition beantworten.

Definition
‗‗‗‗‗‗‗‗‗‗

Gegeben seien zwei Mengen A und B. Unter der Produktmenge A x B (sprich: A kreuz B) versteht man die Menge aller ge-

---

[1] Ein Ausdruck der Form $A_1 \Rightarrow A_2$ bedeutet: Aus der Aussage A_1 folgt die Aussage A_2. Der Ausdruck $A_1 \iff A_2$ bedeutet: $A_1 \Rightarrow A_2$ und $A_2 \Rightarrow A_1$, d.h. die beiden Aussagen sind äquivalent.

ordneten Paare (a,b) mit der Eigenschaft aεA und bεB, kurz:
A x B = {(a,b)|aεA und bεB}.
Auch hier ist zu beachten, wie sich die Reihenfolge der
Mengen in A x B in der Reihenfolge der Koordinaten a und b
widerspiegelt. So stellen die Elemente der ersten Menge
stets die erste Koordinate des geordneten Paares. Es gilt
also i.a. A x B $\neq$ B x A.

Beispiel:

Ein roter und ein grüner Würfel werden gleichzeitig geworfen. Die Menge der
möglichen Augenzahlen des roten Würfels werden mit A = {1,2,3,4,5,6}, die
der möglichen Augenzahlen des grünen Würfels mit B = {1,2,3,4,5,6}
bezeichnet. Die möglichen Ergebnisse des gleichen Wurfs können durch
A x B ausgedrückt werden. Es sei nochmals darauf hingewiesen, daß zum
Beispiel (1,4) $\neq$ (4,1), denn im ersten Fall zeigt der rote Würfel
die 1 und im zweiten Fall der grüne Würfel.
Die Produktmenge A x A einer Menge A mit sich selbst wird auch kurz
mit A^2 bezeichnet. Die zweidimensionale Ebene mit kartesischem Koordinatensystem läßt sich als Produktmenge der Zahlengeraden ℝ mit
sich selbst interpretieren, erhält also häufig die Kennzeichnung
$ℝ^2$.

Verallgemeinerung

Man kann den Begriff des geordneten Paares erweitern dadurch, daß man mehr als zwei Elementen ein neues Element
zuordnet. Seien die Mengen $A_1, A_2, \ldots, A_r$ gegeben und sei
$a_i \varepsilon A_i$ ($1 \leq i \leq r$), so kann man diesen Elementen das Element
$(a_1, a_2, \ldots, a_r)$ zuordnen. Man bezeichnet $(a_1, a_2, \ldots, a_r)$ als
r-tupel mit a_i als i-ter Koordinate ($1 \leq i \leq r$). Die Menge aller solcher r-tupel ist dann die Produktmenge $A_1 x A_2 x \ldots x A_r$.
Hier bietet sich folgende Schreibweise an:
$A_1 x A_2 x \ldots x A_r$ = {$(a_1, a_2, \ldots, a_r) | a_i \varepsilon A_i$ für alle i mit $1 \leq i \leq r$}

Anstatt $A_1 x A_2 x \ldots x A_r$ schreibt man auch kurz $\underset{i=1}{\overset{r}{X}} A_i$. Ist speziell A_i = A für i = 1,2,...,r, so schreibt man
AxAx...xA =: A^r

1.3.1.5. Teilmenge und Obermenge

Definition

Die Menge A ist genau dann in der Menge B enthalten (Schreibweise A $\subseteq$ B), wenn jedes Element von A auch Element von B ist, wenn also gilt:

$$x \in A \Rightarrow x \in B$$

Statt der Formulierung "die Menge A ist enthalten in der Menge B" sagt man anders "A ist Teilmenge von B", oder "B ist Obermenge von A".

Enthält eine Teilmenge A nicht alle Elemente der Obermenge B, so liegt eine echte Teilmenge vor, die mit A⊂B bzw. B⊃A gekennzeichnet wird.
Schreibweise:

$$A \subseteq B \text{ und } A \neq B \Rightarrow A \subset B$$

Zwei Mengen A und B sind gleich, wenn gilt $x \in A \Leftrightarrow x \in B$. Daraus gewinnt man ein Beweisprinzip für die Gleichheit zweier Mengen A und B: aus A$\subseteq$B und B$\subseteq$A folgt A=B (vgl. 1.3.3).

Beispiele:
a) A = {1,2,3,4,5,6,7,8,9}
   B = {x|x ist eine positive ganze Zahl und x ist kleiner als 10}
   Beide Mengen enthalten die positiven ganzen Zahlen von 1 bis 9; sie sind somit gleich:
   $$A = B$$
   Da man die obige Definition verwenden kann und sagen kann: "Jedes Element von A ist auch Element von B" gilt auch
   $$A \subseteq B$$
   Bei Gleichheit zweier Mengen kann also auch von Ober- und Teilmenge gesprochen werden.
b) A = {1,2,5,4,6,3}
   B = {1,2,5,4,3}
   Jedes Element von B ist in A enthalten, aber A ≠ B, deshalb gilt die Beziehung
   $$B \subset A$$

c) Es gilt: Die leere Menge ist Teilmenge jeder Menge, denn: in 1.3.1.3 wurde gezeigt, daß die Elemente von $\emptyset$ jede beliebige Eigenschaft erfüllen. Also gilt für alle $x \varepsilon \emptyset$ und eine beliebige Menge S: x erfüllt die Eigenschaft $x \varepsilon S$. Daher ist $\emptyset \subseteq S$.

Die Menge $\mathcal{P}(S)$ aller Teilmengen einer Obermenge S heißt die Potenzmenge von S. Zur Potenzmenge gehört auch die Menge S selbst und die leere Menge (vgl. Beispiele). Es gilt also: $\emptyset \varepsilon \mathcal{P}(S)$ und $S \varepsilon \mathcal{P}(S)$. Besteht S aus n Elementen, so hat $\mathcal{P}(S)$ genau 2^n Elemente (vgl. Aufgabe 1.4.17).

Mengentheoretische Zusammenhänge kann man oft graphisch veranschaulichen. Ein spezielles Verfahren ist die Darstellung von Mengen und ihren Beziehungen im Venn-Diagramm (Johann Venn, 1834-1883). Die Elemente der Obermenge S (Grundmenge genannt) werden dabei durch ein Rechteck zusammengefaßt. Analog werden die Elemente von Teilmengen von S durch geschlossene Linienzüge umrandet.

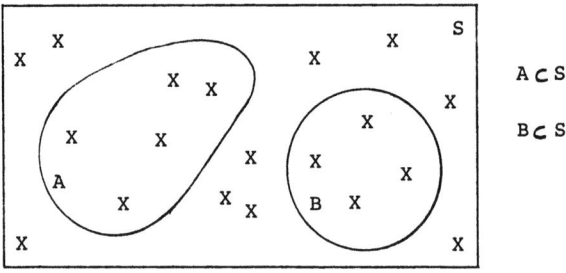

Die hier durch Kreuze dargestellten Elemente werden üblicherweise weggelassen.

Beispiel:

Sei $S = \{1,2,3\}$
Dann ist
$\mathcal{P}(S) = \{\emptyset,\{1\},\{2\},\{3\},\{1,2\},\{1,3\},\{2,3\},\{1,2,3\}\}$

1.3.2. Operationen auf Mengen

Wie zwischen reellen Zahlen, so kann man auch zwischen Mengen Verknüpfungen definieren.

1.3.2.1. Das Komplement von Mengen

Definition

A sei eine beliebige Teilmenge einer Ober-(Grund-)Menge S. Dann ist das Komplement (oder die Komplementärmenge) von A bezüglich S definiert als die Menge aller Elemente von S, die nicht Elemente von A sind.

Das Komplement zu A bezüglich S wird bezeichnet mit $\bar{A}^S$. Wenn nicht mißverständlich ist, bezüglich welcher Menge S die Komplementärmenge von A gebildet werden soll, schreibt man einfach $\bar{A}$.

$$\bar{A} = \{x \mid x \in S \text{ und } x \notin A, A \subseteq S\}$$

Beispiel:
  Es seien $S: = \{x \mid x \in \mathbb{R}\}$
             $A: = \{x \mid -\infty < x \leq 0 \text{ und } x \in \mathbb{R}\}$
  Dann ist $\bar{A}^S: = \{x \mid x > 0 \text{ und } x \in \mathbb{R}\}$

Im Venn-Diagramm wird das Komplement von A dargestellt durch die schraffierte Fläche außerhalb von A:

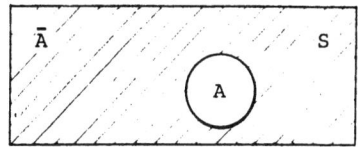

1.3.2.2. Der Durchschnitt von Mengen

Definition

A und B seien Teilmengen der Grundmenge S. Dann heißt die Menge der Elemente von S, die zu A und B gehören, der Durchschnitt (oder die Durchschnittsmenge) von A und B.

Er wird mit A∩B bezeichnet (lies: "A geschnitten mit B" oder "A Schnitt B").

Es gilt also:

$$A \cap B = \{x \mid x \varepsilon A \text{ und } x \varepsilon B\}$$

Beispiel:
- A: = {1,7,5,3,2}
- B: = {1,2,8,9,11}
- Dann ist A∩B = {1,2}

Zur Vereinfachung der Schreibweise findet sich häufig die Bezeichnung AB anstelle von A∩B. Ist insbesondere A∩B = ∅, so heißen die Mengen A und B disjunkt.

Man kann den Durchschnitt von Mengen für endlich viele Mengen erklären.

Definition

Gegeben seien die Mengen $A_1, A_2, ..., A_n$. Dann ist der Durchschnitt aller Mengen $A_1, A_2, ..., A_n$ die Menge aller Objekte, die allen gegebenen Mengen angehören:

$$\bigcap_{i=1}^{n} A_i = A_1 \cap A_2 \cap ... \cap A_n = \{x \mid x \varepsilon A_i \text{ für alle } i = 1,...,n\}$$

Ist insbesondere $A_i \cap A_j = \emptyset$ für alle i,j mit i≠j, so heißen die Mengen A_1, A_2,..., A_n paarweise disjunkt.

Im Venn-Diagramm ist der Durchschnitt der Mengen A, B (und C) wieder durch die schraffierten Flächen dargestellt:

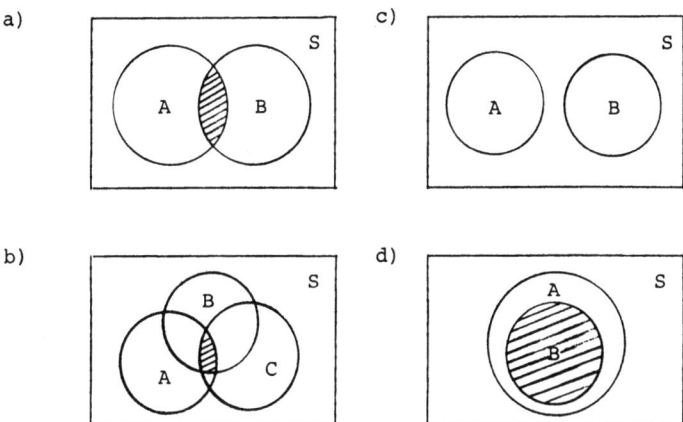

Im Schaubild c) haben die Mengen A und B keine Elemente gemeinsam. Also ergibt sich $A \cap B = \emptyset$; A und B sind disjunkt. Im Schaubild d) ist $A \cap B = B$.

1.3.2.3. Die Vereinigung von Mengen

Definition

Seien A und B Teilmengen von S. Die Menge der Elemente von S, die in A oder in B enthalten sind, heißt die Vereinigung (oder Vereinigungsmenge) von A und B; Schreibweise: $A \cup B$.

Es gilt also

$$A \cup B := \{x \mid x \varepsilon A \text{ oder } x \varepsilon B\}$$

Das Wort "oder" wird in der Mathematik immer im "einschließenden" Sinne verwendet. Die Aussage "ein Element x ist in A oder in B enthalten", beinhaltet daher genau einen der folgenden drei Fälle:

(i) $x \in A$ und $x \notin B$
(ii) $x \notin A$ und $x \in B$
(iii) $x \in A$ und $x \in B$

Beispiel:
Seien A: = $\{1,2,3,4,5\}$ und
B: = $\{4,5,6,7,8\}$, dann ist
$A \cup B = \{1,2,3,4,5,6,7,8\}$

Analog zur Durchschnittsbildung kann auch die Vereinigung von endlich vielen Mengen definiert werden:

Definition

Seien $A_1, A_2, \ldots, A_n$ Teilmengen von S. Dann ist die Vereinigung

$$\bigcup_{i=1}^{n} A_i = A_1 \cup A_2 \cup \ldots \cup A_n$$

die Menge aller Objekte von S, die wenigstens einem A_i ($i = 1, \ldots, n$) angehören.

$$\bigcup_{i=1}^{n} A_i = \{x \mid x \in A_i \text{ für mindestens ein } i, i = 1, \ldots, n\}$$

Die Vereinigungsmengen für A, B und C sind im Venn-Diagramm schraffiert dargestellt:

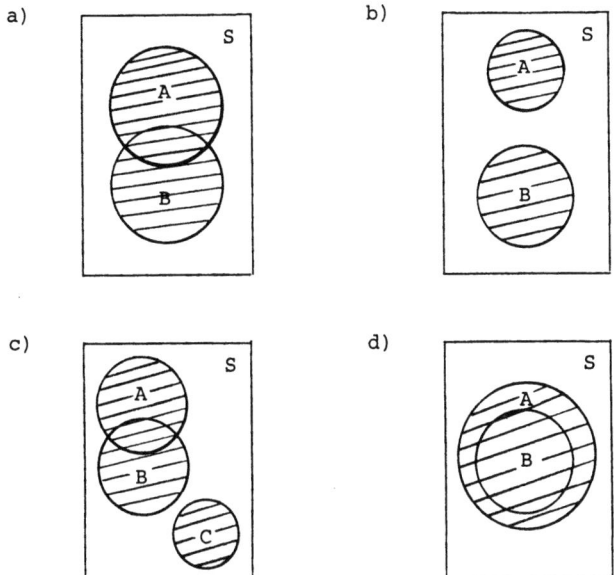

Für den speziellen Fall B⊆A zeigt sich, daß A∪B = A.

1.3.2.4. Differenz von Mengen

Definition

Seien A und B Teilmengen einer Obermenge S. Dann heißt die Menge der Elemente von S, die Elemente von A aber nicht von B sind, Differenz (oder Differenzmenge) von A und B.

$$A \setminus B = \{x \mid x \varepsilon A \text{ und } x \notin B\}$$

Sonderfall:
Ist B eine Teilmenge von A, so ist A\B gleich dem Komplement von B bezüglich A.

Beispiel:

Gegeben seien die Mengen A: = {2,4,6,8,10,12}
B: = {6,12,8,4}

Dann ist A\B = {2,10} = $\bar{B}^A$

Im Venn-Diagramm ist die Differenzmenge schraffiert dargestellt:

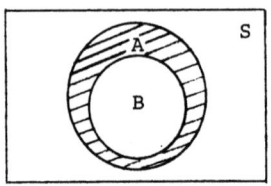

1.3.3. Rechenregeln für Mengen

Es seien A, B und C Teilmengen der Obermenge S. Dann gelten die im folgenden dargestellten Gesetze. Sie werden ohne Beweise eingeführt. Am Ende dieses Abschnitts wird jedoch ein Beweisprinzip erläutert und auf eines der Gesetze angewendet, so daß die Beweise der übrigen Gesetze vom Leser durchgeführt werden können.

Es gelten offenbar die folgenden einfachen Rechenregeln:

(a) $A \cup \emptyset = A$ $\qquad A \cap \emptyset = \emptyset$
(b) $A \cup S = S$ $\qquad A \cap S = A$
(c) $A \cup A = A$ $\qquad A \cap A = A$
(d) $A \cup \bar{A} = S$ $\qquad A \cap \bar{A} = \emptyset$
(e) $\bar{\bar{A}} = A$

Daneben gelten folgende Beziehungen:

(f) De Morgan-Gesetze

$$\overline{A \cup B} = \overline{A} \cap \overline{B}$$

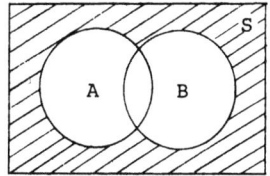

$$\overline{A \cap B} = \overline{A} \cup \overline{B}$$

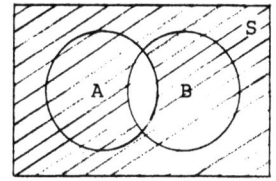

Die De Morgan-Gesetze lassen sich verallgemeinern (vgl. Aufg. 1.3.10)

$$\overline{\bigcup_{i=1}^{n} A_i} = \bigcap_{i=1}^{n} \overline{A}_i; \qquad \overline{\bigcap_{i=1}^{n} A_i} = \bigcup_{i=1}^{n} \overline{A}_i$$

(g) Kommutativgesetze

$$A \cup B = B \cup A$$
$$A \cap B = B \cap A$$

Die bei der Bildung von Durchschnitt bzw. Vereinigung beteiligten Mengen können vertauscht werden.

(h) Assoziativgesetze

$$(A \cup B) \cup C = A \cup (B \cup C)$$
$$(A \cap B) \cap C = A \cap (B \cap C)$$

Bei der Bildung von Durchschnitt bzw. Vereinigung von Mengen ist die Reihenfolge der Operation gleichgültig.

(i) Distributivgesetze

$$A \cup (B \cap C) = (A \cup B) \cap (A \cup C)$$

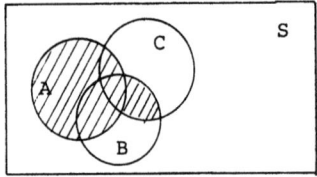

$$A \cap (B \cup C) = (A \cap B) \cup (A \cap C)$$

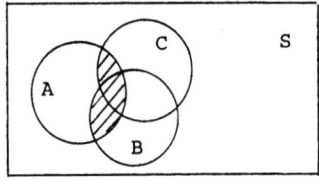

Die in diesem Abschnitt dargestellten Gesetze und alle anderen möglichen Beziehungen zwischen Mengen lassen sich mit den Definitionen in 1.3.1 und 1.3.2 anhand einer entsprechenden Beweisführung auf ihre Richtigkeit überprüfen. Ein generelles Beweisprinzip soll nun kurz dargestellt werden.

Ist die Beziehung $A \subseteq B$ zu zeigen, so ist der Beweis erbracht, wenn man zeigt, daß ein beliebiges Element x aus A auch in B ist, d.h. es ist zu zeigen, daß für alle $x \in A$ gilt: $x \in A \Rightarrow x \in B$. Für die Beziehung $B \subseteq A$ ist entsprechend zu zeigen für alle $x \in B$ gilt: $x \in B \Rightarrow x \in A$. Um die Gleichheit zweier Mengen A und B zu beweisen, muß gezeigt werden, daß A in B und B in A enthalten ist. Daraus folgt dann, daß A gleich B ist. Also: $A \subseteq B$ und $B \subseteq A \Rightarrow A = B$. Soll bewiesen werden, daß eine behauptete Beziehung nicht gilt, so genügt

es einen Fall zu suchen, für den diese Beziehung falsch
ist. Am Beispiel des Distributiv-Gesetzes soll die Beweisführung für die Gleichheit zweier Mengen illustriert werden. Zu prüfen ist die Gültigkeit der Beziehung $A \cup (B \cap C) = (A \cup B) \cap (A \cup C)$.

Nach dem soeben geschilderten Beweisprinzip ist der Beweis erbracht, wenn gezeigt werden kann:

(1) $x \,\varepsilon [A \cup (B \cap C)] \Rightarrow x \,\varepsilon [(A \cup B) \cap (A \cup C)]$ und
(2) $x \,\varepsilon [(A \cup B) \cap (A \cup C)] \Rightarrow x \,\varepsilon [A \cup (B \cap C)]$.

(1)
Sei $x \,\varepsilon\, A \cup (B \cap C) \Rightarrow$ (nach Definition der Vereinigungsmenge)
(1a) $x \,\varepsilon\, A$ oder
(1b) $x \,\varepsilon\, (B \cap C)$ oder
(1c) $x \,\varepsilon\, A$ und $x \,\varepsilon\, (B \cap C)$

zu (1a)
$x \,\varepsilon\, A \Rightarrow x \,\varepsilon (A \cup B)$ und $x \,\varepsilon (A \cup C) \Rightarrow x \,\varepsilon\, [(A \cup B) \cap (A \cup C)]$

zu (1b)
$x \,\varepsilon\, (B \cap C) \Rightarrow x \,\varepsilon\, B$ und $x \,\varepsilon\, C \Rightarrow x \,\varepsilon (A \cup B)$ und $x \,\varepsilon (A \cup C) \Rightarrow x \,\varepsilon\, [(A \cup B) \cap (A \cup C)]$

zu (1c)
$x \,\varepsilon\, A$ und $x \,\varepsilon\, B$ und $x \,\varepsilon\, C \Rightarrow x \,\varepsilon\, [(A \cup B) \cap (A \cup C)]$.
Damit ist gezeigt, daß $A \cup (B \cap C) \subseteq (A \cup B) \cap (A \cup C)$.

(2)
Sei $x \,\varepsilon\, [(A \cup B) \cap (A \cup C)] \Rightarrow x \,\varepsilon (A \cup B)$ und $x \,\varepsilon (A \cup C) \Rightarrow$
(2a) $x \,\varepsilon\, A$ oder
(2b) $x \,\varepsilon\, A$ und $x \,\varepsilon\, B$ oder
(2c) $x \,\varepsilon\, A$ und $x \,\varepsilon\, C$ oder
(2d) $x \,\varepsilon\, B$ und $x \,\varepsilon\, C$

Es müssen nicht alle vier Alternativen bewiesen werden, sondern nur (2a) und (2d). Mit (2a) ist auch gleichzeitig (2b) und (2c) bewiesen.

zu (2a)

x ε A => x ε [A ∪ (B ∩ C)]

zu (2d)

x ε B und x ε C => x ε (B ∩ C) => x ε [A ∪ (B ∩ C)]

Damit ist gezeigt, daß (A ∪ B) ∩ (A ∪ C) ⊆ A ∪ (B ∩ C). Die beiden Beweisschritte (1) und (2) zusammen ergeben die Gleichung

$$A \cup (B \cap C) = (A \cup B) \cap (A \cup C),$$

wie behauptet.

1.3.4. Abbildungen und Funktionen

Gegeben seien die Mengen X und Y und eine Vorschrift f, die jedem Element x ε X genau ein Element y ε Y zuordnet. Dann heißt f eine Abbildung von X nach Y, Schreibweise: f: X → Y. Wird einem Element x ε X durch die Abbildung f ein Element y ε Y zugeordnet, so sagt man, y ist das Bild von x unter der Abbildung f und schreibt y = f(x); x heißt auch Urbild von y. Die Menge X heißt Definitionsbereich der Abbildung f. Ist Y speziell die Menge der reellen Zahlen oder eine Teilmenge davon, so heißt f eine Funktion.

Beispiele:
a) X = ℝ, Y = ℝ
   f: X → Y
   x → f(x) = sin x

b) Indizierung
   Der Indizierung der Elemente einer Menge A = $\{a_i | i \varepsilon I\}$ mit Hilfe einer Indexmenge I entspricht eine Abbildung
   f: I → A
   i → f(i) = a_i
   Dabei muß I keine Teilmenge der reellen Zahlen sein; beispielsweise kann man Preise durch die entsprechende Ware indizieren, z.B. P_{Kohle}, $P_{Erdöl}$. Hier ist I = {Kohle, Erdöl} (vgl. hierzu das Rechnen mit dem Summenzeichen, Abschnitt 1.1.1.3).

c) Ist Y = ℝ und X speziell die Menge der natürlichen Zahlen ℕ, so
bezeichnet man die zugeordneten Werte als eine Folge. Beispiel:

i	1	2	3	4	...
f(i)	$\frac{1}{2}$	$\frac{1}{4}$	$\frac{1}{8}$	$\frac{1}{16}$	...

$f: \mathbb{N} \to \mathbb{R}$
$i \to f(i) = (\frac{1}{2})^i$

d) Sei wiederum X = ℕ und Y = ℝ. Mit einer Folge f(1), f(2),...
kann man mit Hilfe der Abbildung

$g: \mathbb{N} \to \mathbb{R}$

$$i \to g(i) = \sum_{j=1}^{i} f(j) = \sum_{j=1}^{i} (\frac{1}{2})^j$$

eine neue Folge definieren. Eine solche Folge heißt Reihe (vgl.
hierzu auch Anwendungen des Rechnens mit dem Summenzeichen, Abschnitt 1.1.1.3).

Gilt $A \subseteq X$, so ist f(A) die Menge aller Bilder f(x) mit
$x \in A$, in Zeichen: f(A) = {y=f(x)|x∈A}. Ist $B \subseteq Y$, so ist
$f^{-1}(B)$ die Menge aller $x \in X$ mit f(x) ∈ B; $f^{-1}(B)$ heißt die
Urbildmenge von B, in Zeichen: $f^{-1}(B)$ = {x∈X|f(x)∈B}. Man
beachte, daß $f^{-1}(B)$ zunächst nur eine Mengenbildung ist.
Die sog. "Umkehrabbildung" f^{-1} muß nicht existieren.

Eine Abbildung heißt injektiv, wenn zu verschiedenen Urbildern auch verschiedene Bilder gehören. Sie heißt surjektiv,
wenn jedes Element von Y als Bild auftritt, wenn also
f(X) = Y gilt. Eine Abbildung heißt bijektiv, wenn sie injektiv und surjektiv ist. In diesem Fall kann man jedem
y ∈ Y eindeutig ein Urbild zuordnen. Man nennt die Abbildung
dann auch umkehrbar eindeutig oder eineindeutig. Ist
y = f(x), so kann man in diesem Fall die Umkehrabbildung
(inverse Abbildung) f^{-1} bilden. Schematische Darstellung
für eine umkehrbar eindeutige Abbildung:

f: X → Y
f^{-1}: Y → X

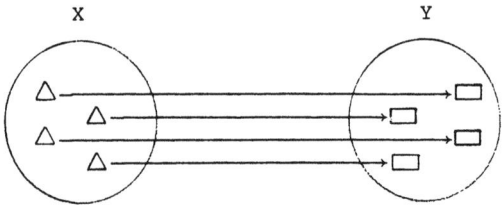

1.3.5. Die Mächtigkeit von Mengen

Die Zahl der Elemente einer Menge wird als ihre Mächtigkeit bezeichnet. Dementsprechend heißt eine Menge A mächtiger als eine Menge B, wenn die Zahl der Elemente von A größer ist als die von B; sie heißt gleichmächtig der Menge B, falls die Zahl der Elemente beider Mengen gleich ist.

In den bisherigen Anwendungen wurden immer endliche Mengen betrachtet, d.h. Mengen mit endlicher Anzahl von Elementen. Spätestens wenn man Mengen mit unendlich vielen Elementen betrachtet, ist es zweckmäßig, den Vergleich der Mächtigkeit zweier Mengen mit Hilfe von Abbildungen durchzuführen. Man definiert: Eine Menge A heißt gleichmächtig einer Menge B, wenn es eine umkehrbar eindeutige Abbildung f: A → B gibt. Damit ist unmittelbar klar, daß es eine eineindeutige Abbildung zwischen endlichen Mengen nur dann gibt, wenn die Zahl ihrer Elemente gleich ist. Bei unendlichen Mengen ist für unsere Zwecke die Unterscheidung zwischen abzählbaren und überabzählbaren Mengen ausreichend. Eine Menge A heißt abzählbar, wenn es eine eineindeutige Abbildung f: ℕ → A der Menge ℕ der natürlichen Zahlen auf die Menge gibt. Anschaulich bedeutet diese Definition: Die Menge A heißt abzählbar, wenn man ihre Elemente durchnumerieren kann.

Beispiel:
Die Menge A der positiven geraden ganzen Zahlen ist abzählbar,
denn die Abbildung

f: $\mathbb{N} \to A$
   $x \to 2x$

ist umkehrbar eindeutig.

Eine Menge A heißt höchstens abzählbar, wenn sie endlich
oder abzählbar ist. Anderenfalls heißt A überabzählbar. Die
Menge $\mathbb{R}$ der reellen Zahlen ist überabzählbar. Die Unterscheidung in höchstens abzählbare und überabzählbare Mengen findet in der Wahrscheinlichkeitstheorie ihren Niederschlag in der Unterscheidung von diskreten und stetigen Zufallsvariablen.

1.3.6. Systeme von Teilmengen: σ-Algebren

Bereits an früherer Stelle wurde die Potenzmenge $P(S)$ als
Beispiel eines Mengensystems eingeführt. Es sollen nun weitere Teilmengensysteme behandelt werden, die für die Wahrscheinlichkeitstheorie von fundamentaler Bedeutung sind, nämlich σ-Algebren. Zu deren besserem Verständnis erscheint es notwendig, bereits hier kurz auf die spätere Anwendung einzugehen.

In der Wahrscheinlichkeitstheorie werden Zufallsvorgänge betrachtet und Ereignisse, die aus deren Ergebnissen abgeleitet werden. Mit S soll die Menge aller möglichen Ergebnisse eines Zufallsprozesses bezeichnet werden. Wenn der Zufallsvorgang "Einmaliges Werfen eines Würfels" heißt, so ist S = {1,2,3,4,5,6} die Menge aller möglichen Ergebnisse dieses Zufallsvorgangs. Ereignisse sind Teilmengen der Menge S. So ist A = {2,4,6} $\subset$ S das Ereignis "Eine gerade Zahl wird geworfen", B = {4,5,6} ist das Ereignis "Eine Zahl größer als drei wird geworfen" oder C = {3} ist das Ereignis

"Eine Drei wird geworfen". Für die genannten Ereignisse ist die Berechnung von Wahrscheinlichkeiten offensichtlich sinnvoll. Durch Mengenverknüpfung kann man aus den genannten Ereignissen jedoch weitere Ereignisse ableiten, für die die Berechnung von Wahrscheinlichkeiten ebenfalls sinnvoll ist. So ist mit A auch $\bar{A} = \{1,3,5\}$ ein Ereignis; mit A und B sind auch $A \cap B = \{4,6\}$, $A \cup B = \{2,4,5,6\}$ oder $A \smallsetminus B = A \cap \bar{B} = \{2\}$ Ereignisse, für die die Berechnung der Wahrscheinlichkeit sinnvoll ist. Das gleiche gilt für weitere Verknüpfungen, wie z.B. die im Abschnitt 1.3.2 dargestellten.

Die Konsequenz der vorstehenden Ausführungen besteht darin, daß Systeme von Teilmengen zu bilden sind, die alle Ereignisse enthalten, für die die Berechnung von Wahrscheinlichkeiten sinnvoll ist, d.h. ein System von Teilmengen von S ist zu bilden, das abgeschlossen ist bezüglich der Verknüpfungen Komplementbildung, Vereinigung, Durchschnitts- und Differenzbildung. Eine Vorschrift zur Konstruktion eines solchen Mengensystems soll im Folgenden gegeben werden.

Zunächst soll ein System $\mathbb{A}$ von Teilmengen aus einer endlichen Menge S gebildet werden. An dieses Mengensystem werden drei Anforderungen gestellt:

I. Die Menge S selbst soll zum Mengensystem gehören, es soll also gelten:

$$S \in \mathbb{A}$$

II. Falls eine Teilmenge $A \subseteq S$ zu $\mathbb{A}$ gehört, soll auch $\bar{A}$ dazu gehören, also

$$A \in \mathbb{A} \Rightarrow \bar{A} \in \mathbb{A}$$

III. Gehören zwei Mengen A und B zu $\mathbb{A}$, so soll auch deren Vereinigung dazu gehören, also

$$A, B \in \mathbb{A} \Rightarrow (A \cup B) \in \mathbb{A}$$

Diese Bedingungen genügen um sicherzustellen, daß mit vorgegebenen Mengen auch die durch Mengenverknüpfung entstehenden Mengen zum Mengensystem $\mathcal{A}$ gehören. Dies kann für die einzelnen Mengenoperationen gezeigt werden. Vorweg ist zu bemerken, daß nach Forderung II auch die leere Menge $\emptyset = \bar{S}$ zu $\mathcal{A}$ gehört. Durch wiederholte Anwendung von III mit endlich vielen Mengen $A_1, A_2, \ldots, A_n$ gehört auch deren Vereinigung $\bigcup_{i=1}^{n} A_i$ zu $\mathcal{A}$.

Mit zwei Mengen A und B gehört auch deren Durchschnitt $A \cap B$ zu $\mathcal{A}$, denn nach Forderung II und III gehören auch $\bar{A}$ und $\bar{B}$ sowie $\bar{A} \cup \bar{B}$ und $\overline{\bar{A} \cup \bar{B}}$ zu $\mathcal{A}$. Nach 1.3.3 (e) und (f) gilt jedoch $\overline{\bar{A} \cup \bar{B}} = \bar{\bar{A}} \cap \bar{\bar{B}} = A \cap B$. Folglich gilt $A, B \in \mathcal{A} \Rightarrow A \cap B \in \mathcal{A}$. Durch fortgesetzte Anwendung dieser Schlußweise kommt man zum Ergebnis, daß mit endlich vielen Mengen $A_1, A_2, \ldots, A_n$ auch deren Durchschnitt $\bigcap_{i=1}^{n} A_i$ zu $\mathcal{A}$ gehört:

Nach de Morgan's Gesetz ist

$$\overline{\bigcup_{i=1}^{n} \bar{A}_i} = \bigcap_{i=1}^{n} \bar{\bar{A}}_i = \bigcap_{i=1}^{n} A_i.$$

Schließlich soll die Differenz von Mengen betrachtet werden. Mit A und B gehört auch $A \setminus B = A \cap \bar{B}$ zu $\mathcal{A}$.

Für Anwendungen in der Wahrscheinlichkeitstheorie reichen jedoch endliche Grundmengen S nicht aus. Häufig ist S unendlich. In diesen Fällen ist notwendig, daß für eine abzählbare Menge $A_1, A_2, \ldots$ aus $\mathcal{A}$ auch deren Vereinigung $\bigcup_{i=1}^{\infty} A_i$ und Durchschnitt $\bigcap_{i=1}^{\infty} A_i$ zu $\mathcal{A}$ gehört. Dies erreicht man durch eine Verschärfung der Bedingung III. Man formuliert den folgenden Katalog von Anforderungen:

I. $S \in A$

II. $A \in A \Rightarrow \bar{A} \in A$

III. $A_1, A_2, A_3, \ldots \in A \Rightarrow \bigcup_{i=1}^{\infty} A_i \in A$ (σ-Additivität)

Ein System A von Teilmengen einer Obermenge S, das diese Anforderungen erfüllt, heißt eine σ-Algebra.

Beispiele:

Zu jeder Obermenge S lassen sich mehrere σ-Algebren bilden.

a) Die einfachste σ-Algebra ist das Mengensystem bestehend aus der leeren Menge und der Menge S selbst, also

$$A_1 = \{\emptyset, S\}$$

Man sieht sofort, daß dieses Mengensystem die Forderungen I-III' erfüllt.

b) Die umfangreichste σ-Algebra ist die Potenzmenge $A_2 = P(S)$. Auch für die Potenzmenge sieht man sofort, daß die Forderungen einer σ-Algebra erfüllt sind.

Die bisherigen Ausführungen galten der Frage, welche Eigenschaften das Mengensystem hat, das zur Anwendung in der Wahrscheinlichkeitstheorie geeignet ist. Es bleibt noch zu erörtern, wie ein zweckmäßiges Mengensystem für die Wahrscheinlichkeitstheorie konkret aussehen soll; diese Frage wird später an geeigneter Stelle erörtert (vgl. Abschnitt 2.3).

1.4. ELEMENTE DER KOMBINATORIK

1.4.1. Einführung

In diesem Abschnitt wird die Mächtigkeit bestimmter Mengen ermittelt. Es ist zu berechnen, wieviele Möglichkeiten es gibt, aus einer Gesamtheit von n (n $\in$ IN) verschiedenen Elementen r Elemente auszuwählen. Diese Frage soll für alternative Ziehungsbedingungen beantwortet werden. Eine Auswahl von r aus n Elementen wird als Stichprobe im Umfang r aus n Elementen bezeichnet. Da sich eine Stichprobe als Element einer bestimmten Produktmenge interpretieren läßt, soll zunächst allgemein die Anzahl der Elemente der Produktmenge berechnet werden.

Zunächst soll die aus zwei Mengen A und B gebildete Produktmenge betrachtet werden.

Gegeben seien eine Menge $A = \{a_1, a_2, \ldots, a_i, \ldots, a_m\}$ mit m Elementen und eine Menge $B = \{b_1, b_2, \ldots, b_j, \ldots, b_n\}$ mit n Elementen. Dann enthält die Produktmenge A x B genau m·n geordnete Paare der Form (a_i, b_j).

Beweis:

Die Behauptung sieht man sofort ein, wenn man die Elemente $a_1, \ldots, a_m$ und $b_1, \ldots, b_n$ in einem rechteckigen Schema mit m Zeilen und n Spalten anordnet. Das Paar (a_i, b_j) steht dann am Schnittpunkt der i-ten Zeile und der j-ten Spalte. Jedes Paar erscheint in diesem Schema genau einmal. Insgesamt gibt es also m·n geordnete Paare.

Dieser Ansatz läßt sich verallgemeinern. Gegeben seien r Mengen, nämlich S_1 mit n_1 Elementen, S_2 mit n_2 Elementen ..., S_r mit n_r Elementen. Dann enthält die Produktmenge $S_1 \times S_2 \times \ldots \times S_r$ genau $n_1 \cdot n_2 \cdot \ldots \cdot n_r$ geordnete r-tupel der Form $(a_1, a_2, \ldots, a_r)$ mit einem Element aus jeder Menge.

Diese Behauptung kann durch vollständige Induktion bewiesen werden.

Beispiele:

a) Mehrfachklassifikation
   Es sollen Personen nach Alter (5 Altersklassen), Beruf (5 Berufsgruppen) und Geschlecht klassifiziert werden. Dann gibt es insgesamt $5 \cdot 5 \cdot 2 = 50$ Klassen.

b) In einem landwirtschaftlichen Experiment werden n_1 verschiedene Intensitäten der Düngung und n_2 verschiedene Temperaturen unterschieden. Dann gibt es $n_1 \cdot n_2$ verschiedene experimentelle Bedingungen.

c) Bei zwei Würfen mit einem Würfel können $6^2 = 36$ verschiedene geordnete Paare als mögliche Ergebnisse auftreten, bei r Würfen allgemein 6^r verschiedene r-tupel.

Es sei nun eine Menge S mit n verschiedenen Elementen gegeben, aus der r Elemente ausgewählt werden sollen. Eine Stichprobe im Umfang r läßt sich dann als Element der Produktmenge $S \times S \times \ldots \times S = S^r$ interpretieren. Es gilt dann $n_1 = n_2 = \ldots = n_r = n$ und die Produktmenge S^r hat somit n^r Elemente. Bevor jedoch ermittelt werden kann, wieviele davon unterschiedliche Stichproben darstellen, sind noch die Ziehungsbedingungen zu diskutieren. Die Elemente der Menge S seien durch unterscheidbare Kugeln repräsentiert, die in eine Urne gelegt werden. Man kann von der Vorstellung ausgehen, daß die einzelnen Elemente der Stichprobe nacheinander gezogen werden. Dann sind zwei Entscheidungen nötig zur Bestimmung des Auswahlverfahrens der Elemente:

1) Es ist zu entscheiden, ob ein gezogenes Element wieder zu den übrigen Elementen zurückgelegt wird, so daß das folgende Element wieder aus der gleichen Menge gezogen wird, oder ob bereits gezogene Elemente nicht mehr zurückgelegt werden. Im ersten Fall spricht man von Stichproben mit Zurücklegen, im zweiten Fall von Stichproben ohne Zurücklegen. Im zweiten Fall wird die k-te Kugel aus einer Gesamtheit von n-k+1 Kugeln gezogen.

2) Es ist zu entscheiden, ob die Reihenfolge der Ziehung erheblich ist oder unerheblich.

Ist die Reihenfolge erheblich, so werden zwei Stichproben, welche die gleichen Elemente enthalten, als verschieden angesehen, wenn die Elemente in verschiedener Reihenfolge gezogen wurden. Man spricht hier von geordneten Stichproben.

Betrachtet man die Reihenfolge als unerheblich, so werden zwei Stichproben als gleich angesehen, falls sie die gleichen Elemente enthalten, selbst wenn diese in unterschiedlicher Reihenfolge gezogen wurden. Diese Stichproben werden als ungeordnete Stichproben bezeichnet.

Durch kombinierte Anwendung der beiden Kriterien ergeben sich vier verschiedene Ziehungsvorschriften für eine Stichprobe, die im folgenden Schaubild dargestellt sind. Dort sind ferner die entsprechenden Begriffe aus der Kombinatorik dargestellt.

Alternative Bedingungen für die Auswahl von r Elementen aus einer Gesamtheit von n Elementen:

Entscheidung über gezogene Kugeln	Bedeutung der Reihenfolge der Ziehung	
	erheblich	unerheblich
mit Zurücklegen	Geordnete Stichproben mit Zurücklegen (Variationen mit Wiederholung)	Ungeordnete Stichproben mit Zurücklegen (Kombinationen mit Wiederholung)
ohne Zurücklegen	Geordnete Stichproben ohne Zurücklegen (Variationen ohne Wiederholung; Spezialfall: n = r: Permutationen ohne Wiederholung)	Ungeordnete Stichproben ohne Zurücklegen (Kombinationen ohne Wiederholung) Anwendungen: - Bildung von Teilmengen - Bildung von Partitionen - Permutationen mit Wiederholung

1.4.2. Binomialkoeffizienten

1.4.2.1. Fakultäten

Man definiert Fakultäten wie folgt:

$$n! := n(n-1)(n-2)\ldots \cdot 2 \cdot 1 = \prod_{i=1}^{n} i \qquad \text{für } n \in \mathbb{N}$$

Daraus erhält man sofort:

$$n! = n(n-1)!$$

Die formale Anwendung dieser Beziehung auf $n = 1$ liefert

$$1! = 1 \cdot 0!$$

woraus die zweckmäßige Festlegung $0! = 1$ folgt. Für $0 < k \leq n$ gilt

$$\frac{n!}{(n-k)!} = n(n-1)\ldots(n-k+1)$$

Für große Werte von n gilt die Stirling'sche Näherungsformel:

$$n! \doteq n^n e^{-n} \sqrt{2\pi n}$$

$$e = 2,7182818\ldots$$
$$\pi = 3,1415926\ldots$$

1.4.2.2. Definition des Binomialkoeffizienten

Der Binomialkoeffizient ("n über k") ist wie folgt definiert:

$$\binom{n}{k} := \frac{n!}{k!(n-k)!} = \frac{n(n-1)(n-2)\ldots(n-k+1)}{1\cdot 2\cdot 3\cdot\ldots\cdot k}$$

$$\text{für } 0 \leq k \leq n \qquad k, n \in \mathbb{N}_0$$

Wegen $0! = 1$ wird $\binom{n}{0} = \binom{n}{n} = 1$. Für $n < k$ ist $\binom{n}{k} = 0$.

Für Binomialkoeffizienten gelten die folgenden Beziehungen:

a) $\binom{n}{r} = \binom{n-1}{r} + \binom{n-1}{r-1}$

Beweis:

$$\binom{n-1}{r} + \binom{n-1}{r-1} = \frac{(n-1)!}{r!(n-1-r)!} + \frac{(n-1)!}{(r-1)!(n-r)!} =$$

$$= \frac{(n-1)!(n-r)}{r!(n-r)!} + \frac{(n-1)!r}{r!(n-r)!} = \frac{(n-1)!(n-r+r)}{r!(n-r)!} =$$

$$= \frac{(n-1)!n}{r!(n-r)!} = \frac{n!}{r!(n-r)!} = \binom{n}{r}$$

Mit Hilfe dieser Beziehung kann man die Binomialkoeffizienten im sog. Pascal'schen Dreieck bestimmen. Die Pfeile zeigen die Verwendung dieser Beziehung an.

n \ k	0	1	2	3	4	5
0	1					
1	1	1				
2	1	2	1			
3	1	3	3	1		
4	1	4	6	4	1	
5	1	5	10	10	5	1

b) $\binom{n}{k} = \binom{n}{n-k}$

Dies ergibt sich sofort durch Einsetzen in die Definition des Binomialkoeffizienten.

c) $\binom{n+1}{k+1} = \binom{n}{k+1} + \binom{n}{k}$

Dies läßt sich wie folgt zeigen:

Setze: $n^* = n+1$, $k^* = k+1$. Dann folgt aus (a):

$$\binom{n+1}{k+1} = \binom{n^*}{k^*} = \binom{n^*-1}{k^*} + \binom{n^*-1}{k^*-1} = \binom{n}{k+1} + \binom{n}{k}$$

d) $\binom{n}{k+1} = \binom{n}{k} \cdot \frac{n-k}{k+1}$

Beweis:

$$\binom{n}{k} \frac{n-k}{k+1} = \frac{n!(n-k)}{k!(n-k)!(k+1)} = \frac{n!}{(k+1)!(n-k-1)!} = \binom{n}{k+1}$$

e) $\binom{n+1}{k+1} = \sum_{i=k}^{n} \binom{i}{k}$ für $n \geq k$

Dies läßt sich durch vollständige Induktion zeigen (vgl. Aufgabe 1.4.16).

1.4.2.3. Der binomische Lehrsatz

Es seien x und y reelle Zahlen, $n \varepsilon \mathbb{N}_o$. Es gilt der binomische Lehrsatz

$$(x+y)^n = \sum_{i=o}^{n} \binom{n}{i} x^i y^{n-i}$$

Der Beweis wird durch vollständige Induktion geführt (vgl. Aufgabe 1.4.17).

1.4.3. Geordnete Stichproben

In diesem Abschnitt ist für die Auswahl von r aus n verschiedenen Elementen die Reihenfolge der Ziehung erheblich. Je nachdem, ob gezogene Elemente in die Urne zurückgelegt werden oder nicht, spricht man von geordneten Stichproben mit Wiederholung bzw. geordneten Stichproben ohne Wiederholung. In der Sprache der Kombinatorik entsprechen diesen Ziehungsvorschriften die Bezeichnungen Variationen mit Wiederholung bzw. Variationen ohne Wiederholung.

1.4.3.1. Geordnete Stichproben mit Zurücklegen

Es gibt genau

$$V^w_{r,n} = n^r$$

verschiedene geordnete Stichproben im Umfang r aus n Elementen mit Zurücklegen (Variationen mit Wiederholung).

Beweis:

Wie bereits in 1.4.1 dargelegt, läßt sich jede Stichprobe als Element der Produktmenge S^r auffassen. Im Sinne der Ziehungsvorschrift (mit Zurücklegen) ist ferner jedes Element von S^r als Stichprobe aufzufassen. Schließlich ist wegen der Ziehungsvorschrift der Beachtung der Reihenfolge jedes Element von S^r als eine von den anderen Elementen verschiedene Stichprobe aufzufassen. Die Produktmenge S^r hat insgesamt n^r Elemente. Daher gibt es auch n^r verschiedene geordnete Stichproben mit Zurücklegen.

Zu diesem Ergebnis kommt man auch mit Hilfe von folgenden, für kombinatorische Fragestellungen häufig zweckmäßigen Überlegungen: Für die Ziehung des 1. Stichprobenelementes gibt es n verschiedene Möglichkeiten. Da dieses Element wieder zurückgelegt wird, gibt es für die Ziehung des zweiten Elementes wiederum n verschiedene Möglichkeiten. Damit gibt es $n \cdot n = n^2$ verschiedene Auswahlmöglichkeiten für die beiden ersten Stichprobenelemente, n^3 verschiedene Möglichkeiten für die drei ersten und schließlich n^r Auswahlmöglichkeiten für r Stichprobenelemente.

Beispiele:

a) Zweimaliges Werfen eines Würfels
Der Würfel repräsentiert eine sechselementige Menge
S = {1,2,3,4,5,6}, also n = 6. Zweimaliges Werfen eines Würfels ist
eine Stichprobe im Umfang r = 2 mit Zurücklegen aus einer Urne mit
6 Kugeln, die mit "1", "2",..., "6" markiert sind. Wird auch die
Reihenfolge der Ziehung beachtet, so ist jedes Element von

S^2 = {(1,1), (1,2), (1,3), (1,4), (1,5), (1,6),
(2,1), (2,2), (2,3), (2,4), (2,5), (2,6),
(3,1), (3,2), (3,3), (3,4), (3,5), (3,6),
(4,1), (4,2), (4,3), (4,4), (4,5), (4,6),
(5,1), (5,2), (5,3), (5,4), (5,5), (5,6),
(6,1), (6,2), (6,3), (6,4), (6,5), (6,6)}

eine von den anderen Elementen verschiedene Stichprobe. Insgesamt
gibt es also 6^2 = 36 verschiedene Stichproben.

b) Aus einer Menge S = {1,2,3,4} von Ziffern lassen sich 4^3 = 64 verschiedene dreistellige Zahlen bilden.

c) Olympialotterie
Die Zahlen der Olympialotterie werden aus einem Zylinder mit vier
Kabinen gezogen. Jede Kabine enthält die Ziffern 0,1,...,9. Die
erste Ziffer wird aus der ersten Kabine gezogen, die zweite aus
der zweiten usw. Für die Ziehung jeder Ziffer der Olympiazahl gibt
es demnach 10 Möglichkeiten, insgesamt also 10^4 verschiedene Zahlen.

d) Aus einem Spiel mit 52 Karten erhält ein Spieler 13 Karten. Wieviele Möglichkeiten gibt es, an einen Spieler 13 Karten mit verschiedenen Bildern auszuteilen? Für jedes Bild (As, König, Dame
usw.) gibt es vier Karten (Herz, Kreuz, Karo, Pique). Es gibt daher
4^{13} verschiedene Möglichkeiten, 13 Karten mit verschiedenen Bildern
an einen Spieler auszuteilen.

1.4.3.2. Geordnete Stichproben ohne Zurücklegen

Es gibt genau

$$V_{r,n} = n(n-1)(n-2) \ldots (n-r+1)$$

verschiedene geordnete Stichproben im Umfang r aus n Elementen ohne Zurücklegen (Variationen ohne Wiederholung).
Mit der Definition $n! = n(n-1)(n-2)\ldots(n-r+1)(n-r)\ldots \cdot 2 \cdot 1$
wird

$$V_{r,n} = \frac{n!}{(n-r)!}$$

Beweis:

Es ist klar, daß nicht jedes Element der Produktmenge S^r eine Stichprobe nach der hier genannten Ziehungsvorschrift darstellt. Alle Elemente der Produktmenge S^r, in denen ein beliebiges Element von S mehr als einmal vorkommt, sind keine Stichproben. Die Menge der geordneten Stichproben ohne Zurücklegen stellt also eine echte Teilmenge der Produktmenge dar. Wieviele Stichproben es wirklich gibt, kann man durch folgende Überlegungen bestimmen:
Es gibt zwei Möglichkeiten der Ziehung für das erste Element, (n-1) Möglichkeiten für das zweite, schließlich (n-r+1) Möglichkeiten für das r-te Element. Insgesamt gibt es also n(n-1)(n-2)...(n-r+1) verschiedene Stichproben.

Beispiel:

Im Beispiel (a) des Abschnitts 1.4.2.1 gibt es $V_{2,6} = \frac{6!}{(6-2)!} = \frac{6!}{4!} =$
= 30 geordnete Stichproben ohne Zurücklegen.

Interessant ist der Fall r = n. Dann erhält man $P_n = V_{n,n} =$
= n(n-1)n-2)...·2·1 = n!. In diesem Spezialfall sind alle Elemente der Menge S in jeder Stichprobe enthalten. Die einzelnen Stichproben unterscheiden sich lediglich durch die Anordnung der n Elemente. Dieser Spezialfall der geordneten Stichproben ohne Zurücklegen wird in der Kombinatorik als Permutation (ohne Wiederholung) bezeichnet. Die Zahl der Permutationen gibt Anzahl der möglichen Anordnungen von n verschiedenen Elementen an.

Beispiel:

Es gibt 4! = 4·3·2·1 = 24 verschiedene Möglichkeiten, 4 Bücher in einem Regal anzuordnen.

1.4.4. Ungeordnete Stichproben

In diesem Abschnitt ist für die Auswahl von r aus n verschiedenen Elementen die Reihenfolge der Ziehung unerheblich. Stichproben werden als gleich betrachtet, wenn sie die gleichen Elemente enthalten, sich aber durch die Reihenfolge der Ziehung dieser Elemente unterscheiden. Je nachdem ob gezogene Elemente in die Urne zurückgelegt werden oder nicht, spricht man von ungeordneten Stichproben mit Zurücklegen bzw. ungeordneten Stichproben ohne Zurücklegen.

1.4.4.1. Ungeordnete Stichproben ohne Zurücklegen

Es gibt insgesamt

$$K_{r,n} = \frac{V_{r,n}}{r!} = \frac{n!}{r!(n-r)!} = \binom{n}{r}$$

verschiedene ungeordnete Stichproben ohne Zurücklegen im Umfang r aus n Elementen.

Die Bezeichnung $K_{r,n}$ stammt aus der Kombinatorik, wo eine Auswahl von r aus n Elementen ohne Beachtung der Reihenfolge und ohne Zurücklegen als Kombination (ohne Wiederholung) bezeichnet wird.

Beweis:
Auch in diesem Fall sind die Elemente der Produktmenge, die ein beliebiges Element aus der Menge S mehr als einmal enthalten, keine Stichproben. Alle anderen Elemente der Produktmenge sind Stichproben, aber nicht alle unter diesen sind verschiedene Stichproben. Stichproben mit den gleichen Elementen, aber in unterschiedlicher Reihenfolge gezogen, sind identisch. Wieviele

verschiedene Stichproben es im Sinne der hier vorliegenden Ziehungsvorschrift gibt, soll nun gezeigt werden.

Man geht aus von den Variationen ohne Wiederholung. Davon gibt es insgesamt $V_{r,n} = \frac{n!}{(n-r)!}$. Alle Variationen mit den gleichen Elementen, aber verschiedener Reihenfolge, werden zu einer Gruppe zusammengefaßt. Jede Gruppe umfaßt r! Variationen und bildet genau eine Kombination ohne Wiederholung. Damit ergibt sich die Gesamtzahl der Kombinationen zu

$$K_{r,n} = \frac{V_{r,n}}{r!} = \frac{n!}{r!(n-r)!} = \binom{n}{r}$$

Beispiel:

In Beispiel (a) des Abschnitts 1.4.3.1 gibt es $K_{2,6} = \frac{6!}{2!4!} = 15$ verschiedene ungeordnete Stichproben ohne Zurücklegen.

Anwendungen

a) Bildung von Teilmengen aus der Obermenge S.

Jede ungeordnete Stichprobe ohne Zurücklegen stellt eine Teilmenge aus der Ausgangsmenge S dar. Die Zahl $K_{r,n}$ gibt die Anzahl der möglichen verschiedenen Teilmengen im Umfang r an, die man aus der Ausgangsmenge S bilden kann.

Beispiel:

Das Bridge-Spiel enthält insgesamt 52 Karten. Jeder Spieler erhält 13 Karten. Wieviele verschiedene Spiele (zu 13 Karten) kann ein Spieler erhalten?

Ergebnis: $\binom{52}{13}$

b) Zerlegung (Partition) der Obermenge S in zwei Teilmengen.

Unter einer Zerlegung (Partition) einer Obermenge S versteht man die Aufteilung der Elemente von S in k Teilmengen derart, daß keine Teilmenge leer ist und jedes Element von S genau einer Teilmenge zugeordnet wird.
Die formale Definition lautet wie folgt:

Gegeben sei eine Menge $\{A_1, A_2, \ldots, A_k\}$ von Teilmengen der Obermenge S mit folgenden Eigenschaften:

(1) $A_i \neq \emptyset$ für $i = 1, 2, \ldots, k$

(2) $A_i \cap A_j = \emptyset$ für alle $i, j, i \neq j$

(3) $\bigcup_{i=1}^{k} A_i = S$

Dann nennt man die Menge $\{A_1, A_2, \ldots, A_k\}$ eine Partition von S.

Es ist nun unmittelbar klar, daß jede Auswahl von r aus n Elementen eine Zerlegung der Menge S in k = 2 Teilmengen bedeutet; in eine erste mit den ausgewählten r Elementen und eine zweite mit den nicht ausgewählten n-r Elementen. Es gibt dann genau $\binom{n}{r}$ verschiedene Partitionen von S in zwei Teilmengen vom Umfang r bzw. n-r.

Beispiel:
Die Obermenge S = {1,2,3,4} soll in zwei Teilmengen vom Umfang $r_1 = r_2 = 2$ zerlegt werden. Dabei gibt es die folgenden $\binom{4}{2} = 6$ Möglichkeiten:

(1) $A_1 = \{1,2\}$ $A_2 = \{3,4\}$
(2) $A_1 = \{1,3\}$ $A_2 = \{2,4\}$
(3) $A_1 = \{1,4\}$ $A_2 = \{2,3\}$
(4) $A_1 = \{2,3\}$ $A_2 = \{1,4\}$
(5) $A_1 = \{2,4\}$ $A_2 = \{1,3\}$
(6) $A_1 = \{3,4\}$ $A_2 = \{1,2\}$

Es ist zu beachten, daß bei dieser Bestimmung der unterschiedlichen Partitionen die Reihenfolge erheblich ist, in der die einzelnen Teilmengen gebildet werden. So wird z.B. die Partition (1) als verschieden von der Partition (6) betrachtet.

c) Permutationen mit Wiederholung

Permutationen mit Wiederholung stellen eine Anwendung des Ergebnisses für ungeordnete Stichproben ohne Zurücklegen dar. Zur Darstellung der Problems muß eine der bisherigen Voraussetzungen geändert werden. Die Elemente von S sollen nach der Ziehung nicht mehr wie bisher alle voneinander unterscheidbar sein. Dies kann man z.B. erreichen, wenn man S in eine Teilmenge A_1 von r roten und eine Teilmenge A_2 von n-r schwarzen Kugeln ohne weitere Markierung zerlegt. Gefragt ist nach der Anzahl der unterscheidbaren Anordnungen der n-Elemente von S, die als Permutation mit Wiederholung bezeichnet werden. Es gibt dann insgesamt

$$P_{r,n-r} = \frac{n!}{r!(n-r)!} = \binom{n}{r}$$

verschiedene Permutationen mit Wiederholung.

Beweis:
Wenn alle n Elemente voneinander unterscheidbar sind, gibt es insgesamt n! Permutationen. Wir teilen nun alle Permutationen in Klassen ein. Jede Klasse enthält Permutationen, die an vorgegebenen Stellen beliebige Elemente aus A_1 haben, an den übrigen Stellen feste Elemente aus A_2. Jede Klasse enthält somit r! Permutationen. Wenn die Elemente von A_1 nicht mehr voneinander unterscheidbar sind, werden alle Permutationen einer Klasse identisch. Insgesamt gibt es dann also noch $\frac{n!}{r!}$ unterscheidbare Permutationen. Ganz entsprechend reduziert sich die Zahl der Permutationen auf $\frac{n!}{r!(n-r)!}$, wenn auch die Elemente von A_2 nicht voneinander unterscheidbar sind. Damit ergibt sich

$$P_{r,n-r} = \frac{n!}{r!(n-r)!} = \binom{n}{r}$$

Beispiele:

a) Wieviele verschiedene fünfstellige Zahlen kann man mit den Ziffern 1, 1, 3, 3, 3 bilden?

Ergebnis: $\frac{5!}{2!3!} = 10$

b) Ein Zug werde aus 6 Wagen zusammengestellt, wovon 2 Wagen der Klasse 1 und 4 Wagen der Klasse 2 sind. Dann gibt es insgesamt $\frac{6!}{2!4!}$ verschiedene Wagenreihungen.

1.4.4.2. Verallgemeinerung für ungeordnete Stichproben ohne Zurücklegen: sukzessive Ziehung mehrerer Stichproben

Aus einer Obermenge S mit n Elementen soll nun zunächst eine Stichprobe im Umfang r_1, aus den verbleibenden $n-r_1$ Elementen eine Stichprobe im Umfang r_2,..., schließlich aus $n-r_1-...-r_{k-1}$ Elementen eine Stichprobe im Umfang r_k gezogen werden. Dabei gilt folgendes:

Gegeben sei eine Menge S mit n verschiedenen Elementen. Ferner seien $r_1, r_2,...,r_k$ positive ganze Zahlen und $r_1 + r_2 +...+ r_k = n$. Dann gibt es insgesamt

$$P_{r_1,r_2,...,r_k} = \frac{n!}{r_1!r_2!...r_k!}$$

verschiedene Möglichkeiten, aus n Elementen zunächst eine Teilmenge im Umfang r_1, dann eine Teilmenge im Umfang r_2 usw. bis r_k auszuwählen. Solche Koeffizienten $P_{r_1,r_2,...,r_k}$ heißen Multinomialkoeffizienten.

Beweis:

Es gibt zunächst $\binom{n}{r_1}$ Möglichkeiten, eine Teilmenge im Umfang r_1 aus n Elementen auszuwählen, dann $\binom{n-r_1}{r_2}$ Möglichkeiten, r_2 Elemente aus den verbleibenden $n-r_1$ Elementen auszuwählen usw.

Insgesamt gibt es also

$$\binom{n}{r_1}\binom{n-r_1}{r_2}\binom{n-r_1-r_2}{r_3}\ldots\binom{n-r_1-r_2-\ldots-r_{k-2}}{r_{k-1}} \text{ Möglichkeiten,}$$

nacheinander die k Teilmengen auszuwählen. Dieses Ergebnis läßt sich umformen in:

$$\frac{n!}{r_1!(n-r_1)!} \cdot \frac{(n-r_1)!}{r_2!(n-r_1-r_2)!} \cdot \frac{(n-r_1-r_2)!}{r_3!(n-r_1-r_2-r_3)!} \cdot \ldots$$

$$\cdot \frac{(n-r_1-r_2-\ldots-r_{k-1})!}{r_k!(n-r_1-r_2-\ldots-r_k)!} = \frac{n!}{r_1!r_2!\ldots r_k!}$$

Anwendungsmöglichkeiten hierfür sind die Zerlegung der Obermenge in k Teilmengen und Permutationen mit Wiederholung.

Beispiele:

a) Wieviele verschiedene Möglichkeiten gibt es, 13 verschiedene Karten der gleichen Farbe an vier Spieler so zu verteilen, daß der erste Spieler 5, der zweite 4, der dritte 3 und der vierte Spieler 1 Karte erhält?

Ergebnis: $\frac{13!}{5!4!3!1!}$

b) Wieviele verschiedene fünfstellige Zahlen kann man mit den Ziffern 2, 2, 3, 4, 4 bilden?

Ergebnis: $\frac{5!}{2!1!2!} = 30$

c) Ein Zug wird aus 10 Wagen zusammengestellt, davon ist 1 Schlafwagen, 1 Speisewagen, 2 Wagen der 1. Klasse und 6 Wagen der 2. Klasse. Wieviele Wagenreihungen gibt es?

Ergebnis: $\frac{10!}{6!2!1!1!} = 2.520$

1.4.4.3. Ungeordnete Stichproben mit Zurücklegen

Es gibt insgesamt

$$K^w_{r,n} = \binom{n+r-1}{n-1} = \binom{n+r-1}{r}$$

verschiedene Möglichkeiten, r Elemente mit Zurücklegen und ohne Beachtung der Reihenfolge auszuwählen (Kombinationen mit Wiederholung).

Beweis:

Man beachte r Kugeln, die nicht voneinander unterscheidbar sind und n Urnen, die gebildet werden durch Einfügen von n-1 Trennwänden in eine Urne. Wir haben nun unter den obigen Modellannahmen die r Kugeln auf die n Urnen zu verteilen.

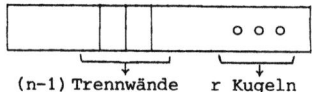

(n-1) Trennwände   r Kugeln

Aus dem Schema ist ersichtlich, daß die Zahl der Möglichkeiten gleich ist der Anzahl der Permutationen der n-1 nicht unterscheidbaren Trennwände und der r nicht unterscheidbaren Kugeln, also gleich $\frac{(n-1+r)!}{(n-1)!r!} = \binom{n+r-1}{r}$

Beispiel:

Bei einem Wurf mit zwei nicht unterscheidbaren Würfeln gibt es $\binom{6-1+2}{2} = \binom{7}{2} = 21$ verschiedene Ergebnisse.

1.5. DIE BETAFUNKTION UND GAMMAFUNKTION

1.5.1. Die Gammafunktion

1.5.1.1. Definition und Darstellung als Integral

Gegeben sei eine Zahl $k \varepsilon \mathbb{R} \setminus Z_o^-$ (d.h. eine reelle Zahl, die keine negative ganze Zahl ist). Die Gammafunktion $\Gamma(k)$ ist dann definiert als der Grenzwert

$$\Gamma(k) := \lim_{h \to \infty} \frac{h! h^k}{k(k+1)(k+2)\ldots(k+h)}$$

Falls k>0 ist, so kann die Gammafunktion in der üblicheren Form als Integral geschrieben werden:

$$\Gamma(k) = \int_o^{+\infty} e^{-t} \cdot t^{k-1} dt$$

(Zum Beweis vgl. H. Cramér: Mathematical Methods of Statistics, Princeton 1971, S. 128.)

Der Verlauf der Gammafunktion kann nachstehender Grafik entnommen werden:

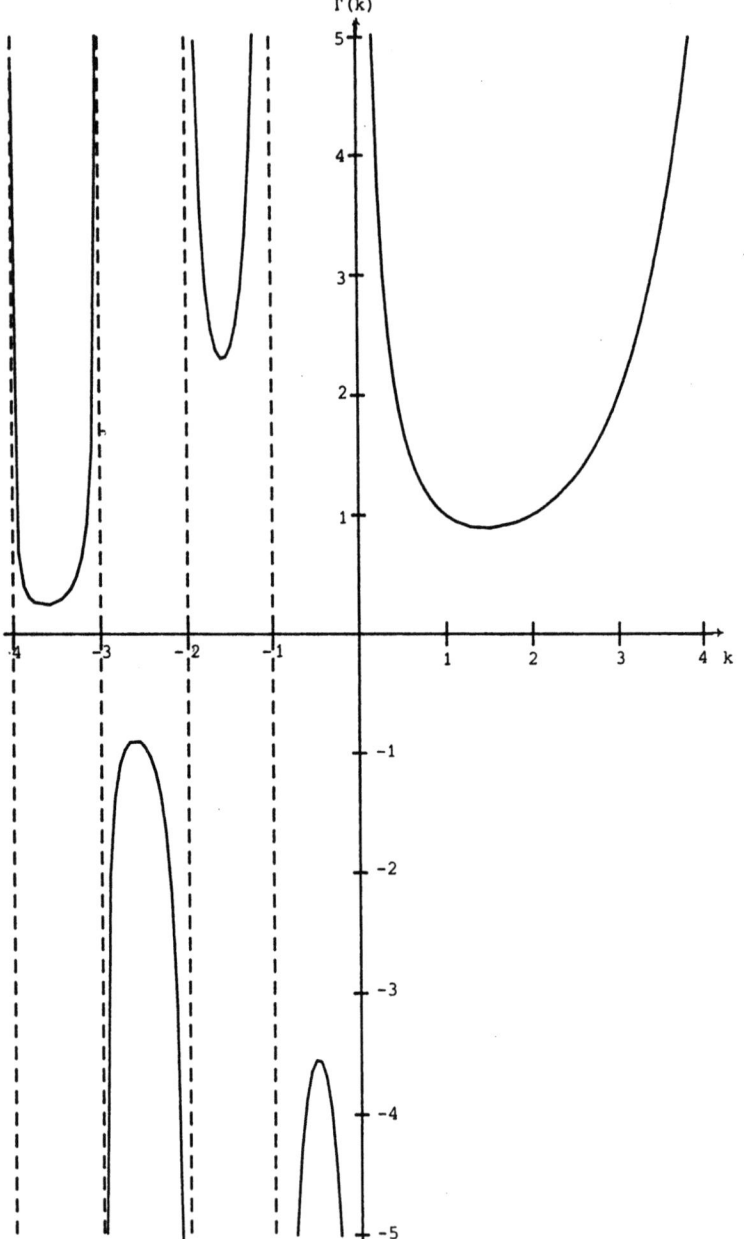

1.5.1.2. Eigenschaften

(a) Es gilt: $\Gamma(k) = (k-1) \cdot \Gamma(k-1)$

Beweis:

$$\Gamma(k) = \lim_{h\to\infty} \frac{h! h^k}{k(k+1)(k+2)\ldots(k+h-1)(k+h)} =$$

$$= \lim_{h\to\infty} \left[\frac{h \cdot (k-1)}{k+h} \cdot \frac{h! h^{k-1}}{(k-1)k(k+1)\ldots(k-1+h)} \right] =$$

$$= (k-1) \cdot \lim_{h\to\infty} \frac{h}{k+h} \cdot \lim_{h\to\infty} \frac{h! h^{k-1}}{(k-1)k(k+1)\ldots(k-1+h)} =$$

$$= (k-1) \cdot \Gamma(k-1)$$

(b) Es gilt: $\Gamma(1) = 1$

Beweis:

Der Beweis wurde bereits im 1. Schritt des Induktionsbeweises zu Aufgabe 1.2. geliefert.

(c) Es gilt: $\Gamma(k) = (k-1)!$ $\qquad$ falls $k \in \mathbb{N}$

Beweis:

Vgl. Aufgabe 1.2.
Anm.: Besonders in den angelsächsischen Ländern ist die Schreibweise mit Fakultätszeichen (!) auch für gebrochene Werte üblich. Dort steht z.B. 3,8! für $\Gamma(4,8)$.

(d) Es gilt: $\Gamma(\frac{1}{2}) = \sqrt{\pi}$

Beweis:

Der Beweis kann erst nach Einführung der Betafunktion erbracht werden (vgl. 1.5.2.).

(e) Die Stirling'sche Näherungsformel (vgl. 1.4.2.1.) gilt allgemein für große reelle Zahlen. Die Formel für n! stellt lediglich einen Spezialfall dar. Es gilt:

$$\Gamma(k) \doteq k^k \cdot e^{-k} \cdot \sqrt{\frac{2\pi}{k}} \qquad \text{wenn } k \to \infty$$

(Zum Beweis vgl. H. Cramér, a.a.O., S. 129 f.)
Für den Sonderfall der Fakultätsfunktion ergibt sich
dann die in 1.4.2.1. angegebene Formel, denn es ist:

$$k! = \Gamma(k+1) = k \cdot \Gamma(k) \doteq k \cdot k^k \cdot e^{-k} \cdot \sqrt{\frac{2\pi}{k}} =$$
$$= k^k \cdot e^{-k} \sqrt{2\pi k}$$

1.5.2. Die Betafunktion

1.5.2.1. Definition und Darstellung durch Gammafunktionen

Gegeben seien zwei positive reelle Zahlen p und q. Dann ist die Betafunktion B(p,q) definiert als das Integral

$$B(p,q) := \int_0^1 t^{p-1} \cdot (1-t)^{q-1} dt$$

Jede Betafunktion läßt sich als Quotient von Gammafunktionen darstellen. Es ist:

$$B(p,q) = \frac{\Gamma(p) \cdot \Gamma(q)}{\Gamma(p+q)}$$

(Zum Beweis vgl. H. Cramér, a.a.O., S. 127.)

1.5.2.2. Eigenschaften

(a) Es gilt: $B(p,q) = B(q,p)$

Beweis:
$$B(p,q) = \frac{\Gamma(p) \cdot \Gamma(q)}{\Gamma(p+q)} = \frac{\Gamma(q) \cdot \Gamma(p)}{\Gamma(q+p)} = B(q,p)$$

(b) Falls p und q natürliche Zahlen sind, gilt:

$$B(p,q) = \frac{p+q}{p \cdot q} \cdot \frac{1}{\binom{p+q}{p}}$$

Beweis:

$$B(p,q) = \frac{\Gamma(p) \cdot \Gamma(q)}{\Gamma(p+q)} = \frac{(p-1)!(q-1)!}{(p+q-1)!} = \frac{p+q}{p \cdot q} \cdot \frac{p!q!}{(p+q)!} = \frac{p+q}{p \cdot q} \cdot \frac{1}{\binom{p+q}{p}}$$

(c) Mit Hilfe der Betafunktion kann die Richtigkeit der Behauptung $\Gamma(\frac{1}{2}) = \sqrt{\pi}$ bewiesen werden:

Es ist $\Gamma(\frac{1}{2}) = \sqrt{\left[\Gamma(\frac{1}{2})\right]^2} = \sqrt{\left[\Gamma(\frac{1}{2})\ \Gamma(\frac{1}{2})\right]} = \sqrt{B(\frac{1}{2},\frac{1}{2})}$

Nun gilt aber für $B(\frac{1}{2},\frac{1}{2})$ nach Definition:

$$B(\frac{1}{2},\frac{1}{2}) = \int_0^1 t^{-\frac{1}{2}} \cdot (1-t)^{-\frac{1}{2}} dt =$$

$$\begin{bmatrix} \text{Substitution:} \\ u = 2t-1 \Rightarrow t = \frac{1+u}{2}; \ 1-t = \frac{1-u}{2} \\ dt = \frac{1}{2} du \\ \text{Neue Untergrenze: } -1 \\ \text{Neue Obergrenze: } +1 \end{bmatrix}$$

$$= \int_{-1}^{1} (\frac{1+u}{2})^{-\frac{1}{2}} \cdot (\frac{1-u}{2})^{-\frac{1}{2}} \cdot \frac{1}{2} du =$$

$$= \int_{-1}^{1} \frac{1}{\sqrt{(1+u)(1-u)}} du = \int_{-1}^{1} \frac{1}{\sqrt{1-u^2}} du =$$

$$= \left[\arcsin u\right]_{-1}^{1} = \frac{\pi}{2} - (-\frac{\pi}{2}) = \pi$$

Damit wird $\Gamma(\frac{1}{2}) = \sqrt{B(\frac{1}{2},\frac{1}{2})} = \sqrt{\pi}$

Aufgaben zu Kaptiel 1:

Abschnitt 1.1

1.1.1. Gegeben sei eine $n \times n$ Matrix (a_{ij}). Geben Sie eine Summationsvorschrift an

   a) für alle Elemente oberhalb der Hauptdiagonalen,
   b) für alle Elemente der Nebendiagonalen und darunter.

   Hinweis: Die Elemente a_{ii} ($i = 1,2,...,n$) bilden die Hauptdiagonale, die Elemente $a_{i,n-i+1}$ ($i = 1,2,...,n$) bilden die Nebendiagonale.

1.1.2. Gegeben sei eine Matrix (a_{ij}) $i,j = 0,1,2,...,\infty$. Entwerfen Sie eine Summationsvorschrift, nach der in der folgenden Weise summiert wird:

$$a_{oo} + (a_{1o}+a_{o1}) + (a_{2o}+a_{11}+a_{o2}) + (a_{3o}+a_{21}+a_{12}+a_{o3}) + ...$$

1.1.3. Bilden Sie die Summe der Reihe

$$s = 1 + \frac{1}{3} + \frac{1}{9} + \frac{1}{27} + ...$$

1.1.4. Gegeben seien die Werte $a_o, a_1,...,a_n$, $a_i \neq 0, i = 0,1,2,...,n$
   Berechnen Sie
$$\prod_{i=1}^{n} \frac{a_i}{a_{i-1}}$$

1.1.5. Fassen Sie die folgenden Summen zu einem Ausdruck zusammen:
$$\sum_{k=1}^{6} (3k+2) + \sum_{i=0}^{5} (3i+2)$$

1.1.6. Bestimmen Sie die Summe der Reihe
$$s = 1 + 2x + 3x^2 + 4x^3 + ... \quad (|x|<1)$$
unter Benutzung der Schreibweise
$$\begin{aligned}
s = 1 &+ x + x^2 + x^3 + x^4 + x^5 + ... \\
&+ x + x^2 + x^3 + x^4 + x^5 + ... \\
& + x^2 + x^3 + x^4 + x^5 + ... \\
& + x^3 + x^4 + x^5 + ... \\
& + x^4 + x^5 + ... \\
& + x^5 + ...
\end{aligned}$$

Abschnitt 1.2.

1.2.1. Beweisen Sie die folgenden Potenzsummenformeln:

a) $\sum_{i=1}^{n} i = \frac{n(n+1)}{2}$ $(n \geq 1)$

b) $\sum_{i=1}^{n} i^2 = \frac{n(n+1)(2n+1)}{6}$ $(n \geq 1)$

1.2.2. Beweisen Sie die folgenden Summenformeln:

a) $\sum_{i=1}^{n} i(i+1) = \frac{n(n+1)(n+2)}{3}$ $(n \geq 1)$

b) $\sum_{i=1}^{n} i(i+1)(i+2) = \frac{n(n+1)(n+2)(n+3)}{4}$ $(n \geq 1)$

1.2.3. Beweisen Sie die folgenden Relationen:

a) $\sqrt{n} < \frac{n+1}{2}$ $(n \geq 2)$

b) $2^n > n^2$ $(n \geq 5)$

1.2.4. Die sog. "Gammafunktion" $\Gamma(n)$ einer reellen Zahl n ist als Grenzwert definiert:

$$\Gamma(n) = \lim_{h \to \infty} \frac{h! \cdot h^n}{n \cdot (n+1) \cdot \ldots \cdot (n+h)}$$

a) Zeigen Sie durch vollständige Induktion, daß gilt:
$\Gamma(n) = (n-1)!$, falls n eine natürliche Zahl ist!
(Hinweis: 0! = 1).

b) Falls n eine positive reelle Zahl ist, so kann man $\Gamma(n)$ in der (üblicheren) Form

$$\Gamma(n) = \int_{0}^{+\infty} e^{-t} \cdot t^{n-1} dt$$

schreiben. Beweisen Sie die Behauptung von a) unter Verwendung dieser Integraldarstellung!

Abschnitt 1.3.

1.3.1. Stellen Sie in Mengenschreibweise dar:
a) Die Menge aller natürlichen Zahlen $\mathbb{N}$.
b) Die Menge A aller reellen Zahlen, die kleiner als Null oder größer als Null sind.
c) Die Menge B aller reellen positiven Zahlen.
d) Die Menge C aller reellen Zahlen, die größer als -1, aber nicht größer als 5 sind.
e) Die Menge D aller natürlichen Zahlen, die nicht größer als 5,5 sind.
f) Die Menge E aller möglichen geradzahligen Ergebnisse beim einmaligen Würfeln.
g) Die Menge F aller möglichen ungeradzahligen Ergebnisse beim einmaligen Würfeln.
h) Die Menge G aller reellen Zahlen x für die gilt: $x^2 + 1 = 0$.
i) Die Menge H aller geradzahligen Primzahlen.

1.3.2.
a) Finden Sie unter den Mengen der Aufgabe 1 diejenigen heraus, die zueinander Teil- und Obermengen sind.
b) Zeigen Sie, daß die Menge M = {-7;1} enthalten ist in der Menge Q aller reellen Zahlen x, die Lösungen der Gleichung $x^2 + 6x - 7 = 0$ sind.
c) Gegeben seien die reellen Intervalle:
$I_1 = [-1,5[$; $I_2 = [2,6]$; $I_3 =]1,5[$
wobei gilt:
$I_1 = \{x | x \in \mathbb{R}; -1 \leq x < 5\}$, halboffenes Intervall (nur ein Grenzwert im Intervall);
$I_2 = \{x | x \in \mathbb{R}; 2 \leq x \leq 6\}$, abgeschlossenes Intervall (beide Grenzwerte im Intervall);
$I_3 = \{x | x \in \mathbb{R}; 1 < x < 5\}$, offenes Intervall (kein Grenzwert im Intervall).
Prüfen Sie die Richtigkeit der Behauptung nach:
$I_1 \subset I_2$; $I_3 \subset I_2$; $I_1 \subset I_3$.

1.3.3.
a) Berechnen Sie das Komplement von I_1 bezüglich $\mathbb{R}$ aus 1.3.2.c)
b) Berechnen Sie das Komplement von I_3 bezüglich $\mathbb{R}$ aus 1.3.2.c)
c) Berechnen Sie das Komplement der Menge aus 1.3.1.e) bezüglich der Menge der natürlichen Zahlen.

1.3.4.
a) Berechnen Sie den Durchschnitt der Mengen I_1 und I_2 sowie $I_2 \smallsetminus I_3$ aus 1.3.2.c)
b) Ermitteln Sie die Menge aller Elemente x für die gilt: "x ist in der Menge M_1 aller möglichen geradzahligen Ergebnisse bei einmaligem Würfeln enthalten" und "x ist in der Menge M_2 aller möglichen Würfelergebnisse enthalten, die nicht größer als 3 sind".
c) Berechnen Sie $[-1,1] \cap]1,2]$.

1.3.5. a) Ermitteln Sie $I_1 \cup I_2$ und $I_2 \cup I_3$ aus 1.3.2.c).
        b) Ermitteln Sie für zwei Mengen A und E mit $A \subset E$ die Vereinigungsmenge von A mit dem Komplement von A bezüglich E.

1.3.6. a) Berechnen Sie $I_1 \setminus I_2$ aus 1.3.2.c)
        b) Welche Elemente bilden die Differenzmenge zwischen der "Menge aller möglichen geradzahligen Würfelergebnisse" und der "Menge aller Würfelergebnisse nicht größer als 3".

1.3.7. a) Gegeben sind die Mengen
        $A = \{x \mid x$ ist eine reelle Zahl nicht größer als $5\}$ und
        $B = \{x \mid x \in \mathbb{R}; 3 \leq x < 10\}$
        Bilden Sie $\overline{A \cup B}^{\mathbb{R}}$!
        b) Wenn $M = (A \cup B) \cup C$, in welchen der Mengen A, B, C muß x mindestens enthalten sein, damit gilt: $x \in M$?
        c) Beweisen Sie: $A \cap (B \cup C) = (A \cap B) \cup (A \cap C)$.

1.3.8. Es sei $A = \{0,1,2,3,4\}$. Bestimmen Sie die Elemente der folgenden Mengen:
        a) $\{x \mid x \in A; 2x-4=0\}$
        b) $\{x \mid x \in A; x+1>0\}$
        c) $\{x \mid x \in A; x^2-x<0\}$
        d) $\{x \mid x \in A; 2x-1<0\}$

1.3.9. Eine Anzahl Personen kann man nach der Zugehörigkeit zu Blutgruppen und nach dem Vorhandensein des Rhesusfaktors einteilen, indem man die Blutgruppen auf die Anwesenheit der drei Faktoren A, B und Rh untersucht. Das Blut gehört zur Gruppe AB, wenn es sowohl A wie B enthält, zur Gruppe A, wenn es nur A aber nicht B, zur Gruppe B, wenn es nur B aber nicht A, und zur Gruppe O, wenn es weder A noch B enthält. Außerdem wird es als Rhesus positiv (+) bzw. negativ (-) bezeichnet, je nachdem der Rhesusfaktor vorhanden ist oder nicht.
        Mit A, B, Rh seien nun die Mengen der Personen bezeichnet, deren Blut den betreffenden Faktor enthält.
        Bei einer Reihenuntersuchung von 100 Personen habe sich folgende Liste ergeben:
        50 enthalten den Faktor A, 52 B, 40 Rh, 20 A und B, 13 A und Rh, 15 B und Rh, 5 A,B und Rh.
        Wieviele Personen gehören der Blutgruppe O negativ an?

1.3.10. Für zwei beliebige Mengen A_1 und A_2 ($A_1, A_2 \subseteq S$) gelten bekanntlich die de-Morgan'schen Gesetze
        $\overline{(A_1 \cup A_2)} = \overline{A_1} \cap \overline{A_2}$ und $\overline{(A_1 \cap A_2)} = \overline{A_1} \cup \overline{A_2}$

        Seien nun n Mengen $A_i \subseteq S$ gegeben (i=1;...;n). Beweisen Sie durch vollständige Induktion die Verallgemeinerung der obigen Gesetze:

        a) $\overline{\bigcup_{i=1}^{n} A_i} = \bigcap_{i=1}^{n} \overline{A_i}$ b) $\overline{\bigcap_{i=1}^{n} A_i} = \bigcup_{i=1}^{n} \overline{A_i}$

Abschnitt 1.4.

1.4.1. Wie groß ist die Anzahl der Möglichkeiten, neun Spielzeuge unter vier Kindern aufzuteilen, wenn das jüngste Kind drei Sachen erhalten soll und die übrigen je zwei?

1.4.2. Ein Bauer kauft auf dem Markt vier Hühner, drei Pferde und drei Schweine von einem Händler, der sieben Hühner, vier Pferde und fünf Schweine hat. Wieviele Wahlmöglichkeiten hat der Bauer?

1.4.3. Vier Ökonomiebücher, drei Statistikbücher, drei Gesetzestexte und zwei Managementbücher, die alle verschieden sind, sollen auf einem Bücherregal so angeordnet werden, daß alle Bücher des selben Fachgebietes beieinander stehen. Wieviele Möglichkeiten gibt es?

1.4.4. Auf wieviele Arten kann sich eine Gesellschaft von sieben Personen
a) auf eine Reihe von sieben Stühlen setzen?
b) um einen runden Tisch mit sieben Plätzen setzen?

1.4.5.
a) Wie oft können sich drei Bayern und zwei Ostfriesen unterschiedlich in eine Reihe setzen?
b) Wie oft können sie sich in eine Reihe setzen, wenn jeweils die Bayern und die Ostfriesen nebeneinander sitzen wollen?
c) Wie oft können sie sich in eine Reihe setzen, wenn nur die Ostfriesen nebeneinander sitzen wollen?

1.4.6.
a) Wieviele Möglichkeiten haben vier Knaben und vier Mädchen, sich in eine Reihe zu setzen, wenn Knaben und Mädchen abwechseln sitzen wollen?
b) Wieviele Möglichkeiten gibt es für eine in a) beschriebene "bunte Reihe", wenn ein bestimmter Knabe und ein bestimmtes Mädchen nebeneinander sitzen wollen?
c) Wieviele Möglichkeiten gibt es, wenn unter sonst gleichen Voraussetzungen die beiden nicht nebeneinander sitzen wollen?

1.4.7.
a) Wieviele Möglichkeiten gibt es, k verschiedene Kugeln in n Urnen zu legen? Welchem Stichprobenmodell entspricht dieses Problem?
b) In wievielen Fällen ist die Urne Nr. 1 leer?
c) In wievielen Fällen enthält die Urne Nr. 1 genau eine Kugel?
d) In wievielen Fällen enthält jede Urne höchstens eine Kugel ($n > k$)?
Hinweis: Das Problem, k Kugeln in n Urnen zu legen, hat außergewöhnlich viele Anwendungsmöglichkeiten; vgl. die Beispiele von Münz- und Würfelwürfen.

1.4.8. Das Alphabet hat 26 Buchstaben. Wieviele Buchstabenfolgen (nicht alle Buchstabenfolgen sind sinnvolle Wörter) mit höchstens vier Buchstaben kann man bilden?

1.4.9. Drei Politiker A, B und C werfen je einen fairen Würfel.
   a) Wieviele mögliche Ergebnisse kann es geben?
   b) Wieviele Ergebnisse sind möglich bei unterschiedlichen Augenzahlen?

1.4.10. Aus fünf Bewerbern will die Stammtischgesellschaft "Blous a Seidla" ihr Präsidium wählen: einen Vorstand, einen Kassier und einen Schriftführer. Wieviele Möglichkeiten sind denkbar (Ämterhäufung ist nicht zugelassen)?

1.4.11. An einem Langlauf nehmen 9 Athleten teil. Nach ihrer Reihenfolge beim Zieleinlauf gelangen die ersten 5 in die Siegerliste.
   a) Wieviele Listen sind denkbar?
   b) Wieviele Listen gibt es, in denen ein bestimmter Wettkämpfer vertreten ist?

1.4.12. Eine Delegation von vier Personen wird von einer Firma auf einen Kongreß geschickt.
   Wieviele Möglichkeiten gibt es
   a) die Delegation zu besetzen, wenn die Teilnehmer aus 12 Personen ausgewählt werden sollen?
   b) wenn zwei Personen den Kongreß nicht gemeinsam besuchen wollen?
   c) wenn ein Ehepaar unter den 12 Personen den Kongreß nur gemeinsam besuchen will?
   (Die Reihenfolge der Auswahl sei jeweils unerheblich!)

1.4.13. Wieviele Diagonalen hat ein reguläres n-seitiges Vieleck?

1.4.14. Auf wieviele Arten kann man beim Skatspielen die Karten austeilen?

1.4.15.
   a) Wieviele Möglichkeiten gibt es, aus einer Urne mit n sämtlich voneinander verschiedenen Kugeln k Kugeln ohne Beachten der Reihenfolge und mit Wiederholung zu ziehen?
   b) Wieviele Möglichkeiten gibt es, k völlig identische Kugeln auf n verschiedene Urnen zu verteilen?

1.4.16. Zeigen Sie durch vollständige Induktion für festes c die Gültigkeit der Beziehung

$$\binom{n+1}{c+1} = \sum_{i=c}^{n} \binom{i}{c} \qquad \text{für } n \geq c$$

1.4.17. Zeigen Sie durch vollständige Induktion die Gültigkeit des binomischen Lehrsatzes

$$(x+y)^n = \sum_{i=0}^{n} \binom{n}{i} x^i y^{n-i}$$

Im Anschluß daran soll gezeigt werden, daß die Potenzmenge einer Menge mit n Elementen 2^n Elemente hat.

2. Wahrscheinlichkeitsräume

2.1. ZUFALLSVORGÄNGE

In den Wirtschafts- und Sozialwissenschaften wird versucht, Vorgänge des Wirtschafts- und Gesellschaftssystems zu beschreiben. Diese Vorgänge vollziehen sich im Rahmen einer Vielzahl von Bedingungen. Der Vorgang "Verbrauch eines Haushalts in einer Rechnungsperiode" z.B. ist abhängig von der Wahl der Periode, dem Einkommen des Haushalts, seiner Vermögenssituation, der Anzahl der Haushaltsmitglieder, dem Beruf des Haushaltsvorstandes und von vielen weiteren Einflußgrößen.

Das Ergebnis eines Vorgangs wie dem "Verbrauch eines Haushalts in einer Rechnungsperiode" kann im voraus nicht genau bestimmt werden. Dafür lassen sich zwei Begründungen finden:

a) Man kann von der Vorstellung ausgehen, daß das Ergebnis des hier erwähnten Vorgangs genau bestimmbar ist, wenn man alle Einflußgrößen und deren Wirkungsweise kennt. Diese Voraussetzung wird jedoch in der Realität nie erfüllt sein; einige der Einflußgrößen sind in ihrem Einfluß auf das Ergebnis des hier betrachteten Vorgangs nicht exakt quantifizierbar, andere sind überhaupt nicht quantifizierbar und wieder andere gar unbekannt.

b) Man kann die Ansicht vertreten, daß unabhängig von allen Einflußfaktoren ein Element der Unberechenbarkeit im menschlichen Verhalten liegt, das die Ergebnisse seines Handelns in gewissen Grenzen unvorhersehbar macht. Dies soll besagen, daß man die Entscheidung, ob ein Gut gekauft werden soll oder nicht, innerhalb gewisser Grenzen durch das Ergebnis eines Münzwurfs beschreiben kann.

Welcher der beiden Begründungen man auch zuneigt, beide
führen zu dem Schluß, daß das Ergebnis des betrachteten
Vorgangs im voraus, d.h. vor seiner Durchführung, nicht
genau vorhergesagt werden kann.

Man kann versuchen, einen Vorgang derart zu wiederholen,
daß die wichtigsten Bedingungen konstant gehalten werden.
In dem betrachteten Beispiel könnte dies bedeuten, daß der
betrachtete Haushalt in kurzem zeitlichen Abstand noch
einmal beobachtet wird oder daß ein anderer Haushalt mit
vergleichbarem Einkommen, vergleichbarer Vermögenssituation, Ausbildung, Mitgliederzahl usw. beobachtet wird.
Dann wird - wegen Unterschieden in den nicht kontrollierbaren Bedingungen und/oder dem Zufallselement im menschlichen Verhalten - das Ergebnis dieses Vorgangs, also die
Höhe des Verbrauchs des Haushaltes, i.a. vom Ergebnis des
ersten Versuchs abweichen und wiederum im voraus nicht bestimmbar sein.

Die bisherigen Überlegungen sollen dem Verständnis dessen
dienen, was man als Zufallsvorgang definiert: Vorgänge,
die wirklich oder wenigstens gedanklich unter unveränderten Bedingungen wiederholbar sind, und deren Resultat
nicht eindeutig vorhergesagt werden kann, nennt man Zufallsvorgänge. Es soll noch kurz erläutert werden, warum
die Wiederholbarkeit unter gleichen Bedingungen eine
wichtige Voraussetzung für Zufallsvorgänge ist: Über den
Ausgang eines einzelnen Vorgangs kann man keine Aussagen
machen - so ist ein Zufallsvorgang definiert. Wird jedoch
ein Zufallsvorgang unter gleichen Bedingungen häufig wiederholt, so kann man über das Ergebnis dieser Serie von
Zufallsvorgängen sehr wohl Aussagen machen in dem Sinne,
daß man die erwartete relative Häufigkeit des Auftretens
für jedes einzelne mögliche Ergebnis des Vorgangs angeben
kann. Dies ist das Anliegen der Wahrscheinlichkeitstheorie.

Ein Beispiel: Über den Ausgang eines einzelnen Würfelwurfs kann man keine Aussagen machen, sehr wohl aber über den Ausgang einer Serie von Würfelwürfen, d.h. man kann Aussagen darüber machen, wie oft in einer Serie die 1, 2, 3, 4, 5 oder 6 zu erwarten sind.

Einige Beispiele von Zufallsvorgängen seien nun noch angeführt:

a) Einmaliges Werfen eines Würfels.
b) Einmaliges Werfen eines Münze.
c) Zweimaliges Werfen eines Würfels.
d) Dreimaliges Werfen einer Münze.
e) Werfen einer Münze, bis zum ersten Mal Wappen erscheint.
f) Die Auswahl von zehn Karten aus dem Stapel von 32 Karten beim Skatspiel.
g) Abbrennen einer Glühbirne (Merkmal: Lebensdauer).
h) Anstellen an einem Postschalter (Merkmal: Wartezeit).
i) Das Überleben oder Sterben einer Person eines bestimmten Alters, Geschlechts usw. in einer Periode.
k) Befruchtung einer menschlichen Eizelle (Merkmal: Geschlecht des entstehenden Kindes).

Für das Verständnis von Zufallvorgängen ist es nützlich, sich Geräte vorzustellen, mit denen man Ergebnisse von Zufallsvorgängen erzeugen kann - sog. Zufallsgeneratoren. Für die Beispiele aus dem Bereich der Glücksspiele ist dies relativ einfach. Beispiel (c) ist einfach darzustellen als ein Gerät, das fortgesetzt zweifache Würfelwürfe durchführt; man könnte es sich auch als fortgesetzte Ziehung von zwei Kugeln mit Zurücklegen aus einer Urne mit 6 Kugeln vorstellen. Für Beispiel (d) wäre der Zufallsgenerator ein Gerät, das fortgesetzt dreifache Münzwürfe durchgeführt oder alternativ aus einer Urne mit 2 Kugeln fortgesetzt 3 Kugeln mit Zurücklegen zieht. Dabei sollen diese Geräte die Eigenschaft haben, daß keine der möglichen Kugeln, Zahlen oder Symbole bevorzugt vor anderen ge-

zogen werden. Diese Bedingung wird im Abschnitt 2.3 weiter
erläutert.

Für das Verständnis von Zufallsvorgängen aus dem ökonomischen Bereich mag es hilfreich sein, geeignete Zufallsgeneratoren aus dem Glücksspielbereich heranzuziehen. Man könnte sich in Beispiel (k) vorstellen, daß das Geschlecht eines neugeborenen Kindes durch Ziehung einer Kugel aus einer Urne mit zwei Kugeln (von denen eine mit "m", die andere mit "w" bezeichnet ist) bestimmt wird. Diese Form des Zufallsgenerators wäre allerdings ungeeignet, da die Kugeln "m" nach Definition des Zufallsgenerators nicht bevorzugt gegenüber "w" gezogen werden darf, was mit der Realität nur grob übereinstimmt. Geeigneter wäre die Auswahl einer Kugel aus einer Urne mit 1.000 Kugeln, von denen 514 die Bezeichnung "m" und 486 die Bezeichnung "w" tragen. Die Begründung dafür wird in Abschnitt 2.3 gegeben, wenn der Begriff der Wahrscheinlichkeit eingeführt wird. Auch für die übrigen Beispiele aus dem Wirtschafts- und Gesellschaftsleben lassen sich geeignete Zufallsgeneratoren aus dem Glücksspielbereich angeben.

Einem möglichen Mißverständnis soll hier vorgebeugt werden. Die Anwendung von Zufallsgeneratoren des Glücksspielbereichs auf den ökonomischen Bereich bedeutet nicht, daß ökonomische Vorgänge in der realen Welt auf diese Weise ablaufen. Sie können den Verlauf ökonomischer Vorgänge nicht erklären, sondern bestenfalls einen Ablauf beschreiben, dessen Ergebnisse mit denen der realen Welt verträglich sind.

Es soll zum Abschluß noch einmal auf die Voraussetzung konstanter Bedingungen bei Wiederholung von Zufallsvorgängen hingewiesen werden. Diese Voraussetzung ist in wirtschaftlichen Anwendungen im allgemeinen nur unzureichend erfüllt. Hier kann man allenfalls hoffen, daß die

Bedingungen kurzfristig konstant sein werden. Dies gilt sowohl für das Beispiel des Privaten Verbrauchs als auch für das Beispiel "Überleben einer Periode" (Beispiel (i)). Die wirtschaftlichen Bedingungen ändern sich ständig, durch Fortschritt in der Medizin z.B. wird die Lebenserwartung ständig verändert. Man muß daher bei wirtschaftlichen Vorgängen stets prüfen, ob man sie als Zufallsvoränge interpretieren kann.

2.2. DER STICHPROBENRAUM (ERGEBNISRAUM)

Der Ausgang eines Zufallsvorgangs heißt sein Ergebnis oder eine Stichprobe. Die Menge aller möglichen Ergebnisse eines Zufallsvorgangs heißt der Ergebnisraum oder der Stichprobenraum. Für einige der in 2.1 angegebenen Beispiele sollen nun die Stichprobenräume angegeben werden.

Beispiele:

a) Einmaliges Werfen eines Würfels
  Der Zufallsvorgang "einmaliges Werfen eines Würfels" hat 6 mögliche Ergebnisse: 1,2,3,4,5,6. Daher lautet der Stichprobenraum
  $S = \{1,2,3,4,5,6\}$

b) Einmaliges Werfen einer Münze
  Dieser Zufallsvorgang hat die möglichen Ergebnisse Wappen und Zahl, so daß
  $S = \{w,z\}$

c) Zweimaliges Werfen eines Würfels
  Jedes Ergebnis dieses Zufallsvorgangs ist ein Zahlenpaar, bestehend aus dem Ergebnis des 1. Wurfes und dem Ergebnis des 2. Wurfes. Bezeichnet man mit S_1 den Stichprobenraum des 1. Wurfes und mit S_2 den Stichprobenraum des 2. Wurfes, so ist $S_1 = S_2 = \{1,2,3,4,5,6\}$. Der Stichprobenraum S des Zufallsvorgangs "Zweimaliger Würfelwurf" läßt sich dann (bei Beachten der Reihenfolge) durch die Produktmenge
  $S = S_1 \times S_2 = \{(1,1), (1,2), (1,3), (1,4), (1,5), (1,6),$
  $(2,1), (2,2), (2,3), (2,4), (2,5), (2,6),$
  $(3,1), (3,2), (3,3), (3,4), (3,5), (3,6),$
  $(4,1), (4,2), (4,3), (4,4), (4,5), (4,6),$
  $(5,1), (5,2), (5,3), (5,4), (5,5), (5,6),$
  $(6,1), (6,2), (6,3), (6,4), (6,5), (6,6)\}$
  darstellen.

d) Dreimaliges Werfen einer Münze
   Jedes Ergebnis ist ein Tripel von Symbolen w oder z. Mit $S_1 = S_2 = S_3 = \{w,z\}$ ist der Stichprobenraum dieses Zufallsvorgangs
   $S = S_1 \times S_2 \times S_3 = \{(z,z,z), (z,z,w), (z,w,z), (w,z,z),$
   $(w,w,z), (w,z,w), (z,w,w), (w,w,w)\}$

e) Werfen einer Münze, bis zum ersten Mal Wappen erscheint
   Für diesen Zufallsvorgang lautet der Stichprobenraum
   $S = \{(w), (w,z), (w,w,z), (w,w,w,z), (w,w,w,w,z),...\}$

f) Die Lebensdauer einer Glühbirne
   Beim Zufallsvorgang "Lebensdauer einer Glühbirne" kann (bei unendlicher Meßgenauigkeit) jede beliebige nichtnegative reelle Zahl aus einem bestimmten Intervall, das durch eine technisch bedingte Maximalbrenndauer x^* nach oben begrenzt wird, als Ergebnis erscheinen.
   $S = \{x \in \mathbb{R} | 0 \leq x \leq x^*\}$

g) Die Wartezeit am Postschalter
   Bei diesem Zufallsvorgang ist ebenfalls jede reelle Zahl in einem sinnvoll gewählten Intervall als Ergebnis möglich
   $S = \{y \in \mathbb{R} | 0 \leq y \leq y^*\}$

Die Zufallsvorgänge (a) - (d) haben Stichprobenräume mit endlich vielen Elementen, Vorgang (e) hat einen abzählbaren Stichprobenraum, und die Vorgänge (f) und (g) haben überabzählbare Stichprobenräume. Man spricht von diskreten Stichprobenräumen, wenn sie höchstens abzählbar viele Elemente haben, von stetigen Stichprobenräumen, wenn die Zahl ihrer Elemente überabzählbar ist.

2.3. EREIGNISSYSTEME

Der Begriff des Ereignisses spielt eine zentrale Rolle in der Wahrscheinlichkeitstheorie. Für den Begriff des Ereignisses kann man ein Vorverständnis unterstellen: Der Ausgang "es fallen k Augen" (k = 1,2,3,4,5,6) beim einfachen Würfelwurf ist ebenso ein Ereignis wie komplexere Ergebnisse der Art "es wird eine gerade Zahl geworfen" oder "es wird eine gerade Zahl geworfen, höchstens vier".

Offenbar können solche Ereignisse als Teilmengen der Obermenge S = {1,2,3,4,5,6} angesehen werden und man definiert daher: Ereignisse sind Teilmengen des Stichprobenraumes. Im Beispiel des dreimaligen Würfelwurfs ist

$$S = \{(w,w,w), (w,w,z), (w,z,w), (z,w,w),$$
$$(z,z,w), (z,w,z), (w,z,z), (z,z,z)\}$$

und folgende Ereignisse können definiert werden:

Die Teilmenge A = {(z,w,w), (w,z,w), (w,w,z) (w,w,w)} ist das Ereignis: "Bei dreimaligem Münzwurf wird höchstens einmal Zahl geworfen".

Die Teilmenge B = {(z,w,w), (w,z,w), (w,w,z)} ist das Ereignis: "Bei dreimaligem Münzwurf wird genau einmal Zahl geworfen".

Die Teilmenge C = {(w,w,w)} ist das Ereignis: "Bei dreimaligem Münzwurf wird dreimal Wappen geworfen".

Die Teilmenge D = S läßt sich wie folgt als Ereignis definieren: "Bei dreimaligem Münzwurf erscheint höchstens dreimal Wappen."

Die Teilmenge E = ∅ ist z.B. das Ereignis: "Bei dreimaligem Münzwurf erscheint keines der Elemente von S".

Die einelementigen Teilmengen haben eine besondere Bedeutung unter den Ereignissen; sie werden als Elementarereignisse bezeichnet. Das Ereignis C ist beispielsweise Elementarereignis. Ereignisse, die mehr als ein Element aus S enthalten, heißen zusammengesetzte Ereignisse; sie können als Vereinigung von Elementarereignissen dargestellt werden.

Ein Ereignis heißt eingetreten, wenn eines der in ihm enthaltenen Elementarereignisse realisiert wird. So heißt das Ereignis B = {(z,w,w), (w,z,w), (w,w,z)} eingetreten, wenn eine der drei Ergebnisfolgen (z,w,w), (w,z,w) oder (w,w,z) eintritt. Das Ereignis $\bigcup_{i=1}^{\infty} A_i$ ist eingetreten, wenn mindestens eines der Ereignisse A_1, A_2,... eingetreten ist. Das Ereignis $\bigcap_{i=1}^{\infty} A_i$ ist eingetreten, wenn jedes der Ereignisse A_1, A_2,... eingetreten ist.

Es wird angenommen, daß bei dem betrachteten Zufallsexperiment immer auch eines der möglichen Ergebnisse realisiert wird. Das bedeutet, daß die geworfene Münze z.B. nicht auf einer Kante stehen bleibt. Mit dieser Vereinbarung bezeichnet man das Ereignis D = S als "sicheres Ereignis" und das Ereignis E = ∅ als "unmögliches Ereignis".

Zwei Ereignisse heißen "unvereinbar" oder "einander ausschließend", wenn der Durchschnitt der zugehörigen Mengen leer ist; anderenfalls heißen sie "vereinbar". Daher sind die Ereignisse A und B des betrachteten Beispiels vereinbar, denn es ist A ∩ B = {(z,w,w), (w,z,w), (w,w,z)} ≠ ∅. Die Ereignisse B und C sind unvereinbar, denn es ist B ∩ C = ∅.

Im nächsten Schritt soll die Struktur der Menge aller Teilmengen betrachtet werden, die als Ereignisse angesehen werden. Dazu wird an die Ausführungen des Abschnitts 1.3 angeknüpft. In 1.3.2 wurden die Mengenverknüpfungen der Komplementbildung, der Vereinigung, des Durchschnitts und der Differenz eingeführt. Es ist einleuchtend, daß mit bestimmten Teilmengen von S auch die durch Mengenverknüpfung entstandenen Teilmengen als Ereignisse betrachtet werden. Das bedeutet, daß z.B. mit $A_1 \subseteq S$ und $A_2 \subseteq S$ auch $\bar{A}_1$, $\bar{A}_2$, $A_1 \cap A_2$, $A_1 \cup A_2$ und $A_1 \setminus A_2$ als Ereignisse begriffen werden, oder daß mit der Folge A_1, A_2,... von Ereignissen auch $\bigcup_{i=1}^{\infty} A_i$ und

$\bigcap_{i=1}^{\infty} A_i$ als Ereignisse angesehen werden. Das bedeutet, als Ereignissystem wird nun ein System von Teilmengen einer Obermenge S definiert, das eine σ-Algebra A darstellt, also die Forderungen erfüllt (vgl. 1.3.6):

I   S gehört zum Ereignissystem A.
II   Mit A ε A gehört auch Ā zum Ereignissystem A.
III' Mit $A_1, A_2, \ldots \varepsilon$ A gehört auch $\bigcup_{i=1}^{\infty} A_i$ zum Ereignissystem A.

Ein solches Ereignissystem wird auch als "Ereignisraum" bezeichnet.

Schließlich ist noch die Frage zu erörtern, wie ein für die Wahrscheinlichkeitstheorie zweckmäßiges Ereignissystem konkret aussehen soll. Diese Frage soll beantwortet werden, indem versucht wird, eine Menge von fundamentalen Bausteinen eines Ereignissystems zu finden, zu denen noch die aus den Forderungen I - III' resultierenden Ereignisse hinzugenommen werden, um eine σ-Algebra von Ereignissen zu erhalten. Dabei sollen zunächst diskrete Obermengen betrachtet werden.

Die einelementigen Teilmengen erweisen sich für diskrete Stichprobenräume als sinnvolle Bausteine eines Ereignissystems, wie die folgenden Überlegungen zeigen sollen. Es ist offensichtlich sinnvoll, jede einelementige Teilmenge eines diskreten Stichprobenraumes als Ereignis anzusehen, da sie einen möglichen Ausgang des Zufallsvorgangs darstellt. Zusammen mit den aus den Forderungen I - III' gebildeten Ereignissen gelangt man zur Potenzmenge als σ-Algebra von Ereignissen. Jedes Ereignis läßt sich dann als Vereinigung von höchstens abzählbar vielen Elementarereignissen darstellen. Im Vorgriff auf Abschnitt 2.4 soll hier gesagt werden, daß die Wahrscheinlichkeit der Vereinigung von unvereinbaren Ereignissen als Summe der Wahrscheinlichkeiten dieser Ereignisse dargestellt wird. Wenn man nun den Elementarereignissen Wahrscheinlichkeiten zuordnet, sind zur Bestimmung der Wahrscheinlichkeiten eines beliebigen Ereignisses höchstens abzählbar viele Summanden zu addieren. Dies ist möglich, und man kann somit für diskrete Stichprobenräume die Potenzmenge als Ereignissystem heranziehen. Damit ist es üblich, für diskrete Stichprobenräume jede Teilmenge des Stichprobenraumes als Ereignis aufzufassen.

Dagegen sind die einelementigen Teilmengen bei stetigen Stichprobenräumen nicht als Bausteine eines Ereignissystems geeignet. Dies soll im Folgenden plausibel gemacht werden.

Wie bei diskreten Stichprobenräumen ist es auch hier sinnvoll, jede einelementige Teilmenge als Ereignis zu betrachten. Dies sei am folgenden Beispiel illustriert. Die von einer Person zur Lösung einer Aufgabe benötigte Zeit werde gemessen, wobei 1 Stunde als maximale Bearbeitungszeit zugelassen wird. Jede einelementige Teilmenge aus dem Intervall $]0,1]$ ist dafür als Ereignis sinnvoll. Würde man nun noch die sich aus den Forderungen I - III' ergebenden Teilmengen hinzunehmen, so würde dies zu unbefriedigenden Ergebnissen führen. Es ist offensichtlich sinnvoll, die Wahrscheinlichkeit dafür anzugeben, daß die Bearbeitungszeit in einem Intervall $]\alpha,\beta]$ liegt $(\alpha,\beta \varepsilon]0,1], \alpha < \beta)$. Solche Teilmengen aus S kann man jedoch nicht durch Vereinigung abzählbar vieler Teilmengen erzeugen. Man müßte also die Bedingung III' auf die Vereinigung überabzählbar vieler Teilmengen erweitern. Dies hätte jedoch gravierende Konsequenzen: Würde man den einelementigen Teilmengen Wahrscheinlichkeiten zuordnen, so müßte man die Wahrscheinlichkeit für ein Intervall als Summe von überabzählbar vielen Summanden ermitteln. Dies ist jedoch nicht möglich.

Als Ausweg aus dieser Schwierigkeit benutzt man (z.B. linksoffene) Intervalle $]\alpha,\beta] \subseteq S$ des Stichprobenraumes als Bausteine einer σ-Algebra, die man durch Hinzunahme

der nach den Bedingungen I - III' erzeugten Ereignisse zu
einer σ-Algebra ergänzt. Speziell wäre das System von Intervallen $]-\infty,\beta]$ geeignet, wobei β jeden möglichen Wert
aus S annimmt. Das so erhaltene Mengensystem ist nicht die
Potenzmenge. Es gibt also Teilmengen von stetigen Stichprobenräumen S, die nicht als Ereignisse betrachtet werden.
Jedoch sind in dem soeben definierten Ereignissystem alle
Teilmengen von S enthalten, die für übliche Anwendungen
sinnvollerweise als Ereignisse zu bezeichnen sind.

Es sei noch erwähnt, daß in dem eben definierten Ereignissystem auch die einelementigen Teilmengen enthalten sind;
denn zu den Bausteinen gehören die Intervalle $]\alpha-\frac{1}{n},\alpha]$ für
alle $n \in \mathbb{N}$. Dann gehört auch $\bigcap_{n=1}^{\infty}]\alpha-\frac{1}{n},\alpha] = \alpha$ zur σ-Algebra.

2.4. WAHRSCHEINLICHKEITEN

Neben den Begriffen "Stichprobenraum" und "Ereignis" ist
die "Wahrscheinlichkeit" ein weiterer zentraler Begriff
der Wahrscheinlichkeitstheorie. Er soll zunächst abstrakt
eingeführt und dann im Abschnitt 2.4.3 plausibel gemacht
werden.

2.4.1. Definition der Wahrscheinlichkeit

Es wird vorausgesetzt, daß ein Stichprobenraum S und eine
Ereignis-Algebra A festgelegt ist. Auf diesem Ereignisraum
wird eine Abbildung P: A → ℝ definiert, die jedem $A \in A$
eine reelle Zahl P(A) zuordnet, die die Wahrscheinlichkeit
von A heißt

$$P: A \to \mathbb{R}$$
$$A \ni A \to P(A) \in \mathbb{R}$$

Die Abbildung P soll folgende Forderungen (Axiome) erfüllen:

1) $P(A) \geq 0$
   d.h., die Wahrscheinlichkeit ist eine nichtnegative Zahl.

2) Die Wahrscheinlichkeit, daß eines der möglichen Elementarereignisse realisiert wird, ist gleich $P(S) = 1$. Ergebnis des Zufallsvorgangs ist immer ein Element des Stichprobenraumes.

3) Sind A und B unvereinbare Ereignisse aus einem Ereignissystem, so ist $P(A \cup B) = P(A) + P(B)$.
   Die Wahrscheinlichkeit der Vereinigung von zwei unvereinbaren Ereignissen A und B ist gleich der Summe der Wahrscheinlichkeiten der beiden Ereignisse. Dies ist die Wahrscheinlichkeit, daß mindestens eines der beiden Ereignisse A und B eintritt.
   Noch allgemeiner soll auch für abzählbar viele Ereignisse $A_1, A_2, \ldots$, die paarweise unvereinbar sind, gelten:
   $$P(\bigcup_{i=1}^{\infty} A_i) = \sum_{i=1}^{\infty} P(A_i)$$
   Die Wahrscheinlichkeit, daß mindestens eines der Ereignisse $A_1, A_2, \ldots$ eintritt, ist also gleich der Summe der Wahrscheinlichkeiten dieser Ereignisse. Bilden insbesondere die Mengen $A_1, A_2, \ldots, A_m$ eine Partition von S (d.h., gilt $\bigcup_{i=1}^{m} A_i = S$ und $A_i \cap A_j = \emptyset$ für alle $i,j, i \neq j$), so wird
   $$P(S) = P(\bigcup_{i=1}^{m} A_i) = \sum_{i=1}^{m} P(A_i) = 1$$

Nach diesen Annahmen nimmt P nur Werte im Intervall $[0,1]$ an: $P(A) \subseteq [0,1]$ wobei $P(A) = \{P(A) | A \varepsilon \mathcal{A}\}$.
Die Abbildung P heißt Wahrscheinlichkeitsmaß. Das Tripel $(S, \mathcal{A}, P)$ heißt Wahrscheinlichkeitsraum.

2.4.2. Folgerungen

Aus den Forderungen (1) - (3) des Abschnitts 2.4.1 lassen sich die folgenden wichtigen Folgerungen ableiten.

1) Die Ereignisse A und $\bar{A}$ sind definitionsgemäß unvereinbar. Da ferner $A \cup \bar{A} = S$, erhält man $P(S) = P(A \cup \bar{A}) = 1 = P(A) + P(\bar{A})$ und damit
$$P(\bar{A}) = 1 - P(A)$$

2) Aus $P(A) \geq 0$ und $P(\bar{A}) \geq 0$ (Forderung 1) und $P(A) + P(\bar{A}) = 1$, erhält man
$$0 \leq P(A) \leq 1$$

3) Ist speziell $A = S$, so ist $\bar{A} = \emptyset$ und es wird
$$P(\emptyset) = 1 - P(S) = 0$$

4) Nun seien A und B beliebige (also nicht notwendig unvereinbare Ereignisse und $A, B \subseteq S$. Dann gilt:
$$A \cup B = A \cup (B \cap \bar{A})$$
Dabei sind A und $\bar{A} \cap B$ unvereinbare Ereignisse, so daß
$$P(A \cup B) = P(A) + P(\bar{A} \cap B)$$
Andererseits ist
$$B = (A \cap B) \cup (\bar{A} \cap B)$$
wobei $A \cap B$ und $\bar{A} \cap B$ unvereinbare Ereignisse sind, so daß
$$P(B) = P(A \cap B) + P(\bar{A} \cap B)$$
also
$$P(\bar{A} \cap B) = P(B) - P(A \cap B)$$
Damit erhält man den Additionssatz der Wahrscheinlichkeiten für beliebige Ereignisse A und B:
$$P(A \cup B) = P(A) + P(B) - P(A \cap B)$$

5) Die Frage, welche Ereignisse als Bausteine eines Ereignissystems dienen, hat Bedeutung für die Ermittlung von numerischen Werten für die Wahrscheinlichkeiten einzelner Ereignisse. Nur diesen Bausteinen muß man Wahrschein-

lichkeiten zuweisen (vgl. 2.4.3 für Methoden zur Ermittlung von Wahrscheinlichkeiten) und erhält daraus durch Anwendung der Axiome Wahrscheinlichkeiten für beliebige Ereignisse.

Wie im Abschnitt 2.3 ausgeführt, sind es bei diskreten Stichprobenräumen die Elementarereignisse, denen Wahrscheinlichkeiten zugeordnet werden. Bei stetigen Stichprobenräumen sind es die Elemente des in 2.3 erwähnten Systems von Intervallen, denen Wahrscheinlichkeiten zugewiesen werden.

6) Bezeichnungen: Ein Ereignis A heißt unmöglich, wenn gilt A = $\emptyset$. Ein Ereignis A heißt fast unmöglich, wenn gilt A $\neq$ $\emptyset$, aber P(A) = 0. Ein Ereignis A heißt sicher, wenn gilt A = S. Ein Ereignis A heißt fast sicher, wenn gilt A $\neq$ S, aber P(A) = 1.

2.4.3. Interpretation der Wahrscheinlichkeit von Ereignissen

Im Abschnitt 2.4.1 wurden Forderungen (Axiome) genannt, die man an die Abbildung P stellt. Diese Axiome sollen nun plausibel gemacht werden. Daraus ergibt sich die Möglichkeit einer Interpretation der Wahrscheinlichkeit von Ereignissen. Im Anschluß daran wird die Frage der zahlenmäßigen Bestimmung von Wahrscheinlichkeiten für Ereignisse erörtert.

Es wurden drei Axiome genannt, die die Funktion P erfüllen soll. Ein Axiomensystem ist nicht beweisbar; es wird nach Gesichtspunkten der Zweckmäßigkeit festgelegt. In den folgenden Überlegungen soll der Frage nach der Zweckmäßigkeit dieser Axiome für die Wahrscheinlichkeitsrechnung nachgegangen werden.

Es fällt auf, daß die Axiome (1) - (3) Sätze sind, die für
relative Häufigkeiten selbstverständlich gelten. Dort gilt
nämlich für eine Gesamtheit mit n Elementen:

1') Die relative Häufigkeit für eine Aussageform A ist
nichtnegativ, d.h. $f_n(A) \geq 0$.

2') Erfüllen alle Elemente einer Gesamtheit die Aussageform A, so ist die relative Häufigkeit gleich 1, d.h.
$f_n(A) = 1$.

3') Gibt es kein Element, das sowohl die Aussageform A als
auch B erfüllt, so ist
$f_n(A \cup B) = f_n(A) + f_n(B)$

Beispiel:

Das Experiment "dreifacher Münzwurf" sei zehnmal durchgeführt worden mit folgenden Ergebnissen $a_1, a_2, \ldots, a_{10}$:

a_1 = (w,w,z) a_6 = (z,z,w)
a_2 = (z,z,z) a_7 = (w,w,z)
a_3 = (w,z,z) a_8 = (z,z,z)
a_4 = (z,z,w) a_9 = (z,w,w)
a_5 = (z,w,z) a_{10} = (z,w,w)

Für die Aussage A: = "In einem Ergebnis tritt dreimal Wappen auf"
gilt $f_{10}(A) = \frac{0}{10} = 0$.
Lautet die Aussage B: = "In einem Ergebnis tritt mindestens 0-mal
Wappen auf", so ist $f_{10}(B) = \frac{10}{10} = 1$.
Betrachtet man schließlich die Aussagen A: "In einem Ergebnis
tritt genau einmal Wappen auf" und B: "In einem Ergebnis
tritt genau zweimal Wappen auf", so ist $f_{10}(A \cup B) = f_{10}(A) + f_{10}(B) = \frac{4}{10} + \frac{4}{10} = \frac{8}{10} = 0,8$.

Die Setzung der Axiome (1) - (3) für die Wahrscheinlichkeitstheorie erscheint also dann sinnvoll, wenn man bei der
Deutung der Wahrscheinlichkeiten eine Beziehung zur relativen Häufigkeit herstellt. An dieser Stelle erinnern wir uns
an die Definition des Zufallsvorgangs. Aussagen über den
Ausgang eines einzelnen Zufallsvorgangs können nicht gemacht werden, aber diese Vorgänge sind wiederholbar und man
kann hoffen, Aussagen über das Ergebnis einer sehr großen

Anzahl von Wiederholungen eines Zufallsvorgangs machen zu können. Dies ist möglich, wenn und soweit sich die relative Häufigkeit mit steigender Anzahl der Wiederholungen bei einem bestimmten Wert stabilisiert. Man kann dann die Wahrscheinlichkeit deuten als relative Häufigkeit bei langen Versuchsserien, als "relative Häufigkeit auf lange Sicht".

Betrachtet man das Experiment "einfacher Münzwurf", das Ereignis A: = "Bei einfachem Münzwurf tritt Wappen auf" und setzt $P(A) = 0,5$, so soll dies heißen, 0,5 sei ein guter Näherungswert für den Anteil der Wappenwürfe in großen Serien; dabei ist zu erwähnen, daß es zur Entscheidung der Frage, was eine gute Annäherung ist, einer fortgeschrittenen Theorie bedarf.

Wenn man nun die Wahrscheinlichkeit als relative Häufigkeit auf lange Sicht deutet, ist es zweckmäßig, an Wahrscheinlichkeiten die Forderungen (1) - (3) zu stellen, da die relativen Häufigkeiten (1') - (3') erfüllen.

2.4.4. Die zahlenmäßige Bestimmung der Wahrscheinlichkeiten für Ereignisse

Für die zahlenmäßige Bestimmung von Wahrscheinlichkeiten für Ereignisse gibt es mehrere Methoden. Bei der Erörterung dieser Methoden ist es zweckmäßig, zwischen diskreten und stetigen Stichprobenräumen zu unterscheiden. Mit den nun zu besprechenden Methoden muß man nur Wahrscheinlichkeiten für Elementarereignisse bestimmen; diejenigen für beliebige andere Ereignisse erhält man durch Anwendung der Regeln für das Rechnen mit Wahrscheinlichkeiten.

2.4.4.1. Die Bestimmung von Wahrscheinlichkeiten bei diskreten Stichprobenräumen

2.4.4.1.1. Die a-priori-Methode zur Bestimmung von Wahrscheinlichkeiten

Legt man die Wahrscheinlichkeiten fest, ohne Ergebnisse aus Versuchsserien in den Prozeß der Festlegung einzubeziehen, so spricht man von der a-priori-Methode zur Bestimmung von Wahrscheinlichkeiten. Man kann dazu die Konstruktion eines Zufallsgenerators zu Hilfe nehmen. Die Idee des Zufallsgenerators wurde bereits im Abschnitt 2.1 eingeführt. Man versteht darunter ein Gerät zur Durchführung von Zufallsvorgängen mit folgenden Eigenschaften:

1) Jeder Gebrauch des Gerätes liefert eines von n möglichen Resultaten,
2) es liegt kein Wissen vor, das zur Annahme berechtigt, daß irgendeines der Elementarereignisse bevorzugt vor anderen eintritt,
3) nach jedem Gebrauch des Gerätes gelten wieder die Eigenschaften 1) und 2).

Aufgrund der genannten Eigenschaften dieses Gerätes wird dann für jedes der n Elementarereignisse E_1, E_2,..., E_n die Wahrscheinlichkeit $P(E_i) = \frac{1}{n}$ gesetzt (i = 1,2,...,n) und für ein beliebiges Ereignis A, das als Vereinigung von r Elementarereignissen darstellbar sei, gilt dann $P(A) = \frac{r}{n}$, d.h., die Wahrscheinlichkeit für ein Ereignis A ist gleich dem Anteil der für das Ereignis günstigen an den insgesamt möglichen Elementarereignisse ("Abzählregel").

Anwendungsbeispiele für diese Methode der Gewinnung von Wahrscheinlichkeiten finden sich im Bereich der Glücksspiele, wie z.B. Münz- und Würfelspiele. Man postuliert "ideale"

Münzen oder Würfel, bei denen es keine Rechtfertigung gibt, die Wahrscheinlichkeiten für die einzelnen Elementarereignisse unterschiedlich zu setzen, so daß beim Münzwurf mit $E_1 = \{w\}$, $E_2 = \{z\}$ gesetzt wird: $P(E_1) = P(E_2) = \frac{1}{2}$ und beim Würfelwurf mit $E_i = \{i\}$, $i = 1,2,...,6$ entsprechend $P(E_i) = \frac{1}{6}$.

2.4.4.1.2. Die statistische Bestimmung von Wahrscheinlichkeiten

Die statistische Bestimmung von Wahrscheinlichkeiten für Ereignisse wird durch die Deutung der Wahrscheinlichkeit als relative Häufigkeit auf lange Sicht nahegelegt.

Man führt Zufallsvorgänge durch und prüft, ob sich für vorgegebene Ereignisse die relativen Häufigkeiten mit zunehmender Zahl der Experimente stabilisieren (daher die Bezeichnung "statistische" Bestimmung von Wahrscheinlichkeiten). Wenn dies der Fall ist, setzt man die so gewonnenen Zahlen als Schätzwerte der Wahrscheinlichkeiten der betreffenden Ereignisse ein. Einige Beispiele für diese Vorgehensweise seien hier erwähnt.

Beispiele:
a) Anzahl der Wappenwürfe bei 10.000 Münzwürfen

Nummern der Würfe	Anzahl der Wappenwürfe in 1.000 Würfen	kumulierte Anzahl von Wappenwürfen	kumulierte relative Häufigkeiten
1 - 1000	501	501	0,5010
1001 - 2000	485	986	0,4930
2001 - 3000	509	1495	0,4983
3001 - 4000	536	2031	0,5078
4001 - 5000	485	2516	0,5032
5001 - 6000	488	3004	0,5007
6001 - 7000	500	3504	0,5006
7001 - 8000	497	4001	0,5001
8001 - 9000	494	4495	0,4994
9001 - 10000	484	4979	0,4979

Quelle: Feller, W.: An Introduction to Probability Theory and its Applications, Vol. I, 3rd ed., New York u.a. 1968, S. 21

Bereits nach 1.000 Versuchen liegt der Anteil von Wappenwürfen nahe bei 0,5. Diese Zahl wird als Wahrscheinlichkeit für das Ereignis "Wappenwurf bei einmaligem Münzwurf" verwendet.

b) Anteil der Knaben an den Lebendgeborenen in der Bundesrepublik Deutschland, 1974 - 1978

Jahr	Lebendgeborene insgesamt	davon männlich Anzahl	Anteil	Lebendgeborene, kumuliert insgesamt	davon männlich Anzahl	Anteil
1974	626.373	321.480	0,5132	626.373	321.480	0,5132
1975	600.512	309.135	0,5148	1226.885	630.615	0,5140
1976	602.851	309.385	0,5132	1829.736	940.000	0,5137
1977	582.344	299.735	0,5147	2412.080	1239.735	0,5140
1978	576.468	296.348	0,5140	2988.548	1536.083	0,5140

Quelle: Statistisches Bundesamt: Statistisches Jahrbuch für die Bundesrepublik Deutschland, div. Jahrgänge

Der Anteil der männlichen Lebendgeborenen in den Jahren 1974 - 1978 liegt bei 0,5140; diese Zahl wird häufig als Wahrscheinlichkeit für das Ereignis "ein neugeborenes Kind wird ein Knabe" verwendet.

c) In gleicher Weise kann man für andere Zufallsvorgänge Wahrscheinlichkeiten ermitteln, z.B. Sterbewahrscheinlichkeiten. So lauten z.B. die Sterbewahrscheinlichkeiten nach der Sterbetafel 1976/78 für 0-jährige 0,01782, für 10-jährige 0,00032, für 50-jährige 0,00742. (Quelle: Statistisches Jahrbuch für die Bundesrepublik Deutschland 1980, S. 73).

Zum Schluß der Beschreibung der statistischen Bestimmung von Wahrscheinlichkeiten sei noch eine Bemerkung zur Berechtigung dieser Vorgehensweise gemacht. Man könnte einwenden, daß auch eine große Versuchsserie nur eine Stichprobe darstellt und daß das Ereignis dieser Stichprobe vom "wahren" Wert der Wahrscheinlichkeit abweicht. Es soll an dieser Stelle nur angedeutet werden, worin die Berechtigung für dieses Vorgehen liegt, nämlich im Gesetz der großen Zahlen, das erst an späterer Stelle (Kapitel 6) besprochen wird. Daraus kann man entnehmen, daß es bei sehr großen Stichprobenumfängen nur sehr wenige Versuchsserien gibt, deren relative Häufigkeit stark von der Wahrscheinlichkeit abweicht. Nehmen wir als Beispiel den einfachen Münzwurf und nehmen an, die Wahrscheinlichkeit für Wappen bei einfachem Münzwurf sei $P(\{w\}) = 0,5$. Es soll nun eine

Serie von 10.000 Münzwürfen durchgeführt werden. Jedes Ergebnis einer solchen Serie ist dann ein 10.000-tupel von Symbolen (w,z,w,w,z,...). Nach kombinatorischen Überlegungen gibt es insgesamt $2^{10.000}$ solcher möglicher Ergebnisse. Zu jedem kann man den Anteil der Wappenwürfe an der Gesamtzahl der Versuche (10.000) ermitteln. Es läßt sich berechnen, daß in 95,5 % aller $2^{10.000}$ möglichen Ausgänge einer Versuchsserie von 10.000 Versuchen der Anteil der Wappenwürfe zwischen 0,49 und 0,51 liegt. Also durchschnittlich nur 5 von 100 Stichproben liefern einen Anteil der Wappenwürfe, der außerhalb dieses Bereichs liegt. Ist der Stichprobenumfang noch größer, wird dieser Bereich noch enger. Von daher nimmt man die Berechtigung, Ergebnisse aus großen Versuchsserien als Näherungswerte für Wahrscheinlichkeiten einzusetzen.

2.4.4.1.3. Vergleich der beiden Methoden

Im Beispiel des einfachen Münzwurfs stimmen die a-priori- und statistische Bestimmung der Wahrscheinlichkeit für das Ereignis "Wappen" überein. Es gibt jedoch andere Beispiele, in denen beide Methoden angewendet werden können und verschiedene Resultate liefern. In diesen Fällen ist zu fragen, welches der Resultate angewendet werden soll. Der Beantwortung dieser Frage dienen die folgenden Überlegungen.

Der Sinn eines Zufallsgenerators besteht nicht nur in seiner Einfachheit, sondern vor allem in seiner Nützlichkeit und Anwendbarkeit. Er muß überprüft und gegebenenfalls modifiziert werden. Wegen der Deutung der Wahrscheinlichkeit als "relative Häufigkeit auf lange Sicht" kommen lange Versuchsserien zur Überprüfung eines Zufallsgenerators in Frage. Derjenige Zufallsgenerator erscheint als "richtig", der Ergebnisse liefert, die im Einklang stehen mit den Ergebnissen großer Versuchsserien. Stimmen die Ergebnisse aus a-priori- und statistischer Bestimmung der Wahrscheinlichkeit nicht überein, so wird die statistische bevorzugt. Die Berechtigung hierfür wird wieder aus dem Gesetz der großen Zahlen abgeleitet.

Beim Zufallsvorgang "Bestimmung des Geschlechts eines neugeborenen Kindes" stimmen die a-priori-Wahrscheinlichkeiten $P(K) = P(M) = \frac{1}{2}$ nicht mit den statistischen überein. Wegen der verfügbaren Daten aus einer langen Serie setzt man in Anwendung $P(K) = 0,514$. Die Wahrscheinlichkeiten für Knaben- und Mädchengeburten sind also ungleich. Dies kann in einem Zufallsgerät berücksichtigt werden, das aus einer Urne mit 514 roten Kugeln $r_1, \ldots, r_{514}$ und 486 weißen Kugeln $w_1, \ldots, w_{486}$ besteht. Man definiert die Ereignisse $K = \{r_1, \ldots, r_{514}\}$ und $M = \{w_1, \ldots, w_{486}\}$ und die Wahrscheinlichkeit, daß ein neugeborenes Kind ein Knabe ist, gleich der Wahrscheinlichkeit, eine rote Kugel zu ziehen, nämlich $P(K) = \frac{514}{1000} = 0,514$ und $P(M) = 0,486$. Zur Berechtigung der Wahl der statistischen Wahrscheinlichkeit betrachtet man die Daten des Beispiels: "In den 5 ausgewählten Jahren wurden in der Bundesrepublik 3.000.000 Kinder geboren". Wäre $P(K) = 0,5$ richtig, so wäre der Prozentsatz der möglichen Stichproben, in denen der Anteil der Knabengeburten außerhalb des Bereichs 0,499 und 0,501 liegt, praktisch gleich Null!

Noch deutlicher wären die Unterschiede zwischen der a-priori- und der statistischen Methode bei der Bestimmung von Sterbewahrscheinlichkeiten, würde man unmodifiziert einen Zufallsgenerator anwenden mit den Elementarereignissen "überleben" und "nicht überleben".

Ein letztes Beispiel, das die Notwendigkeit der Überprüfung von Zufallsgeneratoren zeigt, stammt aus dem Glücksspielbereich. Beim Wurf zweier Würfel, die man nicht unterscheiden kann, könnte man den Stichprobenraum so festlegen, daß er nicht alle 36 geordneten Paare enthält, sondern nur die 21 Paare der ungeordneten Stichproben mit Wiederholung.

Beispiel:

S = {(1,1),(1,2),(1,3),(1,4),(1,5),(1,6),(2,2),
(2,3),(2,4),(2,5),(2,6),(3,3),(3,4),(3,5),
(3,6),(4,4),(4,5),(4,6),(5,5),(5,6),(6,6)}

Die Wahrscheinlichkeit a priori für die Augensumme 7 bei zweifachem Würfelwurf ist dann $\frac{3}{21} = \frac{1}{7}$. Versuchsserien zeigen jedoch, daß die relative Häufigkeit der Augensumme 7 eher in der Nähe von $\frac{5}{36}$ liegt, was dem Stichprobenraum mit 36 Paaren der geordneten Stichproben mit Wiederholung entspricht.

2.4.4.1.4. Die subjektive Bestimmung von Wahrscheinlichkeiten

Neben den beiden genannten Methoden werden auch nach subjektivem Ermessen Wahrscheinlichkeiten zugeordnet. Dabei ist die Wahrscheinlichkeit eines bestimmten Ereignisses der quantitative Ausdruck des Überzeugtheitsgrades eines Subjektes für das Eintreffen dieses Ereignisses. Dieses Vorgehen wird von Bedeutung, wenn bei einem Zufallsvorgang weder statistische Informationen zur Verfügung stehen, noch die a-priori-Methode anwendbar ist. Die Zuordnung dieser subjektiven Wahrscheinlichkeiten muß natürlich in Einklang mit den Axiomen der Wahrscheinlichkeitstheorie stehen. Werden im Laufe der Zeit Informationen über die betrachteten Vorgänge gewonnen, so besteht die Möglichkeit, zur statistischen Bestimmung der Wahrscheinlichkeiten überzugehen.

2.4.4.2. Die Bestimmung von Wahrscheinlichkeiten bei stetigen Stichprobenräumen

Es soll nun diskutiert werden, wie man bei stetigen Stichprobenräumen Wahrscheinlichkeiten für einzelne Ereignisse ermitteln kann. Dabei soll erörtert werden, in welcher Weise man die a-priori- und die statistische Bestimmung der Wahrscheinlichkeiten auf stetige Stichprobenräume anwenden kann. Ziel ist die Bestimmung von Wahrscheinlichkeiten für Ereignisse, die als Bausteine zur Bestimmung der Wahrscheinlichkeiten beliebiger anderer Ereignisse verwendet werden können, z.B. die Menge der Intervalle $]-\infty, x]$ für alle $x \in S$.

Bei stetigen Stichprobenräumen wird idealisierend angenommen, daß jede reelle Zahl aus dem Stichprobenraum ausgewählt werden kann. Die Grundidee der a-priori-Methode könnte wie folgt auf stetige Stichprobenräume übertragen werden:

1) Jedes Element des stetigen Stichprobenraumes S kann als Stichprobe in Frage kommen.

2) Es besteht keine Information, die zur Annahme berechtigt, daß es ein Element $x \in S$ gibt, das bevorzugt vor anderen auftritt.

Jedem Element $x \in S$ kommt also die gleiche Bedeutung bezüglich des Auftretens in einer Stichprobe zu. Man kann diese Bedeutung für jeden Punkt des Stichprobenraumes quantifizieren und für ein Ereignis, also eine Teilmenge A von S, kann man die Wahrscheinlichkeit seines Auftretens bestimmen durch "Summation" d.h. Integration der Werte der Bedeutungsfunktion über die Teilmenge A. Dies soll im folgenden Beispiel illustriert werden.

Beispiel:

Ein ideales Rouletterad, auf dessen Rand eine Skala von 0 bis 1 eingraviert ist, wird gedreht. Beobachtet werde die nach dem Stillstand gegenüber einer festen Marke befindliche Zahl auf der Skala. Der Stichprobenraum lautet:

$$S = \,]0,1]$$

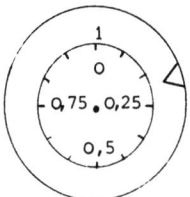

Da P(S) = 1 gelten muß, also die Fläche zwischen der Bedeutungsfunktion und der Abszisse im Intervall $S = \,]0,1]$ gleich 1 sein muß und die Bedeutungsfunktion an jeder Stelle des Intervalls denselben Wert annimmt, hat die Bedeutungsfunktion überall im Intervall $]0,1]$ den Wert 1.

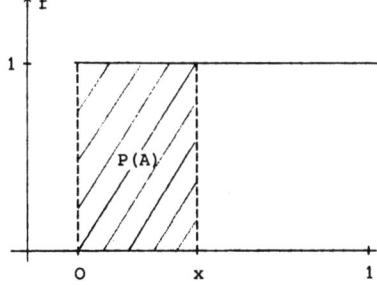

Die Wahrscheinlichkeit für das Ereignis $A = \,]0,x]$ mit $0 < x \leq 1$ ist dann

$$P(A) = \int_0^x f(u)du = x$$

Damit hat man die Wahrscheinlichkeit für jedes Intervall $]0,x]$ mit $x \in S$. Sie ist gleich x, also gleich der Länge des Intervalls $]0,x]$.

Aus diesen Angaben kann man Wahrscheinlichkeiten für beliebige Ereignisse berechnen; ist z.B. $B = \,]\alpha,\beta]$ so ist

$$P(B) = \int_0^\beta f(u)du - \int_0^\alpha f(u)du = \int_\alpha^\beta f(u)du.$$ Insbesondere sind

dann Wahrscheinlichkeiten für einelementige Teilmengen von S gleich Null, denn ist C = {α}, so ist P(C) = $\int_\alpha^\alpha f(u)du = 0$.

Zur Bestimmung von Wahrscheinlichkeiten nach der statistischen Methode besteht die Möglichkeit, von der relativen Häufigkeitssummenfunktion oder der relativen Häufigkeitsfunktion der Häufigkeitsverteilung auszugehen. Bei einem stetigen Merkmal X liege die Gesamtheit der Beobachtungen in einer Klasseneinteilung vor. Bei Verwendung der relativen Häufigkeitssummenfunktion sind dann die kumulierten relativen Häufigkeiten $F(x_i^o)$ für alle Klassenobergrenzen x_i^o (i = 1,2,...) gegeben. Ist die Stichprobe hinreichend groß, kann man die relativen Häufigkeiten $F(x_i^o)$ als Schätzwerte verwenden für die Wahrscheinlichkeit der Ereignisse $]-\infty, x_i^o]$, i = 1,2,...

$$P(]-\infty, x_i^o]) \doteq F(x_i^o)$$

Je größer die Versuchsserie ist, desto feiner kann man die Klasseneinteilung wählen.

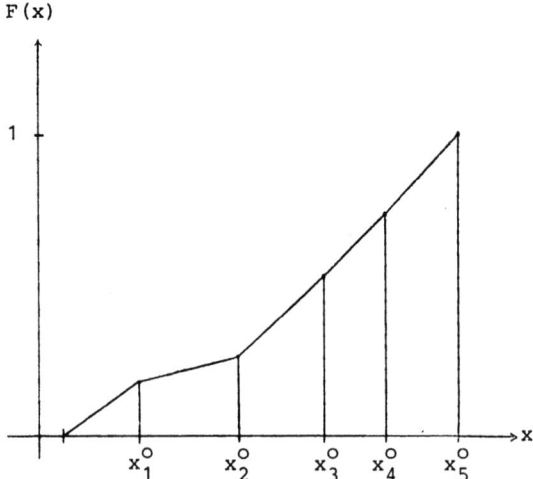

Um für die übrigen Werte $x \neq x_i^o$ und $x \in S$ eine Schätzung der Wahrscheinlichkeit $P(]-\infty,x])$ zu erhalten, muß man sich einer Approximation bedienen; z.B. der linearen Verbindung der Werte $F(x_i^o)$, wie in der obigen Grafik gezeigt wird. Häufig sind jedoch Approximationsverfahren üblich, die zu einem glatten Linienzug führen. Hat man diese Approximation durchgeführt, so stehen Schätzwerte für die Wahrscheinlichkeiten der Intervalle $]-\infty,x]$ für alle $x \in S$ zur Verfügung und man kann daraus Wahrscheinlichkeiten für beliebige Ereignisse berechnen.

Alternativ kann man bei der statistischen Bestimmung von Wahrscheinlichkeiten von der relativen Häufigkeitsfunktion der Häufigkeitsverteilung ausgehen. Bezeichnet man mit f_i die relative Häufigkeit der i-ten Klasse, mit b_i die Breite der i-ten Klasse und mit $f_i^* = \frac{f_i}{b_i}$ die relative Häufigkeit je Einheit der Klassenbreite, so lautet diese Funktion

$$f^*(x) = \begin{cases} f_i^* & \text{für } x_{i-1}^o \leq x < x_i^o, \quad i = 1,2,\ldots \\ 0 & \text{sonst} \end{cases}$$

Die grafische Darstellung dieser Funktion ist ein Histogramm.

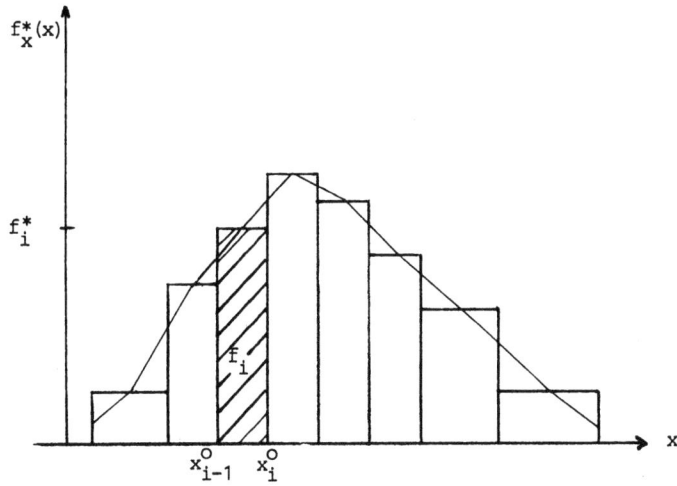

Ist der Umfang der Stichprobe groß und die Klasseneinteilung hinreichend fein, so kann man in erster Näherung $f^*(x)$ als Schätzwert für die Bedeutung eines Punktes $x \in S$ bei der Auswahl eines Stichprobenelementes verwenden. Wahrscheinlichkeiten für beliebige Ereignisse A können dann als Fläche zwischen der Funktion f^* und der Abszisse im Bereich der Teilmenge $A \subseteq S$ berechnet werden. Man beachte, daß bei dieser Vorgehensweise die berechneten Wahrscheinlichkeiten von der Klassenbildung abhängen. Eine Verfeinerung der Berechnung kann man erreichen, indem man die Häufigkeitsfunktion durch eine stetige Kurve glättet (vgl. den glatten Linienzug in der obigen Grafik).

Aufgaben zu Kapitel 2:

2.1. Es werden einige Versuche beschrieben. Geben Sie einen geeigneten Stichprobenraum an:
   a) Eine Karte wird aus einem Spiel von 52 Karten gezogen.
   b) Drei Münzen werden gleichzeitig geworfen.
   c) Ein Junge hat eine 1 Pfg.-, eine 5 Pfg.-, eine 10 Pfg.- und eine 50 Pfg.-Münze in seiner Tasche. Er nimmt nacheinander zwei Münzen heraus; in wievielen Fällen nimmt der Junge weniger als 15 Pfg. aus der Tasche?

2.2. Sie werfen gleichzeitig zwei unterscheidbare Würfel. Bestimmen Sie den Ergebnisraum S. E sei die Teilmenge von S, deren Elemente Ergebnisse bezeichnen, für welche die Summe der Augen auf den Würfeln größer als 9 ist; F sei die Teilmenge, deren Elemente Ergebnisse sind, bei denen die geworfenen Augen auf beiden Würfeln gleich sind. Bestimmen Sie die Elemente der folgenden Mengen:
   a) $E \cap F$ c) $\bar{E}$ e) $\bar{E} \cap F$
   b) $E \cup F$ d) $\bar{F}$ f) $E \cap \bar{F}$

2.3. a) In zwei Urnen ist je eine grüne, weiße und schwarze Kugel enthalten. Das Experiment besteht darin, zuerst eine Urne auszusuchen und dann daraus eine Kugel zu ziehen. Definieren Sie einen passenden Ergebnisraum!
   b) Es sei S der in a) definierte Ergebnisraum. E bezeichne das Ereignis, daß die erste Urne gewählt wird, F das Ereignis, daß eine weiße Kugel gezogen wird. Beschreiben Sie die folgenden Ereignisse mit Worten und bezeichnen Sie ihre Elemente:
   $E \cap F$, $\bar{E}$, $\bar{E} \cap F$, $\bar{F}$.

2.4. Ein grüner und ein roter Würfel werden gleichzeitig geworfen. Es sei A das Ereignis, daß die Summe der Augen gerade und B das Ereignis, daß die Augenzahl auf dem grünen Würfel ungerade ist.
   a) Geben Sie die Elemente der Teilmengen A und B des Stichprobenraums S an.
   b) Geben Sie eine genaue Beschreibung des Ereignisses $A \cap B$.
   c) Wieviele Elemente des Ergebnisraums S treten in dem Ereignis $A \cup B$ auf?

2.5. A, B und C seien nicht-disjunkte Teilmengen eines Ergebnisraums S. Nur mit Hilfe der Symbole für Vereinigungsmenge, Schnittmenge und Komplementärmenge, sowie der Buchstaben A, B und C sind Ausdrücke dafür hinzuschreiben, daß von den Ereignissen A, B, C
   a) wenigstens eines eintritt,
   b) nur A eintritt,
   c) A und B eintreten, aber nicht C,
   d) alle drei eintreten,
   e) keines eintritt,
   f) genau eins eintritt
   g) höchstens zwei eintreten.

2.6. Leiten Sie aus den Axiomen der axiomatischen Wahrscheinlichkeit folgenden Aussagen ab; dabei seien mit A_i (i ∈ ℕ) Ereignisse bezeichnet:

a) $0 \leq P(A_1) \leq 1$
b) $P(A_1 \cup A_2) = P(A_1) + P(A_2) - P(A_1 \cap A_2)$
c) $P(A_1 \cup \bar{A}_1) = 1$
d) $P(\bar{A}_1) = 1 - P(A_1)$
e) $A_i (1 \leq i \leq k)$ seien disjunkte Ereignisse.
 Zeigen Sie: $P(\bigcup_{i=1}^{k} A_i) = \sum_{i=1}^{k} P(A_i)$

2.7. Leiten Sie die klassische Wahrscheinlichkeitsdefinition aus den Axiomen ab!

2.8. Ein gelber und ein blauer Würfel werden gleichzeitig geworfen, und die Augenzahl des gelben und des blauen Würfels wird bestimmt.
a) Wählen Sie einen geeigneten Stichprobenraum!
b) Jedem Elementarereignis sei die gleiche Wahrscheinlichkeit zugeordnet. Wie groß ist sie?
c) Bestimmen Sie die Wahrscheinlichkeiten der folgenden Ereignisse:
c1) Die Augensumme der Würfel ist kleiner als 4.
c2) Der eine Würfel zeigt eine drei und der andere eine Zahl kleiner als drei.
c3) Die Augensumme der Würfel ist 2 oder 12.

2.9. Berechnen Sie, nachdem Sie einen passenden Ergebnisraum angegeben und den Elementarereignissen Wahrscheinlichkeiten zugeordnet haben, die Wahrscheinlichkeit dafür, daß bei gleichzeitigem Wurf von 3 Münzen zweimal die Zahl erscheint.

2.10. Bestimmen Sie die Wahrscheinlichkeit, daß ein Spieler bei den folgenden Spielen gewinnt.
(Vorher Ergebnisraum und Wahrscheinlichkeiten festlegen!)
a) Zwei weiße und vier schwarze Kugeln werden in eine Urne getan und gut gemischt. Der Spieler zieht eine Kugel. Er gewinnt, wenn die gezogene Kugel schwarz ist.
b) Wie a), der Spieler wirft jedoch zuvor eine Münze, deren eine Seite weiß und deren andere Seite schwarz angestrichen ist. Er gewinnt, wenn die gezogene Kugel die gleiche Farbe wie die geworfene Münze zeigt.

2.11. Jemand schätzt, daß die Wahrscheinlichkeit der Annahme seiner Bewerbung durch die Firma A 0,7 beträgt, daß die Wahrscheinlichkeit der Ablehnung durch die Firma B 0,5 ist und daß die Wahrscheinlichkeit, von wenigstens einer Firma zurückgewiesen zu werden, 0,6 ist. Wie groß ist dann die Wahrscheinlichkeit, von wenigstens einer der beiden Firmen angenommen zu werden?

2.12. Gegeben seien die Wahrscheinlichkeiten P(A) = 0,5, P(B) = 0,3 und P(A∩B) = 0,2. Berechnen Sie die Wahrscheinlichkeiten folgender Ereignisse:
a) P($\bar{A}$ ∪ $\bar{B}$) c) P($\bar{A}$ ∩ B)
b) P(A ∪ $\bar{B}$) d) P($\bar{A}$ ∩ (A ∪ B))

2.13. Dem Weltsicherheitsrat bei der UNO gehören 11 Mitglieder an, darunter Großbritannien, Frankreich, die Sowjetunion und die Vereinigten Staaten von Nordamerika als ständige Mitglieder. Wenn bei einer Besprechung die 11 Mitglieder zufällig Platz nehmen, wie groß ist dann die Wahrscheinlichkeit, daß der britische und der französische Delegierte nebeneinander und gleichzeitig der russische Delegierte getrennt vom amerikanischen sitzt,
a) wenn die Delegierten in einer Reihe sitzen?
b) wenn die Delegierten an einem runden Tisch sitzen?

2.14. Sonntagsfahrverbot!
In der Zeit zwischen 13 und 14 Uhr sind am Sonntag drei Nürnberger und zwei Fürther Kraftfahrer im Stadtgebiet unterwegs. Alle besitzen eine Sondergenehmigung. Während dieser Zeit führt die Polizei vier zufällige Kontrollen durch, wobei keine Kontrolle zur gleichen Zeit mit einer anderen stattfindet. Von einer zentralen Leitstelle wird die Reihenfolge der kontrollierten Autos notiert.
a) Wieviele verschiedene geordnete Kontrollisten sind theoretisch möglich?
b) Wie groß ist die Wahrscheinlichkeit, daß der ältere der Fürther Kraftfahrer mehr als einmal kontrolliert wird?
c) Wie groß ist die Wahrscheinlichkeit, daß mindestens ein Autofahrer mehr als einmal kontrolliert wird?
d) Lösen Sie die Aufgabe a) ohne Beachten der Kontrollreihenfolge!
e) Lösen Sie die Aufgabe b) ohne Beachten der Kontrollreihenfolge!

2.15. In einer Vase befinden sich vier Rosen, sechs Narzissen und zwei Lilien. Zwei Blumen werden zufällig aus der Vase genommen, eine nach der anderen. Wie groß ist die Wahrscheinlichkeit, daß man zwei Blumen der gleichen Art erhält?

2.16. In einer Gesellschaft seien k Personen.
a) Wieviele verschiedene Möglichkeiten gibt es, k Personen Geburtstage zuzuordnen?
b) Wie groß ist die Wahrscheinlichkeit, daß die Geburtstage aller k Personen verschieden sind (365 > k)?
c) Wie groß ist also die Wahrscheinlichkeit, daß von 50 Personen mindestens 2 am gleichen Tag Geburtstag haben?

2.17. Es werden n gleichgroße, unterscheidbare Metallstäbe in ein langes und ein kurzes Stück zersägt. Die 2n Teile werden dann gut durchgemischt und es werden zufällig n Paare von Teilstükken zu neuen Stäben zusammengesetzt.
Wie groß ist die Wahrscheinlichkeit, daß
a) die neu zusammengesetzten Stäbe identisch sind mit den Ausgangsstäben?
b) alle langen Teilstücke mit kurzen Teilstücken zusammengesetzt werden?

2.18. Eine faire Münze wird 2k-mal geworfen. Wie groß ist die Wahrscheinlichkeit für das Ereignis A, daß gleichhäufig Kopf und Wappen auftreten?

2.19. n Männer geben an der Garderobe ihre Hüte ab. Durch einen besonderen Umstand werden die Hüte ihren Besitzern nicht ordnungsgemäß, sondern zufällig übergeben. Wie groß ist die Wahrscheinlichkeit, daß jeder Mann seinen Hut wieder bekommt?

3. Bedingte Wahrscheinlichkeit; Stochastische Unabhängigkeit von Ereignissen

3.1. BEDINGTE WAHRSCHEINLICHKEIT

3.1.1. Definition der bedingten Wahrscheinlichkeit

Häufig werden in konkreten Fragestellungen - von einem gegebenen Zufallsvorgang ausgehend - zusätzliche Bedingungen für die Durchführung des Zufallsvorgangs eingeführt. Beispielsweise sei eine Gesamtheit von Personen (Männer und Frauen) gegeben, von denen ein Teil farbenblind ist. Der Zufallsvorgang laute: "Auswahl einer Person aus dieser Gesamtheit" und gesucht sei die Wahrscheinlichkeit für das Ereignis "eine farbenblinde Person wird ausgewählt". Nun soll der Durchführung des Zufallsvorgangs eine weitere Bedingung hinzugefügt werden. Es wird verlangt, daß die Auswahl nur aus den männlichen Personen getroffen wird, nicht mehr aus der ursprünglichen Gesamtheit von Männern und Frauen. Gefragt ist nun nach der Wahrscheinlichkeit für die Auswahl einer farbenblinden Person unter den Männern.

Ähnlich könnte man sich folgende Problemstellung vorstellen: Gegeben sei eine Gesamtheit von z.B. 40-jährigen Männern und Frauen, von denen ein Teil vor Vollendung des 41. Lebensjahres stirbt. Der Zufallsvorgang laute: "Auswahl einer Person" und gesucht sei die Wahrscheinlichkeit für das Ereignis "die ausgewählte Person stirbt vor Vollendung des 41. Lebensjahres". Gesucht ist also die "einjährige Sterbewahrscheinlichkeit einer 40-jährigen Person". Nun soll gefordert werden, daß die Auswahl einer Person nur aus der Gesamtheit der Frauen getroffen werden soll, und die "einjährige Sterbewahrscheinlichkeit einer 40-jährigen Frau" soll berechnet werden.

Fragestellungen dieser Art haben den Zweck, immer differenziertere Informationen zu beschaffen. Die zusätzlichen Bedingungen bewirken, daß ein neues Zufallsexperiment mit einem neuen Wahrscheinlichkeitsraum betrachtet wird, auf dem die Wahrscheinlichkeit für das gesuchte Ereignis zu bestimmen ist. Wie dieser neue Wahrscheinlichkeitsraum zu bestimmen ist, sei anhand des ersten Beispiels veranschaulicht.

Ausgangspunkt sei eine Gesamtheit von n Personen, von denen p männlich und farbenblind, q weiblich und farbenblind, r männlich und nicht farbenblind und s weiblich und nicht farbenblind sind.

Die Verteilung der Häufigkeiten auf die einzelnen Kombinationen von Merkmalsausprägungen läßt sich wie folgt darstellen:

Geschlecht	Augenzustand		Summe
	farbenblind	nicht farbenblind	
männlich	p	r	p+r
weiblich	q	s	q+s
Summe	p+q	r+s	n=p+q+r+s

Das Zufallsexperiment lautet: "Auswahl einer Person aus dieser Gesamtheit". Der Stichprobenraum läßt sich dann wie folgt schreiben:

$$S = \{a_1, a_2, \ldots, a_p, b_1, b_2, \ldots, b_q, c_1, c_2, \ldots, c_r, d_1, d_2, \ldots, d_s\}$$

Dabei repräsentieren

$a_1, a_2, \ldots, a_p$ die farbenblinden Männer,
$b_1, b_2, \ldots, b_q$ die farbenblinden Frauen,
$c_1, c_2, \ldots, c_r$ die nicht farbenblinden Männer,
$d_1, d_2, \ldots, d_s$ die nicht farbenblinden Frauen.

Die zugehörige σ-Algebra $\mathbb{A}$ ist die Potenzmenge von S, das zugehörige Wahrscheinlichkeitsmaß sei mit P bezeichnet, wobei die a-priori-Regel zur Berechnung der Wahrscheinlichkeiten verwendet wird. Damit ist $(S, \mathbb{A}, P)$ der Wahrscheinlichkeitsraum des ursprünglichen Zufallsvorgangs.

Betrachtet man die beiden Ereignisse

A: "Eine farbenblinde Person wird ausgewählt", also
   $A = \{a_1, \ldots, a_p, b_1, \ldots, b_q\}$ und
B: "Eine männliche Person wird ausgewählt", also
   $B = \{a_1, \ldots, a_p, c_1, \ldots, c_r\}$,

so betragen die zugehörigen Wahrscheinlichkeiten:

$$P(A) = \frac{p+q}{n}$$

$$P(B) = \frac{p+r}{n}$$

Es soll nun der Zufallsvorgang modifiziert werden durch die Bedingung, daß die Auswahl einer Person nur aus den männlichen Personen vorgenommen werden soll. Die Einführung dieser Bedingung führt zu einem neuen Zufallsvorgang "Auswahl einer Person aus der Gesamtheit der männlichen Personen" mit dem neuen Wahrscheinlichkeitsraum $(S_1, \mathbb{A}_1, P_1)$. Dabei ist der neue Stichprobenraum $S_1 = B = \{a_1, \ldots, a_p, c_1, \ldots, c_r\}$. Die neue σ-Algebra $\mathbb{A}_1$ ist die Potenzmenge von S_1 und P_1 das neue Wahrscheinlichkeitsmaß, wobei wiederum die a-priori-Regel zur Berechnung der Wahrscheinlichkeiten verwendet werden soll. A_1 ist Teilmengensystem von S_1 = B, läßt sich aber auch aus A ableiten. Ist A ε A gegeben, so ist A ∩ B = A_1 ε A_1. Man kann A_1 in der Weise konstruieren, daß man zu allen Elementen A ε A den Durchschnitt A ∩ B bildet. A_1 ist die Menge der Durchschnitte A ∩ B für alle A ε A, in Kurzform: A_1 = A ∩ B = {A ∩ B | A ε A}.

Nach der Modifikation des Zufallsvorgangs werden für den neuen Wahrscheinlichkeitsraum (S_1, A_1, P_1) in gleicher Weise Wahrscheinlichkeiten berechnet wie auf dem ursprünglichen Wahrscheinlichkeitsraum (S,A,P). Beispielsweise sei A_1 das Ereignis: "Auswahl einer farbenblinden Person unter den Männern", also $A_1 = \{a_1, ..., a_p\}$. Dann lautet die Wahrscheinlichkeit für dieses Ereignis:

$$P_1(A_1) = \frac{p}{p+r}$$

Diese Wahrscheinlichkeit ist also nichts anderes als der Anteil der farbenblinden Personen unter den Männern.

Nach der Modifikation des ursprünglichen Wahrscheinlichkeitsraumes gemäß der zusätzlichen Bedingung für die Durchführung des Zufallsvorgangs erscheint dann der Ausdruck "Bedingung" bei der Berechnung von Wahrscheinlichkeiten nicht mehr. Häufig jedoch möchte man die gesuchte Wahrscheinlichkeit mit bezug auf den ursprünglichen Ereignisraum A und das ursprüngliche Wahrscheinlichkeitsmaß P berechnen, z.B. weil·die konkrete Problemstellung es erfordert oder weil die Ermittlung des neuen Wahrscheinlichkeitsraumes zu aufwendig erscheint, In diesem Fall muß man auf A ein neues Wahrscheinlichkeitsmaß P_B definieren, das als "bedingte Wahrscheinlichkeit" oder "Wahrscheinlichkeit unter der Bedingung B" bezeichnet wird. Wenn man berücksichtigt, daß man die Bedingung B als Ereignis des Ereignisraums A auffassen kann, so kann man diese Wahrscheinlichkeit auch als "Wahrscheinlichkeit unter der Bedingung, daß Ereignis B eintritt", auffassen. Wenn man an das in diesem Abschnitt behandelte Beispiel der Auswahl einer Person aus einer Gesamtheit von Männern und Frauen denkt und A und B wiederum die Ereignisse "Auswahl einer farbenblinden Person" bzw. "Auswahl einer männlichen Person" sein sollen, so wäre die "Wahrscheinlichkeit für die Auswahl einer farbenblinden Person, unter der Bedingung, daß die ausgewählte Person männlich ist" zu berechnen, oder kurz: "Die Wahrscheinlichkeit für das Ereignis A unter der Bedingung B".

Wenn die bedingte Wahrscheinlichkeit P_B mit Hilfe des ursprünglichen Wahrscheinlichkeitsraumes (S, A, P) berechnet werden soll, muß sie durch das Wahrscheinlichkeitsmaß P ausgedrückt werden. Dazu erinnern wir uns noch einmal an den durch die Bedingung eingeschränkten Stichprobenraum S_1 und den zugehörigen Wahrscheinlichkeitsraum (S_1, A_1, P_1). Es gilt $A_1 = A \cap B$ und insbesondere für das Ereignis A_1: "Auswahl einer farbenblinden Person unter den Männern" galt $A_1 = A \cap B$ und

$$P_1(A_1) = \frac{p}{p+r}$$

Daraus erhält man durch Erweiterung:

$$P_1(A_1) = \frac{\frac{p}{n}}{\frac{p+r}{n}} = \frac{P(A \cap B)}{P(B)}$$

Mit Hilfe dieser Beziehung lassen sich also die bedingten Wahrscheinlichkeiten auf das Wahrscheinlichkeitsmaß P zurückführen und man definiert wie folgt:

Gegeben seien der Wahrscheinlichkeitsraum (S,A,P), ein
Ereignis B ε A mit P(B) > 0 und ein Ereignis A ε A. Auf A
definiert man die folgende Abbildung:

$$P_B: A \to [0,1]$$
$$A \to P_B(A) = \frac{P(A \cap B)}{P(B)}$$

Dann heißt P_B die Wahrscheinlichkeit unter der Bedingung
B und speziell ist $P_B(A) = \frac{P(A \cap B)}{P(B)}$ die Wahrscheinlichkeit
für das Ereignis A unter der Bedingung B. Üblicherweise
wird in der Literatur statt $P_B(A)$ die Bezeichnung $P(A|B)$
ausgewählt. Die Abbildung P_B ist wie P ein Wahrscheinlichkeitsmaß (vgl. 3.1.2.1).

Beispiel:

Aus einem Kartenspiel von 32 Blatt werden 2 Karten ohne Zurücklegen gezogen. Der Stichprobenraum S hat dann 32·31 Elemente. A_1 sei
das Ereignis "im ersten Zug wird ein As gezogen", A_2 sei das Ereignis "im zweiten Zug wird ein As gezogen". Gesucht ist die Wahrscheinlichkeit, im zweiten Zug ein As zu ziehen unter der Bedingung, daß im ersten Zug ein As gezogen wird, also $P(A_2|A_1)$. Mit
Bezug auf den ursprünglichen Wahrscheinlichkeitsraum erhält man:

$$P_{A_1}(A_2) = P(A_2|A_1) = \frac{P(A_1 \cap A_2)}{P(A_1)} = \frac{\frac{4 \cdot 3}{32 \cdot 31}}{\frac{4 \cdot 31}{32 \cdot 31}} = \frac{3}{31}$$

Der durch die Bedingung A_1 eingeschränkte Stichprobenraum hat 4·31
Elemente. Davon entfallen 4·3 = 12 Elemente auf das Ereignis A_2':
Im zweiten Zug wird ein As gezogen, so daß man erhält

$$P_1(A_2') = \frac{4 \cdot 3}{4 \cdot 31} = \frac{3}{31}$$

3.1.2. Das Rechnen mit bedingten Wahrscheinlichkeiten

3.1.2.1. Der Additionssatz für bedingte Wahrscheinlichkeiten

Der Additionssatz für beliebige Ereignisse bleibt für bedingte Ereignisse erhalten, d.h. es ist $P(A \cup B|C) = P(A|C) + P(B|C) - P(AB|C)$.

Beweis:

$$P(A \cup B|C) = \frac{P[(A \cup B) \cap C]}{P(C)} = \frac{P(AC \cup BC)}{P(C)} = \frac{P(AC)+P(BC)-P(ABC)}{P(C)} =$$

$$= \frac{P(AC)}{P(C)} + \frac{P(BC)}{P(C)} - \frac{P(ABC)}{P(C)} = P(A|C) + P(B|C) - P(AB|C)$$

Sind insbesondere A und B unvereinbar, so ist $P(A \cup B|C) = P(A|C) + P(B|C)$. Dieses Ergebnis läßt sich auf abzählbar viele Mengen $A_1, A_2, \ldots$ verallgemeinern:

$$P(\bigcup_{i=1}^{\infty} A_i | B) = \frac{P\left[(\bigcup_{i=1}^{\infty} A_i) \cap B\right]}{P(B)} = \frac{P\left[\bigcup_{i=1}^{\infty}(A_i \cap B)\right]}{P(B)} = \frac{\sum_{i=1}^{\infty} P(A_i \cap B)}{P(B)} =$$

$$= \sum_{i=1}^{\infty} \frac{P(A_i \cap B)}{P(B)} = \sum_{i=1}^{\infty} P(A_i | B)$$

Berücksichtigt man ferner, daß $P(A|B) \geq 0$ für jedes Ereignis $A \in \mathcal{A}$ und $P(B|B) = \frac{P(B \cap B)}{P(B)} = \frac{P(B)}{P(B)} = 1$, so ist gezeigt, daß P_B ein Wahrscheinlichkeitsmaß ist.

3.1.2.2. Das Theorem zusammengesetzter Wahrscheinlichkeiten

Die Definition $P(A|B) = \frac{P(AB)}{P(B)}$ kann man schreiben $P(AB) = P(A|B)P(B)$. Sie heißt in dieser Form das Theorem zusammengesetzter Wahrscheinlichkeiten. Wenn wir dieses Theorem auf drei Ereignisse A, B, C ausdehnen, schreiben wir, indem wir zunächst BC als ein Ereignis auffassen:

P(ABC) = P(A|BC) · P(BC) = P(A|BC) · P(B|C)P(C)

Dieses Ereignis läßt sich auf n Ereignisse $A_1, A_2,...,A_n$ verallgemeinern.

$$P(A_1 \cap A_2 \cap ... \cap A_n) = P(A_n|A_1 \cap ... \cap A_{n-1}) \cdot P(A_{n-1}|A_1 \cap ... \cap A_{n-2})$$
$$\cdot ... P(A_2|A_1)P(A_1)$$

$$P(\bigcap_{i=1}^{n} A_i) = P(A_1) \cdot \prod_{i=2}^{n} P(A_i | \bigcap_{j=1}^{n-1} A_j) \quad n \geq 2$$

3.1.2.3. Der Satz für die totale Wahrscheinlichkeit

Die folgenden Überlegungen finden Verwendung bei der Ableitung der sog. Bayes'schen Regel im Abschnitt 3.1.3. Nehmen wir an, eine Menge von weißen und roten Kugeln sei auf zwei Teilmengen verteilt. Die Menge der Kugeln in Teilmenge 1 sei H_1, die Menge der Kugeln in Teilmenge 2 sei H_2. Die Menge der weißen Kugeln sei A. Dann können wir die Menge A der weißen Kugeln schreiben als die Vereinigung ter Teilmengen $A = AH_1 \cup AH_2$. A ist also die Vereinigung der in H_1 und H_2 enthaltenen weißen Kugeln. Aus der Gesamtheit der Kugeln wird eine Kugel ausgewählt und A ist das Ereignis "eine weiße Kugel wird gezogen". Die Wahrscheinlichkeit P(A) lautet $P(A) = P(AH_1) + P(AH_2)$ oder mittels der Formel in 3.1.2.2: $P(A) = P(A|H_1) \cdot P(H_1) + P(A|H_2) \cdot P(H_2)$.

Diese Überlegungen wollen wir verallgemeinern. Eine Menge K wird zerlegt in n elementfremde Teilmengen $H_1, H_2,...,H_n$, so daß $\bigcup_{i=1}^{n} H_i = K$. Dann kann jedes Ereignis A nur im Zusammenhang mit einigen Ereignissen H_j auftreten und es läßt sich schreiben: $A = \bigcup_{i=1}^{n} AH_i$. Dann wird

$$P(A) = \sum_{i=1}^{n} P(AH_i) = \sum_{i=1}^{n} P(A|H_i) \cdot P(H_i).$$

Die letzte Formel ist das mit den $P(H_i)$ gewogene arithmetische Mittel der Wahrscheinlichkeiten $P(A|H_i)$.

3.1.3. Die Regel von Bayes

Gegeben seien zwei Urnen, die beide sowohl rote als auch weiße Kugeln enthalten. Die erste Urne enthalte eine Menge H_1, die zweite eine Menge H_2 von Kugeln. Die Zufallsziehung einer Kugel erfolge nun in zwei Schritten: Im ersten wird eine der beiden Urnen zufällig ausgewählt, aus der die Kugel gezogen werden soll. Diese Wahrscheinlichkeiten, eine Ziehung aus der Menge H_1 bzw. H_2 vorzunehmen, bezeichnen wir mit $P(H_1)$ bzw. $P(H_2)$. Im zweiten Schritt wird eine Kugel aus der ausgewählten Urne gezogen. Die Wahrscheinlichkeit, eine weiße Kugel zu ziehen unter der Bedingung, daß die erste bzw. die zweite Urne gewählt wird, bezeichnen wir mit $P(A|H_1)$ bzw. $P(A|H_2)$.

Das Problem, das Bayes gelöst hat, lautet: Wie groß ist die Wahrscheinlichkeit, die Ziehung einer Kugel aus H_1 vorzunehmen, unter der Bedingung, daß eine weiße Kugel gezogen wird? Formal ist nach der Wahrscheinlichkeit $P(H_1|A)$ gefragt. Wir können schreiben:

$$P(H_1|A) = \frac{P(H_1 A)}{P(A)} = \frac{P(A|H_1) \cdot P(H_1)}{P(A)}$$

Im Nenner setzen wir die Formel von 3.1.2.3 ein:

$$P(H_1|A) = \frac{P(A|H_1) P(H_1)}{P(A|H_1) P(H_1) + P(A|H_2) \cdot P(H_2)}$$

und erhalten die Formel für die Bayes'sche Regel.

Im allgemeinen Fall mit n Teilmengen $H_1, H_2, \ldots, H_n$ erhalten wir sofort die Wahrscheinlichkeit $P(H_j|A)$:

$$P(H_j|A) = \frac{P(A|H_j)P(H_j)}{\sum_{i=1}^{n} P(A|H_i)P(H_i)}$$

Man sieht, daß die bedingten Wahrscheinlichkeiten $P(H_j|A)$ zum einen von der Zusammensetzung der Kugeln in den einzelnen Urnen, zum anderen von den Zugriffwahrscheinlichkeiten $P(H_j)$ zu den einzelnen Urnen abhängen.

$P(H_j|A)$ ist die Wahrscheinlichkeit, eine Kugel aus der Urne j auszuwählen, unter der Bedingung, daß eine weiße Kugel ausgewählt wird. Durch diese Aussage wird eine Ungewißheitssituation vor Durchführung des Zufallsvorgangs charakterisiert, im Einklang mit der bisher verwendeten Deutung der Wahrscheinlichkeit. Häufig wird jedoch $P(H_j|A)$ als Wahrscheinlichkeit interpretiert, daß die Ziehung aus der Menge H_j vorgenommen wurde, unter der Bedingung, daß eine weiße Kugel gezogen wurde. Diese Formulierung deutet an, daß hier eine Wahrscheinlichkeitsaussage gemacht wird, nachdem der Zufallsvorgang bereits durchgeführt ist. Nach Durchführung des Zufallsvorgangs steht fest, aus welcher Urne die gezogene Kugel stammt. Die Wahrscheinlichkeit im bisher verwendeten Sinne, daß eine gezogene weiße Kugel aus Urne j stammt, ist daher 1 oder 0, je nachdem, ob sie aus Urne j gezogen wurde oder nicht. Es kann jedoch eine andere Ungewißheitssituation dadurch entstehen, daß dem Beobachter unbekannt ist, aus welcher Urne die Kugel gezogen wurde und er seine Vermutung quantitativ ausdrücken möchte, daß die Kugel aus der Urne j stammt. Es ist naheliegend, die Wahrscheinlichkeit $P(H_j|A)$ vor Durchführung des Zufallsvorgangs als quantitativen Ausdruck dieser Vermutung anzusehen. Um diese Interpretation anzudeuten, spricht man auch häufig von a posteriori-Wahrscheinlichkeiten im Zusammenhang mit den Wahrscheinlichkeiten $P(H_j|A)$.

Beispiel:

In einer Schraubenfabrik werden 25 % der Produktion mit der Maschine A, 35 % mit der Maschine B und 40 % mit der Maschine C hergestellt. Die Ausschußquoten betragen 5 % für Maschine A, 4 % für Maschine B und 2 % für Maschine C.
Dann ist $P(A) = 0,25$, $P(B) = 0,35$, $P(C) = 0,40$, $P(F|A) = 0,05$, $P(F|B) = 0,04$, $P(F|C) = 0,02$. Die Wahrscheinlichkeit, daß eine fehlerbehaftete Schraube (Ereignis F) aus

- Maschine A stammt, ist $P(A|F) = \dfrac{125}{345} = \dfrac{0,05 \cdot 0,25}{0,05 \cdot 0,25 + 0,04 \cdot 0,35 + 0,02 \cdot 0,40}$

- Maschine B stammt, ist $P(B|F) = \dfrac{140}{345}$

- Maschine C stammt, ist $P(C|F) = \dfrac{60}{345}$

Hat man den Zufallsvorgang durchgeführt und eine fehlerbehaftete Schraube ausgewählt, so kann man die Vermutung, daß sie aus der Produktion der Maschine A bzw. B bzw. C stammt, mit den oben berechneten Wahrscheinlichkeiten beziffern.

3.2. DIE STOCHASTISCHE UNABHÄNGIGKEIT VON EREIGNISSEN

Im allgemeinen ist die bedingte Wahrscheinlichkeit $P(A|B)$ eines Ereignisses A unter der Bedingung B verschieden von der (absoluten) Wahrscheinlichkeit $P(A)$ des Ereignisses A. Das heißt, die Einführung der Bedingung B für die Durchführung des Zufallsvorgangs hat normalerweise einen Einfluß auf die Wahrscheinlichkeit des Ereignisses A. Ist $P(A|B)$ verschieden von $P(A)$, so sagt man, die Ereignisse A seien stochastisch abhängig oder kurz: abhängig. Nur im Fall $P(A|B) = P(A)$ hat die Bedingung B keinen Einfluß auf die Wahrscheinlichkeit des Ereignisses A. Man sagt dann, die Ereignisse A und B seien stochastisch unabhängig oder kurz: unabhängig. Sind zwei Ereignisses unabhängig, so folgt aus $P(A|B) = P(A)$ die Beziehung

$$P(A|B) = \frac{P(A \cap B)}{P(B)} = P(A)$$

und damit

$P(A \cap B) = P(A)P(B)$.

Diese Formel wird häufig verwendet, wenn zwei Ereignisse auf Unabhängigkeit geprüft werden sollen. Sie gilt auch dann, wenn die Wahrscheinlichkeit für die Bedingung gleich Null ist.

Beispiele:

a) Zwei unterscheidbare Würfel werden geworfen. Dabei werden die Ereignisse A: "Beim ersten Würfel erscheint eine 1" und B: "Beim zweiten Würfel erscheint eine gerade Zahl" betrachtet. Dann ist

A = {(1,1),(1,2),(1,3)(1,4),(1,5),(1,6)}
B = {(1,2),(2,2),(3,2),(4,2),(5,2),(6,2),(1,4),(2,4),(3,4), (4,4),(5,4),(6,4),(1,6),(2,6),(3,6),(4,6),(5,6),(6.6)}
A ∩ B = {(1,2),(1,4),(1,6)}

Die Wahrscheinlichkeiten lauten:

$P(A) = \frac{6}{36} = \frac{1}{6}$

$P(B) = \frac{18}{36} = \frac{1}{2}$

$P(A \cap B) = \frac{3}{36} = \frac{1}{12}$

Dann sind die Ereignisse A und B unabhängig, denn es gilt:

$P(A) \cdot P(B) = \frac{1}{6} \cdot \frac{1}{2} = \frac{1}{12} = P(A \cap B)$

b) Aus einem Stapel von 52 Karten wird eine Karte gezogen. Die Ereignisse A: "Ein Herz wird gezogen" und B: "Ein As wird gezogen" sind unabhängig; denn es gilt:

$P(A) \cdot P(B) = \frac{13}{52} \cdot \frac{4}{52} = \frac{1}{52} = P(A \cap B)$

Die Begriffe Unabhängigkeit und Unvereinbarkeit sind voneinander zu trennen. Die Definition unvereinbarer Ereignisse wurde bereits an früherer Stelle eingeführt: Zwei Ereignisse A und B heißen unvereinbar, falls A ∩ B = ∅; andernfalls heißen sie vereinbar. Grundsätzlich sind alle Kombinationen von Unvereinbarkeit (ja/nein) und Unabhängigkeit (ja/nein) möglich: Es lassen sich Beispiele für Ereignisse finden, die unabhängig und unvereinbar, unabhängig und vereinbar, abhängig und unvereinbar bzw. abhängig und vereinbar sind. Zwischen der Vereinbarkeit und der Unabhängigkeit

von Ereignissen besteht folgende Beziehung: Sind A und B
Ereignisse und ist $P(A) > 0$ und $P(B) > 0$, so ist die Vereinbarkeit der Ereignisse eine notwendige Voraussetzung
für ihre Unabhängigkeit. Dies ist unmittelbar klar; denn
falls A und B unvereinbar sind, folgt $P(A \cap B) = 0$, wogegen
mit $P(A) > 0$ und $P(B) > 0$ deren Produkt $P(A)P(B) \neq 0$ ist.
Damit kann nicht mehr die Beziehung $P(A \cap B) = P(A)P(B)$ gelten.

Der Begriff der Unabhängigkeit läßt sich auf mehrere Ereignisse verallgemeinern. Drei Ereignisse A, B, C heißen unabhängig, wenn die folgenden Beziehungen gelten:

Die Ereignisse A, B, C sind paarweise unabhängig, d.h. es
ist

$$P(AB) = P(A)P(B)$$
$$P(AC) = P(A)P(C)$$
$$P(BC) = P(B)P(C)$$

Ferner muß gelten:

$$P(ABC) = P(A)P(B)P(C)$$

Es ist zu beachten, daß die Gültigkeit der letzten Beziehung nicht aus der paarweisen Unabhängigkeit der Ereignisse
A, B und C folgt. Hierzu das folgende Beispiel:

Beispiel:
Bei zwei Würfen mit einem Würfel sei A das Ereignis "ungerade Zahl
beim 1. Wurf", B das Ereignis "ungerade Zahl beim 2. Wurf" und C
das Ereignis "ungerade Summe bei beiden Würfen". Die Ereignisse A,
B, C sind paarweise unabhängig, jedoch ist $A \cap B \cap C = \emptyset$, daher
$P(ABC) = 0$ und somit $P(ABC) \neq P(A)P(B)P(C)$.

In diesem Beispiel kann man von jeweils zwei Ereignissen
Schlüsse auf dritte ziehen, so z.B. weiß man, daß C einge-

treten ist, falls A eingetreten ist und B nicht eingetreten ist. Die Möglichkeit solcher Schlußfolgerungen paßt nicht zur Vorstellung der Unabhängigkeit. Für die Unabhängigkeit dreier Ereignisse fordert man daher außer der Gültigkeit der paarweisen Unabhängigkeit die Gültigkeit der Beziehung P(ABC) = P(A)P(B)P(C).

Aus der Unabhängigkeit von drei Ereignissen A, B und C ergibt sich die folgende Folgerung:

Satz
Sind drei Ereignisse A, B, C voneinander unabhängig, so sind es auch die Ereignisse A∪B und C, d.h., es ist
P[(A∪B)C] = P(A∪B)P(C).

Beweis:
P[(A∪B)C] = P(AC∪BC) = P(AC) + P(BC) − P(ABC) =
= P(A)P(C) + P(B)P(C) − P(AB)P(C) =
= P(C)[P(A)+P(B)−P(AB)] = P(A∪B)P(C)

Betrachtet man n Ereignisse A_1, A_2,..., A_n so heißen diese Ereignisse unabhängig, wenn folgende Beziehungen gelten:

$P(A_i A_j) = P(A_i)P(A_j)$ für alle i,j = 1,2,...,n; i≠j

$P(A_i A_j A_k) = P(A_i)P(A_j)P(A_k)$ für alle i,j,k = 1,2,...,n; i≠j≠k

$\vdots$

$P(A_1 A_2 ... A_n) = P(A_1)P(A_2)...P(A_n)$

3.3. FOLGEN UNABHÄNGIGER ZUFALLSVORGÄNGE

Die Vorstellung der Unabhängigkeit kann man von Ereignissen auf Zufallsexperimente ausdehnen. Betrachtet werden nun Zufallsvorgänge, die eine Hintereinanderschaltung von Teilvorgängen darstellen, wie z.b. der Zufallsvorgang "zweimaliger Würfelwurf" aus den Teilvorgängen "erster Würfelwurf" und "zweiter Würfelwurf" oder der Vorgang "Ziehen von 2 Karten aus einem Stapel von 52 Karten mit Zurücklegen" aus den Teilvorgängen "Ziehen der 1. Karte" und "Ziehen der 2. Karte" besteht oder der Zufallsvorgang "Ziehen einer Kugel aus einer von n Urnen", wenn der 1. Teilvorgang in der Auswahl einer Urne, der zweite in der Auswahl einer Kugel aus der gewählten Urne besteht. Es sei daran erinnert, daß bereits bei der Einführung von Zufallsvorgängen solche kombinierten Vorgänge betrachtet wurden.

Der Einfachheit wegen seien zunächst Vorgänge betrachtet, die aus zwei Teilvorgängen zusammengesetzt sind. Die Wahrscheinlichkeitsräume der Teilvorgänge seien (S_1, A_1, P_1) bzw. (S_2, A_2, P_2), der des Gesamtvorgangs sei (S, A, P). Ziel der Ausführungen ist, Unabängigkeit zwischen den beiden Teilvorgängen zu definieren. Dazu ist es notwendig, zunächst einige Beziehungen zwischen den Wahrscheinlichkeitsräumen der Teilvorgänge und dem des Gesamtvorgangs aufzuzeigen. Der Stichprobenraum des Gesamtvorgangs ergibt sich als Produktmenge der Teilstichprobenräume: $S = S_1 \times S_2$. Ein beliebiges Ereignis $A_1 \in A_1$ geht bei der Betrachtung des Gesamtvorgangs über in $A_1 \times S_2$, ein Ereignis $A_2 \in A_2$ geht über in $S_1 \times A_2$. Die zugehörigen Wahrscheinlichkeiten betragen $P_1(A_1) = P(A_1 \times S_2)$ bzw. $P_2(A_2) = P(S_1 \times A_2)$. Das Ereignis "$A_1$ beim 1. Vorgang und A_2 beim 2. Vorgang" wird dann durch $(A_1 \times S_2) \cap (S_1 \times A_2) = A_1 \times A_2$ dargestellt und seine Wahrscheinlichkeit ist $P(A_1 \times A_2)$. Diese Zusammenhänge seien an einem Beispiel erläutert:

Beispiel:

Ein Zufallsvorgang bestehe aus einem Würfelwurf (Teilvorgang 1) und einem Münzwurf (Teilvorgang 2). Dann ist $S_1 = \{1,2,3,4,5,6\}$, $S_2 = \{w,z\}$ und $S = S_1 \times S_2 = \{(1,w),(2,w),(3,w),(4,w),(5,w),(6,w), (1,z),(2,z),(3,z),(4,z),(5,z),(6,z)\}$. Das Ereignis $A_1 \in \mathcal{A}_1$ laute: "Werfen einer ungeraden Zahl beim einfachen Würfelwurf", d.h. $A_1 = \{1,3,5\}$. Im Gesamtvorgang betrachtet lautet dieses Ereignis: "Werfen einer ungeraden Zahl beim Würfelwurf und eines beliebigen Ergebnisses bei Münzwurf" und wird durch $A_1^* = A_1 \times S_2 = \{1,3,5\} \times \{w,z\} = \{(1,w),(3,w),(5,w),(1,z),(3,z),(5,z)\} \in \mathcal{A}$ dargestellt. Die Wahrscheinlichkeiten beider Vorgänge sind gleich, nämlich $P_1(A_1) = \frac{3}{6} = \frac{6}{12} = P(A_1 \times S_2)$. Das Ereignis $A_2 \in \mathcal{A}_2$ laute: "Werfen von Wappen beim einfachen Münzwurf", also $A_2 = \{w\}$. Im Gesamtvorgang heißt dieses Ereignis "Werfen einer beliebigen Zahl bei Würfelwurf und Werfen von Wappen beim Münzwurf" und wird durch $A_2^* = S_1 \times A_2 = \{(1,w),(2,w),(3,w),(4,w),(5,w),(6,w)\} \in \mathcal{A}$ dargestellt. Das Ereignis "gerade Zahl beim Würfelwurf und Wappen bei Münzwurf" ist $(A_1 \times S_2) \cap (S_1 \times A_2) = \{(1,w),(3,w),(5,w)\} = A_1 \times A_2 \in \mathcal{A}$ und $P(A_1 \times A_2) = \frac{3}{12} = \frac{1}{4}$.

Die vorstehenden Ausführungen haben gezeigt, daß mit $A_1 \in \mathcal{A}_1$ und $A_2 \in \mathcal{A}_2$ die Produktmenge $A_1 \times A_2$ zu $\mathcal{A}$ gehört. Jedoch ist die Menge aller Produktmengen, also $\mathcal{A}_1 \times \mathcal{A}_2 = \{A_1 \times A_2 \mid A_1 \in \mathcal{A}_1$ und $A_2 \in \mathcal{A}_2\}$ im allgemeinen keine σ-Algebra. Diese Menge $\mathcal{A}_1 \times \mathcal{A}_2$ muß noch zu einer σ-Algebra ergänzt werden. Man verwendet die kleinste σ-Algebra, die aus $\mathcal{A}_1 \times \mathcal{A}_2$ gebildet werden kann und schreibt dafür $\mathcal{A} = \mathcal{A}_1 \otimes \mathcal{A}_2$. Damit sind für den Gesamtvorgang der Stichprobenraum und die σ-Algebra erläutert.

Die Definition der Unabhängigkeit der beiden Teilvorgänge ergibt sich in naheliegender Weise aus der Unabhängigkeit von Ereignissen: Zwei Zufallsvorgänge heißen unabhängig, wenn gilt:

$$P(A_1 x A_2) = P\bigl[(A_1 x S_2) \cap (S_1 x A_2)\bigr] = P(A_1^*)P(A_2^*) =$$
$$= P_1(A_1)P_2(A_2), \quad \text{für alle } A_1 \varepsilon A_1 \text{ und } A_2 \varepsilon A_2$$

Der obige kombinierte Würfel- und Münzwurf ist ein Beispiel für zwei unabhängige Versuche. Unabhängige Zufallsvorgänge in dem soeben definierten Sinn werden erzeugt durch Zufallsvorgänge, die im technischen Sinn unabhängig voneinander durchgeführt werden, wie z.B. der eben erwähnte kombinierte Würfel- und Münzwurf oder die Wiederholung eines Zufallsvorgangs unter identischen Bedingungen, wie der zweifache Würfelwurf, das Ziehen von zwei Karten mit Zurücklegen. Dagegen besteht der Zufallsvorgang: "Ziehen von zwei Karten ohne Zurücklegen" nicht aus zwei unabhängigen Teilvorgängen, da die zweite Karte unter veränderten Bedingungen gezogen wird.

Die hier dargestellte Unabhängigkeit von zwei Teilvorgängen kann auf n Teilvorgänge erweitert werden. Sind die Wahrscheinlichkeitsräume der Teilvorgänge $(S_1, A_1, P_1), \ldots, (S_n, A_n, P_n)$, so ist $S = \underset{i=1}{\overset{n}{X}} S_i$ und ein Ereignis $A_i \varepsilon S_i$ wird im Gesamtexperiment zu $A_i^* = S_1 \times S_2 \times \ldots \times S_{i-1} \times A_i \times S_{i+1} \times \ldots \times S_n$.

Die n Teilvorgänge heißen unabhängig, wenn gilt

$$P(A_1 x A_2 x \ldots x A_n) = P(A_1^*)P(A_2^*) \ldots P(A_n^*) =$$
$$P_1(A_1) \cdot P_2(A_2) \ldots \cdot P_n(A_n)$$
für alle $A_i \varepsilon A_i$, $i = 1, 2, \ldots, n$

Aufgaben zu Kapitel 3:

3.1. Es seien drei Urnen folgenden Inhalts gegeben:
U_1 enthält vier weiße und sechs schwarze Kugeln,
U_2 enthält zwei weiße und drei schwarze Kugeln,
U_3 enthält vier weiße und eine schwarze Kugel.
Es wird eine zweistufige Ziehung vorgenommen. Zunächst wird eine Urne ausgewählt (1. Stufe) und darauf aus dieser Urne eine Kugel gezogen (2. Stufe); auf beiden Stufen gelte die Realisation eines jeden Elementarereignisses als gleichwahrscheinlich.
a) Wie groß ist die Wahrscheinlichkeit, eine schwarze Kugel zu ziehen?
b) Die gezogene Kugel sei weiß. Wie groß ist die a-posteriori-Wahrscheinlichkeit, daß diese weiße Kugel aus U_2 stammt?
c) Ist die Wahrscheinlichkeit für das Ereignis, eine weiße Kugel zu ziehen, von der Wahl der Urnen unabhängig?

3.2. Auf einem Gut werden die Kühe einer Herde mit Sperma von vier Bullen künstlich besamt. Durch nachlässige Buchführung kann bei einer trächtigen Kuh nicht mehr ermittelt werden, welcher Bulle zur Besamung herangezogen wurde. Es soll derjenige Bulle ermittelt werden, für den sich die größte Wahrscheinlichkeit der Vaterschaft ergibt. Wie groß ist diese Wahrscheinlichkeit?
Folgende Hinweise seien noch bekannt:
Im langjährigen Durchschnitt wurden 40 % der Besamungen mit Sperma des Bullen 1, 30 % mit Sperma des Bullen 2, 20 % mit Sperma des Bullen 3 und 10 % mit Sperma des Bullen 4 durchgeführt. Man weiß, daß die vier Bullen unterschiedliche Fruchtbarkeit besitzen. Kennzeichnend dafür sind die Fruchtbarkeitszahlen, die für jeden Bullen angeben, wie hoch der Anteil erfolgreicher Besamungen bei Verwendung seines Spermas ist. Die Fruchtbarkeitszahlen der vier Bullen sind 50 %, 70 %, 90 % bzw. 100 %.

3.3. Zu einer Prüfungsfrage in einem multiple-choice-Test seien fünf verschiedene Antworten gegeben, von denen genau eine richtig ist. Hat sich ein Kandidat auf die Prüfung vorbereitet, kann er die Frage richtig beantworten; im anderen Fall wählt er zufällig eine Antwort aus. Es sei p die Wahrscheinlichkeit des Ereignisses E, daß sich der Kandidat vorbereitet hat. Mit F werde das Ereignis bezeichnet, daß er die Frage richtig beantwortet hat.
a) Beschreiben Sie in Worten: $P(E|F)$.
b) Drücken Sie $P(E|F)$ durch p aus.
c) Zeigen Sie, daß für alle möglichen Werte von P die Ungleichung $P(E|F) \geq P(E)$ gilt. Wann besteht Gleichheit?
d) Es seien im Test n verschiedene Antworten möglich, von denen wiederum nur eine richtig ist. Drücken Sie $P(E|F)$ durch n und p aus und zeigen Sie: Wenn p verschieden von Null oder Eins ist, dann wächst $P(E|F)$, sofern n wächst.

3.4. Eine Urne enthält g grüne und r rote Kugeln. Eine Kugel wird zufällig gezogen. Sie wird wieder zurückgelegt, wobei zusätzlich c weitere Kugeln von der Farbe der eben gezogenen Kugel in die Urne getan werden. Nun wird wiederum eine Kugel gezogen und ebenfalls mit c Kugeln ihrer Farbe in die Urne zurückgelegt. Dieses Verfahren kann beliebig fortgesetzt werden.
   a) Bestimmen Sie die bedingte Wahrscheinlichkeit, daß die zweite Kugel rot ist, wenn die erste Kugel rot ist.
   b) Wie groß ist die Wahrscheinlichkeit, daß sich bei den ersten drei Ziehungen nur rote Kugeln ergeben?

3.5. Ein Boxer gewinnt seine Kämpfe mit der Wahrscheinlichkeit 0,2. Wie groß ist die Wahrscheinlichkeit p, daß bei einer Serie von fünf Kämpfen die siegreichen überwiegen? (Die Ergebnisse der einzelnen Kämpfe seien voneinander unabhängig!)

3.6. Ein Dieb entwendet aus einem Scherzartikelgeschäft einen Behälter mit 100 Feuerwerkskörpern. Die Aufschriften sind verschlüsselt und für ihn nicht leserlich; aus einer beigelegten Notiz entnimmt er aber, daß 50 % der im Laden gelagerten Behälter Feuerwerkskörper hoher Qualität, je 25 % Feuerwerkskörper mittlerer Qualität bzw. niedriger Qualität enthalten; dementsprechend will der Dieb den Behälter identifizieren.
Testen der Feuerwerkskörper zerstört diese, eine vollständige Überprüfung erscheint dem Dieb also nicht sinnvoll. Er möchte deshalb aus dem Kasten nur zwei Feuerwerkskörper testen. Aus Kreisen der Unterwelt wird ihm folgende Tabelle bedingter Wahrscheinlichkeiten zugespielt, in der jahrelange Erfahrungen verwertet sind:

Bedingte Wahrscheinlichkeiten, x Blindgänger zu finden, unter der Bedingung, daß zwei der getesteten Feuerwerkskörper aus einem Behälter bekannter Qualität waren			
Anzahl der Blindgänger	Qualität		
x	niedrig	mittel	hoch
0	0,45	0,60	0,85
1	0,40	0,30	0,14
2	0,15	0,10	0,01

Der Dieb wählt nun zwei Feuerwerkskörper aus. Beide zünden.
a) Wie groß ist die Wahrscheinlichkeit, daß dieser Behälter Feuerwerkskörper hoher Qualität enthält?
b) Bestimmen Sie die Wahrscheinlichkeit dafür, daß bei bekannter Zahl von Blindgängern (0, 1 oder 2) der getestete Behälter Feuerwerkskörper von hoher, mittlerer oder niedriger Qualität enthält.

3.7. Eine Kartei im Einwohnermeldeamt enthält n(n > 1) fortlaufend numerierte Karteikarten $K_1,\ldots,K_n$. Zwei voneinander unabhängige Beobachter A und B, von denen jeder mit der Wahrscheinlichkeit von 0,2 die Wahrheit sagt, behaupten, daß eine zufällig gezogene Karteikarte die Nummer 1 trägt.
a) Wie groß ist die Wahrscheinlichkeit dafür, daß die beiden Beobachter nicht gelogen haben?
b) Wie verändert sich diese Wahrscheinlichkeit bei wachsendem Karteiumfang?

3.8. An einer Universität wird jeder Bewerber für das Mathematikstudium aufgenommen; dennoch wird zu Beginn des Studiums versucht, die Eignung des Bewerbers durch einen Test zu ermitteln. Nachdem alle Studienanfänger eines bestimmten Semesters die Universität wieder verlassen hatten, liegt folgende Statistik vor:
45 % der Studenten hatten das Studienziel nicht erreicht und ihr Studium vorzeitig abgebrochen. Bei dem Aufnahmetest hatten 90 % dieser Studienabbrecher ein negatives Ergebnis. Unter denjenigen, die ihr Studium erfolgreich abschließen konnten, hatten nur 0,5 % kein positives Ergebnis beim Test. Wie groß ist die Wahrscheinlichkeit dafür, daß ein Studienbewerber mit negativem Testergebnis das Studienziel nicht erreicht?

3.9. An einer Grundschule seien gleichviele Lehrer männlichen und weiblichen Geschlechts angestellt. Von den Lehrerinnen fahren 40 %, von den Lehrern 90 % mit dem Wagen zur Schule.
a) Wie groß ist die Wahrscheinlichkeit, daß eine motorisierte Lehrkraft männlich ist?
b) Sind die Ereignisse "eine Lehrkraft ist motorisiert" und "eine Lehrkraft ist weiblich" unabhängig?

3.10. Wie groß ist die Wahrscheinlichkeit, aus einem Kartenspiel von 32 Blatt ohne Zurücklegen
a) bei drei Zügen genau zwei Asse zu ziehen?
b) beim zweiten und dritten Zug ein As zu ziehen, unter der Bedingung, daß beim ersten Zug kein As gezogen wurde?
c) entweder beim zweiten oder beim dritten Zug ein As zu ziehen unter der Bedingung, daß man im ersten Zug ein As gezogen hat?
d) im dritten Zug kein As zu ziehen unter der Bedingung, daß man in den beiden ersten Zügen je ein As gezogen hat?

3.11. Eine Urne enthält vier Kugeln mit den aufgedruckten Zahlen 222, 277, 727 und 772. Es wird zufällig eine Kugel aus der Urne gezogen.
a) Wie groß ist die Wahrscheinlichkeit $P(Z_i)$ (i=1,2,3) dafür, daß die gezogene Kugel eine Zahl aufgedruckt hat, die an der i-ten Stelle eine 7 hat?
b) Wie groß ist $P(Z_1 \cap Z_2 \cap Z_3)$?
c) Sind die Ereignisse Z_i paarweise unabhängig?
d) Sind die Ereignisse Z_i unabhängig?

3.12. Die Verkehrsplaner einer Großstadt wollen Aussagen über den Betrieb an einer von vier Straßenbahnlinien in beiden Richtungen befahrenen Haltestelle erhalten. Da für eine längere Beobachtung der Haltestelle keine Mittel zur Verfügung stehen, versucht ein Statistiker des Planungsteams die realen Vorgänge durch ein Modell zu beschreiben, in welchem Wahrscheinlichkeiten für die Ankunft der einzelnen Linien vorgegeben werden.
Die Wahrscheinlichkeit, daß eine ankommende Straßenbahn ein Zug der Linie A ist, beträgt 0,4. Für die Linien B, C und D gelten die Wahrscheinlichkeiten P(B) = 0,1, P(C) = 0,2 und P(D) = 0,3.
Aus den Betriebsplänen weiß man, daß auf der Linie A 80 % aller eingesetzten Züge schaffnerlos verkehren. Die entsprechenden Werte sind bei B 40 %, bei C 90 % und bei D 20 %.
a) Welche Wahrscheinlichkeit liefert das Modell für das Ereignis, daß eine ankommende Straßenbahn schaffnerlos ist?
b) Wie groß ist die Wahrscheinlichkeit, daß eine ankommende schaffnerlose Straßenbahn
1) von der Linie A
2) von der Linie B ist?

3.13. Ein Spieler besitzt drei gefälschte Würfel: Würfel A zeigt mit Sicherheit nach jedem Wurf eine Drei; Würfel B zeigt zweimal häufiger eine Zwei als eine Fünf und sonst keine andere Zahl; Würfel C zeigt zweimal häufiger eine Vier als eine Eins und sonst keine andere Zahl. Die drei Würfel werden gleichzeitig geworfen. Bestimmen Sie die Wahrscheinlichkeiten für folgende Ereignisse:
a) A zeigt eine höhere Zahl als B
b) B zeigt eine höhere Zahl als C
c) C zeigt eine höhere Zahl als A
d) A zeigt eine höhere Zahl als B und B zeigt eine höhere Zahl als C.

4. Zufallsvariablen und ihre Verteilungen

4.1. EINDIMENSIONALE ZUFALLSVARIABLEN UND IHRE VERTEILUNGEN

4.1.1. Eindimensionale Zufallsvariablen

In vielen Fällen sind die Elemente des Stichprobenraumes n-tupel von Zahlen oder Symbolen; so ist z.B. S_1 = {(1,1),...,(6,6)} der Stichprobenraum beim zweifachen Würfelwurf oder S_2 = {(w,w),(w,z),(z,w),(z,z)} der Stichprobenraum beim zweifachen Münzwurf. In diesem und den folgenden Kapiteln wird deutlich, daß man die Analysemöglichkeiten gegebener Zufallsvorgänge beträchtlich erweitern kann, wenn man den Elementen eines gegebenen Stichprobenraumes in einer für die konkrete Problemstellung geeigneten Weise reelle Zahlen zuordnet und mit diesen Zahlen weiterarbeitet. Diese Zuordnung von reellen Zahlen wird als Zufallsvariable bezeichnet, und als Folge der Definition einer Zufallsvariablen hat man die Möglichkeit, die Verteilungsfunktion und Erwartungswerte der Zufallsvariablen zu ermitteln, um nur einige der gewonnenen Analysemöglichkeiten zu nennen.

Formal bedeutet die Zuordnung von Zahlen zu den Elementen eines gegebenen Stichprobenraumes den Übergang zu einem neuen Wahrscheinlichkeitsraum. Die Beschreibung des neuen Wahrscheinlichkeitsraums und seine Beziehung zum ursprünglichen Wahrscheinlichkeitsraum soll zunächst generell dargestellt und dann anhand von Beispielen veranschaulicht werden.

Der ursprüngliche Wahrscheinlichkeitsraum wird mit (S,A,P) bezeichnet. Um die Ereignisse dieses Wahrscheinlichkeitsraumes durch reelle Zahlen zu beschreiben, wird eine Abbildung X definiert, durch die jedem Element des Stichprobenraums S eine reelle Zahl zugeordnet wird, also:

$$X : S \to \mathbb{R}$$
$$S \ni e \to X(e) \in \mathbb{R}$$

Wahrscheinlichkeitsaussagen werden dann im Bereich der reellen Zahlen gemacht, dem neuen Stichprobenraum. Daher ist für die Menge der reellen Zahlen eine für Wahrscheinlichkeitsaussagen geeignete σ-Algebra zu bilden. Man verwendet die Menge der halboffenen Intervalle reeller Zahlen $]\alpha,\beta]$ mit $\alpha, \beta \in \mathbb{R}$ und alle durch Mengenoperationen daraus gewonnenen Teilmengen von $\mathbb{R}$. Diese σ-Algebra wird mit B bezeichnet. Das Wahrscheinlichkeitsmaß des neuen Wahrscheinlichkeitsraums wird mit PX bezeichnet. Damit lautet der neue Wahrscheinlichkeitsraum:

$$(\mathbb{R},B,PX)$$

Mit Hilfe des Wahrscheinlichkeitsmaßes PX soll die Struktur des alten Wahrscheinlichkeitsraumes auf den neuen übertragen werden. Wahrscheinlichkeiten für beliebige Ereignisse $B \in B$ werden wie folgt berechnet: Man ermittelt zunächst $X^{-1}(B)$, die Urbildmenge von B, also die Menge aller Elemente des ursprünglichen Stichprobenraumes S, deren Bilder in B liegen: $X^{-1}(B) = \{e \in S | X(e) \in B\}$. Sodann setzt man:

$$PX(B) = P(X^{-1}(B)) = P(\{e \in S | X(e) \in B\})$$

Anstelle der letzten Bezeichnung schreibt man auch kürzer:

$$P(\{e \in S | X(e) \in B\}) =: P(\{X \in B\}) =: P(X \in B)$$

Ist beispielsweise B = [-2;2], so schreibt man

$$PX([-2;2]) = P(X^{-1}([-2;2])) =: P(X\epsilon[-2;2]) =:$$
$$=: P(-2\leq X\leq 2)$$

Um diese Operation durchführen zu können, ist Voraussetzung, daß die Urbildmenge von B Element der ursprünglichen σ-Algebra A ist, daß also gilt:

$$X^{-1}(B) \epsilon A$$

Nur dann ist $P(X^{-1}(B))$ definiert.

Wir können nun eine Zufallsvariable definieren.

Definition

Gegeben seien zwei Wahrscheinlichkeitsräume (S,A,P) und (ℝ,B,PX) sowie eine Abbildung X : S→ ℝ. Die Abbildung X heißt Zufallsvariable, wenn zu jedem B∈B gilt: $X^{-1}(B) \epsilon A$.

Beispiele:
    Die folgenden Beispiele sollen die vorstehenden Ausführungen veranschaulichen.

a) Ein Kaufmann beauftragt einen Mitarbeiter, die Qualität einer Sendung mit 10 Geräten zu überprüfen. Dazu soll er zufällig 3 Geräte (ohne Zurücklegen) auswählen und diese auf gut (g) oder schlecht (s) testen. Dann seien die folgenden Stichproben möglich: S = {(g,g,g),(s,g,g),(g,s,g),(g,g,s),(s,s,g)(s,g,s), (g,s,s),(s,s,s)}. Die zugehörige σ-Algebra A ist die Potenzmenge von S. Um Wahrscheinlichkeiten für die einzelnen Stichproben berechnen zu können, sei angenommen, daß in der Sendung 3 schlechte Geräte sind. Durch Anwendung der a-priori-Regel erhält man die in der folgenden Tabelle dargestellten Wahrscheinlichkeiten für die einzelnen Stichproben; z.B. ist

$$P(\{(g,g,g)\}) = \frac{7\cdot 6\cdot 5}{10\cdot 9\cdot 8} = \frac{210}{720}$$

Stichprobe e_i	Wahrscheinlichkeit $P(\{e_i\})$	Anzahl der "schlecht" bewerteten Geräte in einer Stichprobe $x(e_i)$
$e_1 = (g,g,g)$	210/720	$X(e_1) = 0$
$e_2 = (s,g,g)$	126/720	$X(e_2) = 1$
$e_3 = (g,s,g)$	126/720	$X(e_3) = 1$
$e_4 = (g,g,s)$	126/720	$X(e_4) = 1$
$e_5 = (s,s,g)$	42/720	$X(e_5) = 2$
$e_6 = (s,g,s)$	42/720	$X(e_6) = 2$
$e_7 = (g,s,s)$	42/720	$X(e_7) = 2$
$e_8 = (s,s,s)$	6/720	$X(e_8) = 3$

Hat der Mitarbeiter die Prüfung durchgeführt, so ist es naheliegend, dem Chef das Ergebnis nicht in Form einer Stichprobe (z.B. (s,s,g)) mitzuteilen, sondern z.B. in der Form: "Anzahl der mit dem Urteil 'schlecht' bewerteten Geräte bei Prüfung von 3 zufällig ausgewählten Geräten". Um Aussagen dieser Art machen zu können, definiert man die Zufallsvariable X: "Anzahl der mit dem Urteil 'schlecht' bewerteten Geräte in einer Stichprobe" und ordnet jedem Element des Stichprobenraumes S diejenige reelle Zahl zu, die die Anzahl der als schlecht erkannten Geräte einer Stichprobe angibt. Diese Angaben sind in der dritten Spalte der obigen Tabelle eingetragen. Da die Potenzmenge von S die σ-Algebra $\mathbf{A}$ auf dem ursprünglichen Stichprobenraum darstellt, ist zu jedem $B \in \mathbf{B}$ die Urbildmenge $X^{-1}(B)$ in $\mathbf{A}$ enthalten, folglich ist X Zufallsvariable.

Für ausgewählte Teilmengen der reellen Zahlen sollen nun Wahrscheinlichkeitsaussagen gemacht werden: Man betrachte die folgenden Ereignisse:

a1) Die Anzahl der schlechten Geräte einer Stichprobe sei 1, also $B_1 = \{1\}$. Dann ist

$PX(B_1) = P(X^{-1}(B_1)) = P(X \varepsilon B_1) = P(X=1) = P(\{e_2, e_3, e_4\}) =$

$= \frac{378}{720} = \frac{21}{40}$

a2) Die Anzahl der schlechten Geräte einer Stichprobe sei höchstens 2, also $B_2 =]-\infty, 2]$. Dann ist

$PX(B_2) = PX(]-\infty,2]) = P(X^{-1}(]-\infty,2])) = P(X \varepsilon]-\infty,2]) =$

$= P(-\infty < X \leq 2) = P(\{e_1, e_2, e_3, e_4, e_5, e_6, e_7\}) = \frac{714}{720}$

a3) Die Anzahl der schlechten Geräte einer Stichprobe sei 4, also $B_3 = \{4\}$. Wegen $X^{-1}(\{4\}) = \emptyset$ erhält man

$$PX(\{4\}) = P(X^{-1}(\{4\})) = P(X=4) = P(\emptyset) = 0$$

b) Ein ideales Roulette-Rad, auf dessen Rand eine Skala von 0 bis 1 eingraviert ist, werde gedreht. Beobachtet werde die nach dem Stillstand gegenüber einer festen Marke befindliche Zahl auf der Skala. Dann ist $S =]0,1]$ und $\mathbb{A}$ die durch links-offene Intervalle $]\alpha,\beta] \subseteq S$ erzeugte σ-Algebra. Als Zufallsvariable definiert man die identische Abbildung

$$X : S \to \mathbb{R}$$
$$S \ni e \mapsto X(e) = e$$

Das Ereignis $B =]0,1]$ ist das sichere Ereignis. Daher ist $P(X\epsilon]0,1]) = 1$. Hat jedes Element von S die gleiche Chance, an der Marke zu erscheinen, so ist diese Chance mit 1 zu quantifizieren und die Wahrscheinlichkeit $P(X\epsilon]0,1]) = P(0<X\leq 1)$ darzustellen als "Summe" der Chancen aller Werte $x\epsilon]0,1]$, d.h. als Integral:

$$P(0<X\leq 1) = \int_0^1 1\,dx = [x]_0^1 = 1$$

Die Wahrscheinlichkeit für das Ereignis $B_1 =]-1;0,2]$ soll berechnet werden.

$$P(X\epsilon]-1;0,2]) = P(X\epsilon]0;0,2]) = \int_0^{0,2} 1\,dx = [x]_0^{0,2} = 0,2$$

Die Wahrscheinlichkeit für jedes Intervall $]\alpha,\beta]\subseteq]0,1]$ ist also gleich der Länge des Intervalls, nämlich $\beta-\alpha$. Die Wahrscheinlichkeit für das Ereignis $B_2 = \{a\}\subset]0,1]$ ist dann

$$P(X=a) = \int_a^a 1\,dx = [x]_a^a = 0$$

Ist X eine Zufallsvariable, so ist auch jede Funktion g(X) eine Zufallsvariable. Ebenso sind mit X und Y auch X+Y, X-Y, X·Y und X/Y Zufallsvariablen. Für die Fälle g(X) = aX+b und Z = X+Y soll jeweils ein Beispiel angeführt werden.

Beispiel:

a) Es wurde der Zufallsvorgang "zweifacher Münzwurf" betrachtet mit $S = \{(z,z),(w,z),(z,w),(w,w)\} = \{e_1,e_2,e_3,e_4\}$. Es sei X die Zufallsvariable "Anzahl der Wappenwürfe beim 1. Münzwurf" und Y die Zufallsvariable "Anzahl der Wappenwürfe beim 2. Münzwurf" und Z = X+Y die Zufallsvariable "Anzahl der Wappenwürfe bei zweifachem Münzwurf". Die Bilder der Elemente von S unter den Abbildungen X, Y und Z sind in der folgenden Tabelle zusammengestellt.

Stichprobe e_i	$X(e_i)$	$Y(e_i)$	$Z(e_i) = X(e_i) + Y(e_i)$
$e_1 = (z,z)$	$X(e_1) = 0$	$Y(e_1) = 0$	$Z(e_1) = 0+0 = 0$
$e_2 = (w,z)$	$X(e_2) = 1$	$Y(e_2) = 0$	$Z(e_2) = 1+0 = 1$
$e_3 = (z,w)$	$X(e_3) = 0$	$Y(e_3) = 1$	$Z(e_3) = 0+1 = 1$
$e_4 = (w,w)$	$X(e_4) = 1$	$Y(e_4) = 1$	$Z(e_4) = 1+1 = 2$

b) Der Zufallsvorgang sei "Ziehen eines Loses aus einer Urne". In der Urne seien "Nieten" (kein Gewinn), Gewinnlose zu DM 1,--, Gewinnlose zu DM 3,-- und Gewinnlose zu DM 5,--. Dann ist $S = \{0,1,3,5\}$. Ein Los kostet DM 1,--.

Auf S seien die Zufallsvariablen X: "Auszahlungsbetrag beim Kauf eines Loses" und Y: "Nettogewinn beim Kauf eines Loses" definiert. Für die einzelnen Elemente von S nehmen X und Y die folgenden Werte an:

Stichprobe e_i	$X(e_i)$	$Y(e_i) = X(e_i)-1$	$Z(e_i) = 2Y(e_i)-1$
$e_1 = 0$	$X(e_1) = 0$	$Y(e_1) = -1$	$Z(e_1) = -2-1 = -3$
$e_2 = 1$	$X(e_2) = 1$	$Y(e_2) = 0$	$Z(e_2) = 0-1 = -1$
$e_3 = 3$	$X(e_3) = 3$	$Y(e_3) = 2$	$Z(e_3) = 4-1 = 3$
$e_4 = 5$	$X(e_4) = 5$	$Y(e_4) = 4$	$Z(e_4) = 8-1 = 7$

Nun sollen die Gewinne verdoppelt, der Lospreis verdreifacht werden. Der neue Nettogewinn beträgt $Z = 2X - 3 = 2Y - 1$. Die neuen Nettogewinne $Z(e_i)$ sind in der vorstehenden Tabelle eingetragen.

Der Definitionsbereich jeder Zufallsvariablen ist nach Definition die Menge der reellen Zahlen. Aber nicht jede reelle Zahl muß eine mögliche Realisation der Zufallsvariablen bei Durchführung eines Zufallsexperiments darstellen. Jede reelle Zahl, die als Realisation des Zufallsvorgangs auftreten kann, wird als mögliche Realisation oder als Ausprägung der Zufallsvariablen bezeichnet.

In der Definition einer Zufallsvariablen ist die Bedingung genannt, daß $X^{-1}(B) \varepsilon A$ für alle Ereignisse $B \varepsilon B$. Äquivalent dazu ist die Bedingung: X ist eine Zufallsvariable, wenn für alle $x \varepsilon \mathbb{R}$ gilt: Die Menge aller Elemente $e \varepsilon S$ mit der Eigenschaft $X(e) \leq x$ gehört zu A:

$$\{e \varepsilon S \mid X(e) \leq x\} \varepsilon A$$

Das Wahrscheinlichkeitsmaß PX heißt die Wahrscheinlichkeitsverteilung von X (bezüglich P). Es ist die Gesamtheit der Zuordnungen von Wahrscheinlichkeiten zu den Elementen des Ereignissystems. Für die Darstellung einer Wahrscheinlichkeitsverteilung ist es aber zu umständlich und zumeist gar nicht möglich, alle Ereignisse mit ihren Wahrscheinlichkeiten aufzulisten. Man muß eine knappe Form der Darstellung finden, in der alle Informationen der Wahrscheinlichkeitsverteilung enthalten sind. Eine solche Form der Darstellung ist die Verteilungsfunktion, die nun eingeführt werden soll.

4.1.2. Die Verteilungsfunktion einer Zufallsvariablen

Die Funktion

$$F_X(x) := P(X \leq x)$$

gibt die Wahrscheinlichkeit dafür an, daß die Zufallsvariable X einen Wert annimmt, der kleiner oder gleich einem festen Wert x ist. Diese Funktion F_X heißt Verteilungsfunktion der Zufallsvariablen X. In der Schreibweise $F_X(x)$ gibt das tiefgestellte Symbol X die Bezeichnung der Zufallsvariablen an und x bezeichnet ein spezielles Element aus dem Definitionsbereich der Zufallsvariablen X.

Aus der Verteilungsfunktion lassen sich Wahrscheinlichkeiten für beliebige Intervalle berechnen, z.b. auch für linksoffene Intervalle der Form $]x',x"]\subset \mathbb{R}$. Wegen $]-\infty,x"] =$ $=]-\infty,x']\cup]x',x"]$ und der Unvereinbarkeit der beiden Ereignisse $]-\infty,x']$ und $]x',x"]$ erhält man:

$$P(-\infty < X \leq x") = P(-\infty < X \leq x') + P(x' < X \leq x")$$

d.h.

$$F_X(x") = F_X(x') + P(x' < X \leq x")$$

oder

$$P(x' < X \leq x") = F_X(x") - F_X(x')$$

Einige Eigenschaften der Verteilungsfunktion sollen nun angegeben werden.

(1) Da alle Intervalle $]-\infty,x]$ Ereignisse sind, gilt

$$0 \leq F_X(x) \leq 1$$

(2) Die Verteilungsfunktion F_X ist monoton steigend, d.h.

$$x" > x' \Rightarrow F_X(x") \geq F_X(x')$$

Dies ergibt sich sofort aus der oben abgeleiteten Beziehung $F_X(x") - F_X(x') = P(x' < X \leq x") \geq 0$.

(3) Wird x unendlich groß, so strebt F_X nach 1, d.h.

$$\lim_{x \to \infty} F_X(x) = 1$$

Wird x beliebig klein, so strebt $F_X(x)$ nach 0, d.h.

$$\lim_{x \to -\infty} F_X(x) = 0$$

(4) Die Verteilungsfunktion hat höchstens abzählbar viele Sprungstellen; vgl. hierzu die Gestalt der Verteilungsfunktion bei diskreten Zufallsvariablen im Abschnitt 4.1.3.1.

(5) Wegen der Definition $F_X(x) = P(-\infty < X \leq x)$ ist die Verteilungsfunktion rechtsseitig stetig. Dies bedeutet, daß für jede monoton fallende Folge (x_n), die den Grenzwert $\lim_{n \to \infty} x_n = x$ hat, gilt:

$$\lim_{n \to \infty} F_X(x_n) = F_X(\lim_{n \to \infty} x_n) = F_X(x)$$

Die rechtsseitige Stetigkeit wird erreicht durch das Gleichheitszeichen auf der rechten Seite der Ungleichung in $P(-\infty < X \leq x)$. Würde man die Verteilungsfunktion definieren als $F_X(x) = P(-\infty < X < x)$, so wäre sie linksseitig stetig.

Im folgenden sollen diskrete und stetige Zufallsvariablen und ihre Verteilungen betrachtet werden.

4.1.3. Diskrete Zufallsvariablen und ihre Verteilungen

Definition

Eine Zufallsvariable X heißt diskrete Zufallsvariable, wenn sie höchstens abzählbar viele Ausprägungen hat.

Die Zufallsvariable X: "Anzahl der Wappenwürfe bei dreifachem Münzwurf" ist ein Beispiel für eine diskrete Zufallsvariable. Bekanntlich ist $S = \{(w,w,w),(w,w,z),(w,z,w),(z,w,w),(w,z,z),(z,w,z),(z,z,w),(z,z,z)\} = \{e_1, e_2, \ldots, e_8\}$ der Stichprobenraum des Zufallsvorgangs "dreifacher Münzwurf" und $W_X = \{0,1,2,3\}$ die Menge der Bilder von S unter der Abbildung X, also die Menge der Ausprägungen der Zufallsvariablen X. Insbesondere erhält man die folgenden Bilder und Wahrscheinlichkeiten für die Elemente des Stichprobenraums:

e_i	$X(e_i)$	$P(\{e_i\})$	e_i	$X(e_i)$	$P(\{e_i\})$
e_1	3	1/8	e_5	1	1/8
e_2	2	1/8	e_6	1	1/8
e_3	2	1/8	e_7	1	1/8
e_4	2	1/8	e_8	0	1/8

Dieses Beispiel soll verwendet werden, um im folgenden die Gestalt der Wahrscheinlichkeitsfunktion und der Verteilungsfunktion einer diskreten Zufallsvariablen zu veranschaulichen.

4.1.3.1. Die Wahrscheinlichkeitsfunktion einer diskreten Zufallsvariablen

Definition

Die mit f_X bezeichnete Funktion, die jeder reellen Zahl x ihre Wahrscheinlichkeit zuordnet, heißt Wahrscheinlichkeitsfunktion der Zufallsvariablen X. Es gilt

$$f_X(x) = \begin{cases} P(X=x_i) & \text{für die Ausprägungen } x_i \\ 0 & \text{sonst} \end{cases}$$

Beispiel:

Für die Zufallsvariable X: "Anzahl der Wappenwürfe bei dreifachem Münzwurf" sind die Wahrscheinlichkeiten $P(X=x_i)$ in der folgenden Tabelle zusammengestellt:

i	1	2	3	4
x_i	0	1	2	3
$f_X(x_i)$	1/8	3/8	3/8	1/8

Die Wahrscheinlichkeitsfunktion f_X lautet dann

$$f_X(x) = \begin{cases} 1/8 & \text{für } X = x_1 = 0 \\ 3/8 & \text{für } X = x_2 = 1 \\ 3/8 & \text{für } X = x_3 = 2 \\ 1/8 & \text{für } X = x_4 = 3 \\ 0 & \text{sonst} \end{cases}$$

In der graphischen Darstellung erhalten wir ein sog. Stabdiagramm:

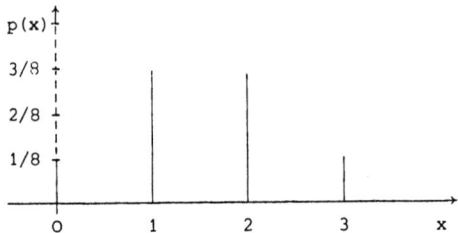

Damit eine Funktion f_X eine Wahrscheinlichkeitsfunktion darstellt, muß sie zwei Bedingungen erfüllen: Es muß gelten:

1) $f_X(x) \geq 0 \quad$ für alle $x \in \mathbb{R}$

2) $\sum_{i \in I} f_X(x_i) = 1 \quad$ x_i ist Ausprägung von X. I ist die zur Menge der Ausprägungen von X gehörende Indexmenge

Die Wahrscheinlichkeit für ein beliebiges Ereignis B wird
berechnet als Summe der Wahrscheinlichkeiten der zu B gehörenden Ausprägungen; z.b. sei im obigen Beispiel

$$B =]-0,5;2]$$

Dann ist

$$PX(]-0,5;2]) = P(X\varepsilon]-0,5;2]) = P(X\varepsilon]0;2])$$
$$P(X\varepsilon \{0,1,2\}) = \sum_{i=1}^{3} f_X(x_i) = \frac{1}{8} + \frac{3}{8} + \frac{3}{8} = \frac{7}{8}$$

Damit wird die durch f_X erreichte Zuordnung von Wahrscheinlichkeiten PX zu den Ereignissen des Ereignissystems B eine
Wahrscheinlichkeitsverteilung (d.h. ein Wahrscheinlichkeitsmaß), denn sie erfüllt die Bedingungen eines Wahrschein-
lichkeitsmaßes, wie im folgenden gezeigt wird:

1) $PX(B) \geq 0$ für alle $B \varepsilon B$

 Denn es gilt:

 $$PX(B) = \sum_{i \varepsilon I_B} f_X(x_i) \geq 0 \quad \text{wegen } f_X(x) \geq 0$$

 Dabei ist I_B die Indexmenge der zum Ereignis B gehörenden
 Ausprägungen.

2) $PX(\mathbb{R}) = 1$

 $R \varepsilon B$ ist das "sichere" Ereignis. Dann gilt

 $$PX(\mathbb{R}) = \sum_{i \varepsilon I} f_X(x_i) = 1.$$

 I ist die Indexmenge, die zur Menge aller Ausprägungen
 von X gehört.

3) Für die Vereinigung von höchstens abzählbar vielen paarweise unvereinbaren Ereignissen B_1, B_2,... berechnet man
 die Wahrscheinlichkeit zu:

$$PX(B_1 \cup B_2 \cup \ldots) = PX(B_1) + PX(B_2) + \ldots =$$
$$= \sum_{i \in I_1} f_X(x_i) + \sum_{i \in I_2} f_X(x_i) + \ldots$$

Dabei ist I_i die Indexmenge der zu B_i gehörenden Ausprägungen von X.

4.1.3.2. Die Verteilungsfunktion einer diskreten Zufallsvariablen

Die allgemeine Definition der Verteilungsfunktion $F_X(x) = P(X \leq x)$ einer Zufallsvariablen X führt im Falle einer diskreten Zufallsvariablen zur Formel

$$F_X(x) = \sum_{x_i \leq x} P(X = x_i) = \sum_{x_i \leq x} f_X(x_i)$$

Damit erhält die Verteilungsfunktion die Gestalt einer Treppenfunktion. Sie hat Sprungstellen bei allen Ausprägungen von X und konstante Werte zwischen zwei aufeinanderfolgenden Ausprägungen.

Beispiel:

Für das Beispiel der Zufallsvariablen X: "Anzahl der Wappenwürfe bei drei Münzwürfen" soll die Verteilungsfunktion ermittelt werden; dabei kann man zunächst für die Ausprägungen von X die Werte der Verteilungsfunktion in einer Tabelle zusammenstellen:

x_i	0	1	2	3
$F_X(x_i)$	1/8	4/8	7/8	1

Für die Gestalt der Verteilungsfunktion sind dann die folgenden Intervalle relevant:

$x \varepsilon]-\infty, 0[\; : \; F_X(x) = P(X \leq x) = 0$

$x \varepsilon [0, 1[\; : \; F_X(x) = P(X \leq x) = P(x=0) = \dfrac{1}{8}$

$x \varepsilon [1, 2[\; : \; F_X(x) = P(X \leq x) = P(X=0) + P(X=1) = \dfrac{4}{8}$

$x \in [2,3[$: $F_X(x) = P(X \leq x) = P(X=0) + P(X=1) + P(X=2) = \frac{7}{8}$

$x \in [3,\infty[$: $F_X(x) = P(X \leq x) = P(X=0) + P(X=1) + P(X=2) + P(X=3) = 1$

Damit kann man die Verteilungsfunktion wie folgt schreiben:

$$F_X(x) = \begin{cases} 0 & \text{für } x<0 \\ \frac{1}{8} & \text{für } 0 \leq x < 1 \\ \frac{4}{8} & \text{für } 1 \leq x < 2 \\ \frac{7}{8} & \text{für } 2 \leq x < 3 \\ 1 & \text{für } x \geq 3 \end{cases}$$

In graphischer Darstellung sieht die Verteilungsfunktion wie folgt aus:

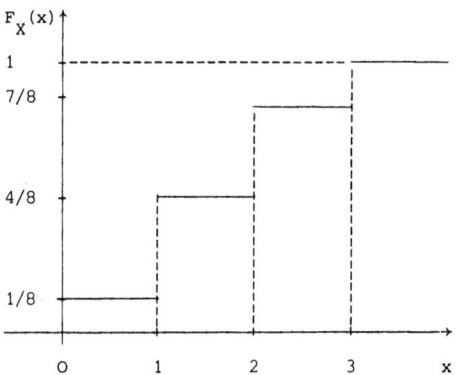

Wie in 4.1.2 erläutert, kann man mit Hilfe der Verteilungsfunktion Wahrscheinlichkeiten für Invervalle berechnen; z.B. gilt für links-offene Intervalle $]x',x'']$:

$$P(x' < X \leq x'') = F_X(x'') - F_X(x') = \sum_{x_i \leq x''} P(X=x_i) - \sum_{x_i \leq x'} P(X=x_i) = \sum_{x' < x_i \leq x''} P(X=x_i)$$

Im betrachteten Beispiel sei x' = 0,5 und x" = 2,5. Dann
ist
$$P(0,5<X\leq 2,5) = F_X(2,5) - F_X(0,5) = \frac{7}{8} - \frac{1}{8} = \frac{3}{4} =$$
$$= P(X=1) + P(X=2) = \frac{3}{8} + \frac{3}{8} = \frac{3}{4}$$

Ebenso ist die Wahrscheinlichkeitsfunktion durch die Verteilungsfunktion eindeutig bestimmt. Anschaulich ist die Wahrscheinlichkeit $P(X=x_i)$ gleich der Höhe des Sprunges in der Verteilungsfunktion an der Stelle $X=x_i$; im betrachteten Beispiel ist die Höhe des Sprunges an der Stelle X=2 gleich 7/8 - 4/8 = 3/8, so daß P(X=2) = 3/8.

4.1.4. Stetige Zufallsvariablen und ihre Verteilungen

Bei der Betrachtung von stetigen Zufallsvariablen ist es notwendig, von Zufallsvorgängen mit stetigen Stichprobenräumen auszugehen. Dazu sei an das Beispiel des Rouletterades des Abschnitts 4.1.1 erinnert. Dort werden Wahrscheinlichkeiten durch Integration ermittelt.

Definition

Eine Zufallsvariable X heißt stetig, wenn es eine nichtnegative Funktion f_X gibt, so daß für alle $x \in \mathbb{R}$ die Verteilungsfunktion durch

$$F_X(x) = \int_{-\infty}^{x} f_X(t)\,dt$$

dargestellt werden kann. Die Funktion f_X heißt Wahrscheinlichkeitsdichtefunktion oder kurz: Dichtefunktion der Zufallsvariablen X.

4.1.4.1. Die Dichtefunktion

Die Dichtefunktion einer stetigen Zufallsvariablen X gibt die Chance für jede reelle Zahl x an, als Realisation eines Zufallsvorgangs aufzutreten. Sie wird mit f_X bezeichnet.

Beispiel:

Im Beispiel des Rouletterades wurde die Dichtefunktion bereits verwendet, ohne daß der Name genannt wurde. Wenn nur reelle Zahlen aus dem Intervall $]0,1]$ Ergebnis des Zufallsvorgangs sein können und jedem $x \in]0,1]$ nach a-priori-Überlegungen die gleiche Chance eingeräumt wird, als Ergebnis des Zufallsvorganges aufzutreten, so lautet die Dichtefunktion:

$$f_X(x) = \begin{cases} 1 & \text{für } 0 < x \leq 1 \\ 0 & \text{sonst} \end{cases}$$

In graphischer Darstellung:

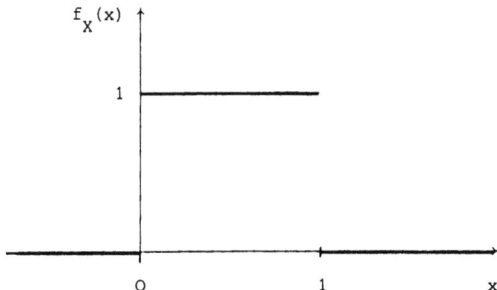

In einem weiteren Beispiel sei die relative Häufigkeitsfunktion für die Lebensdauer (ausgedrückt durch die zum Zeitpunkt des Defekts erreichte Brenndauer) einer großen Gesamtheit von Glühlampen gegeben. Die Glühlampen stammen alle aus der gleichen Produktion.

Klasse Nr. i	Erreichte Brenn- dauer in Stunden x_i^u - unter x_i^o	Anteil f_i der Glühlampen der Klasse Nr. i an der Gesamtheit	Anteil der Klasse Nr. i als Prozent- satz des Anteils der Klasse Nr. i-1
1	0 - 10	0,3000	
2	10 - 20	0,2190	73
3	20 - 30	0,1533	70
4	30 - 40	0,1042	68
5	40 - 50	0,0761	73
6	50 - 60	0,0533	70
7	60 - 70	0,0389	73
8	70 - 80	0,0264	68
9	80 - 90	0,0190	72
10	90 - 100	0,0098	52

Diese Häufigkeitsfunktion ist in der folgenden Graphik dargestellt. Es fällt auf, daß jeder Anteilswert ca. 70 % des Anteilswertes der vorhergehenden Klasse beträgt. Das bedeutet, daß von einem 10-Stun- den Intervall zum anderen der Anteil der ausgefallenen Glühlampen um ca. 30 % schrumpft. Rechnet man dieses Ergebnis auf Stundenbasis um, so beträgt jeder Anteilswert ca. $\sqrt[10]{0,7} \cdot 100$ % $\doteq$ 96,5 % des An- teils der vorhergehenden Stunde.

Der Anteilswert der pro Stunde ausgefallenen Glühlampen an der Ge- samtheit verringert sich also von einer Stunde zur nächsten um ca. 3,5 %. Diese Information kann genutzt werden, um die relative Häu- fikgeitsfunktion zu glätten.

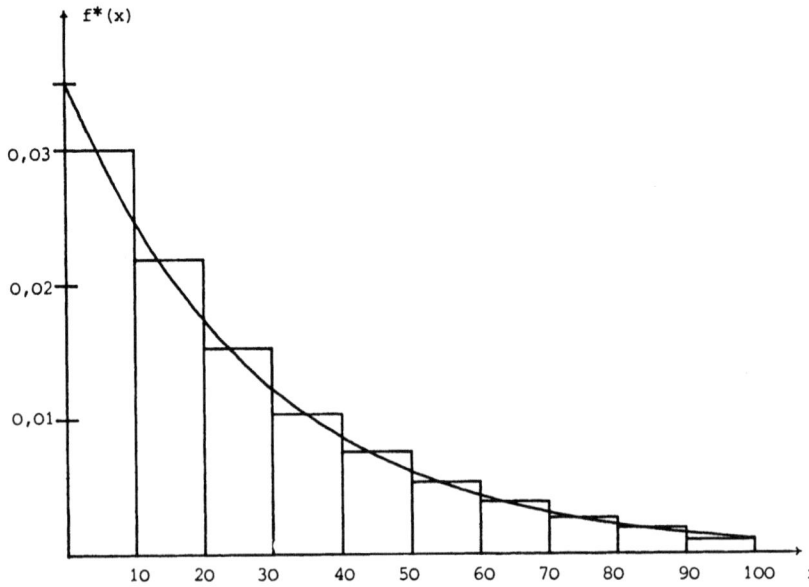

Geeignet zur Glättung ist die Exponentialfunktion

$$f_X(x) = \alpha e^{-\alpha x}$$

Diese Funktion hat die Eigenschaft, daß gilt:

$$\frac{df_X(x)}{dx} \cdot \frac{1}{f_X(x)} = -\alpha$$

Die Konstante α ist also die Wachstumsrate der relevanten Häufigkeiten in sehr kleinen Zeiteinheiten ($-\alpha$ ist dann die Schrumpfungsrate). Setzt man für α den gefundenen Wert 0,035 ein, so erhält man

$$f_X(x) \doteq \begin{cases} 0{,}035e^{-0{,}035x} & \text{für } x \geq 0 \\ 0 & \text{sonst} \end{cases}$$

Diese Funktion kann als Näherungsfunktion für die Dichtefunktion der Zufallsvariablen X: "Lebensdauer einer Glühlampe" interpretiert werden. Für jede reelle Zahl $x \in \mathbb{R}$ gibt $f_X(x)$ die Chance an, daß eine Glühlampe genau diese Brenndauer x erreicht hat, wenn sie defekt wird. Mit Hilfe der gewonnenen Näherung für die Dichtefunktion können nun auch Wahrscheinlichkeiten berechnet werden.

A_1 sei das Ereignis: "Die erreichte Brenndauer liegt zwischen 40 und 60 Stunden". Dann ist

$$P(X \varepsilon A_1) = P(40 \leq X \leq 60) \doteq \int_{40}^{60} 0{,}035e^{-0{,}035x}dx = \left[-e^{-0{,}035x}\right]_{40}^{60} =$$

$$= -0{,}1225 + 0{,}2466 = 0{,}1241$$

A_2 sei das Ereignis "Die Brenndauer beträgt höchstens 55 Stunden". Man erhält:

$$P(X \varepsilon A_2) = P(X \leq 55) \doteq \int_{0}^{55} 0{,}035e^{-0{,}035x}dx = \left[-e^{-0{,}035x}\right]_{0}^{55} =$$

$$= -0{,}1459 + 1 = 0{,}8541$$

A_3 sei das Ereignis "Die Brenndauer beträgt mindestens 40 Stunden". Man erhält:

$$P(X \varepsilon A_3) = P(X \geq 40) \doteq \left[-e^{-0{,}035x}\right]_{40}^{\infty} = 0 + 0{,}2466 = 0{,}2466$$

A_4 sei das Ereignis "Die Brenndauer einer Glühlampe betrage genau 30 Stunden". Man erhält dann:

$$P(X \varepsilon A_4) = P(X=30) = \int_{30}^{30} 0{,}035e^{-0{,}035x}dx = 0$$

Die Wahrscheinlichkeit für das Ereignis A_4 ist gleich Null, aber dennoch ist A_4 kein unmögliches Ereignis.

Die Dichtefunktion kann - wie die obigen Beispiele zeigen - Sprungstellen aufweisen. Es können maximal abzählbar viele Sprungstellen sein. Eine Dichtefunktion muß zwei Bedingungen erfüllen:

1) $f_X(x) \geq 0$ \qquad für alle $x \in \mathbb{R}$

2) $\int_{-\infty}^{\infty} f_X(x)\,dx = 1$

Sind diese Eigenschaften erfüllt, so stellt die durch Verwendung von f_X erreichte Berechnung von Wahrscheinlichkeiten durch Integration eine Wahrscheinlichkeitsverteilung dar.

Man beachte, daß die Dichtefunktion Werte größer als 1 annehmen kann; diese stehen nicht in Widerspruch zu den Axiomen der Wahrscheinlichkeitstheorie. Wegen der Eigenschaften der Integration gilt bei stetigen Zufallsvariablen ferner:

$$P(\alpha < X \leq \beta) = P(\alpha \leq X \leq \beta) = P(\alpha < X < \beta) = P(\alpha \leq X < \beta)$$

4.1.4.2. Die Verteilungsfunktion einer stetigen Zufallsvariablen

Für eine stetige Zufallsvariable X mit der Dichtefunktion f_X lautet die Verteilungsfunktion:

$$F_X(x) = P(X \in \,]-\infty, x]) = \int_{-\infty}^{x} f_X(t)\,dt \qquad \text{für alle } x \in \mathbb{R}$$

Die Verteilungsfunktion ist eine in allen Punkten stetige Funktion. Sie hat Knickstellen an allen Stellen, an denen f_X Sprungstellen hat. Sie kann also höchstens abzählbar viele Knickstellen aufweisen. Die Verteilungsfunktion ist an allen Stellen außer den Knickstellen differenzierbar. Daher kann die Dichtefunktion für diese Stellen durch Differenzieren aus der Verteilungsfunktion gewonnen werden:

$$\frac{dF_X(x)}{dx} = F'_X(x) = f_X(x)$$

An den Knickstellen kann der Wert der Dichtefunktion nicht aus der Verteilungsfunktion gewonnen werden. Mehrere Werte der Dichtefunktion sind hier möglich, die zum gleichen gegebenen Wert der Verteilungsfunktion führen.

Der Wert der Dichtefunktion in einem Punkt x kann nach den vorstehenden Überlegungen als Differentialquotient und damit als Intensität aufgefaßt werden. Im Beispiel der Brenndauer von Glühlampen ist die Aussage "eine Glühlampe hat eine Brenndauer von 40 Stunden" gleichbedeutend mit der Aussage "eine Glühlampe scheidet nach 40 Stunden Betriebsdauer aus, 'stirbt' nach 40 Stunden". Daher ist der Wert der Dichte im Punkt 40 ein Ausdruck der "Ausscheideintensität" in diesem Punkt.

Durch dieVerteilungsfunktion sind die Wahrscheinlichkeiten für beliebige Ereignisse eindeutig bestimmt. Ist z.B. $A_1 =]\alpha,\beta]$, so berechnet man

$$]-\infty,\beta] =]-\infty,\alpha] \cup]\alpha,\beta]$$

und daher

$$P(X\varepsilon]-\infty,\beta]) = P(X\varepsilon]-\infty,\alpha]) + P(X\varepsilon A_1)$$

d.h.
$$F_X(\beta) = F_X(\alpha) + P(X\varepsilon A_1)$$

oder
$$P(X\varepsilon A_1) = F_X(\beta) - F_X(\alpha)$$

Beispiel:

Für die beiden in 4.1.4.1 besprochenen Beispiele sollen nun die Verteilungsfunktionen berechnet werden. Für das Beispiel des Rouletterades erhält man:

$$F_X(x) = \begin{cases} 0 & \text{für } x<0 \\ x & \text{für } 0\leq x<1 \\ 1 & \text{für } x\geq 1 \end{cases}$$

Graphisch dargestellt:

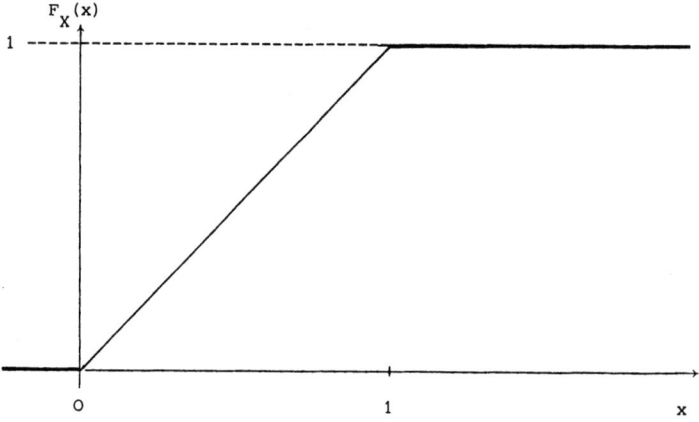

Im Beispiel der Brenndauer von Glühlampen lautete die Dichtefunktion

$$f_X(x) = \begin{cases} 0 & \text{für } x<0 \\ 0{,}035 e^{-0{,}035x} & \text{für } x\geq 0 \end{cases}$$

Daher gilt $F_X(x) = 0$ für $x<0$. Für $x\geq 0$ erhält man:

$$F_X(x) = \int_{-\infty}^{x} 0{,}035 e^{-0{,}035t} dt = \int_{0}^{x} 0{,}035 e^{-0{,}035t} dt = [-e^{-0{,}035t}]_{0}^{x} =$$
$$= -e^{-0{,}035x} + 1$$

Daher erhält man:

$$F_X(x) = \begin{cases} 0 & \text{für } x<0 \\ 1-e^{-0,035x} & \text{für } x \geq 0 \end{cases}$$

In graphischer Darstellung:

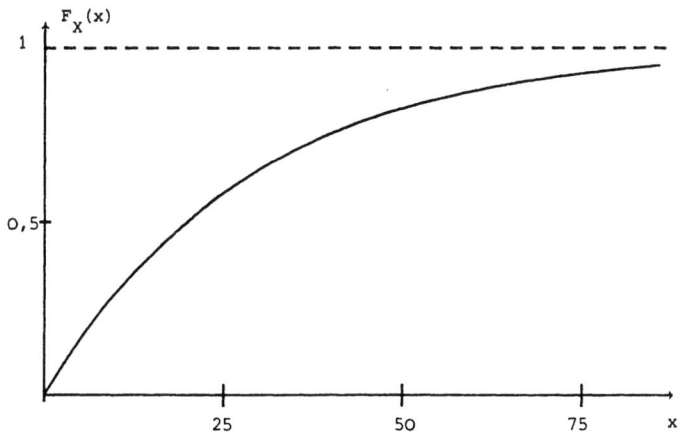

4.1.5. Lineare Transformationen von Zufallsvariablen und deren Verteilungen

Häufig ist eine Zufallsvariable X, ihre Wahrscheinlichkeitsfunktion bzw. Dichtefunktion und ihre Verteilungsfunktion gegeben. Für eine Zufallsvariable Y, die selbst eine Funktion der Zufallsvariablen X ist, sind die entsprechenden Funktionen gesucht. Hier sollen nur lineare Transformationen der Zufallsvariablen X behandelt werden, also Funktionen der Art

$$Y = a_0 + a_1 X$$

wobei $a_1 \neq 0$ vorausgesetzt wird. Häufig tritt dieses Problem im Zusammenhang mit Maßstabsänderungen auf.

Beispiel:

Zur Veranschaulichung soll eine diskrete Zufallsvariable X betrachtet werden. In diesem Fall ist die Ermittlung der Wahrscheinlichkeitsfunktion für eine lineare Transformation von x besonders einfach. Für die Ausprägungen der Zufallsvariablen X seien folgende Wahrscheinlichkeiten gegeben:

x_i	-2	-1	0	1	2
$f_X(x_i)$	0,1	0,2	0,4	0,2	0,1

Das graphische Bild der Wahrscheinlichkeitsfunktion von X hat folgende Gestalt:

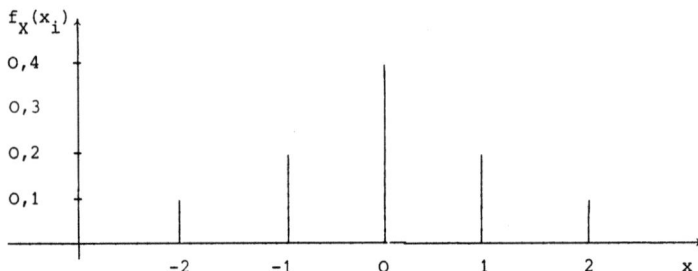

Zu ermitteln sei die Wahrscheinlichkeitsfunktion der Zufallsvariablen Y = 3X+1. Man erhält die Ausprägungen $y_i = 3x_i+1$ und folgende Wahrscheinlichkeiten:

y_i	-5	-2	1	4	7
$f_Y(y_i)$	0,1	0,2	0,4	0,2	0,1

Das graphische Bild der Wahrscheinlichkeitsfunktion von Y hat folgendes Aussehen:

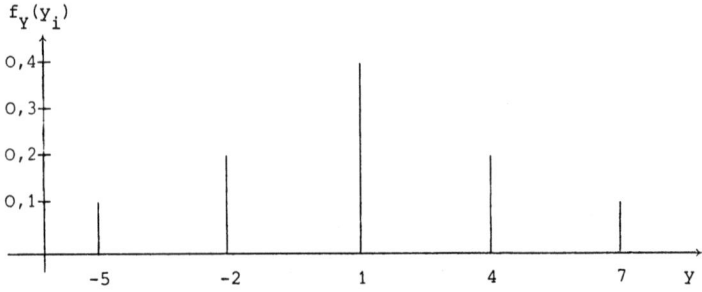

Die Graphik zeigt als Ergebnis der Transformation eine Streckung und eine Verschiebung der Verteilung gegenüber der ursprünglichen Verteilung.

Die Berechnung der Verteilungsfunktion von Y soll nun allgemein behandelt werden. Für einen fest vorgegebenen Wert y der Zufallsvariablen Y soll das Ereignis A = {Y≤y} betrachtet werden (lies: A ist die Menge aller Ausprägungen von Y, die kleiner oder gleich dem vorgegebenen Wert y sind). Dann gilt für $a_1 > 0$:

$$\{Y \leq y\} = \{a_o + a_1 X \leq y\} = \{X \leq \frac{y-a_o}{a_1}\}$$

und für $a_1 < 0$:

$$\{Y \leq y\} = \{a_o + a_1 X \leq Y\} = \{X \geq \frac{y-a_o}{a_1}\}$$

Ist F_X bekannt, so ermittelt man aus diesen Beziehungen:

$$F_Y(y) = F_X(\frac{y-a_o}{a_1}) \qquad \text{für } a_1 > 0$$

bzw.

$$F_Y(y) = 1 - F_X(\frac{y-a_o}{a_1}) + P(X = \frac{y-a_o}{a_1}) \qquad \text{für } a_1 < 0$$

Für diskrete Zufallsvariablen wird diese Beziehung zu

$$F_Y(y) = 1 - F_X(\frac{y-a_o}{a_1}) + f_X(\frac{y-a_o}{a_1}) \qquad \text{für } a_1 < 0$$

Für stetige Zufallsvariablen erhält man

$$F_Y(y) = 1 - F_X(\frac{y-a_o}{a_1}) \qquad \text{für } a_1 < 0$$

Die Wahrscheinlichkeitsfunktion für die lineare Transformation Y einer diskreten Zufallsvariablen X erhält man sofort zu:

$$f_Y(y) = f_X(\frac{y-a_o}{a_1})$$

Die Dichtefunktion der linearen Transformation Y einer stetigen Zufallsvariablen X soll nun ermittelt werden.

Ist die Zufallsvariable X an der Stelle $x = \frac{y-a_o}{a_1}$ differenzierbar und berücksichtigt man, daß $\frac{dx}{dy} = \frac{1}{a_1}$, so erhält man durch Differenzieren:

$$f_Y(y) = \frac{dF_X(\frac{y-a_o}{a_1})}{dy} = \frac{dF_X(\frac{y-a_o}{a_1})}{dx} \cdot \frac{dx}{dy} = \frac{1}{a_1}f_X(\frac{y-a_o}{a_1})$$

für $a_1 > 0$

bzw.

$$f_Y(y) = -\frac{dF_X(\frac{y-a_o}{a_1})}{dy} = -\frac{1}{a_1}f_X(\frac{y-a_o}{a_1}) \qquad \text{für } a_1 < 0$$

Diese beiden Beziehungen lassen sich vereinigen zu:

$$f_Y(y) = \frac{1}{|a_1|}f_X(\frac{y-a_o}{a_1})$$

Beispiele:

a) Die Zufallsvariable X sei stetig mit der Verteilungsfunktion:

$$F_X(x) = \begin{cases} 0 & \text{für } x<1 \\ \frac{1}{4}(x-1) & \text{für } 1 \leq x < 5 \\ 1 & \text{für } x \geq 5 \end{cases}$$

Die Dichtefunktion dazu lautet dann:

$$f_X(x) = \begin{cases} 0 & \text{für } x<1 \\ \frac{1}{4} & \text{für } 1\leq x<5 \\ 0 & \text{für } x\geq 5 \end{cases}$$

Die Zufallsvariable X wird der Transformation Y = 2+4X unterzogen. Dann ergibt sich:

$$F_Y(y) = F_X(\frac{y-2}{4})$$

Beispielsweise erhält man:

für $y = 3$: $F_Y(3) = F_X(\frac{1}{4}) = 0$

für $y = 8$: $F_Y(8) = F_X(\frac{3}{2}) = \frac{1}{8}$

Die Verteilungsfunktion von Y soll nun insgesamt dargestellt werden. Dazu berechnet man:

$x<1 \leftrightarrow y<6$

$1\leq x<5 \leftrightarrow 6\leq y<22$

$x\geq 5 \leftrightarrow y\geq 22$

Damit erhält man:

$$F_Y(y) = \begin{cases} 0 & \text{für } y<6 \\ \frac{1}{4}(\frac{y-2}{4}-1) = \frac{1}{16}(y-6) & \text{für } 6\leq y<22 \\ 1 & \text{für } y\geq 22 \end{cases}$$

Die Dichtefunktion lautet gemäß der Beziehung

$$f_Y(y) = \frac{1}{|a_1|}f_X(x):$$

$$f_Y(y) = \begin{cases} \frac{1}{4} \cdot \frac{1}{4} = \frac{1}{16} & \text{für } 6\leq y<22 \\ 0 & \text{sonst} \end{cases}$$

b) Eine Zufallsvariable X habe die folgende Dichtefunktion (vgl. hierzu die Normalverteilung in Kapitel 7):

$$f_X(x) = \frac{1}{\sigma\sqrt{2\pi}} e^{-\frac{(x-\mu)^2}{2\sigma^2}} \qquad -\infty < x < +\infty$$

In dieser Funktion sind μ und σ Konstanten und $\sigma>0$. Die zugehörige Verteilungsfunktion lautet:

$$F_X(x) = \int_{-\infty}^{x} \frac{1}{\sigma\sqrt{2\pi}} e^{-\frac{(t-\mu)^2}{2\sigma^2}} dt$$

Es wird nun die Transformation

$$Z = \frac{X-\mu}{\sigma} = -\frac{\mu}{\sigma} + \frac{1}{\sigma}X$$

gebildet. Man erhält dann für die Dichte der Zufallsvariablen Z:

$$f_Z(z) = \frac{1}{1/\sigma} f_X(x) = \sigma f_X(x) = f_X(\sigma z + \mu) = \sigma \cdot \frac{1}{\sigma\sqrt{2\pi}} e^{-\frac{(\sigma z + \mu - \mu)^2}{2\sigma^2}} =$$

$$= \frac{1}{\sqrt{2\pi}} e^{-\frac{z^2}{2}} \qquad \text{für } -\infty < z < +\infty$$

4.2. Zweidimensionale Zufallsvariablen und ihre Verteilungen

4.2.1. Zweidimensionale Zufallsvariablen

Ausgangspunkt für die Definition von zweidimensionalen Zufallsvariablen ist, wie bei eindimensionalen Zufallsvariablen, ein Zufallsvorgang und ein dazu gehörender Wahrscheinlichkeitsraum (S,A,P). Nun wird jedem Element des Stichprobenraumes $e \in S$ durch eine Abbildung (X_1, X_2) ein Paar reeller Zahlen zugeordnet. (X_1, X_2) ist eine Abbildung des Stichprobenraumes S in die Ebene $\mathbb{R}^2$ der reellen Zahlen ($\mathbb{R}^2 = \mathbb{R} \times \mathbb{R}$).

$$(X_1, X_2) : S \to \mathbb{R}^2$$
$$S \ni e \to (X_1, X_2)(e) \in \mathbb{R}^2$$

Entsprechend dem Fall eindimensionaler Zufallsvariablen wird über der Ebene $\mathbb{R}^2$ der reellen Zahlen ein Ereignissystem definiert, das mit dem Symbol B^2 bezeichnet werden soll. Es enthält alle offenen, halboffenen und geschlossenen Intervalle von $\mathbb{R}^2$ sowie die durch Mengenverknüpfung entstehenden Teilmengen von $\mathbb{R}^2$. Zur Erläuterung sei ein offenes Intervall $B \varepsilon \mathbb{R}^2$ angegeben:

$$B = \{(x_1,x_2) \varepsilon \mathbb{R}^2 \mid \alpha_1 < x_1 < \beta_1, \alpha_2 < x_2 < \beta_2\}$$

B besteht aus allen Zahlenpaaren (x_1,x_2), wobei x_1 einen Wert des Intervalls $\alpha_1 < x_1 < \beta_1$ und x_2 einen Wert des Intervalls $\alpha_2 < x_2 < \beta_2$ annimmt. Die auf B^2 sich ergebende Zuordnung von Wahrscheinlichkeiten werde mit PX_1X_2 bezeichnet. Dann lautet der neue Wahrscheinlichkeitsraum $(\mathbb{R}^2, B^2, PX_1X_2)$.

Die Abbildung (X_1,X_2) heißt eine zweidimensionale Zufallsvariable, wenn gilt:

$$(X_1,X_2)^{-1}(B) = \{e \varepsilon S \mid (X_1,X_2)(e) \varepsilon B\} \varepsilon A$$

für alle $B \varepsilon B^2$; wenn also die Urbildmenge zu jedem Ereignis $B \varepsilon B^2$ im ursprünglichen Ereignisraum A enthalten ist. Die Komponenten X_1 und X_2 der zweidimensionalen Zufallsvariablen sind selbst wieder eindimensionale Zufallsvariablen. Für die Wahrscheinlichkeit eines Ereignisses $B \varepsilon B^2$ schreibt man:

$$PX_1X_2(B) = P(\{e \varepsilon S \mid (X_1,X_2)(e) \varepsilon B\}) =: P((X_1,X_2) \varepsilon B)$$

Ist insbesondere

$$B = \{(x_1,x_2) \varepsilon \mathbb{R}^2 \mid \alpha_1 < x_1 < \beta_1, \alpha_2 < x_2 < \beta_2\},$$

so schreibt man kurz:

$$P((X_1,X_2) \varepsilon B) =: P(\{\alpha_1 < x_1 < \beta_1, \alpha_2 < x_2 < \beta_2\}) =:$$
$$=: P(\alpha_1 < X_1 < \beta_1, \alpha_2 < X_2 < \beta_2)$$

Ist beispielsweise

$$B_1 = \{(x_1,x_2) \in \mathbb{R}^2 \mid x_1=0, x_2=0\},$$

so schreibt man entsprechend:

$$P((X_1,X_2) \in B_1) = P(X_1=0, X_2=0)$$

Das Wahrscheinlichkeitsmaß PX_1X_1 heißt zweidimensionale Wahrscheinlichkeitsverteilung. Es ist die Gesamtheit der Zuordnungen von Wahrscheinlichkeiten zu den Elementen des Ereignissystems $\mathcal{B}^2$.

Beispiel:

Aus einer Urne mit drei Kugeln a_1, a_2, a_3 werden drei Kugeln gezogen mit Zurücklegen und mit Beachten der Reihenfolge der Ziehung. Auf dem Stichprobenraum S der 27 möglichen Stichproben werden folgende Zufallsvariablen X_1 und X_2 definiert:

X_1: Häufigkeit des Auftretens der Kugel a_1 in einer gegebenen Stichprobe,
X_2: Häufigkeit des Auftretens der Kugel a_2 in einer gegebenen Stichprobe.

Man erhält dann folgende Werte der Abbildung (X_1,X_2) für die einzelnen Stichproben:

Stichprobe e_i	$(X_1,X_2)(e_i)$	Stichprobe e_i	$(X_1,X_2)(e_i)$
$e_1 = (a_3,a_3,a_3)$	(0,0)	$e_{15} = (a_2,a_3,a_1)$	(1,1)
$e_2 = (a_2,a_3,a_3)$	(0,1)	$e_{16} = (a_3,a_1,a_2)$	(1,1)
$e_3 = (a_3,a_2,a_3)$	(0,1)	$e_{17} = (a_3,a_2,a_1)$	(1,1)
$e_4 = (a_3,a_3,a_2)$	(0,1)	$e_{18} = (a_1,a_2,a_2)$	(1,2)
$e_5 = (a_2,a_2,a_3)$	(0,2)	$e_{19} = (a_2,a_1,a_2)$	(1,2)
$e_6 = (a_2,a_3,a_2)$	(0,2)	$e_{20} = (a_2,a_2,a_1)$	(1,2)
$e_7 = (a_3,a_2,a_2)$	(0,2)	$e_{21} = (a_1,a_1,a_3)$	(2,0)
$e_8 = (a_2,a_2,a_2)$	(0,3)	$e_{22} = (a_1,a_3,a_1)$	(2,0)
$e_9 = (a_3,a_3,a_1)$	(1,0)	$e_{23} = (a_3,a_1,a_1)$	(2,0)
$e_{10} = (a_3,a_1,a_3)$	(1,0)	$e_{24} = (a_1,a_1,a_2)$	(2,1)
$e_{11} = (a_1,a_3,a_3)$	(1,0)	$e_{25} = (a_1,a_2,a_1)$	(2,1)
$e_{12} = (a_1,a_2,a_3)$	(1,1)	$e_{26} = (a_2,a_1,a_1)$	(2,1)
$e_{13} = (a_1,a_3,a_2)$	(1,1)	$e_{27} = (a_1,a_1,a_1)$	(3,0)
$e_{14} = (a_2,a_1,a_3)$	(1,1)		

Beispielsweise erhält man für das Ereignis

$B = \{(x_1, x_2) \in \mathbb{R}^2 | 0 \leq x_1 \leq 1, x_2 = 0\} =: \{0 \leq x_1 \leq 1, x_2 = 0\}$

die Wahrscheinlichkeit:

$P(0 \leq x_1 \leq 1, x_2 = 0) = P(\{e_1, e_9, e_{10}, e_{11}\}) = \frac{4}{27}$

4.2.2. Die Verteilungsfunktion einer zweidimensionalen Zuvallsvariablen

Definition

Die Funktion

$$F_{X_1, X_2}(x_1, x_2) = P(X_1 \leq x_1, X_2 \leq x_2)$$

heißt Verteilungsfunktion der zweidimensionalen Zufallsvariablen (X_1, X_2) an der Stelle $X_1 = x_1$, $X_2 = x_2$.

Sie gibt die Wahrscheinlichkeit dafür an, daß die Zufallsvariable X_1 höchstens den Wert x_1 und die Zufallsvariable X_2 höchstens den Wert x_2 annimmt. Sie ist eine Abbildung $F_{X_1, X_2} : \mathbb{R}^2 \to \mathbb{R}$ und hat folgende Eigenschaften:

1) $0 \leq F_{X_1, X_2}(x_1, x_2) \leq 1$ \qquad für alle $x_1, x_2 \in \mathbb{R}$

2) F_{X_1, X_2} ist in beiden Argumenten monoton wachsend. Für x_1', x_1'', x_2', x_2'' mit $x_1'' > x_1'$ und $x_2'' > x_2'$ gilt:

$F_{X_1, X_2}(x_1'', x_2') \geq F_{X_1, X_2}(x_1', x_2')$

$F_{X_1, X_2}(x_1', x_2'') \geq F_{X_1, X_2}(x_1', x_2')$

3) F_{X_1, X_2} ist in beiden Argumenten rechtsseitig stetig.

4) Für alle $x_1, y_1 \in \mathbb{R}$ gilt:

$$\lim_{\substack{x_1 \to -\infty \\ x_2 \to -\infty}} F_{X_1, X_2}(x_1, x_2) = 0$$

$$\lim_{\substack{x_1 \to +\infty \\ x_2 \to +\infty}} F_{X_1, X_2}(x_1, x_2) = 1$$

5) Für alle $x_1', x_1'', x_2', x_2'' \in \mathbb{R}$ mit $x_1'' > x_1'$ und $x_2'' > x_2'$ gilt:

$$F_{X_1, X_2}(x_1'', x_2'') - F_{X_1, X_2}(x_1', x_2'') - F_{X_1, X_2}(x_1'', x_2') +$$
$$+ F_{X_1, X_2}(x_1', x_2') \geq 0$$

Eigenschaft (5) besagt, daß die Wahrscheinlichkeit, daß die Zufallsvariable (X_1, X_2) einen Wert aus der Fläche $\{(x_1, x_2) \in \mathbb{R}^2 \mid x_1' < x_1 \leq x_1'', x_2' < x_2 \leq x_2''\}$ annimmt, größer oder gleich Null sein muß.

4.2.3. Diskrete zweidimensionale Zufallsvariablen und ihre Verteilungen

__Definition__

Eine zweidimensionale Zufallsvariable (X_1, X_2) heißt diskret, wenn jede ihrer Komponenten X_1 und X_2 höchstens abzählbar viele Ausprägungen hat.

Damit hat auch die zweidimensionale Zufallsvariable (X_1, X_2) höchstens abzählbar viele Ausprägungen (x_{1i}, x_{2j}), $i, j = 1, 2, \ldots$.

4.2.3.1. Die Wahrscheinlichkeitsfunktion einer zweidimensionalen Zufallsvariablen

Definition

Die Funktion

$$f_{X_1,X_2}(x_1,x_2) = \begin{cases} P(X_1=x_{1i}, X_2=x_{2j}) & \text{für die Ausprägungen } x_{1i} \text{ der Variablen } X_1 \text{ und } x_{2j} \text{ der Variablen } X_2 \\ & i,j = 1,2,\ldots \\ 0 & \text{sonst} \end{cases}$$

heißt Wahrscheinlichkeitsfunktion der zweidimensionalen Zufallsvariablen (X_1, X_2). Sie wird auch als "gemeinsame Wahrscheinlichkeitsfunktion der beiden Zufallsvariablen X_1 und X_2" bezeichnet.

Beispiel:

Im Abschnitt 4.2.1 wurde das Beispiel der Ziehung von 3 Kugeln mit Beachten der Reihenfolge und mit Zurücklegen aus einer Urne mit drei Kugeln a_1, a_2, a_3 eingeführt. Die möglichen Stichproben sind in der folgenden Tabelle zusammengestellt.

X_1: Häufigkeit von a_1 in einer Stichprobe	X_2: Häufigkeit von a_2 in einer Stichprobe			
	0	1	2	3
0	(a_3,a_3,a_3)	(a_2,a_3,a_3) (a_3,a_2,a_3) (a_3,a_3,a_2)	(a_2,a_2,a_3) (a_2,a_3,a_2) (a_3,a_2,a_2)	(a_2,a_2,a_2)
1	(a_3,a_3,a_1) (a_1,a_3,a_3) (a_3,a_1,a_3)	(a_1,a_2,a_3) (a_1,a_3,a_2) (a_2,a_3,a_1) (a_2,a_1,a_3) (a_3,a_1,a_2) (a_3,a_2,a_1)	(a_1,a_2,a_2) (a_2,a_1,a_2) (a_2,a_2,a_1)	
2	(a_1,a_1,a_3) (a_1,a_3,a_1) (a_3,a_1,a_1)	(a_1,a_1,a_2) (a_1,a_2,a_1) (a_2,a_1,a_1)		
3	(a_1,a_1,a_1)			

Aus dieser Übersicht läßt sich sofort - bei Gleichwahrscheinlichkeit aller Stichproben - die Wahrscheinlichkeitsfunktion der Zufallsvariablen (X_1, X_2) angeben.

$f_{X_1,X_2}(x_1,x_2) = \begin{cases} & \\ & \\ & \\ & \\ 0 & \text{sonst} \end{cases}$

x_{1i} \ x_{2j}	0	1	2	3
0	1/27	3/27	3/27	1/27
1	3/27	6/27	3/27	0
2	3/27	3/27	0	0
3	1/27	0	0	0

Aus der Wahrscheinlichkeitsfunktion lassen sich Wahrscheinlichkeiten für beliebige Ereignisse berechnen. Ist z.B. ein Ereignis $B = \{1 \leq x_1 \leq 3, 2 \leq x_2 \leq 3\}$ gegeben, so erhält man $P(1 \leq X_1 \leq 3; 2 \leq X_2 \leq 3) = \frac{3}{27} = \frac{1}{9}$.

Eine Funktion f_{X_1,X_2} ist eine zweidimensionale Wahrscheinlichkeitsfunktion, wenn sie zwei Bedingungen erfüllt:

1) $f_{X_1,X_2}(x_1,x_2) \geq 0 \qquad$ für alle $(x_1,x_2) \in \mathbb{R}^2$

2) $\sum_{i \in I_1} \sum_{j \in I_2} f_{X_1,X_2}(x_{1i},x_{2j}) = 1$

Dabei ist I_1 die zur Menge der Ausprägungen von X_1 gehörende Indexmenge. Entsprechend ist I_2 definiert.

4.2.3.2. Die Verteilungsfunktion einer diskreten zweidimensionalen Zufallsvariablen

Im Falle von diskreten zweidimensionalen Zufallsvariablen lautet die Verteilungsfunktion:

$$F_{X_1,X_2}(x_1,x_2) = \sum_{x_{1i} \leq x_1} \sum_{x_{2j} \leq x_2} P(X_1 = x_{1i}, X_2 = x_{2j})$$

Beispiel:

Für das Beispiel aus dem Abschnitt 4.2.3.1 lautet die Verteilungsfunktion

$$F_{X_1,X_2}(x_1,x_2) = $$

x_1 \ x_2	$-\infty < x_2 < 0$	$0 \leq x_2 < 1$	$1 \leq x_2 < 2$	$2 \leq x_2 < 3$	$3 \leq x_2 < \infty$
$-\infty < x_1 < 0$	0	0	0	0	0
$0 \leq x_1 < 1$	0	1/27	4/27	7/27	8/27
$1 \leq x_1 < 2$	0	4/27	13/27	19/27	20/27
$2 \leq x_1 < 3$	0	7/27	19/27	25/27	26/27
$3 \leq x_1 < \infty$	0	8/27	20/27	26/27	27/27

Die Wahrscheinlichkeitsfunktion ist durch die Verteilungsfunktion eindeutig bestimmt. Man erhält sie im Anschluß an Eigenschaft (5) der Verteilungsfunktion (vgl. 4.2.2) nach folgender Beziehung:

$$P(X_1 = x_{1i}, X_2 = x_{2j}) = F_{X_1,X_2}(x_{1i},x_{2j}) - F_{X_1,X_2}(x_{1,i-1},x_{2j}) -$$
$$- F_{X_1,X_2}(x_{1i},x_{2,j-1}) +$$
$$+ F_{X_1,X_2}(x_{1,i-1},x_{2,j-1})$$

Beispielsweise ist im obigen Beispiel

$$P(X_1=1,X_2=2) = F_{X_1,X_2}(1;2) - F_{X_1,X_2}(0;2) -$$
$$- F_{X_1,X_2}(1;1) + F_{X_1,X_2}(0;1) =$$
$$= \frac{19}{27} - \frac{7}{27} - \frac{13}{27} + \frac{4}{27} = \frac{3}{27}$$

Aus der Verteilungsfunktion kann für jedes Ereignis die Wahrscheinlichkeit berechnet werden. Ist z.B. das Ereignis B = $\{0<X_1\leq 2, 0<X_2\leq 2\}$ gegeben, so ermittelt man nach Eigenschaft (5) aus 4.2.2:

$$P(0<X_1\leq 2, 0<X_2\leq 2) = F_{X_1,X_2}(2;2) - F_{X_1,X_2}(0;2) -$$
$$- F_{X_1,X_2}(2;0) + F_{X_1,X_2}(0;0) =$$
$$= \frac{25}{27} - \frac{7}{27} - \frac{7}{27} + \frac{1}{27} = \frac{12}{27}$$

4.2.4. Stetige zweidimensionale Zufallsvariablen und ihre Verteilungen

Definition

Eine zweidimensionale Zufallsvariable (X_1, X_2) heißt stetig, wenn es eine nichtnegative Funktion f_{X_1,X_2} gibt der Art, daß für alle Paare reeller Zahlen x_1, x_2 die Verteilungsfunktion durch

$$F_{X_1,X_2}(x_1,x_2) = \int_{-\infty}^{x_1} \int_{-\infty}^{x_2} f_{X_1,X_2}(y_1,y_2) dy_2 dy_1$$

angegeben werden kann.

4.2.4.1. Die Dichtefunktion einer stetigen zweidimensionalen Zufallsvariablen

Die Dichtefunktion einer zweidimensionalen Zufallsvariablen gibt die Chance für jedes Paar reeller Zahlen $(x_1, x_2) \in R^2$ an, als Ergebnis des betrachteten Zufallsvorganges zu erscheinen. Die Dichtefunktion wird mit f_{X_1, X_2} bezeichnet. Sie heißt auch "gemeinsame Dichte der beiden Zufallsvariablen X_1 und X_2".

Beispiel:

Eine zweidimensionale Zufallsvariable (X_1, X_2) habe die folgende Dichtefunktion:

$$f_{X_1, X_2}(x_1, x_2) = \begin{cases} 2-x_1-x_2 & \text{für } 0<x_1<1 \text{ und } 0<x_2<1 \\ 0 & \text{sonst} \end{cases}$$

In graphischer Darstellung hat diese Dichtefunktion folgendes Aussehen:

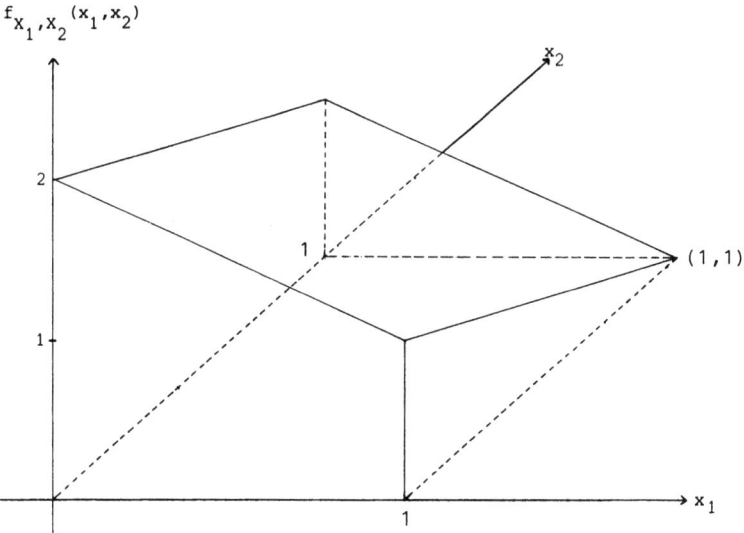

Für die Ereignisse $B_1 = \{\frac{1}{2} \leq x_1 \leq 1; \frac{1}{4} \leq x_2 \leq \frac{3}{4}\}$ und $B_2 = \{0 \leq x_1 \leq 1; 1-x_1 \leq x_2 \leq 1\}$ sollen nun die Wahrscheinlichkeiten berechnet werden.

Man erhält:

$$P(B_1) = \int_{1/2}^{1} \int_{1/4}^{3/4} (2-x_1-x_2)dx_2 dx_1 = \int_{1/2}^{1} [2x_2-x_1x_2-\frac{1}{2}x_2^2]_{1/4}^{3/4} dx_1 =$$

$$= \int_{1/2}^{1} \frac{6}{4} - \frac{3}{4}x_1 - \frac{9}{32} - (\frac{2}{4} - \frac{1}{4}x_1 - \frac{1}{32}) dx_1 = \int_{1/2}^{1} \frac{3}{4} - \frac{1}{2}x_1 dx_1 =$$

$$= [\frac{3}{4}x_1 - \frac{1}{4}x_1^2]_{1/2}^{1} = \frac{3}{16}$$

$P(B_2)$ ist der Rauminhalt zwischen der Dichtefunktion und dem Grunddreieck ABC. Man erhält:

$$P(B_2) = P(0 \leq X_1 \leq 1, 1-x_1 \leq X_2 \leq 1) = \int_{0}^{1} \int_{1-x_1}^{1} 2-x_1-x_2 dx_2 dx_1 =$$

$$= \int_{0}^{1} [(2-x_1)x_2 - \frac{1}{2}x_2^2]_{1-x_1}^{1} dx_1 =$$

$$= \int_{0}^{1} 2-x_1-\frac{1}{2} - (2-x_1)(1-x_1) + \frac{1}{2}(1-x_1)^2 dx_1 =$$

$$= \int_{0}^{1} 2-x_1-\frac{1}{2} - 2+3x_1-x_1^2 + \frac{1}{2} + \frac{1}{2}x_1^2 - x_1 dx_1 = \int_{0}^{1} x_1 - \frac{1}{2}x_1^2 dx_1 =$$

$$= [\frac{1}{2}x_1^2 - \frac{1}{6}x_1^3]_{0}^{1} = \frac{1}{2} - \frac{1}{6} = \frac{1}{3}$$

Eine Dichtefunktion f_{X_1,X_2} muß zwei Bedingungen erfüllen:

1) $f_{X_1,X_2}(x_1,x_2) \geq 0$ für alle $(x_1,x_2) \in \mathbb{R}^2$

2) $\int_{-\infty}^{\infty} \int_{-\infty}^{\infty} f_{X_1,X_2}(x_1,x_2) dx_2 dx_1 = 1$

4.2.4.2. Die Verteilungsfunktion einer stetigen zweidimensionalen Zufallsvariablen

Die Verteilungsfunktion einer stetigen zweidimensionalen Zufallsvariablen lautet:

$$F_{X_1,X_2}(x_1,x_2) = \int_{-\infty}^{x_1} \int_{-\infty}^{x_2} f_{X_1,X_2}(y_1,y_2) dy_2 dy_1$$

Im Beispiel des Abschnitts 4.2.1.1 erhält man:

$$F_{X_1,X_2}(x_1,x_2) = \int_0^{x_1} \int_0^{x_2} (2-y_1-y_2) dy_2 dy_1 = \int_0^{x_1} [(2-y_1)y_2 - \tfrac{1}{2}y_2^2]_0^{x_2} dy_1 =$$

$$= \int_0^{x_1} 2x_2 - x_2 y_1 - \tfrac{1}{2}x_2^2 dy_1 = [2x_2 y_1 - \tfrac{1}{2}x_2 y_1^2 - \tfrac{1}{2}x_2^2 y_1]_0^{x_1} =$$

$$= 2x_1 x_2 - \tfrac{1}{2}x_1^2 x_2 - \tfrac{1}{2}x_1 x_2^2$$

Die zweidimensionale Dichtefunktion erhält man, indem man für alle differenzierbaren Stellen die Verteilungsfunktion zunächst partiell nach x_1 und dann nach x_2 ableitet, also die Ableitung

$$f_{X_1,X_2}(x_1,x_2) = \frac{\partial^2 F_{X_1,X_2}(x_1,x_2)}{\partial x_1 \partial x_2}$$

bildet.

Beispiel:

Im obigen Beispiel erhält man zunächst:

$$\frac{\partial F_{X_1,X_2}(x_1,x_2)}{\partial x_1} = 2x_2 - x_1 x_2 - \tfrac{1}{2}x_2^2$$

und dann mit

$$\frac{\partial^2 F_{X_1,X_2}(x_1,x_2)}{\partial x_1 \partial x_2} = 2 - x_1 - x_2$$

die angegebene Dichtefunktion zurück.

Mit Hilfe der Verteilungsfunktion kann man Wahrscheinlichkeiten für beliebige Ereignisse berechnen.

Beispiel:

Für das Ereignis $B_2 = \{\frac{1}{2} \leq x_1 \leq 1, \frac{1}{4} \leq x_2 \leq \frac{3}{4}\}$

erhält man unter Verwendung der Eigenschaft (5) aus 4.2.2:

$$P(\frac{1}{2} \leq x_1 \leq 1, \frac{1}{4} \leq x_2 \leq \frac{3}{4}) = F_{X_1,X_2}(1;\frac{3}{4}) - F_{X_1,X_2}(\frac{1}{2};\frac{3}{4}) - F_{X_1,X_2}(1;\frac{1}{4}) +$$

$$+ F_{X_1,X_2}(\frac{1}{2};\frac{1}{4}) = (2 \cdot 1 \cdot \frac{3}{4} - \frac{1}{2} \cdot 1^2 \cdot \frac{3}{4} - \frac{1}{2} \cdot 1 \cdot (\frac{3}{4})^2) -$$

$$- (2 \cdot \frac{1}{2} \cdot \frac{3}{4} - \frac{1}{2} \cdot (\frac{1}{2})^2 \cdot \frac{3}{4} - \frac{1}{2} \cdot \frac{1}{2} \cdot (\frac{3}{4})^2) - (2 \cdot 1 \cdot \frac{1}{4} - \frac{1}{2} \cdot 1^2 \cdot \frac{1}{4} - \frac{1}{2} \cdot 1 (\frac{1}{4})^2) +$$

$$+ (2 \cdot \frac{1}{2} \cdot \frac{1}{4} - \frac{1}{2} \cdot (\frac{1}{2})^2 \cdot \frac{1}{4} - \frac{1}{2} \cdot \frac{1}{2} \cdot (\frac{1}{4})^2) = \frac{3}{16}$$

4.2.5. Transformationen von zweidimensionalen Zufallsvariablen

Zur einfacheren analytischen Handhabung ist es häufig zweckmäßig, Transformationen der beiden Zufallsvariablen X_1 und X_2 vorzunehmen. Anschaulich bedeutet dies den Übergang vom x_1,x_2-Koordinatensystem zu einem neuen Koordinatensystem. Entsprechend diesem Übergang erfolgt eine Transformation der Dichtefunktion. Die genauen Voraussetzungen, unter denen solche Transformationen möglich sind, sollen hier nicht erörtert werden, sondern nur die Durchführung der Transformation.

Vom x_1,x_2-Koordinatensystem soll nun zum (u,v)-Koordinatensystem übergegangen werden mittels der Funktionen

$$u = u(x_1, x_2)$$
$$v = v(x_1, x_2)$$

Die Funktionen u und v müssen umkehrbar eindeutig sein, so daß man die Umkehrfunktion

$$x_1 = x_1(u,v)$$
$$x_2 = x_2(u,v)$$

berechnen kann. Anschließend bildet man die (Jacobi'sche) Determinante

$$|J| = \begin{vmatrix} \dfrac{\partial x_1}{\partial u} & \dfrac{\partial x_2}{\partial u} \\ \dfrac{\partial x_1}{\partial v} & \dfrac{\partial x_2}{\partial v} \end{vmatrix}$$

Sodann erhält man die transformierte Dichtefunktion mit Hilfe der Determinante $|J|$ aus der Beziehung:

$$f_{U,V}(u,v) = |J| \cdot f_{X_1,X_2}(x_1(u,v), x_2(u,v))$$

Beispiel:

Es soll gezeigt werden, daß die zweidimensionale Funktion

$$f_{X_1,X_2}(x_1,x_2) = \frac{1}{2\pi\sigma_1\sigma_2} e^{-\left[\dfrac{(x_1-\mu_1)^2}{2\sigma_1^2} + \dfrac{(x_2-\mu_2)^2}{2\sigma_2^2}\right]} \quad \begin{array}{l} -\infty < x_1 < +\infty \\ -\infty < x_2 < +\infty \end{array}$$

eine Dichtefunktion ist, d.h. daß gilt:

$$\int_{-\infty}^{+\infty}\int_{-\infty}^{+\infty} f_{X_1,X_2}(x_1,x_2)\,dx_1\,dx_2 = 1$$

Dazu wird zunächst vom (x_1,x_2)-Koordinatensystem zum (u,v)-Koordinatensystem wie folgt übergegangen.

$$u = \frac{x_1-\mu_1}{\sigma_1} ; \quad v = \frac{x_2-\mu_2}{\sigma_2}$$

Man ermittelt die Umkehrfunktionen:

$$x_1 = \mu_1+\sigma_1 u ; \quad x_2 = \mu_2+\sigma_2 v$$

und daraus die Determinante

$$|J| = \begin{vmatrix} \frac{\partial x_1}{\partial u} & \frac{\partial x_2}{\partial u} \\ \frac{\partial x_1}{\partial v} & \frac{\partial x_2}{\partial v} \end{vmatrix} = \begin{vmatrix} \sigma_1 & 0 \\ 0 & \sigma_2 \end{vmatrix} = \sigma_1 \cdot \sigma_2$$

so daß die transformierte Funktion die folgende Gestalt hat:

$$f_{U,V}(u,v) = |J| f_{X_1,X_2}(x_1(u,v),x_2(u,v)) = \sigma_1\sigma_2 f_{X_1,X_2}(\mu_1+\sigma_2 u, \mu_2+\sigma_2 v) =$$

$$= \sigma_1\sigma_2 \cdot \frac{1}{2\pi\sigma_1\sigma_2} e^{-\left[\frac{(\mu_1+\sigma_1 u-\mu_1)^2}{2\sigma_1^2}+\frac{(\mu_2+\sigma_2 v-\mu_2)^2}{2\sigma_2^2}\right]} =$$

$$= \frac{1}{2\pi} e^{-(\frac{u^2}{2}+\frac{v^2}{2})} \quad \begin{array}{l} -\infty < u < +\infty \\ -\infty < v < +\infty \end{array}$$

Man erhält somit:

$$\int_{-\infty}^{+\infty}\int_{-\infty}^{+\infty} f_{X_1,X_2}(x_1,x_2)dx_2dx_1 = \int_{-\infty}^{+\infty}\int_{-\infty}^{+\infty} \frac{1}{2\pi} e^{-(\frac{u^2}{2}+\frac{v^2}{2})} dv\, du$$

Eine weitere Transformation des Koordinatensystems erweist sich als zweckmäßig; nämlich der Übergang zu Polarkoordinaten r und φ:

$u = r \cos\varphi$
$v = r \sin\varphi$

Man erhält dann sofort die Jacobi-Determinante

$$|J| = \begin{vmatrix} \frac{\partial u}{\partial r} & \frac{\partial v}{\partial r} \\ \frac{\partial u}{\partial \varphi} & \frac{\partial v}{\partial \varphi} \end{vmatrix} = \begin{vmatrix} \cos\varphi & \sin\varphi \\ -r\sin\varphi & r\cos\varphi \end{vmatrix} =$$

$$= r\cos^2\varphi + r\sin^2\varphi = r(\cos^2\varphi+\sin^2\varphi) = r$$

Dadurch erhält man die transformierte Funktion

$$f_{R,\phi}(r,\varphi) = |J| \cdot f_{U,V}(u(r,\varphi),v(r,\varphi)) = \frac{1}{2\pi} r \, e^{-\frac{1}{2}(r^2\cos^2\varphi + r^2\sin^2\varphi)} =$$

$$= \frac{1}{2\pi} r \, e^{-\frac{1}{2}r^2}$$

Berücksichtigt man die Schwankungsbereiche

$0 \leq r < +\infty$

$0 \leq \varphi \leq 2\pi$

so erhält man

$$\int_{-\infty}^{+\infty} \int_{-\infty}^{+\infty} f_{X_1,X_2}(x_1,x_2) dx_2 dx_1 = \int_0^{2\pi} \int_0^{+\infty} \frac{1}{2\pi} r \, e^{-\frac{1}{2}r^2} \, dr \, d\varphi$$

Dieses Integral läßt sich nun berechnen:

$$\int_0^{2\pi} \int_0^{+\infty} \frac{1}{2\pi} r \, e^{-\frac{1}{2}r^2} \, dr \, d\varphi = \frac{1}{2\pi} \int_0^{2\pi} \left[-e^{-\frac{1}{2}r^2} \right]_0^\infty d\varphi = \frac{1}{2\pi} \int_0^{2\pi} d\varphi = \frac{1}{2\pi} \left[\varphi \right]_0^{2\pi} = 1$$

Es ist noch darauf hinzuweisen, daß dieses Vorgehen auch auf den Fall von linearen Transformationen von stetigen eindimensionalen Zufallsvariablen (vgl. Abschnitt 4.1.5) angewendet werden kann. Auf die vorstehende Analyse kann bei der Behandlung der Normalverteilung (Kapitel 7) zurückgegriffen werden.

4.2.6. Randverteilungen für die Zufallsvariablen X_1 und X_2

Die zweidimensionale Zufallsvariable (X_1,X_2) ist ein Paar von eindimensionalen Zufallsvariablen X_1 und X_2. Es ist häufig notwendig, die Wahrscheinlichkeitsverteilungen dieser eindimensionalen Zufallsvariablen mit Hilfe der zweidimensionalen Verteilung zu bestimmen. Dies ist sehr leicht möglich, wenn man bedenkt, wie man Ereignisse für eindimensionale Zufallsvariablen aus Ereignissen für zweidimensionale Zufallsvariablen gewinnen kann. Betrachtet man zunächst diskrete Zufallsvariablen, so ist z.B. das Ereignis $\{X_1=x_{1i}\}$ darstellbar durch das Ereignis

$$\{X_1=x_{1i}\} = \{X_1=x_{1i}, X_2=x_{21}\} \cup \{X_1=x_{1i}, X_2=x_{22}\} \cup \ldots$$
$$\ldots \{X_1=x_{1i}, X_2=x_{2j}\} \cup \ldots =$$
$$= \bigcup_{j \in I_2} \{X_1=x_{1i}, X_2=x_{2j}\}$$

Dabei ist I_2 die zur Menge der Ausprägungen von X_2 gehörende Indexmenge. Da dies eine Vereinigung von elementfremden Teilmengen ist, erhält man:

$$f_{X_1}(x_{1i}) = P(X_1=x_{1i}) = \sum_{j \in I_2} P(X_1=x_{1i}, X_2=x_{2j}) =$$
$$= \sum_{j \in I_2} f_{X_1,X_2}(x_{1i}, x_{2j})$$

Damit erhält man die Randwahrscheinlichkeitsfunktion der Zufallsvariablen X_1:

$$f_{X_1}(x_1) = \begin{cases} \sum_{j \in I_2} f_{X_1,X_2}(x_{1i}, x_{2j}) & \text{für } X_1=x_{1i}, i \in I_1 \\ 0 & \text{sonst} \end{cases}$$

Entsprechend lautet die Randwahrscheinlichkeitsfunktion der Zufallsvariablen X_2:

$$f_{X_2}(x_2) = \begin{cases} \sum_{i \in I_1} f_{X_1,X_2}(x_{1i}, x_{2j}) & \text{für } X_2=x_{2j}, j \in I_2 \\ 0 & \text{sonst} \end{cases}$$

Der Zusatz "Rand" in der Bezeichnung Randverteilungen oder Randwahrscheinlichkeitsfunktion wird zur stilistischen Klarheit angebracht, wenn die zweidimensionale Wahrscheinlichkeitsverteilung und die beiden eindimensionalen Verteilungen im gleichen Kontext erscheinen. Er ist streng genommen überflüssig und hat seine Ursache darin, daß die eindimensionalen Wahrscheinlichkeitsfunktionen am Rande eines Tableaus für eine zweidimensionale Wahrscheinlichkeitsfunktion ausgewiesen werden kann, wie das folgende Beispiel zeigt.

Beispiel:

Es gibt $3^3 = 27$ verschiedene Möglichkeiten, drei Kugeln in drei Urnen zu legen. Bezeichnen wir mit X_1 die "Anzahl der besetzten Urnen" und mit X_2 die "Anzahl der Kugeln in der ersten Urne", so ergibt sich folgende gemeinsame Wahrscheinlichkeitsfunktion:

x_{1i} \ x_{2j}	0	1	2	3	Summe
1	2/27	0	0	1/27	3/27
2	6/27	6/27	6/27	0	18/27
3	0	6/27	0	0	6/27
Summe	8/27	12/27	6/27	1/27	1

Daraus ergibt sich

Randverteilung von X_1

x_{1i}	$f_{X_1}(x_{1i})$
1	3/27
2	18/27
3	6/27
Summe	1

Randverteilung von X_2

x_{2j}	$f_{X_2}(x_{2j})$
0	8/27
1	12/27
2	6/27
3	1/27
Summe	1

Betrachtet man stetige Zufallsvariablen, so kann man das Ereignis $\{X_1=x_1\}$ wie folgt darstellen:

$$\{X_1=x_1\} = \bigcup_{x_2 \in \mathbb{R}} \{X_1=x_1, X_2=x_2\}$$

Man erhält daher die Randdichtefunktion von X_1:

$$f_{X_1}(x_1) = \int_{-\infty}^{+\infty} f_{X_1,X_2}(x_1,x_2)\,dx_2$$

Entsprechend lautet die Randdichtefunktion von X_2:

$$f_{X_2}(x_2) = \int_{-\infty}^{+\infty} f_{X_1,X_2}(x_1,x_2)\,dx_1$$

Beispiel:

Für die bereits in 4.2.4.1 eingeführte zweidimensionale Dichte

$$f_{X_1,X_2}(x_1,x_2) = \begin{cases} 2-x_1-x_2 & \text{für } 0<x_1<1 \text{ und } 0<x_2<1 \\ 0 & \text{sonst} \end{cases}$$

sollen die Randdichtefunktionen bestimmt werden. Man erhält:

$$f_{X_1}(x_1) = \int_0^1 2-x_1-x_2\,dx_2 = \left[(2-x_1)x_2 - \tfrac{1}{2}x_2^2\right]_0^1 = \tfrac{3}{2} - x_1$$

$$f_{X_2}(x_2) = \int_0^1 2-x_1-x_2\,dx_1 = \left[(2-x_2)x_1 - \tfrac{1}{2}x_1^2\right]_0^1 = \tfrac{3}{2} - x_2$$

Die Randverteilungsfunktionen der beiden Zufallsvariablen X_1 und X_2 erhält man aufgrund der Beziehungen:

$$F_{X_1}(x_1) = F_{X_1,X_2}(x_1,\infty)$$

$$F_{X_2}(x_2) = F_{X_1,X_2}(\infty,x_2)$$

Die Randverteilungsfunktionen für X_1 und X_2 lauten für das obige Beispiel der stetigen Zufallsvariablen (X_1,X_2):

$$F_{X_1}(x_1) = \int_0^{x_1} \tfrac{3}{2} - y_1\,dy_1 = \tfrac{3}{2}x_1 - \tfrac{1}{2}x_1^2$$

bzw.

$$F_{X_2}(x_2) = \int_0^{x_2} \tfrac{3}{2} - y_2\,dy_2 = \tfrac{3}{2}x_2 - \tfrac{1}{2}x_2^2$$

4.2.7. Bedingte Verteilungen für die Zufallsvariablen X_1 und X_2

Neben den Randverteilungen sind bedingte Verteilungen weitere wichtige Verteilungen von eindimensionalen Zufallsvariablen, die man aus gegebenen Verteilungen von zweidimensionalen Zufallsvariablen gewinnen kann. In Kapitel 3 wurde ausgeführt, daß die Einführung einer Bedingung die Einschränkung des betrachteten Stichprobenraumes beinhaltet; hier ist es ein eingeschränkter Stichprobenraum, auf dem die zweidimensionale Zufallsvariable (X_1, X_2) definiert ist.

Betrachtet man zunächst diskrete Zufallsvariablen, so lautet gemäß Definition die Wahrscheinlichkeit für das Ereignis $\{X_1 = x_{1i}\}$ unter der Bedingung $\{X_2 = x_{2j}\}$:

$$P(X_1 = x_{1i} | X_2 = x_{2j}) = \frac{f_{X_1, X_2}(x_{1i}, x_{2j})}{f_{X_2}(x_{2j})}$$

wofür die Bezeichnung $f_{X_1 | X_2}(x_{1i} | x_{2j})$ eingeführt wird. Sie heißt die Wahrscheinlichkeit für das Ereignis $\{X_1 = x_{1i}\}$ unter der Bedingung, daß das Ereignis $\{X_2 = x_{2j}\}$ eintritt. Man kann für jede Ausprägung von X_1 die Wahrscheinlichkeit unter der Bedingung $\{X_2 = x_{2j}\}$ berechnen und erhält somit die bedingte Wahrscheinlichkeitsfunktion von X_1 unter der Bedingung $\{X_2 = x_{2j}\}$:

$$f_{X_1 | X_2}(x_1 | x_2) = \begin{cases} \dfrac{f_{X_1, X_2}(x_{1i}, x_{2j})}{f_{X_2}(x_{2j})} & \text{für } X_1 = x_{1i}, \ i \in I_1 \\ & I_1 \text{ ist die Indexmenge der zu } X_1 \text{ gehörenden Ausprägungen} \\ 0 & \text{sonst} \end{cases}$$

Entsprechend definiert man die bedingte Wahrscheinlichkeitsfunktion von X_2 unter der Bedingung $\{X_1 = x_{1i}\}$:

$$f_{X_1|X_1}(x_2|x_1) = \begin{cases} \dfrac{f_{X_1,X_2}(x_{1i},x_{2j})}{f_{X_1}(x_{1i})} & \text{für } X_2 = x_{2j},\ i \in I_2 \\ 0 & \text{sonst} \end{cases}$$

Man prüft leicht nach, daß die Funktion $f_{X_1|X_2}$ und $f_{X_2|X_1}$ tatsächlich Wahrscheinlichkeitsfunktionen sind. Die Definition der bedingten Wahrscheinlichkeit ist damit von Ereignissen auf Verteilungen von Zufallsvariablen übertragen. Es gibt ebenso viele bedingte Verteilungen von X_1 wie es Ausprägungen von X_2 gibt und umgekehrt.

Beispiel:
Wir verwenden die zweidimensionale Wahrscheinlichkeitsfunktion des Beispiels im Abschnitt 4.2.6. Dafür kann man vier bedingte Wahrscheinlichkeitsfunktionen von X_1 und drei bedingte Wahrscheinlichkeitsfunktionen von X_2 berechnen. Davon ermitteln wir $f_{X_1|X_2}(x_1|x_2=0)$ und $f_{X_2|X_1}(x_2|x_1=2)$. Dadurch wird durch die Bedingungen die Betrachtung auf die erste Spalte bzw. die zweite Spalte der Tabelle beschränkt.

Für die Ausprägungen von X_1 bzw. X_2 erhält man dann folgende bedingte Wahrscheinlichkeiten:

x_{1i}	$f_{X_1|X_2}(x_{1i}|0)$
1	$\dfrac{2/27}{8/27} = \dfrac{1}{4}$
2	$\dfrac{6/27}{8/27} = \dfrac{3}{4}$
3	0

x_{2j}	$f_{X_2|X_1}(x_{2j}|2)$
0	$\dfrac{6/27}{18/27} = \dfrac{1}{3}$
1	$\dfrac{6/27}{18/27} = \dfrac{1}{3}$
2	$\dfrac{6/27}{18/27} = \dfrac{1}{3}$
3	0

Betrachtet man stetige zweidimensionale Zufallsvariablen, so kann man ebenfalls bedingte Wahrscheinlichkeiten berechnen.

Beispiel:

Wiederum sei die zweidimensionale Dichte

$$f_{X_1,X_2}(x_{1i},x_2) = \begin{cases} 2-x_1-x_2 & \text{für } 0<x_1<1 \text{ und } 0<x_2<1 \\ 0 & \text{sonst} \end{cases}$$

gegeben. Es soll die Wahrscheinlichkeit $P(0<X_1<0,5 | 0<X_2<0,2)$ berechnet werden. Gemäß Definition der bedingten Wahrscheinlichkeit erhält man:

$$P(0<X_1<0,5 | 0<X_2<0,2) = \frac{P(0<X_1<0,5 ; 0<X_2<0,2)}{P(0<X_2<0,2)} = \frac{F_{X_1,X_2}(0,5;0,2)}{F_{X_2}(0,2)}$$

Die zweidimensionale Verteilungsfunktion F_{X_1,X_2} wurde im Abschnitt 4.2.4.2, die Randverteilungsfunktion F_{X_2} im Abschnitt 4.2.6 berechnet. Setzt man die Ergebnisse ein, erhält man:

$$P(0<X_1<0,5 | 0<X_2<0,2) = \frac{2 \cdot 0,5 \cdot 0,2 - \frac{1}{2} \cdot 0,5^2 \cdot 0,2 - \frac{1}{2} \cdot 0,5 \cdot 0,2^2}{\frac{3}{2} \cdot 0,2 - \frac{1}{2} \cdot 0,2^2} =$$

$$= \frac{0,165}{0,28} = 0,589$$

Außerdem kann man auch Wahrscheinlichkeiten der Art $P(x_1'<X_1<x_1'' | X_2=x_2)$ berechnen, obwohl $P(X_2=x_2) = 0$ ist. Dafür sind die bedingten Dichtefunktionen notwendig, die jetzt eingeführt werden sollen. Ist f_{X_1,X_2} eine zweidimensionale Dichte, so heißt die Funktion

$$f_{X_1|X_2}(x_1|x_2) = \frac{f_{X_1,X_2}(x_1,x_2)}{f_{X_2}(x_2)}$$

die bedingte Dichtefunktion von X_1 unter der Bedingung $X_2 = x_2$. Dabei ist vorausgesetzt, daß $f_{X_2}(x_2) > 0$ gilt. Entsprechend lautet die bedingte Dichtefunktion für die Zufallsvariable X_2 unter der Bedingung $X_1 = x_1$:

$$f_{X_2|X_1}(x_2|x_1) = \frac{f_{X_1,X_2}(x_1,x_2)}{f_{X_1}(x_1)}$$

wobei $f_{X_1}(x_1) > 0$ vorausgesetzt wird. Bedingte Dichten sind für die Regressionsanalyse von Bedeutung (vgl. Kapitel 12).

Beispiel:

Für die obengenannte zweidimensionale Dichte erhält man beispielsweise für $x_2 = 0,5$:

$$f_{X_1|X_2}(x_1|0,4) = \frac{f_{X_1,X_2}(x_1;0,4)}{f_{X_2}(0,4)} = \frac{2-x_1-0,4}{\frac{3}{2}-0,4} = \frac{1,6-x_1}{1,1} \doteq 1,45-0,91x_1$$

Damit erhält man dann beispielsweise

$$P(0<X_1<0,5|X_2=0,4) \doteq \int_0^{0,5} 1,45-0,91x_1 \, dx_1 = \left[1,45x_1 - \frac{0,91}{2}x_1^2\right]_0^{0,5} \doteq 0,61$$

4.2.8. Stochastische Unabhängigkeit von Zufallsvariablen

Die Vorstellung der Unabhängigkeit läßt sich von Ereignissen auf Zufallsvariablen erweitern. Man kann dann prüfen, ob die beiden Komponenten X_1 und X_2 der zweidimensionalen Zufallsvariablen (X_1,X_2) unabhängig sind. Liegt Unabhängigkeit vor, führt dies häufig zu einer wesentlichen Vereinfachung wahrscheinlichkeitstheoretischer Ableitungen.

Zwei Ereignisse A und B heißen unabhängig, wenn gilt: $P(A \cap B) = P(A)P(B)$ (vgl. Kapitel 3). Die Übertragung dieser Definition auf Zufallsvariablen bedeutet, daß diese Multiplikationsregel immer gelten soll, wenn man statt A ein beliebiges Ereignis $\{X_1 \epsilon A_o, A_o \subseteq \mathbb{R}\}$ bezüglich der Zufallsvariablen X_1 (z.B. $\{x_1' < X_1 \leq x_1''\}$) und statt B ein beliebiges Ereignis $\{X_2 \epsilon B_o, B_o \subseteq \mathbb{R}\}$ bezüglich der Zufallsvariablen X_2 einsetzt (z.B. $\{x_2' < X_2 \leq x_2''\}$). Es muß dann immer gelten:

$$P(X_1 \epsilon A_o, X_2 \epsilon B_o) = P(X_1 \epsilon A_o)P(X_2 \epsilon B_o)$$

Angewendet auf unser Beispiel erhält man im Fall der Unabhängigkeit:

$$P(x_1'<X_1\leq x_1'', x_2'<X_2\leq x_2'') = P(x_1'<X_1\leq x_1'')P(x_2'<X_2\leq x_2'')$$

Diese Vorstellung der Unabhängigkeit von Zufallsvariablen läßt sich sowohl durch die Verteilungsfunktionen als auch die Wahrscheinlichkeits- bzw. Dichtefunktionen ausdrücken. Mit Hilfe der Verteilungsfunktionen definiert man Unabhängigkeit wie folgt:

Die Zufallsvariablen X_1 und X_2 heißen stochastisch unabhängig, wenn für alle Paare $(x_1, x_2) \in \mathbb{R}^2$ gilt:

$$F_{X_1, X_2}(x_1, x_2) = F_{X_1}(x_1) \cdot F_{X_2}(x_2)$$

Gibt es ein Paar reeller Zahlen, für das diese Beziehung nicht zutrifft, so heißen X_1 und X_2 stochastisch abhängig. Stochastische Unabhängigkeit ist also gegeben, wenn sich für jedes (x_1, x_2) der Wert der Verteilungsfunktion als Produkt der Werte der Randverteilungsfunktionen darstellen läßt.

Am Beispiel des Ereignisses $\{x_1'<X_1\leq x_1'', x_2'<X_2\leq x_2''\}$ soll gezeigt werden, wie man mit Hilfe der obigen Beziehung die Unabhängigkeit von Ereignissen nachweisen kann. Nach Eigenschaft (5) für zweidimensionale Verteilungsfunktionen gilt (vgl. 4.2.2)

$$P(x_1'<X_1\leq x_1'', x_2'<X_2\leq x_2'') = F_{X_1, X_2}(x_1'', x_2'') -$$
$$- F_{X_1, X_2}(x_1', x_2'') - F_{X_1, X_2}(x_1'', x_2') + F_{X_1, X_2}(x_1', x_2')$$

Daraus erhält man unter Verwendung der obigen Definition der Unabhängigkeit

$$P(x_1'<X_1\leq x_1'',x_2'<X_2\leq x_2'') = F_{X_1}(x_1'')F_{X_2}(x_2'') - F_{X_1}(x_1')F_{X_2}(x_2'') -$$
$$- F_{X_1}(x_1'')F_{X_2}(x_2') + F_{X_1}(x_1')F_{X_2}(x_2') =$$
$$= F_{X_1}(x_1'')[F_{X_2}(x_2'')-F_{X_2}(x_2')] - F_{X_1}(x_1')[F_{X_2}(x_2'')-F_{X_2}(x_2')] =$$
$$= [F_{X_1}(x_1'')-F_{X_1}(x_1')][F_{X_2}(x_2'')-F_{X_2}(x_1')] =$$
$$= P(x_1'<X_1\leq x_1'')P(x_2'<X_2\leq x_2'').$$

Zur Prüfung der Unabhängigkeit von Zufallsvariablen werden jedoch im allgemeinen nicht die Verteilungsfunktionen, sondern die Wahrscheinlichkeitsfunktionen bei diskreten bzw. Dichtefunktionen bei stetigen Zufallsvariablen verwendet. Für den Fall von diskreten Zufallsvariablen X_1 und X_2 definiert man mit Hilfe der Wahrscheinlichkeitsfunktionen die Unabhängigkeit wie folgt:

Die beiden diskreten Zufallsvariablen X_1 und X_2 heißen unabhängig, wenn für alle Paare (x_{1i},x_{2j}) von Ausprägungen der Zufallsvariablen X_1 und X_2 gilt:

$$f_{X_1,X_2}(x_{1i},x_{2j}) = f_{X_1}(x_{1i})f_{X_2}(x_{2j})$$

Beispiele:

a) Aus einem Stapel von 52 Karten werden zwei Karten mit Zurücklegen gezogen. X_1 sei die Anzahl der Karten der Farbe Herz, die beim ersten Zug gezogen werden, X_2 die Anzahl der Karten der Farbe Herz im zweiten Versuch. Beide Zufallsvariable können nur die Werte 0 oder 1 annehmen. Als gemeinsame Wahrscheinlichkeitsverteilung ergibt sich:

x_{1i} \ x_{2j}	$x_{21} = 0$	$x_{22} = 1$	$f_{X_1}(x_{1i})$
$x_{11} = 0$	$\frac{39}{52} \cdot \frac{39}{52}$	$\frac{39}{52} \cdot \frac{13}{52}$	$\frac{39}{52}$
$x_{12} = 1$	$\frac{13}{52} \cdot \frac{39}{52}$	$\frac{13}{52} \cdot \frac{13}{52}$	$\frac{13}{52}$
$f_{X_2}(x_{2j})$	$\frac{39}{52}$	$\frac{13}{52}$	1

Für alle Paare (x_{1i}, x_{2j}) ist die Bedingung der Unabhängigkeit erfüllt:

$$f_{X_1,X_2}(0,0) = \frac{39}{52} \cdot \frac{39}{52} = f_{X_1}(0) f_{X_2}(0)$$

$$f_{X_1,X_2}(0,1) = \frac{39}{52} \cdot \frac{13}{52} = f_{X_1}(0) f_{X_2}(1)$$

$$f_{X_1,X_2}(1,0) = \frac{13}{52} \cdot \frac{39}{52} = f_{X_1}(1) f_{X_2}(0)$$

$$f_{X_1,X_2}(1,1) = \frac{13}{52} \cdot \frac{13}{52} = f_{X_1}(1) f_{X_2}(1)$$

Die Zufallsvariablen X_1 und X_2 sind daher unabhängig.

b) In einem Großbetrieb wurden über einen längeren Zeitraum Daten über die wöchentlichen Produktionsmengen und die Herstellkosten (in konstanten Preisen) zusammengestellt. Man erhielt folgende Tabelle relativer Häufigkeiten, die hier als Näherungswerte für die Wahrscheinlichkeiten interpretiert werden. Die Merkmalsausprägungen sollen Klassenmitten repräsentieren:

Produktionsmenge in t x_{1i}	Herstellkosten in 1.000 DM x_{2j}					$f_{X_1}(x_{1i})$
	15	20	25	30	35	
40	0,05	0,05	0	0	0	0,10
50	0,10	0,07	0	0	0	0,17
60	0,04	0,16	0,08	0,02	0	0,30
70	0	0,04	0,18	0,05	0,01	0,28
80	0	0	0,04	0,06	0,05	0,15
$f_{X_2}(x_{2j})$	0,19	0,32	0,30	0,13	0,06	1

Man sieht sofort, daß die Zufallsvariablen X_1 und X_2 abhängig sind. Dies ist auch zu vermuten, denn die Produktionskosten hängen von der Produktionsmenge ab. Die Tabelle zeigt an, daß mit steigenden Produktionsmengen steigende Kosten verbunden sind.

Die Unabhängigkeit der Zufallsvariablen X_1 und X_2 läßt sich auch mit Hilfe der bedingten Verteilungen charakterisieren. Laut Definition gilt

$$f_{X_1|X_2}(x_{1i}|x_{2j}) = \frac{f_{X_1,X_2}(x_{1i},x_{2j})}{f_{X_2}(x_{2j})}$$

Bei Unabhängigkeit wird daraus:

$$f_{X_1|X_2}(x_{1i}|x_{2j}) = \frac{f_{X_1}(x_{1i})f_{X_2}(x_{2j})}{f_{X_2}(x_{2j})} = f_{X_1}(x_{1i})$$

Entsprechendes gilt für die bedingten Verteilungen von X_2. Das Ergebnis besagt, daß bei Vorliegen von stochastischer Unabhängigkeit alle bedingten Verteilungen von X_1 untereinander gleich sind und gleich der Randverteilung von X_1; ebenso sind alle bedingten Verteilungen von X_2 untereinander gleich und gleich der Randverteilung von X_2. Am obigen Beispiel läßt sich diese Aussage leicht nachvollziehen.

Bei stetigen zweidimensionalen Zufallsvariablen wird die Unabhängigkeit auch mit Hilfe der Dichtefunktionen definiert. Für alle differenzierbaren Stellen (x_1,x_2) gilt bekanntlich

$$f_{X_1,X_2}(x_1,x_2) = \frac{\partial^2 F_{X_1,X_2}(x_1,x_2)}{\partial x_1 \partial x_2}$$

Bei Vorliegen von Unabhängigkeit wird dann speziell:

$$f_{X_1,X_2}(x_1,x_2) = \frac{\partial^2 \left[F_{X_1}(x_1)F_{X_2}(x_2)\right]}{\partial x_1 \partial x_2} =$$

$$= \frac{\partial}{\partial x_2} \left\{ \frac{\partial \left[F_{X_1}(x_1) \cdot F_{X_2}(x_2)\right]}{\partial x_1} \right\} = \frac{\partial}{\partial x_2} \{f_{X_1}(x_1) \cdot F_{X_2}(x_2)\} =$$

$$= f_{X_1}(x_1) \cdot \frac{\partial F_{X_2}(x_2)}{\partial x_2} = f_{X_1}(x_1) f_{X_2}(x_2)$$

Zwei stetige Zufallsvariablen X_1 und X_2 sind unabhängig, wenn für alle Paare (x_1,x_2) von reellen Zahlen, für die F_{X_1,X_2} differenzierbar ist, gilt:

$$f_{X_1,X_2}(x_1,x_2) = f_{X_1}(x_1) f_{X_2}(x_2)$$

Stetige Zufallsvariablen sind also unabhängig, wenn die Werte der zweidimensionalen Dichte gleich sind dem Produkt der Werte der Randdichten.

Auch bei stetigen Zufallsvariablen kann man Unabhängigkeit durch bedingte Verteilungen ausdrücken. Bei stochastischer Unabhängigkeit gilt:

$$f_{X_1|X_2}(x_1|x_2) = \frac{f_{X_1,X_2}(x_1,x_2)}{f_{X_2}(x_2)} = \frac{f_{X_1}(x_1) f_{X_2}(x_2)}{f_{X_2}(x_2)} =$$

$$= f_{X_1}(x_1)$$

$$f_{X_2|X_1}(x_2|x_1) = \frac{f_{X_1,X_2}(x_1,x_2)}{f_{X_1}(x_1)} = \frac{f_{X_1}(x_1) f_{X_2}(x_2)}{f_{X_1}(x_1)} =$$

$$= f_{X_2}(x_2)$$

Bei stetigen Zufallsvariablen liegt also stochastische Unabhängigkeit vor, wenn alle bedingten Dichten von X_1 untereinander gleich sind und gleich der Randdichte von X_1 sind und wenn ferner alle bedingten Dichten von X_2 untereinander gleich sind und gleich der Randdichte von X_2 sind.

Stochastisch unabhängige Zufallsvariablen erhält man immer dann, wenn man von unabhängigen Teilvorgängen eines Zufallsvorganges ausgeht. Im Abschnitt 3.3 wurde die Definition der stochastischen Unabhängigkeit von Teilvorgängen eingeführt. Um von unabhängigen Teilvorgängen zu unabhängigen Zufallsvariablen zu gelangen, muß man lediglich auf dem Stichprobenraum $S = S_1 \times X_2$ des Gesamtvorganges entsprechende Zufallsvariablen definieren. Als Beispiel sei der Zufallsvorgang "zweifacher Münzwurf" betrachtet. Er setzt sich zusammen aus den Teilvorgängen "1. Münzwurf" und "2. Münzwurf". Diese beiden Zufallsvorgänge sind nach den Überlegungen des Abschnitts 3.3 stochastisch unabhängig. Man erhält den Stichprobenraum $S = S_1 \times S_2 = \{(w,w),(w,z),(z,w),(z,z)\}$. Definiert man die Zufallsvariablen

X_1: "Anzahl der Wappenwürfe beim 1. Münzwurf"
X_2: "Anzahl der Wappenwürfe beim 2. Münzwurf"
(X_1,X_2): "Anzahl der Wappenwürfe beim 1. und beim 2. Münzwurf",

so kommt man von unabhängigen Zufallsvorgängen zu unabhängigen Zufallsvariablen X_1 und X_2; denn es ist $W_{X_1} = W_{X_2} = \{0;1\}$ und man erhält:

$$f_{X_1,X_2}(0,0) = \frac{1}{4} = f_{X_1}(0) f_{X_1}(0) = \frac{1}{2} \cdot \frac{1}{2}$$

$$f_{X_1,X_2}(0,1) = \frac{1}{4} = f_{X_1}(0) f_{X_2}(1) = \frac{1}{2} \cdot \frac{1}{2}$$

$$f_{X_1,X_2}(1,0) = \frac{1}{4} = f_{X_1}(1) f_{X_2}(0) = \frac{1}{2} \cdot \frac{1}{2}$$

$$f_{X_1,X_2}(1,1) = \frac{1}{4} = f_{X_1}(1)f_{X_2}(1) = \frac{1}{2} \cdot \frac{1}{2}$$

Sind zwei Zufallsvariablen X_1 und X_2 unabhängig und sind $g(X_1)$ und $h(X_2)$ Funktionen der beiden Zufallsvariablen, so sind auch $g(X_1)$ und $h(X_2)$ stochastisch unabhängig. Sind zwei Zufallsvariablen stochastisch abhängig, so kann man Art und Stärke der Abhängigkeit untersuchen. In Kapitel 12 wird die lineare Abhängigkeit von zwei Zufallsvariablen behandelt.

4.2.9. Funktionen von zweidimensionalen Zufallsvariablen

Hat man Wahrscheinlichkeitsverteilungen einer zweidimensionalen Zufallsvariablen (X_1, X_2) gegeben, so sind häufig auch die Verteilungen eindimensionaler Funktionen $h(X_1, X_2)$ dieser Zufallsvariablen von Interesse, zum Beispiel

- die Summe der Zufallsvariablen X_1 und X_2
  $X = h_1(X_1, X_2) = X_1 + X_2$

- die Differenz der Zufallsvariablen X_1 und X_2
  $Y = h_2(X_1, X_2) = X_1 - X_2$

- das Produkt der Zufallsvariablen X_1 und X_2
  $Z = h_3(X_1, X_2) = X_1 \cdot X_2$

- der Quotient der Zufallsvariablen X_1 und X_2
  $Q = h_4(X_1, X_2) = \frac{X_1}{X_2}$

Bei der Ermittlung der Wahrscheinlichkeitsverteilungen beschränken wir uns zunächst auf diskrete zweidimensionale Zufallsvariablen. Generell ermittelt man die Wahrscheinlichkeitsfunktion f_V einer Zufallsvariablen $V = h(X_1, X_2)$ nach der Vorschrift

$$f_V(v) = P(h(X_1,X_2)=v) = \sum_i \sum_{\substack{j \\ h(x_{1i},x_{2j})=v}} f_{X_1,X_2}(x_{1i},x_{2j})$$

Die Wahrscheinlichkeitsfunktion der Zufallsvariablen V ergibt sich also durch Summation aller $f_{X_1,X_2}(x_{1i},x_{2j})$, deren Argumente (x_{1i},x_{2j}) die Beziehung $h(x_{1i},x_{2j}) = v$ erfüllen. Sind insbesondere X_1 und X_2 unabhängige Zufallsvariablen, so vereinfacht sich diese Formel zu

$$f_V(v) = \sum_i \sum_{\substack{j \\ h(x_{1i},x_{2j})=v}} f_{X_1}(x_{1i}) f_{X_2}(x_{2j})$$

und man kann die Wahrscheinlichkeitsfunktion der Zufallsvariablen $V = h(X_1,X_2)$ allein aufgrund der Randverteilungen von X_1 und X_2 bestimmen.

Betrachtet man die spezielle Funktion $X = X_1 + X_2$ für den Fall von zwei unabhängigen Zufallsvariablen X_1 und X_2, die nur nichtnegative ganzzahlige Werte 0,1,2,... annehmen können, so führen alle Wertepaare $(x_1=0,x_2=x)$, $(x_1=1,x_2=x-1)$, $(x_1=2,x_2=x-2)$, ..., $(x_1=x,x_2=0)$ zur Ausprägung $x_1 + x_2 = x$. Für die Zufallsvariable X erhält man dann die Wahrscheinlichkeitsfunktion f_X mit Hilfe der Beziehung:

$$f_X(x) = \sum_{\substack{x_1\ x_2 \\ x_1+x_2=x}} f_{X_1}(x_1) f_{X_2}(x_2) = \sum_{x_1=0}^{x} f_{X_1}(x_1) f_{X_2}(x-x_1)$$

Man spricht im Fall der Summenbildung von unabhängigen Zufallsvariablen häufig von Faltung der Zufallsvariablen X_1 und X_2. Die Bezeichnungsweise ist allerdings in der Literatur nicht einheitlich. Gelegentlich wird die Summation von Zufallsvariablen auch ohne die Bedingung der Unabhängigkeit als Faltung bezeichnet.

Beispiele:

a) Auf dem Großmarkt für Obst werden an zwei Verkaufsboxen Äpfel bzw. Trauben verkauft. Das Angebot-Nachfrage-Spiel bringt es mit sich, daß ein Teil der Vorräte nicht absetzbar ist und verdirbt. Durch längere Beobachtungen ermittelte man folgende Verteilungen für die Zufallsvariablen
X_1: "Anzahl der pro Woche verdorbenen Kisten Äpfel"
X_2: "Anzahl der pro Woche verdorbenen Kisten Trauben"

x_{1i}	0	1	2
$f_{X_1}(x_{1i})$	0,70	0,20	0,10

x_{2j}	0	1	2	3
$f_{X_2}(x_{2j})$	0,60	0,10	0,10	0,20

Die Zufallsvariablen X_1 und X_2 seien unabhängig. Zu berechnen ist die Wahrscheinlichkeitsfunktion der Zufallsvariablen
$X=X_1+X_2$: "Anzahl der pro Woche verdorbenen Kisten Äpfel und Trauben"

Gemäß der Formel für die Faltung $f_X(x) = \sum_{x=0}^{x} f_{X_1}(x_1) f_{X_2}(x-x_1)$ von zwei unabhängigen Zufallsvariablen X_1 und X_2 erhält man:

$f_X(0) = f_{X_1}(0) f_{X_2}(0) = 0,42$

$f_X(1) = f_{X_1}(0) f_{X_2}(1) + f_{X_1}(1) f_{X_2}(0) = 0,19$

$f_X(2) = f_{X_1}(0) f_{X_2}(2) + f_{X_1}(1) f_{X_2}(1) + f_{X_1}(2) f_{X_2}(0) = 0,15$

$f_X(3) = f_{X_1}(0) f_{X_2}(3) + f_{X_1}(1) f_{X_2}(2) + f_{X_1}(2) f_{X_2}(1) = 0,17$

$f_X(4) = f_{X_1}(1) f_{X_2}(3) + f_{X_1}(2) f_{X_2}(2) = 0,05$

$f_X(5) = f_{X_1}(2) f_{X_2}(3) = 0,02$

Daher lautet die Wahrscheinlichkeitsfunktion der Zufallsvariablen X

x_i	0	1	2	3	4	5
$f_X(x_i)$	0,42	0,19	0,15	0,17	0,05	0,02

b) Bei einer Blutbank sei die Anzahl der je Tag zugegangenen Blutkonserven eine Zufallsvariable X_1 mit folgender Wahrscheinlichkeitsfunktion

x_{1i}	20	21	22	23	24
$f_{X_1}(x_{1i})$	0,05	0,20	0,50	0,20	0,05

Die Anzahl der Abgänge an Blutkonserven je Tag X_2 sei durch folgende Wahrscheinlichkeitsfunktion charakterisiert:

x_{2j}	20	21	22	23	24
$f_{X_2}(x_{2j})$	0,15	0,2	0,3	0,2	0,15

Die Zufallsvariablen X_1 und X_2 seien voneinander unabhängig. Zu bestimmen ist die Wahrscheinlichkeitsfunktion der Zufallsvariablen
$Y = X_1 - X_2$: "Bestandsänderungen an Blutkonserven je Tag".

Man erhält:

$f_Y(-4) = f_{X_1}(20) f_{X_2}(24) = 0,0075$

$f_Y(-3) = f_{X_1}(20) f_{X_2}(23) + f_{X_1}(21) f_{X_2}(24) = 0,04$

$f_Y(-2) = f_{X_1}(20) f_{X_2}(22) + f_{X_1}(21) f_{X_2}(23) + f_{X_1}(22) f_{X_2}(24) = 0,13$

Entsprechend erhält man die Wahrscheinlichkeiten für die übrigen Ausprägungen von Y zu:

$f_Y(-1) = 0,2$; $f_Y(0) = 0,245$; $f_Y(1) = 0,2$;

$f_Y(2) = 0,13$; $f_Y(3) = 0,04$; $f_Y(4) = 0,0075$

Daher lautet die Wahrscheinlichkeitsfunktion von Y wie folgt:

y_i	-4	-3	-2	-1	0	1	2	3	4
$f_Y(y_i)$	0,0075	0,04	0,13	0,20	0,245	0,20	0,13	0,04	0,0075

c) Im Zusammenhang mit der Ermittlung der Stärke der linearen Abhängigkeit ist die Ermittlung der Verteilung der Zufallsvariablen $Z = X_1 X_2$ notwendig (vgl. Kapitel 13). Für das Beispiel der Verteilung der Produktionsmenge (X_1) und Herstellkosten (X_2) im Abschnitt 4.2.8 wird nun die Wahrscheinlichkeitsfunktion der Variablen $Z = X_1 \cdot X_2$ ermittelt.

z_i	600	750	800	900	1000	1200	1400	1500
$f_Z(z_i)$	0,05	0,10	0,05	0,04	0,07	0,16	0,04	0,08

1750	1800	2000	2100	2400	2450	2800
0,18	0,02	0,04	0,05	0,06	0,01	0,05

Für den Fall, daß X_1 und X_2 stetige Zufallsvariablen sind, gilt für eine Funktion $V = h(X_1, X_2)$ die Beziehung:

$$f_V(v) = \int\int_{h(x_1,x_2)=v} f_{X_1,X_2}(x_1,x_2) dx_2 dx_1$$

Daraus erhält man insbesondere

- für die Summe $X = X_1 + X_2$:

$$f_X(x) = \int_{-\infty}^{\infty} f_{X_1,X_2}(x_1, x-x_1) dx_1$$

- für die Differenz $Y = X_1 - X_2$:

$$f_Y(y) = \int_{-\infty}^{\infty} f_{X_1,X_2}(x_1, x_1-y) dx_1$$

- für das Produkt $Z = X_1 \cdot X_2$:

$$f_Z(z) = \int_{-\infty}^{\infty} \frac{1}{|x_1|} f_{X_1,X_2}(x_1, \frac{z}{x_1}) dx_1$$

- für den Quotienten $Q = \frac{X_1}{X_2}$:

$$f_Q(q) = \int_{-\infty}^{\infty} |x_1| f_{X_1,X_2}(x_1 q, x_1) dx_1$$

Zur Ableitung dieser Formel sei der interessierte Leser
auf Aufgabe 4.11 verwiesen. Die Formel zur Berechnung der
Dichte einer Summe von zwei Zufallsvariablen kann bei der
Berechnung der Dichte einer Summe von normalverteilten Zufallsvariablen Anwendung finden (vgl. 7.2.2.5). Die Formel
zur Berechnung der Dichte eines Quotienten von Zufallsvariablen wird bei der Ableitung der Dichtefunktion der t-
und F-Verteilung benötigt (vgl. die Aufgaben 7.10 bzw. 7.12).

4.3. BEMERKUNGEN ZUR BETRACHTUNG VON n-DIMENSIONALEN ZUFALLSVARIABLEN

Bisher wurden Zufallsvariablen mit maximal zwei Dimensionen behandelt. In den folgenden Kapiteln werden jedoch gelegentlich Zufallsvariablen betrachtet, die mehr als zwei
Dimensionen aufweisen. Dies gilt insbesondere für die
Stichproben (Kapitel 8 ff), die sich als n-dimensionale
Zufallsvariablen darstellen lassen. Im Hinblick auf die
späteren Erfordernisse sollen daher in diesem Abschnitt
einige wichtige Grundbegriffe für Zufallsvariable und deren Verteilungen von zwei auf allgemein n Dimensionen
$(n \geq 2)$ erweitert werden.

Zur Definition einer n-dimensionalen Zufallsvariablen
geht man aus von einem Wahrscheinlichkeitsraum (S, A, P).
Jedem Element $e \in S$ wird durch eine Abbildung $(X_1, X_2, ..., X_n)$ ein n-tupel reeller Zahlen zugeordnet. $(X_1, X_2, ..., X_n)$
ist eine Abbildung des Stichprobenraumes in den n-dimen-
sionalen Raum $\mathbb{R}^n$ reeller Zahlen:

$$(X_1, X_2, ..., X_n) : S \to \mathbb{R}^n$$
$$S \ni e \to (X_1, X_2, ..., X_n)\ (e) \in \mathbb{R}^n$$

Entsprechend dem Fall zweidimensionaler Zufallsvariablen wird über dem reellen Zahlenraum $\mathbb{R}^n$ ein Ereignissystem definiert, das mit dem Symbol B^n bzeichnet wird. Die auf B^n sich ergebende Zuordnung von Wahrscheinlichkeiten werde mit $PX_1X_2...X_n$ bezeichnet. Dann lautet der neue Wahrscheinlichkeitsraum ($\mathbb{R}^n, B^n, PX_1...X_n$). Die Abbildung $(X_1, X_2,...,X_n)$ heißt eine n-dimensionale Zufallsvariable, wenn für alle $B \varepsilon B^n$ gilt:

$$(X_1,X_2,...,X_n)^{-1}(B) = \{e\varepsilon S | (X_1,X_2,...,X_n)\varepsilon B\}\varepsilon A$$

Für die Wahrscheinlichkeit eines Ereignisses $B \varepsilon B^n$ schreibt man:

$$PX_1X_2...X_n(B) = P(\{e\varepsilon S| (X_1,X_2,...,X_n)(e)\varepsilon B\}) =:$$
$$=: P((X_1,X_2,...,X_n)\varepsilon B)$$

Ist beispielsweise

$$B = \{(x_1,...,x_n)\varepsilon \mathbb{R}^n | \alpha_1 < x_1 < \beta_1,...,\alpha_n < x_n < \beta_n\}$$

so schreibt man kurz:

$$PX_1...X_n(B) =: P(\alpha_1 < X_1 < \beta_1,...,\alpha_n < X_n < \beta_n)$$

Das Wahrscheinlichkeitsmaß $PX_1...X_n$ heißt n-dimensionale Wahrscheinlichkeitsverteilung. Die Funktion

$$F_{X_1,...,X_n}(x_1,...,x_n) = P(X_1 \leq x_1,...,X_n \leq x_n)$$

heißt Verteilungsfunktion der n-dimensionalen Zufallsvariablen $(X_1,...,X_n)$. Eine n-dimensionale Zufallsvariable $(X_1,...,X_n)$ heißt diskret, wenn jede ihrer Komponenten

$X_1, \ldots, X_n$ höchstens abzählbar viele Ausprägungen hat. Ihre Wahrscheinlichkeitsfunktion lautet:

$$f_{X_1,\ldots,X_n}(x_1,\ldots,x_n) = \begin{cases} P(X_1=x_{1i}, X_2=x_{2j}, \ldots, X_n=x_{nk}) \\ \text{für die Ausprägungen} \\ x_{1i}, x_{2j}, \ldots x_{nk} \\ 0 \quad \text{sonst} \end{cases}$$

Sie wird als "n-dimensionale Wahrscheinlichkeitsfunktion" oder auch als "gemeinsame Wahrscheinlichkeitsfunktion der n Zufallsvariablen $X_1, X_2, \ldots, X_n$" bezeichnet. Die zugehörige Verteilungsfunktion lautet:

$$F_{X_1,\ldots,X_n}(x_1,\ldots,x_n) = \sum_{x_{1i} \leq x_1} \ldots \sum_{x_{nk} \leq x_n} f_{X_1,\ldots,X_n}(x_{1i},\ldots,x_{nk})$$

Eine n-dimensionale Zufallsvariable $(X_1,\ldots,X_n)$ heißt stetig, wenn es eine nichtnegative Funktion $f_{X_1,\ldots,X_n}$ gibt, so daß für alle n-tupel $(x_1,\ldots,x_n)$ reeller Zahlen die Verteilungsfunktion durch

$$F_{X_1,\ldots,X_n}(x_1,\ldots,x_n) = \int_{-\infty}^{x_1} \ldots \int_{-\infty}^{x_n} f_{X_1,\ldots,X_n}(y_1,\ldots,y_n) dy_n \ldots dy_1$$

angegeben werden kann. Die Funktion $f_{X_1,\ldots,X_n}$ heißt "gemeinsame Dichtefunktion der Zufallsvariablen $(X_1,\ldots,X_n)$"

Wählt man r Zufallsvariablen aus den n Zufallsvariablen $X_1, X_2, \ldots, X_n$ aus ($1 \leq r \leq n$), so kann man die r-dimensionale Wahrscheinlichkeitsverteilung mit Hilfe der n-dimensionalen Wahrscheinlichkeitsverteilung bestimmen. Für gegebenes r lassen sich insgesamt $\binom{n}{r}$ r-dimensionale Wahrscheinlichkeitsverteilungen bestimmen. Die zugehörigen Wahrscheinlichkeits- bzw. Dichtefunktionen heißen r-dimensionale

Randwahrscheinlichkeits- bzw. Randdichtefunktionen. Für die späteren Ausführungen sind die eindimensionalen Randverteilungen von Bedeutung. Im Falle von diskreten Zufallsvariablen ermittelt man die eindimensionale Randwahrscheinlichkeitsfunktion der Zufallsvariablen X_s ($s = 1,2,\ldots,n$) zu:

$$f_{X_s}(x_{si}) = \sum_{x_{1j}} \ldots \sum_{x_{s-1,k}} \sum_{x_{s+1,l}} \ldots \sum_{x_{nr}} f_{X_1,\ldots,X_n}(x_{1j},\ldots,x_{s-1,k},x_{si},x_{s+1,l},\ldots,x_{nr})$$

Ist $(X_1,X_2,\ldots,X_n)$ stetig, so erhält man die eindimensionale Randdichtefunktion der Zufallsvariablen X_s zu:

$$f_{X_s}(x_s) = \int_{-\infty}^{\infty} \ldots \int_{-\infty}^{\infty} f_{X_1,\ldots,X_n}(x_1,\ldots,x_n) dx_1 \ldots dx_{s-1} dx_{s+1} \ldots dx_n$$

Die eindimensionalen Zufallsvariablen $X_1,X_2,\ldots,X_n$ heißen stochastisch unabhängig, wenn für alle n-tupel reeller Zahlen $(x_1,\ldots,x_n)$ gilt:

$$F_{X_1,\ldots,X_n}(x_1,\ldots,x_n) = F_{X_1}(x_1) \cdot F_{X_2}(x_2) \cdot \ldots \cdot F_{X_n}(x_n)$$

Im Falle von diskreten Zufallsvariablen läßt sich die Unabhängigkeit durch die Wahrscheinlichkeitsfunktion ausdrücken:

$$f_{X_1,\ldots,X_n}(x_{1i},x_{2j},\ldots,x_{nk}) = f_{X_1}(x_{1i}) \cdot f_{X_2}(x_{2j}) \cdot \ldots \cdot f_{X_n}(x_{nk})$$

für alle n-tupel $(x_{1i},x_{2j},\ldots,x_{nk})$ von Ausprägungen der Zufallsvariablen $X_1,X_2,\ldots,X_n$

Sind $X_1,X_2,\ldots,X_n$ stetig, so gilt für die n-dimensionale Dichtefunktion:

$$f_{X_1,\ldots,X_n}(x_1,\ldots,x_n) = f_{X_1}(x_1) \cdot f_{X_2}(x_2) \cdots f_{X_n}(x_n)$$

für alle n-tupel $(x_1,\ldots,x_n)$ reeller Zahlen

Von großer Bedeutung für die folgenden Kapitel sind eindimensionale Funktionen $Y = h(X_1,\ldots,X_n)$ von n-dimensionalen Zufallsvariablen. Als Beispiel wurden bereits die Funktionen $h(X_1,\ldots,X_n) = X_k$ $(k = 1,2,\ldots,n)$ betrachtet, deren Verteilungen die eindimensionalen Randverteilungen darstellen. Allgemein erhält man für diskrete Zufallsvariablen $X_1,\ldots,X_n$ die Wahrscheinlichkeitsfunktion für $Y = h(X_1,\ldots,X_n)$ aus der Beziehung:

$$f_Y(y_r) = \sum_{\substack{x_{1i} \\ h(x_{1i},\ldots,x_{nk})=y_r}} \cdots \sum_{x_{nk}} f_{X_1,\ldots,X_n}(x_{1i},x_{2j},\ldots,x_{nk})$$

Entsprechend gilt für stetige Zufallsvariablen $X_1, X_2,\ldots, X_n$:

$$f_Y(y) = \int \cdots \int_{h(x_1,\ldots,x_n)=y} f_{X_1,\ldots,X_n}(x_1,\ldots,x_n) dx_1 \ldots dx_n$$

Wichtige Beispiele solcher Funktionen sind die Stichprobenfunktionen, die in Kapitel 8 eingeführt werden.

Aufgaben zu Kapitel 4:

4.1. Überprüfen Sie die Behauptung,
$$F_X(x) = \begin{cases} 1 - e^{-\frac{1}{2}x^2} & \text{für } x \geq 0 \\ 0 & \text{für } x < 0 \end{cases}$$
sei eine Verteilungsfunktion!

4.2. Angenommen, Sie definieren eine Verteilungsfunktion der Zufallsvariablen X durch $F_X(x) = P(X<x)$. Welche der Eigenschaften in 4.1.2 ändern sich?

4.3. Ermitteln und zeichnen Sie die Wahrscheinlichkeits- und Verteilungsfunktion für die Ergebnisse des folgenden Zufallsexperimentes: Vier Münzen werden gleichzeitig geworfen und es wird festgestellt, wie oft im Ergebnis "Wappen" auftritt.

4.4. Bestimmen Sie die Wahrscheinlichkeitsfunktion $f_X(x)$ für folgende Zufallsvariable X : X = Augenzahl der Würfe mit einem unverfälschten Würfel bis zum Eintreffen der ersten Vier.

4.5. Für welche reelle Zahl a ist
$$f_X(x) = \begin{cases} a \cos x & \text{für } -\frac{\pi}{2} \leq x \leq \frac{\pi}{2} \\ 0 & \text{sonst} \end{cases}$$
eine Wahrscheinlichkeitsdichtefunktion?

4.6. Gegeben sei die Funktion $f_X(x)$ mit
$$f_X(x) = \begin{cases} 3b & \text{für } 0 \leq x < a \\ 2b & \text{für } a \leq x < 2a \\ b & \text{für } 2a \leq x < 4a \\ c & \text{sonst} \end{cases}$$

a) Welche Bedingungen ergeben sich für a, b und c, damit $f_X(x)$ eine Wahrscheinlichkeitsdichtefunktion darstellt?
b) Wenn bekannt ist, daß $P(X \leq 2,5) = 0,5$, was läßt sich dann über a und b aussagen?

4.7. Eine Urne enthält 4 weiße, 2 schwarze und 4 rote Kugeln. 3 Kugeln werden ohne Zurücklegen gezogen. X und Y seien zwei Zufallsvariable mit
X = Anzahl der weißen Kugeln in der Stichprobe und
Y = Anzahl der schwarzen Kugeln in der Stichprobe.
Man bestimme
a) die zweidimensionale Wahrscheinlichkeitsfunktion $f_{X,Y}$,
b) die beiden Randverteilungen.

4.8. Zwei stetige Zufallsvariable X und Y haben die gemeinsame Dichtefunktion

$$f_{X,Y}(x,y) = \begin{cases} \frac{1}{4} & \text{für } 0 \leq x \leq 4 \text{ und } 0 \leq y \leq 1 \\ 0 & \text{sonst} \end{cases}$$

a) Geben Sie die Dichtefunktion $f_X(x)$ und $f_Y(y)$ an und zeigen Sie, daß X und Y voneinander unabhängig sind.

b) Berechnen Sie

$$P(X \leq \tfrac{1}{2}); \quad P(Y \leq \tfrac{1}{2}); \quad P(X \leq \tfrac{1}{2}, Y \leq \tfrac{1}{2}); \quad P(X+Y \leq \tfrac{1}{2})$$

c) Zeichnen Sie Dichte- und Verteilungsfunktion!

4.9. Gegeben seien zwei Zufallsvariable X und Y mit der in der folgenden Tabelle angegebenen Verteilungsfunktion $F_{X,Y}$:

X \ Y	$-\infty < y < y_1$	$y_1 \leq y < y_2$	$y_2 \leq y < y_3$	$y_3 \leq y < \infty$
$-\infty < x < x_1$	0	0	0	0
$x_1 \leq x < x_2$	0	$\frac{1}{5}$	$\frac{7}{25}$	$\frac{2}{5}$
$x_2 \leq x < x_3$	0	$\frac{1}{4}$	$\frac{7}{20}$	$\frac{1}{2}$
$x_3 \leq x < \infty$	0	$\frac{1}{2}$	$\frac{7}{10}$	1

a) Berechnen Sie die gemeinsame Wahrscheinlichkeitsfunktion von X und Y.
b) Prüfen Sie die Variablen X und Y auf Unabhängigkeit.

4.10. Eine Kosmetikfirma registriert in ihrer Kartei ihre Kundinnen nach der natürlichen Haarfarbe (Merkmal X) als blond (x_1), braun (x_2) und schwarz (x_3), sowie nach der Konfektionsgröße (Merkmal Y) als schlank (y_1), normal (y_2) und vollschlank (y_3).
Werden aus der Kartei zufällig Karten mit Zurücklegen gezogen, so kann man die Merkmale X und Y als Zufallsvariable mit den Ausprägungen x_i und y_j (i,j = 1,2,3) interpretieren. Die gemeinsame Wahrscheinlichkeitsfunktion $f_{X,Y}$ ist bekannt. Dabei stellt sich heraus, daß die Merkmale X, Y voneinander unabhängig sind.
Durch nachlässige Aktenführung gehen einige der Ergebnisse verloren und die Geschäftsleitung kennt nur noch die folgenden Daten:
a) Wird die Karteikarte einer braunhaarigen Kundin gezogen, so ist die Wahrscheinlichkeit für die Konfektionsgröße schlank 0,1 und für normal 0,7;
b) die Wahrscheinlichkeit, daß zufällig die Karteikarte einer braunhaarigen Kundin gezogen wird, ist 0,3 und

c) die Wahrscheinlichkeit dafür, daß eine blonde Kundin mit normaler Konfektionsgröße gezogen wird ist 0,35.

Als Mitarbeiter einer Stabsabteilung sollen Sie für die Geschäftsleitung die gemeinsame Wahrscheinlichkeitsfunktion $f_{X,Y}$ ermitteln. Wie sieht diese aus?

4.11. Gegeben seien zwei stetige Zufallsvariablen X_1 und X_2 mit der gemeinsamen Dichte f_{X_1,X_2}. Für eine Funktion $h(X_1,X_2)$ dieser beiden Zufallsvariablen soll die Dichte berechnet werden. Zeigen Sie, daß gilt:

a) für die Summe $h(X_1,X_2) = X = X_1 + X_2$ der beiden Zufallsvariablen:

$$f_X(x) = \int_{-\infty}^{\infty} f_{X_1,X_2}(x_1, x-x_1) dx_1$$

b) für die Differenz $Y = X_1 - X_2$:

$$f_Y(y) = \int_{-\infty}^{\infty} f_{X_1,X_2}(x_1, x_1-y) dx_1$$

c) für das Produkt $Z = X_1 \cdot X_2$:

$$f_Z(z) = \int_{-\infty}^{\infty} \frac{1}{|x_1|} f_{X_1,X_2}(x_1, \frac{z}{x_1}) dx_1$$

d) für den Quotienten $Q = \frac{X_1}{X_2}$:

$$f_Q(q) = \int_{-\infty}^{\infty} |x_1| f_{X_1,X_2}(x_1 q, x_1) dx_1$$

Hinweis: Führen Sie die Beweise mit Hilfe der Verteilungsfunktionen, also der Beziehung $P(h(X_1,X_2) \leq c)$

5. Maßzahlen von Zufallsvariablen bezüglich ihrer Verteilungen

Durch Angabe der Wahrscheinlichkeits- bzw. Dichtefunktion oder die Verteilungsfunktion wird eine Zufallsvariable vollständig beschrieben. Bei jeder Durchführung des Zufallsvorgangs nimmt die Zufallsvariable eine ihrer Ausprägungen an. Die Bedeutung, die jeder einzelnen Ausprägung im Hinblick auf ihr Auftreten als Realisation des Zufallsvorgangs zukommt, wird durch die Wahrscheinlichkeit bzw. die Wahrscheinlichkeitsdichte ausgedrückt. Für viele Fragestellungen ist diese ausführliche Beschreibung nicht geeignet. Man benötigt Informationen über Zufallsvariablen und ihre Verteilung von einem bestimmten Blickwinkel aus gesehen, die in kompakter Form, möglichst in Form einer einzigen Zahl, gegeben werden sollen. Beispielsweise stellt sich häufig die Frage nach dem durchschnittlichen Ergebnis eines Zufallsvorgangs oder der durchschnittlichen Abweichung des Ergebnisses von einem Durchschnittswert. Zur Beantwortung solcher Fragen kann man Maßzahlen für die einzelnen Zufallsvariablen berechnen. Die Berechnung einer solchen Maßzahl erfolgt immer unter Verwendung der Verteilung dieser Zufallsvariablen. Wenn man von einer Maßzahl einer Zufallsvariablen spricht, meint man damit also eine "Maßzahl einer Zufallsvariablen bezüglich ihrer Verteilung", z.B. eine "Maßzahl einer binomialverteilten Zufallsvariablen" (vgl. Kap. 7). In diesem Kapitel werden Maßzahlen besprochen, die generell als Erwartungswerte bezeichnet werden.

5.1. MASSZAHLEN FÜR EINDIMENSIONALE ZUFALLSVARIABLEN

5.1.1. Der Erwartungswert

5.1.1.1. Definition

Die Zufallsvariable X nimmt nach Durchführung des zugrundeliegenden Zufallsvorgangs einen Wert an, der durch den Ausgang des Zufallsvorgangs bestimmt ist. In naheliegender Weise stellt sich die Frage nach dem "mittleren" oder "durchschnittlichen" Wert von X.

Beispiel: Zum Verkauf von Losen hat ein Losbudenbesitzer zwei Verkäufer. Ein Los kostet DM 1,--. Gewinne sind im Wert von DM O (Nieten), DM 1,--, DM 2,-- oder DM 10,-- möglich. Bezeichnet man die Losverkäufer mit v_1 und v_2 und betrachtet den Zufallsvorgang "Kauf eines Loses", so enthält der zugehörige Stichprobenraum folgende Paare (Verkäufer, Gewinn):

$S = \{e_1, e_2, \ldots, e_8\} =$

$= \{(v_1,0),(v_1,1),(v_1,2)(v_1,10),(v_2,0),(v_2,1),(v_2,2),(v_2,10)\}$

Die zugehörigen Wahrscheinlichkeiten seien:

$P(\{e_1\}) = 0,354$ $P(\{e_5\}) = 0,236$
$P(\{e_2\}) = 0,180$ $P(\{e_6\}) = 0,120$
$P(\{e_3\}) = 0,060$ $P(\{e_7\}) = 0,040$
$P(\{e_4\}) = 0,006$ $P(\{e_8\}) = 0,004$

Es werde nun die Zufallsvariable definiert: X = "Bruttogewinn beim Kauf eines Loses". Man erhält dann sofort die folgenden Werte von X für die Elemente des Stichprobenraums:

e_i	$X(e_i)$	$P(\{e_i\})$	$X(e_i) \cdot P(\{e_i\})$
e_1	0	0,354	0
e_2	1	0,180	0,180
e_3	2	0,060	0,120
e_4	10	0,006	0,060
e_5	0	0,236	0
e_6	1	0,120	0,120
e_7	2	0,040	0,080
e_8	10	0,004	0,040
			0,600

Entsprechend der Bildung des arithmetischen Mittels multipliziert man die Bilder der Elemente des Stichprobenraumes unter der Abbildung X mit ihren Wahrscheinlichkeiten und summiert diese Produkte auf. Man erhält dann

$$\sum_{e_i \varepsilon S} X(e_i) P(\{e_i\}) = 0,60 \text{ DM}$$

Diese Zahl ist der durchschnittliche Bruttogewinn beim Kauf eines Loses. Er wird als Erwartungswert der Zufallsvariablen X bezeichnet und durch das Symbol E(X) ausgedrückt. Der erwartete Bruttogewinn beim Zufallsvorgang "Kauf eines Loses" beträgt also DM 0,60.

Üblicherweise wird die Berechnung des Erwartungswertes jedoch nicht in der oben angegebenen Form durchgeführt. Vielmehr werden dazu die Ausprägungen von X und die Wahrscheinlichkeitsfunktion f_X verwendet. In unserem Beispiel erhält man:

x_i	$f_X(x_i)$	$x_i f_X(x_i)$
0	0,59	0
1	0,30	0,30
2	0,10	0,20
10	0,01	0,10
	1,00	0,60

Im Anschluß an diese Überlegungen gelangt man zu folgender Definition.

Definition

X sei eine diskrete Zufallsvariable mit der Wahrscheinlichkeitsfunktion f_X, I sei die Indexmenge der zu X gehörenden Ausprägungen. Dann heißt die reelle Zahl

$$E(X) = \mu_X = \sum_{i \in I} x_i f_X(x_i)$$

Erwartungswert der Zufallsvariablen X.

Vorausgesetzt wird, daß die obige Summe endlich ist. Ist sie nicht endlich, sagt man, die Zufallsvariable X habe keinen (endlichen) Erwartungswert.

Für stetige Zufallsvariablen wird der Erwartungswert wie folgt definiert:

X sei eine stetige Zufallsvariable mit der Dichtefunktion f_X. Dann heißt die reelle Zahl

$$E(X) = \mu_X = \int_{-\infty}^{\infty} x f_X(x) dx$$

Erwartungswert der Zufallsvariablen X, falls dieses Integral endlich ist. Ist es nicht endlich, sagt man, die Zufallsvariable X habe keinen (endlichen) Erwartungswert.

Beispiele:

a) Die erwartete Augenzahl beim Werfen eines Würfels ist
$$E(X) = \sum_{i=1}^{6} x_i f_X(x_i) = \frac{1}{6}(1+2+3+4+5+6) = 3,5$$

b) Eine Münze wird dreimal geworfen. Wappen wird als Erfolg angesehen. Jedesmal, wenn Wappen erscheint, erhalten Sie DM 1,--. Wieviel DM dürfen Sie bei dreimaligem Wurf erwarten?

$$E(X) = \sum_{i=0}^{3} x_i f_X(x_i) = 0 \cdot \frac{1}{8} + 1 \cdot \frac{3}{8} + 2 \cdot \frac{3}{8} + 3 \cdot \frac{1}{8} = 1,5$$

c) Die Wahrscheinlichkeitsdichtefunktion einer Zufallsvariablen X sei gegeben durch

$$f_X(x) = \begin{cases} 0 & \text{für } x<0 \\ \frac{1}{2}x & \text{für } 0 \leq x \leq 2 \\ 0 & \text{für } x \geq 2 \end{cases}$$

Dann ist der Erwartungswert

$$E(X) = \int_0^2 x f_X(x)dx = \int_0^2 x\frac{1}{2}x\,dx = \frac{1}{2}\int_0^2 x^2 dx = \left[\frac{1}{6}x^3\right]_0^2 = \frac{4}{3}$$

d) Eine stetige Zufallsvariable besitze die Dichte

$$f_X(x) = \begin{cases} 0 & \text{für } x<1 \\ \dfrac{1}{x^2} & \text{für } x \geq 1 \end{cases}$$

Dann erhält man

$$E(X) = \int_1^\infty \frac{1}{x}dx = \left[\ln x\right]_1^\infty = \infty$$

Die Zufallsvariable X besitzt also keinen Erwartungswert.

e) Eine Zufallsvariable X folge einer "Einpunktverteilung":

$$f_X(x) = \begin{cases} 1 & \text{für } x=a \\ 0 & \text{sonst} \end{cases}$$

Man erhält dann:

$$E(X) = a \cdot f_X(a) = a$$

Dies wird häufig so formuliert: Der Erwartungswert einer Konstanten a ist gleich der Konstanten: $E(a) = a$. Insbesondere ist $E(X)$ eine Konstante und daher $E(E(X)) = E(X)$.

Die Beispiele (a) und (b) sowie das Einführungsbeispiel des Losverkäufers zeigen, daß der Erwartungswert $E(X)$ einer Zufallsvariablen X nicht notwendigerweise eine Ausprägung der Zufallsvariablen X ist. Im Beispiel des Losverkäufers beträgt der erwartete Gewinn beim Zufallsvorgang "Bruttogewinn beim Kauf eines Loses" DM 0,60. Um den Erwartungswert zu interpretieren, ist es zweckmäßig, wie bei der Interpretation der Wahrscheinlichkeit von großen Versuchsserien auszugehen. Würde man sehr viele Lose kaufen, so wären darunter ca. 59 % Nieten, 30 % Gewinne zu DM 1,--, 10 % Gewinne zu DM 2,-- und 1 % Gewinne zu DM 10,--, was z.B. bei 1.000 Losen zu einer Gewinnsumme von $1000 \cdot (0,59 \cdot 0 + 0,30 \cdot 1 + 0,10 \cdot 2 + 0,01 \cdot 10)$ DM = 600 DM führen würde oder zu DM 0,60, bezogen auf ein Los.

Die Berechnung des Erwartungswertes einer Zufallsvariablen X kann auch mit Bezug auf eine bedingte Verteilung der Zufallsvariablen X vorgenommen werden. Man spricht dann vom "bedingten Erwartungswert der Zufallsvariablen X" oder vom "Erwartungswert der Zufallsvariablen X mit Bezug auf eine bedingte Verteilung". Entsprechend der Definition des Erwartungswertes erhält man für die zweidimensionale Zufallsvariable (X_1, X_2) den bedingten Erwartungswert von X_1 nach der Formel:

$$E(X_1 | X_2 = x_{2j}) = \sum_{i \in I_1} x_{1i} f_{X_1 | X_2}(x_{1i} | x_{2j})$$

falls (X_1, X_2) diskret ist. Dabei ist $f_{X_1 | X_2}$ die bedingte Wahrscheinlichkeitsfunktion der Zufallsvariablen X_1. Ist (X_1, X_2) stetig und $f_{X_1 | X_2}$ die bedingte Dichte von X_1, so erhält man den Erwartungswert:

$$E(X_1 | X_2 = x_2) = \int_{-\infty}^{\infty} x_1 f_{X_1 | X_2}(x_1 | x_2) dx_1$$

Beispiele:

a) Im Beispiel des Losverkäufers sei X_1 die Zufallsvariable "Nr. des Losverkäufers" und X_2 die Zufallsvariable "Bruttogewinn beim Kauf eines Loses". Man erhält dann die folgende Wahrscheinlichkeitsfunktion der zweidimensionalen Zufallsvariablen (X_1, X_2):

x_{1i} \ x_{2j}	0	1	2	10	$f_{X_1}(x_{1i})$
1	0,354	0,18	0,06	0,006	0,6
2	0,236	0,12	0,04	0,004	0,4

Daraus erhält man die Wahrscheinlichkeitsfunktion von X_2 unter der Bedingung $X_1=1$ zu:

$$f_{X_2|X_1}(x_{2i}|x_1=1) = \begin{cases} 0,59 & \text{für } x_2=0 \\ 0,30 & \text{für } x_2=1 \\ 0,10 & \text{für } x_2=2 \\ 0,01 & \text{für } x_2=10 \\ 0 & \text{sonst} \end{cases}$$

Damit wird:

$$E(X_2|X_1=1) = \sum_j x_{2j} f_{X_2|X_1}(x_{2j}|x_1=1) = 0\cdot 0,59+1\cdot 0,30+2\cdot 0,10+10\cdot 0,01 = 0,60$$

b) Die zweidimensionale Zufallsvariable (X_1,X_2) habe die Dichte

$$f_{X_1,X_2}(x_1,x_2) = \begin{cases} 2-x_1-x_2 & \text{für } 0<x_1<1 \\ & \quad\;\; 0<x_2<1 \\ 0 & \text{sonst} \end{cases}$$

Dann gilt z.B. für $x_2 = 0,4$:

$$f_{X_1|X_2}(x_1|x_2=0,4) \doteq 1,45 - 0,91 x_1 \quad \text{(vgl. 4.2.7.)}$$

und man erhält:

$$E(X_1|X_2=0,4) = \int_0^1 x_1 f_{X_1|X_2}(x_1|x_2=0,4)dx_1 = \int_0^1 x_1(1,45-0,91x_1)dx_1 =$$

$$= \int_0^1 1,45 x_1 - 0,91 x_1^2 \, dx_1 = \left[0,725 x_1^2 - \frac{0,91}{3} x_1^3\right]_0^1 \doteq 0,42$$

5.1.1.2. Der Erwartungswert einer Funktion einer eindimensionalen Zufallsvariablen

Häufig sind Erwartungswerte für eine Zufallsvariable Y zu berechnen, die selbst wieder eine Funktion einer anderen Zufallsvariablen X ist, deren Verteilung bekannt ist. Es soll nun der Frage nachgegangen werden, wie man für diese Zufallsvariablen den Erwartungswert berechnen kann unter Verwendung der bekannten Verteilung für die Zufallsvariable X, d.h. ohne die Notwendigkeit, die Verteilung von Y zu berechnen. Dies soll nun anhand eines Beispiels veranschaulicht werden.

Beispiel:

Im Beispiel des Losverkäufers sei X die Zufallsvariable "Bruttogewinn beim Kauf eines Loses", Y die Zufallsvariable "Nettogewinn beim Kauf eines Loses" und schließlich Z die Zufallsvariable "Quadrat des Nettogewinns beim Kauf eines Loses". Der Nettogewinn ist gleich dem Bruttogewinn abzüglich dem Kaufpreis für ein Los in Höhe von DM 1,--.

Die Berechnung von E(Y) und E(Z) soll zunächst nach der in 5.1.1.1. angegebenen Vorschrift zur Berechnung von Erwartungswerten durchgeführt werden. Man erhält folgende Tabelle:

y_i	$f_Y(y_i)$	$y_i f_Y(y_i)$
-1	0,59	-0,59
0	0,30	0
1	0,10	0,10
9	0,01	0,09
	1,00	-0,40

z_i	$f_Z(z_i)$	$z_i f_Z(z_i)$
0	0,30	0
1	0,69	0,69
81	0,01	0,81
	1,00	1,50

Die Berechnung ergibt E(Y) = -0,40 und E(Z) = 1,50. Man kann diese Erwartungswerte jedoch auch einfacher berechnen unter Verwendung der bekannten Verteilung von X. Es ist nämlich Y = g(X) = X-1 und Z = h(X) = $(X-1)^2$. Man ermittelt dann E(Y) und E(Z) wie folgt:

x_i	$f_X(x_i)$	$g(x_i)= x_i-1$	$g(x_i)f_X(x_i)$	$h(x_i)= (x_i-1)^2$	$h(x_i)f_X(x_i)$
0	0,59	-1	-0,59	1	0,59
1	0,30	0	0	0	0
2	0,10	1	0,10	1	0,10
10	0,01	9	0,09	81	0,91
	1,00		-0,40		1,50

Man erhält also

$$\sum_i g(x_i)f_X(x_i) = \sum_i (x_i-1)f_X(x_i) = -0,40 = E(Y) \quad \text{und}$$

$$\sum_i h(x_i)f_X(x_i) = \sum_i (x_i-1)^2 f_X(x_i) = 1,50 = E(Z).$$

Die in diesem Beispiel angewendete Methode zur Berechnung von E(Y) und E(Z) gilt allgemein. Ohne Beweisführung sei die Berechnungsformel eingeführt:

Ist X eine Zufallsvariable, f_X eine Wahrscheinlichkeits- bzw. Dichtefunktion und $Y = g(X)$ eine Funktion von X, so ist

$$E(Y)=E(g(X)) = \begin{cases} \sum_i g(x_i) f_X(x_i) & \text{falls X diskret ist} \\ \int_{-\infty}^{\infty} g(x) f_X(x) dx & \text{falls X stetig ist} \end{cases}$$

Für den speziellen Fall, daß Y ein Polynom n-ten Grades von X ist, also $Y=g(X)=a_0+a_1X+a_2X^2+\ldots+a_nX^n$, soll nun noch die Berechnungsformel des Erwartungswertes angegeben werden. Man erhält:

$$E(Y)=E(g(X))=a_0+a_1E(X)+a_2E(X^2)+\ldots+a_nE(X^n)$$

Also: $E(\sum_{i=0}^{n} a_i X^i) = \sum_{i=0}^{n} a_i E(X^i)$

Beweis:

Ist X diskret, dann gilt

$$E(g(X)) = \sum_i (a_0+a_1x_i+a_2x_i^2+\ldots+a_nx_i^n) f_X(x_i) =$$

$$= \sum_i a_0 f_X(x_i) + \sum_i a_1 x_i f_X(x_i) + \sum_i a_2 x_i^2 f_X(x_i) + \ldots + \sum_i a_n x_i^n f_X(x_i) =$$

$$= a_0 + a_1 \sum_i x_i f_X(x_i) + a_2 \sum_i x_i^2 f_X(x_i) + \ldots + a_n \sum_i x_i^n f_X(x_i) =$$

$$= a_0 + a_1 E(X) + a_2 E(X^2) + \ldots + a_n E(X^n)$$

Ist X stetig, dann erhält man:

$$E(g(X)) = \int_{-\infty}^{\infty} (a_0+a_1x+a_2x^2+\ldots+a_nx^n) f_X(x) dx =$$

$$= \int_{-\infty}^{\infty} a_0 f_X(x) dx + \int_{-\infty}^{\infty} a_1 x f_X(x) dx + \int_{-\infty}^{\infty} a_2 x^2 f_X(x) dx + \ldots + \int_{-\infty}^{\infty} a_n x^n f_X(x) dx =$$

$$= a_0 + a_1 E(X) + a_2 E(X^2) + \ldots + a_n E(X^n).$$

Diese Beziehung wird im folgenden häufig verwendet. Ist insbesondere $Y=a_0+X$, so erhöht (vermindert) sich der Erwartungswert um diese Konstante. Wird eine Zufallsvariable mit einer Konstanten multipliziert, gilt also $Y=a_1X$, so wird der Erwartungswert um diese Konstante vervielfacht. Besonders interessant ist in diesem Zusammenhang die Zufallsvariable $Y=a_0+a_1X$ mit $a_0=-E(X)$ und $a_1=1$. Man erhält dann $E(Y)=0$, d.h. durch die Transformation $Y=X-E(X)$ erhält man eine Zufallsvariable, deren Erwartungswert Null ist.

5.1.1.3. Der Erwartungswert für eine Funktion einer mehrdimensionalen Zufallsvariablen

Die im Abschnitt 5.1.1.2. eingeführten Formeln zur Berechnung von Erwartungswerten für Funktionen von eindimensionalen Zufallsvariablen lassen sich unmittelbar auf Funktionen von mehrdimensionalen Zufallsvariablen erweitern. Betrachtet man eine Funktion $Y=g(X_1,X_2)$ einer zweidimensionalen Zufallsvariablen (X_1,X_2), so errechnet man $E(Y)$ nach der Formel:

$$E(Y)=E(g(X_1,X_2)) = \begin{cases} \sum_i \sum_j g(x_{1i},x_{2j}) f_{X_1,X_2}(x_{1i},x_{2j}) & \text{falls } (X_1,X_2) \text{ diskret ist} \\ \int_{-\infty}^{\infty} \int_{-\infty}^{\infty} g(x_1,x_2) f_{X_1,X_2}(x_1,x_2) dx_1 dx_2 & \text{falls } (X_1,X_2) \text{ stetig ist} \end{cases}$$

Als erste Anwendung wird der Erwartungswert einer linearen Funktion in den Zufallsvariablen X_1 und X_2 betrachtet:
$Y = a_0+a_1X_1+a_2X_2$.

$$E(Y) = \begin{cases} \sum_i \sum_j (a_0+a_1x_{1i}+a_2x_{2j}) f_{X_1,X_2}(x_{1i},x_{2j}) & \text{falls } (X_1,X_2) \text{ diskret ist} \\ \int_{-\infty}^{\infty} \int_{-\infty}^{\infty} (a_0+a_1x_1+a_2x_2) f_{X_1,X_2}(x_1,x_2) dx_1 dx_2 & \text{falls } (X_1,X_2) \text{ stetig ist} \end{cases}$$

Die Formel für den diskreten Fall läßt sich weiter umformen in:

$$\sum_i \sum_j a_0 f_{X_1,X_2}(x_{1i},x_{2j}) + \sum_i \sum_j a_1 x_{1i} f_{X_1,X_2}(x_{1i},x_{2j}) + \sum_i \sum_j a_2 x_{2j} f_{X_1,X_2}(x_{1i},x_{2j})$$

$$= a_0 + a_1 \sum_i x_{1i} \sum_j f_{X_1,X_2}(x_{1i},x_{2j}) + a_2 \sum_j x_{2j} \sum_i f_{X_1,X_2}(x_{1i},x_{2j}) =$$

$$= a_0 + a_1 \sum_i x_{1i} f_{X_1}(x_{1i}) + a_2 \sum_j x_{2j} f_{X_2}(x_{2j}) =$$

$$= a_0 + a_1 E(X_1) + a_2 E(X_2)$$

Zum gleichen Ergebnis kommt man auch im stetigen Fall. Das angenehme Ergebnis dieser Ableitung besteht darin, daß man zur Berechnung des Erwartungswertes einer linearen Funktion der Zufallsvariablen X_1 und X_2 die Wahrscheinlichkeitsfunktion bzw. Dichtefunktion f_{X_1,X_2} der zweidimensionalen Zufallsvariablen (X_1,X_2) nicht verwenden muß. Es genügt, wenn die Erwartungswerte der eindimensionalen Zufallsvariablen X_1 und X_2 zur Verfügung stehen. Ist insbesondere $a_0=0$ und $a_1=a_2=1$, so wird $Y=X_1+X_2$ und man erhält

$$E(Y) = E(X_1) + E(X_2)$$

d.h., der Erwartungswert der Summe der Zufallsvariablen X_1 und X_2 ist gleich der Summe der Erwartungswerte der beiden Zufallsvariablen.

Beispiel:

Als Beispiel zur Berechnung des Erwartungswertes der Summe von zwei Zufallsvariablen werde der Zufallsvorgang "Zweifacher Münzwurf" betrachtet. X_1 ist die Zufallsvariable "Anzahl der Wappenwürfe beim 1. Wurf" und X_2 die Zufallsvariable "Anzahl der Wappenwürfe beim 2. Wurf". Beide Zufallsvariablen haben den Wertebereich {0;1}. Die Wahrscheinlichkeitsfunktion f_{X_1,X_2} der Zufallsvariablen (X_1,X_2) lautet wie folgt:

x_{1i} \ x_{2j}	0	1	$f_{x_1}(x_{1i})$
0	1/4	1/4	1/2
1	1/4	1/4	1/2
$f_{x_2}(x_{2j})$	1/2	1/2	1

Erste Berechnung von $E(Y) = E(X_1+X_2)$:

$$E(X_1+X_2) = \sum_i \sum_j (x_{1i}+x_{2j}) f_{X_1,X_2}(x_{1i},x_{2j}) =$$

$$= (0+0) \cdot \frac{1}{4} + (0+1) \cdot \frac{1}{4} + (1+0) \cdot \frac{1}{4} + (1+1) \cdot \frac{1}{4} = 1$$

Zweite Berechnung von $E(Y) = E(X_1+X_2)$:

Aus der obigen Tabelle berechnet man sehr schnell:

$$E(X_1) = E(X_2) = 0 \cdot \frac{1}{2} + 1 \cdot \frac{1}{2} = \frac{1}{2}$$

Man erhält dann $E(X_1+X_2)$ aus der Beziehung

$$E(X_1+X_2) = E(X_1)+E(X_2) = \frac{1}{2} + \frac{1}{2} = 1$$

Entsprechend der Addition von Zufallsvariablen ist auch für Produkte von Zufallsvariablen die Frage interessant, ob der Erwartungswert $E(X_1X_2)$ des Produktes der Zufallsvariablen X_1 und X_2 gleich dem Produkt $E(X_1)E(X_2)$ der beiden Erwartungswerte ist. Diese Beziehung gilt, falls die Zufallsvariablen X_2 und X_2 stochastisch unabhängig sind.

In diesem Fall erhält man:

$$E(X_1X_2) = E(X_1)E(X_2)$$

Beweis

für diskrete Zufallsvariablen (X_1,X_2):
Laut Definition gilt:

$$E(X_1X_2) = \sum_i \sum_j x_{1i} x_{2j} f_{X_1,X_2}(x_{1i},x_{2j})$$

Bei Unabhängigkeit von X_1 und X_2 läßt sich dies weiter umformen in:

$$\sum_i \sum_j x_{1i} x_{2j} f_{X_1}(x_{1i}) f_{X_2}(x_{2j}) = (\sum_i x_{1i} f_{X_1}(x_{1i})) \cdot (\sum_j x_{2j} f_{X_2}(x_{2j})) = E(X_1) E(X_2)$$

Beispiel:

Im Beispiel des zweifachen Münzwurfs berechnet man den Erwartungswert der Zufallsvariablen $Y = X_1 X_2$ zunächst wie folgt:

$$E(X_1 X_2) = \sum_i \sum_j x_{1i} x_{2j} f_{X_1,X_2}(x_{1i}, x_{2j}) = 0 \cdot 0 \cdot \frac{1}{4} + 0 \cdot 1 \cdot \frac{1}{4} + 1 \cdot 0 \cdot \frac{1}{4} + 1 \cdot 1 \cdot \frac{1}{4} = \frac{1}{4}$$

Wie leicht nachgeprüft werden kann, sind X_1 und X_2 unabhängige Zufallsvariablen, so daß man $E(X_1 X_2)$ nach der Formel $E(X_1 X_2) = E(X_1) E(X_2) = \frac{1}{2} \cdot \frac{1}{2} = \frac{1}{4}$ bestimmen kann.

Die Verallgemeinerung auf n-dimensionale Zufallsvariablen ist besonders für die Summenbildung wichtig. Ist $Y = g(X_1,\ldots,X_n) = a_0 + a_1 X_1 + a_2 X_2 + \ldots a_n X_n$ eine lineare Funktion der n-dimensionalen Zufallsvariablen $(X_1, X_2,\ldots,X_n)$, so lautet

$$E(Y) = E(g(X_1,\ldots,X_n)) = a_0 + a_1 E(X_1) + \ldots + a_n E(X_n).$$

Ist insbesondere $a_0 = 0$ und $a_1 = a_2 = \ldots = a_n = \frac{1}{n}$, so ist

$g(X_1,\ldots X_n) = \frac{1}{n} \sum_{i=1}^n X_i$ das arithmetische Mittel dieser Zufallsvariablen. Es ist in Kap. 8 ff. von großer Bedeutung.

Beispiel:

In Fortführung des Münzwurfbeispiels soll nun der Zufallsvorgang n-facher Münzwurf und die Zufallsvariablen X_i: "Anzahl der Wappenwürfe beim i-ten Münzwurf" sowie $Y = X_1 + X_2 + \ldots + X_n$ "Anzahl der Wappenwürfe beim n-fachen Münzwurf" betrachtet werden. Dann ist $E(X_i) = \frac{1}{2}$ für $i=1,2,\ldots,n$ und

$$E(Y) = E(X_1 + \ldots + X_n) = \sum_{i=1}^n E(X_i) = n\, E(X_i) = \frac{n}{2}$$

5.1.2. Die Varianz

5.1.2.1. Definition

Der Erwartungswert einer Zufallsvariablen ist ein Mittelwert; ihm kommt die Aufgabe zu, das Zentrum der Verteilung einer Zufallsvariablen aufzuzeigen. Durch einen Mittelwert allein ist aber eine Zufallsvariable und ihre Verteilung nicht erschöpfend charakterisiert. Von Bedeutung ist auch eine Maßzahl, die die durchschnittliche Abweichung der Ausprägungen der Zufallsvariablen vom Erwartungswert angibt, wie das folgende Beispiel der beiden Zufallsvariablen X und Z zeigt.

x_i	-1	0	1
$f_X(x_i)$	0,30	0,40	0,30

z_i	-3	0	3
$f_Z(z_i)$	0,30	0,40	0,30

Beide Zufallsvariable haben den gleichen Erwartungswert, aber unterschiedliche Abweichungen der einzelnen Ausprägungen vom Erwartungswert. Es ist daher zweckmäßig, eine Maßzahl hierfür einzuführen. Als Abstand einer Ausprägung x vom Erwartungswert wird $(x-E(X))^2$ definiert und diese quadrierten Abweichungen für alle Ausprägungen arithmetisch gemittelt, d.h. es wird der Erwartungswert E(Y) der Zufallsvariablen $Y=(X-E(X))^2$ berechnet. Die so definierte Maßzahl heißt die Varianz einer Zufallsvariablen und lautet:

$$Var(X) = \sigma_X^2 = E((X-E(X))^2) = \begin{cases} \sum_i (x_i-E(X))^2 f_X(x_i) & \text{falls X diskret} \\ \int_{-\infty}^{\infty} (x-E(X))^2 f_X(x) dx & \text{falls X stetig i} \end{cases}$$

Die positive Wurzel der Varianz lautet $\sigma_X = \sqrt{E((X-E(X))^2)}$ und heißt die Standardabweichung der Zufallsvariablen X. Sie wird deshalb häufig verwendet, weil sie die gleiche Dimension hat wie die betrachtete Zufallsvariable, während die Varianz als Dimension das Quadrat der Dimension der Zufallsvariablen hat.

Beispiele:

a) Für die obige Verteilung der Zufallsvariablen X ist $E(X) = 0$ und
$$Var(X) = E((X-E(X))^2) = E(X^2) = (-1)^2 \cdot 0,3 + 1^2 \cdot 0,3 = 0,6$$
Für die Zufallsvariable Z ist ebenfalls $E(Z) = 0$ und
$$Var(Z) = E((Z-E(Z))^2) = E(Z^2) = (-3)^2 \cdot 0,3 + 3^2 \cdot 0,30 = 5,4.$$

b) Die Zufallsvariable X: "Anzahl der Wappenwürfe bei dreifachem Münzwurf" hat die Wahrscheinlichkeitsfunktion

x_i	0	1	2	3
$f_X(x_i)$	$\frac{1}{8}$	$\frac{3}{8}$	$\frac{3}{8}$	$\frac{1}{8}$

und den Erwartungswert $E(X) = 1,5$. Damit ermittelt man $Var(X)$ zu:
$$Var(X) = (0-1,5)^2 \cdot \frac{1}{8} + (1-1,5)^2 \cdot \frac{3}{8} + (2-1,5)^2 \cdot \frac{3}{8} + (3-1,5)^2 \cdot \frac{1}{8} = \frac{3}{4}$$

c) Für die Zufallsvariable X mit einer Dichte

$$f_X(x) = \begin{cases} 0 & \text{für } x<0 \\ \frac{1}{2}x & \text{für } 0 \le x < 2 \\ 0 & \text{für } x \ge 2 \end{cases}$$

erhält man $E(X) = \frac{4}{3}$ und daher:
$$Var(X) = \int_0^2 (x-\frac{4}{3})^2 \frac{1}{2}x \, dx = \frac{2}{9}$$

d) Ist insbesondere X eine Zufallsvariable, die nur den Wert $X=a$ annimmt, also die Wahrscheinlichkeitsfunktion

$$f_X(x) = \begin{cases} 1 & \text{für } x=a \\ 0 & \text{sonst} \end{cases}$$

aufweist, so ist $E(X) = a$ und
$$Var(X) = E((X-E(X))^2) = (a-E(X))^2 \cdot f_X(a) = 0$$
Eine Konstante hat also die Varianz Null.

Zur Vereinfachung der Varianzberechnung und zur einfacheren analytischen Handhabung ist häufig die folgende Formel für die Varianz zweckmäßig. Es gilt:

$$E((X-E(X))^2) = E(X^2) - [E(X)]^2$$

Beweis:

Setzt man $Y = (X-E(X))^2$, so gilt:

$$Y = X^2 - 2XE(X) + [E(X)]^2$$

Dies ist ein Polynom 2. Grades mit $a_0 = [E(X)]^2$, $a_1 = -2E(X)$ und $a_2 = 1$. In 5.1.1.2 wurde gezeigt, daß für den Erwartungswert eines solchen Polynoms gilt: $E(Y) = a_0 + a_1 E(X) + a_2 E(X^2)$. Im vorliegenden Fall erhält man dann:

$$E((X-E(X))^2) = [E(X)]^2 - 2E(X)E(X) + E(X^2) = E(X^2) - [E(X)]^2$$

Beispiele:

a) Im obigen Beispiel (b) ist X die Zufallsvariable "Anzahl der Wappenwürfe bei dreifachem Münzwurf" mit $E(X) = 1,5$. Man ermittelt dann

$$\text{Var}(X) = E(X^2) - 1,5^2$$

Wegen

$$E(X^2) = \sum_i x_i^2 f_X(x_i) = 0^2 \cdot \frac{1}{8} + 1^2 \cdot \frac{3}{8} + 2^2 \cdot \frac{3}{8} + 3^2 \cdot \frac{1}{8} = 3$$

erhält man

$$\text{Var}(X) = 3 - 1,5^2 = 0,75$$

b) Im obigen Beispiel (c) berechnet man die Varianz zu:

$$\text{Var}(X) = E(X^2) - [E(X)]^2 = \int_0^2 x^2 f_X(x) dx - \left(\frac{4}{3}\right)^2 = \int_0^2 x^2 \frac{1}{2} x \, dx - \frac{16}{9} =$$

$$= \left[\frac{1}{8} x^4\right]_0^2 - \frac{16}{9} = 2 - \frac{16}{9} = \frac{2}{9}$$

Wie den Erwartungswert, so kann man auch die Varianz bezüglich einer bedingten Verteilung berechnen. Ist (X_1, X_2) eine zweidimensionale Zufallsvariable und sind $f_{X_1 | X_2}$ und $f_{X_2 | X_1}$ die bedingten Wahrscheinlichkeitsfunktionen bzw. Dichtefunktionen der Zufallsvariablen X_1 und X_2, so ermittelt man die Varianz der Zufallsvariablen X_1 bezüglich der bedingten Verteilung von X_2 nach der Formel:

$$\mathrm{Var}(X_1|x_2) = E((X_1 - E(X_1|x_2))^2) =$$

$$= \begin{cases} \sum_i (x_{1i} - E(X_1|x_2))^2 f_{X_1|X_2}(x_{1i}|x_{2j}) & \text{falls } (X_1, X_2) \text{ diskret ist} \\ \int_{-\infty}^{\infty} (x_1 - E(X_1|x_2))^2 f_{X_1|X_2}(x_1|x_2) dx_1 & \text{falls } (x_1, x_2) \text{ stetig ist} \end{cases}$$

$\mathrm{Var}(X_2|X_1)$ ist entsprechend definiert.

Beispiele:

a) Im Beispiel des Losverkäufers (Abschnitt 5.1.1.1.) lautete die bedingte Verteilung für X_2 unter der Bedingung $X_1=1$:

$$f_{X_2|X_1}(x_2|x_1=1) = \begin{cases} 0{,}59 & \text{für } x_2=0 \\ 0{,}30 & \text{für } x_2=1 \\ 0{,}10 & \text{für } x_2=2 \\ 0{,}01 & \text{für } x_2=10 \\ 0 & \text{sonst} \end{cases}$$

Daraus ermittelt man $E(X_2|X_1=1) = 0{,}60$ und

$$\mathrm{Var}(X_2|X_1=1) = (0-0{,}6)^2 \cdot 0{,}59 + (1-0{,}6)^2 \cdot 0{,}3 + (2-0{,}6)^2 \cdot 0{,}10 + (10-0{,}6)^2 \cdot 0{,}01 =$$

$$= 1{,}34$$

b) Für die stetige Zufallsvariable (X_1, X_2) mit der Dichte

$$f_{X_1, X_2}(x_1, x_2) = \begin{cases} 2 - x_1 - x_2 & \text{für } 0 < x_1 < 1 \\ & \quad\;\; 0 < x_2 < 1 \\ 0 & \text{sonst} \end{cases}$$

erhält man für $X_2=0{,}4$ die bedingte Dichte von X_1:

$$f_{X_1|X_2}(x_1|x_2=0{,}4) \doteq 1{,}45 - 0{,}91 x_1 \quad \text{und}$$

$E(X_1|X_2=0{,}4) \doteq 0{,}421667$ (vgl. Abschnitt 5.1.1.1.)

Die Varianz der Zufallsvariablen X_1 bezüglich der Verteilung von X_1 unter der Bedingung $X_2=0{,}4$ berechnet man zu:

$$\mathrm{Var}(X_1|X_2)=0{,}4) \doteq \int_0^1 (x_1 - 0{,}42)^2 (1{,}45 - 0{,}91 x_1) dx_1 =$$

$$\doteq \int_0^1 x_1^2 (1{,}45 - 0{,}91 x_1) dx_1 - 0{,}421667^2 =$$

$$\doteq \left[\frac{1{,}45}{3} x_1^3 - \frac{0{,}91}{4} x_1^4\right]_0^1 - 0{,}1778 \doteq 0{,}0780$$

Zum Vergleich der Varianzen zweier Zufallsvariabler ist es zweckmäßig, eine dimensionslose Größe zur Verfügung zu haben. Man erreicht dies, indem man die Standardabweichung durch den Erwartungswert dividiert. Die resultierende Größe

$$v_s(X) = \frac{\sigma_X}{E(X)} = \frac{\sigma_X}{\mu_X}$$

heißt Variationskoeffizient der Zufallsvariablen X. Er gibt die durchschnittliche Streuung der Ausprägungen von X in Prozent des Erwartungswertes an.

5.1.2.2. Die Varianz für eine Funktion von Zufallsvariablen

Häufig ist, von einer Zufallsvariablen X ausgehend, die Varianz einer linearen Funktion $Y = a_0 + a_1 X$ dieser Zufallsvariablen zu berechnen. Setzt man zunächst $a_1 = 1$, so erhält man $Y = a_0 + X$ und $E(Y) = a_0 + E(X)$. Für diese Zufallsvariable wird

$$Var(Y) = E((Y-E(Y))^2) = E((a_0+X-a_0-E(X))^2) = E((X-E(X))^2) =$$

$$= Var(X).$$

Das bedeutet, daß die Varianz einer Zufallsvariablen durch Addition einer Konstanten nicht verändert wird. Dies ist auch verständlich, da die Addition einer Konstanten zu jeder Ausprägung von X eine Verschiebung der Wahrscheinlichkeitsfunktion bzw. Dichtefunktion auf der Abszisse bedeutet und daher die Abstände zum Erwartungswert nicht verändert werden.

Setzt man $a_0 = 0$, so wird $Y = a_1 X$ und $E(Y) = a_1 E(X)$. Die Varianz von Y erhält man zu:

$$Var(Y) = E((Y-E(Y))^2) = E((a_1 X - a_1 E(X))^2) = E[a_1^2 (X-E(X))^2] =$$

$$= a_1^2 E((X-E(X))^2) = a_1^2 Var(X)$$

Für die Standardabweichung von Y erhält man

$$\sigma_Y = + \sqrt{\text{Var}(Y)} = + \sqrt{a_1^2 \text{Var}(X)} = |a_1| \sigma_X$$

Die Multiplikation einer Zufallsvariablen mit einer Konstanten bedeutet eine Dehnung oder Komprimierung der Verteilung von X, je nachdem ob $|a_1|$ größer oder kleiner als 1 ist. Die Abstände der einzelnen Ausprägungen vom Erwartungswert werden dadurch verändert und folglich die Varianz. Die Varianz wird mit dem Quadrat der Konstanten a_1 vervielfacht, die Standardabweichung mit dem Absolutbetrag von a_1.

Für eine lineare Funktion $Y = a_0 + a_1 X$ erhält man also $\text{Var}(Y) = a_1^2 \text{Var}(X)$. Durch die spezielle lineare Funktion

$$Y = \frac{X - E(X)}{\sigma_X} = -\frac{E(X)}{\sigma_X} + \frac{1}{\sigma_X} X$$

erhält man eine Zufallsvariable Y mit dem Erwartungswert $E(Y) = 0$ und der Varianz $\text{Var}(Y) = 1$, denn es ist hier $a_0 = -\frac{E(X)}{\sigma_X}$ und $a_1 = \frac{1}{\sigma_X}$, so daß

$$E(Y) = a_0 + a_1 E(X) = -\frac{E(X)}{\sigma_X} + \frac{E(X)}{\sigma_X} = 0 \text{ und}$$

$$\text{Var}(Y) = a_1^2 \text{Var}(X) = \frac{1}{\sigma_X^2} \text{Var}(X) = 1$$

Diese lineare Transformation wird als Standardisierung einer Zufallsvariablen bezeichnet. Sie ist beispielsweise für die Standardisierung der Kovarianz (vgl. z.B. Abschnitt 5.2.) oder die Tabellendarstellung der Normalverteilung (vgl. Kap. 7) von Bedeutung.

Von den Funktionen von mehrdimensionalen Zufallsvariablen ist insbesondere die Varianz einer Summe von Zufallsvariablen von Bedeutung. Da zu ihrer Bestimmung aber die Kovarianz erforderlich ist, wird dieses Problem im Abschnitt 5.2. behandelt.

5.1.3. Momente von eindimensionalen Zufallsvariablen

Die bisher besprochenen Maßzahlen sind spezielle Momente von eindimensionalen Zufallsvariablen. Momente sind Erwartungswerte von speziellen Zufallsvariablen. Man unterscheidet Momente um den Ursprung einer Zufallsvariablen und Momente um den Erwartungswert einer Zufallsvariablen. Sie sind wie folgt definiert:

Momente um den Ursprung ("Anfangsmomente"):

Das k-te Moment μ_k' um den Ursprung einer Zufallsvariablen ist der Erwartungswert

$$\mu_k' = E(X^k) = \begin{cases} \sum_i x_i^k f_X(x_i), & \text{falls X diskret ist} \\ \int_{-\infty}^{\infty} x^k f_X(x) dx, & \text{falls X stetig ist} \end{cases}$$

Dabei ist k eine beliebige nichtnegative ganze Zahl. Das erste Moment um den Ursprung ist $\mu_1' = E(X)$.

Momente um den Erwartungswert ("zentrale Momente"):

Das k-te Moment um den Erwartungswert einer Zufallsvariablen ist der Erwartungswert

$$\mu_k = E((X-E(X))^k) = \begin{cases} \sum_i (x_i - E(X))^k f_X(x_i), & \text{falls X diskret ist} \\ \int_{-\infty}^{\infty} (x-E(X))^k f_X(x) dx, & \text{falls X stetig ist} \end{cases}$$

Das zweite Moment um den Erwartungswert ist $\mu_2 = E((X-E(X))^2) =$ $= Var(X)$.

Zwischen beiden Arten von Momenten lassen sich sehr leicht formelmäßige Beziehungen herstellen. Beispielsweise ist

$$\mu_2 = E[(X-E(X))^2] = E[X^2-2X\cdot E(X)+(E(X))^2] = E(X^2)-[E(X)]^2 =$$

$$= \mu_2' - \mu_1'^2$$

$$\mu_3 = E[(X-E(X))^3] = E(X^3-3X^2E(X)+3X[E(X)]^2-[E(X)]^3) =$$
$$= E(X^3)-3E(X^2)E(X)+3E(X)[E(X)]^2-[E(X)]^3 =$$
$$= E(X^3)-3E(X^2)E(X)+2[E(X)]^3 = \mu_3'-3\mu_2'\mu_1'+2\mu_1'^3$$

Diese Umformungen lassen sich beliebig fortsetzen. Momente dritter und vierter Ordnung werden zur Definition der Schiefe bzw. Wölbung der Verteilung einer Zufallsvariablen verwendet. So mißt man durch

$$\gamma_X = \frac{E[(X-E(X))^3]}{\sigma_X^3} \quad \text{die Schiefe}$$

$$\eta_X = \frac{E[(X-E(X))^4]}{\sigma_X^4} \quad \text{die Wölbung}$$

der Verteilung einer Zufallsvariablen X.

5.1.4. Die_Ungleichung_von_Tchebycheff

Einführungsbeispiel:

Man betrachte eine Maschine, die Zuckerpakete mit einem Durchschnittsgewicht von 1000 g abfüllt. X sei die Zufallsvariable "Gewicht eines Zuckerpakets mit der Aufschrift '1000 g'". Die zugehörige Dichtefunktion laute:

$$f_X(x) = \begin{cases} -1,955+0,002x & \text{für } 980 \leq x < 1000 \\ 2,045-0,002x & \text{für } 1000 \leq x < 1020 \\ 0 & \text{sonst} \end{cases}$$

In graphischer Darstellung:

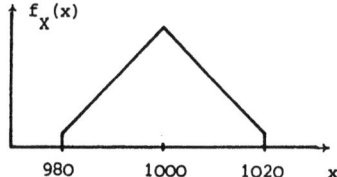

Dann ist:
$$E(X) = \int_{980}^{1000} x(-1{,}955+0{,}002x)dx + \int_{1000}^{1020} x(2{,}045-0{,}002x)dx = 1000 \; [g]$$

$$\text{Var}(X) = E(X^2) - [E(X)]^2 = 1000080 - 1000000 = 80 \; [g^2]$$

$$\sigma_X = \sqrt{80} \doteq 8{,}94 \; [g]$$

Es soll nun die Wahrscheinlichkeit berechnet werden, daß das Gewicht eines zufällig aus der Produktion ausgewählten Zuckerpakets weniger als zwei Standardabweichungen ($2\sigma_X = 17{,}88$ g) vom erwarteten Gewicht $E(X) = 1000$ g abweicht, d.h. es ist

$$P(E(X)-2\sigma_X < X < E(X)+2\sigma_X) = P(-2\sigma_X < X-E(X) < 2\sigma_X) = P(|X-E(X)| < 2\sigma_X)$$

zu ermitteln. Die gesuchte Wahrscheinlichkeit ist in der folgenden Graphik (a) schraffiert.

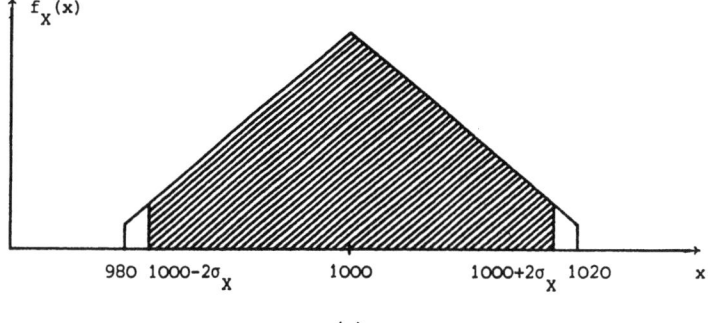

(a)

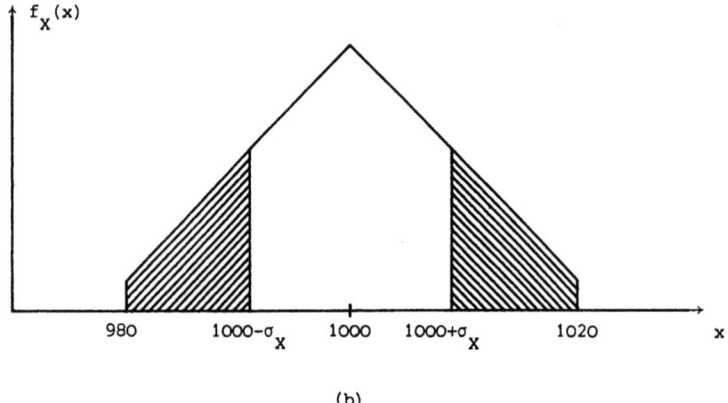

(b)

Die Berechnung ergibt

$$P(|X-E(X)|<2\sigma_X) = P(|X-1000|<17,88) = \int_{982,12}^{1017,88} f_X(x)dx =$$

$$= \int_{982,12}^{1000} -1,955+0,002x \, dx + \int_{1000}^{1017,88} 2,045-0,002x \, dx = 0,9698$$

Außerdem sei die Wahrscheinlichkeit zu berechnen, daß das Gewicht eines Zuckerpaketes mindestens eine Standardabweichung vom erwarteten Gewicht abweicht, d.h. es ist

$$P((X \leq E(X)-\sigma_X) \cup (X>E(X)+\sigma_X)) = P((X-E(X) \leq -\sigma_X) \cup (X-E(X) \geq \sigma_X)) = P(|X-E(X)| \geq \sigma_X)$$

gesucht. Diese Wahrscheinlichkeit ist in Teil (b) der obigen Graphik schraffiert. Die Berechnung ergibt:

$$P(|X-E(X)| \geq \sigma_X) = \int_{980}^{991,06} -1,955+0,002x \, dx + \int_{1008,94}^{1020} 2,045-0,002x \, dx = 0,3552$$

Anstelle der gewählten Streubereiche $|X-E(X)|<2\sigma_X$ und $|X-E(X)| \geq \sigma_X$ kann man beliebige Bereiche $|X-E(X)|<\lambda\sigma_X$ bzw. $|X-E(X)| \geq \lambda\sigma_X$ vorgeben, wobei λ eine beliebige positive reelle Zahl ist, und dafür Wahrscheinlichkeiten berechnen. Aus dem vorgeführten Rechengang ist ersichtlich, daß diese Wahrscheinlichkeiten von der Verteilung der betrachteten Zufallsvariablen abhängen, d.h. betrachtet man zwei Zufallsvariablen X und Y, so ist $P(|X-E(X)|<\lambda\sigma_X)$ i.a. verschieden von $P(|Y-E(Y)|<\lambda\sigma_Y)$. Wahrscheinlichkeitsaussagen in der oben besprochenen Form sind also nur möglich, wenn die Wahrscheinlichkeitsverteilungen der betrachteten Zufallsvariablen bekannt sind. Will man Wahrscheinlichkeitsaussagen für Streubereiche von Zufallsvariablen machen, die für beliebige Wahrscheinlichkeitsverteilungen mit endlicher Varianz gelten, so sind diese Aussagen notwendigerweise ungenauer als die hier behandelten. Die Ungenauigkeit äußert sich darin, daß das Gleichheitszeichen in der Wahrscheinlichkeitsaussage $P(|X-E(X)|<\lambda\sigma_X) = \alpha$ durch ein Ungleichheitszeichen ersetzt werden muß. Für jede Zufallsvariable gilt unabhängig von ihrer Wahrscheinlichkeitsverteilung - vorausgesetzt, ihr Erwartungswert und ihre Varianz sind endlich - die Ungleichung von Tchebycheff: X sei eine reelle Zahl, deren Varianz existiere. Dann gilt für jede positive reelle Zahl λ die Ungleichung

$$P(|X-E(X)|\geq\lambda\sigma_X) \leq \frac{1}{\lambda^2}$$

Wegen $P(|X-E(X)|<\lambda\sigma_X) = 1-P(|X-E(X)|\geq\lambda\sigma_X)$ läßt sich diese Ungleichung auch in der Form schreiben:

$$P(|X-E(X)|<\lambda\sigma_X) \geq 1-\frac{1}{\lambda^2}$$

Die Ungleichung liefert nur dann sinnvolle Ergebnisse, wenn $\lambda \geq 1$ ist.

Beweis:

Der Beweis der Ungleichung von Tchebycheff soll für diskrete Zufallsvariablen geführt werden. Für stetige Zufallsvariablen vgl. Aufgabe 5.1.3.

Der Wert $\lambda\sigma_X$ sei beliebig, aber fest vorgegeben. Wir betrachten alle Indizes i, für die gilt

$$|x_i-E(X)|\geq\lambda\sigma_X \quad \text{und damit}$$

$$(x_i-E(X))^2 \geq \lambda^2\sigma_X^2$$

Die Menge dieser Indizes sei A, also $A = \{i \mid |x_i-E(X)|\geq\lambda\sigma_X\}$

Dann ist

$$P(|X-E(X)|\geq\lambda\sigma_X) = \sum_{i\in A} f_X(x_i)$$

I sei die zu den Ausprägungen von X gehörende Indexmenge. Ausgehend von der Definition der Varianz erhält man:

$$\text{Var}(X) = \sum_{i \in I} (x_i - E(X))^2 f_X(x_i) \geq \sum_{i \in A} (x_i - E(X))^2 f_X(x_i) \geq \sum_{i \in A} \lambda^2 \sigma_X^2 f_X(x_i) =$$

$$= \lambda^2 \sigma_X^2 \sum_{i \in A} f_X(x_i) = \lambda^2 \sigma_X^2 P(|X - E(X)| \geq \lambda \sigma_X)$$

Das heißt, es ist

$$\text{Var}(X) \geq \lambda^2 \sigma_X^2 P(|X - E(X)| \geq \lambda \sigma_X)$$

oder, wie behauptet:

$$P(|X - E(X)| \geq \lambda \sigma_X) \leq \frac{1}{\lambda^2}$$

Die erste Ungleichung gibt die Höchstwahrscheinlichkeit dafür an, daß eine Ausprägung von X um mindestens das λ-fache der Standardabweichung vom Erwartungswert abweicht. Beispielsweise gilt für $\lambda = 2$:

$$P(|X - E(X)| \geq 2\sigma_X) \leq \frac{1}{4} = 0,25$$

Im Falle der in diesem Abschnitt betrachteten Zufallsvariablen erhält man

$$P(|X - E(X)| \geq 2\sigma_X) = 1 - 0,9698 = 0,0302$$

Die Kenntnis der Wahrscheinlichkeitsverteilung bringt also in diesem Fall eine hohe zusätzliche Information. Die zweite Ungleichung gibt die Mindestwahrscheinlichkeit dafür an, daß eine Ausprägung der Zufallsvariablen X um weniger als das λ-fache der Standardabweichung vom Erwartungswert abweicht.

Beispiel:

Das Gewicht eines Sackes Zement habe ein Durchschnittsgewicht von 50 kg bei einer Standardabweichung von 0,5 kg.

a) Es soll die Wahrscheinlichkeit dafür abgeschätzt werden, daß ein zufällig ausgewählter Sack Zement mindestens 51 kg oder höchstens 49 kg wiegt. Man erhält

$$P(|X-E(X)| \geq 1 = \lambda\sigma_X = 2\cdot 0,5) \leq \frac{1}{\lambda^2} = \frac{1}{4} = 0,25$$

b) Es soll der Bereich bestimmt werden, in dem das Gewicht eines Sackes Zement mit einer Wahrscheinlichkeit von mehr als 0,84 liegt. Man erhält

$$P(|X-E(X)| < \lambda\cdot\sigma_X = \lambda\cdot 0,5) > 1 - \frac{1}{\lambda^2} = 0,84$$

Aus der Gleichung $1 - \frac{1}{\lambda^2} = 0,84$ ermittelt man $\lambda = 2,5$, so daß

$$P(|X-E(X)| < 2,5\cdot 0,5 = 1,25) \geq 0,84$$

Der gesuchte Bereich ist]48,75; 51,25[

5.1.5. Die momenterzeugende Funktion

Wie der Name sagt, kann man mit Hilfe dieser Funktion Momente von Zufallsvariablen berechnen. Die momenterzeugende Funktion ist, falls sie existiert, eindeutig und beschreibt die Verteilung der zugrundeliegenden Zufallsvariablen vollständig, d.h. besitzen zwei Zufallsvariablen dieselbe momenterzeugende Funktion, so besitzen sie auch dieselbe Verteilung. Damit sind Rückschlüsse von der momenterzeugenden Funktion auf die Verteilung einer Zufallsvariablen möglich.

5.1.5.1. Die Definition der momenterzeugenden Funktion

Die momenterzeugende Funktion einer Zufallsvariablen X ist definiert als der Erwartungswert:

$$M_X(\Theta) = E(e^{\Theta X}) = \begin{cases} \sum_{i=1}^{\infty} e^{\Theta x_i} f_X(x_i) & \text{für eine diskrete Zufallsvariable} \\ \int_{-\infty}^{+\infty} e^{\Theta x} f_X(x) dx & \text{für eine stetige Zufallsvariable} \end{cases}$$

In der Bezeichnung $M_X(\theta)$ gibt das Symbol X an, daß es sich um die momenterzeugende Funktion der Zufallsvariablen X handelt. $M_X(\theta)$ ist abhängig vom Parameter θ. Er hat hier keine anschauliche Bedeutung. Er dient nur der Berechnung der Momente; e ist die Eulersche Zahl.

5.1.5.2. Die Berechnung von Momenten mit Hilfe der momenterzeugenden Funktion

Anhand einer diskreten Zufallsvariablen X soll nun gezeigt werden, wie diese Funktion Momente "erzeugt".

$$M_X(\theta) = \sum_{i=1}^{\infty} e^{\theta x_i} f_X(x_i)$$

Für e^z kann man durch Anwendung der Taylor-Reihe schreiben:

$$e^z = 1+z+ \frac{z^2}{2!} + \frac{z^3}{3!} + \ldots$$

Setzt man $z = \theta x_i$, so wird die momenterzeugende Funktion zu:

$$M_X(\theta) = \sum_{i=1}^{\infty} (1+\theta x_i + \frac{\theta^2 x_i^2}{2!} + \frac{\theta^3 x_i^3}{3!} + \ldots) f_X(x_i) =$$

$$= \Sigma f_X(x_i) + \Sigma \theta x_i f_X(x_i) + \Sigma \frac{\theta^2 x_i^2}{2!} f_X(x_i) + \Sigma \frac{\theta^3 x_i^3}{3!} f_X(x_i) + \ldots =$$

$$= 1+\theta \Sigma x_i f_X(x_i) + \frac{\theta^2}{2!} \Sigma x_i^2 f_X(x_i) + \frac{\theta^3}{3!} \Sigma x_i^3 f_X(x_i) + \ldots$$

$$M_X(\theta) = 1+\theta \mu_1' + \frac{\theta^2}{2!} \mu_2' + \frac{\theta^3}{3!} \mu_3' + \ldots$$

Die letzte Schreibweise der Funktion $M_X(\theta)$ in Form der Momente zeigt zwei Möglichkeiten auf, Momente aus der momenterzeugenden Funktion zu berechnen. Zunächst ist zu sehen, daß das k-te Moment um den Ursprung als Koeffizient des Ausdrucks $\frac{\theta^k}{k!}$ auftritt. Falls man also die momenterzeugende Funktion in Form dieser Reihe in θ schreiben kann, kann man die Momente um den Ursprung sofort ablesen.

Die zweite Möglichkeit der Bestimmung der Momente ergibt sich durch Differenzieren von $M_X(\theta)$ nach θ:

$$\frac{dM_X(\theta)}{d\theta} = \mu_1' + \frac{2\theta}{2!}\mu_2' + \frac{3\theta^2}{3!}\mu_3' + \ldots = \mu_1' + \theta\mu_2' + \frac{\theta^2}{2!}\mu_3' + \ldots$$

Für $\theta = 0$ erhält man

$$\frac{dM_X(\theta)}{d\theta} = \mu_1'$$

Das erste Moment um den Ursprung erhalten wir also durch den Wert der ersten Ableitung der momenterzeugenden Funktion an der Stelle $\theta = 0$:

$$\left.\frac{dM_X(\theta)}{d\theta}\right|_{\theta=0} = \mu_1'$$

Entsprechend erhält man das zweite Moment durch den Wert der zweiten Ableitung für $\theta = 0$:

$$\left.\frac{d^2M_X(\theta)}{d\theta^2}\right|_{\theta=0} = \mu_2'$$

und allgemein das k-te Moment um den Ursprung durch den Wert der k-ten Ableitung an der Stelle $\theta = 0$:

$$\left.\frac{d^kM_X(\theta)}{d\theta^k}\right|_{\theta=0} = \mu_k'$$

Für stetige Zufallsvariablen sind die Ableitungen entsprechend zu führen. Man erhält dann:

$$M_X(\theta) = \int_{-\infty}^{\infty} e^{\theta x} f_X(x)\,dx = \int_{-\infty}^{\infty} (1+\theta x + \frac{\theta^2 x^2}{2!} + \frac{\theta^3 x^3}{3!} + \ldots)\cdot f_X(x)\,dx =$$

$$= 1 + \theta\mu_1' + \frac{\theta^2}{2!}\mu_2' + \frac{\theta^3}{3!}\mu_3' + \ldots$$

Das k-te Moment um den Ursprung kann man auch hier durch Ablesen des Koeffizienten von $\frac{\theta^k}{k!}$ aus der Taylor-Reihe oder durch Berechnen von

$$\frac{d^k M_X(\Theta)}{d\Theta^k}\bigg|_{\Theta=0}$$

erhalten.

Beispiele:

a) X sei die diskrete Zufallsvariable "Anzahl der Wappenwürfe bei dreifachem Münzwurf". Die zugehörige Wahrscheinlichkeitsfunktion lautet:

x_i	0	1	2	3
$f_X(x_i)$	1/8	3/8	3/8	1/8

Somit erhält man:

$$M_X(\Theta) = \sum_{i=1}^{4} e^{\Theta x_i} f_X(x_i) = e^{0 \cdot \Theta} \cdot \frac{1}{8} + e^{\Theta} \cdot \frac{3}{8} + e^{2\Theta} \cdot \frac{3}{8} + e^{3\Theta} \cdot \frac{1}{8} =$$

$$= \frac{1}{8} + \frac{3}{8} e^{\Theta} + \frac{3}{8} e^{2\Theta} + \frac{1}{8} e^{3\Theta}$$

Differenzieren nach Θ ergibt:

$$\frac{dM_X(\Theta)}{d\Theta} = \frac{3}{8} e^{\Theta} + \frac{6}{8} e^{2\Theta} + \frac{3}{8} e^{3\Theta}$$

$$\frac{d^2 M_X(\Theta)}{d\Theta^2} = \frac{3}{8} e^{\Theta} + \frac{12}{8} e^{2\Theta} + \frac{9}{8} e^{3\Theta}$$

Daraus erhält man:

$$\mu_1' = \frac{dM_X(\Theta)}{d\Theta}\bigg|_{\Theta=0} = \frac{3}{8} + \frac{6}{8} + \frac{3}{8} = \frac{3}{2}$$

$$\mu_2' = \frac{d^2 M_X(\Theta)}{d\Theta^2}\bigg|_{\Theta=0} = \frac{3}{8} + \frac{12}{8} + \frac{9}{8} = 3$$

Somit ergibt sich:

$$E(X) = \mu_1' = \frac{3}{2}$$

$$Var(X) = \mu_2' - {\mu_1'}^2 = 3 - (\frac{3}{2})^2 = \frac{3}{4}$$

b) Sei X eine Zufallsvariable mit der Dichte

$$f_X(x) = \begin{cases} 1 & \text{für } 0 \leq x \leq 1 \\ 0 & \text{sonst} \end{cases}$$

Dann erhält man:

$$M_X(\Theta) = \int_0^1 e^{\Theta x} f_X(x) dx = \int_0^1 e^{\Theta x} dx = \left[\frac{1}{\Theta} e^{\Theta x}\right]_0^1 = \frac{1}{\Theta}(e^\Theta - 1) =$$

$$= \frac{1}{\Theta}(1+\Theta+ \frac{\Theta^2}{2!} + \frac{\Theta^3}{3!} + \ldots -1) = 1 + \frac{\Theta}{2!} + \frac{\Theta^2}{3!} + \frac{\Theta^3}{4!} + \ldots =$$

$$= 1+\Theta \cdot \frac{1}{2} + \frac{\Theta^2}{2!} \cdot \frac{2!}{3!} + \frac{\Theta^3}{3!} \cdot \frac{3!}{4!} + \ldots =$$

$$= 1+\Theta \cdot \frac{1}{2} + \frac{\Theta^2}{2!} \cdot \frac{1}{3} + \frac{\Theta^3}{3!} \cdot \frac{1}{4} + \ldots + \frac{\Theta^k}{k!} \cdot \frac{1}{k+1} + \ldots$$

Aus dieser Taylor-Reihe kann man die Momente um den Ursprung sofort ablesen. Es ergibt sich dann:

$$E(X) = \mu_1' = \frac{1}{2}$$

$$Var(X) = \mu_2' - \mu_1'^2 = \frac{1}{3} - (\frac{1}{2})^2 = \frac{1}{12}$$

5.1.5.3. Die momenterzeugende Funktion für Funktionen von Zufallsvariablen

Für die folgenden Ausführungen ist es zweckmäßig, die momenterzeugende Funktion für lineare Funktionen von eindimensionalen und unabhängigen mehrdimensionalen Zufallsvariablen zu betrachten.

Ist X eine Zufallsvariable, so lautet die momenterzeugende Funktion für die Zufallsvariable $Y = a_0 + a_1 X$:

$$M_Y(\Theta) = M_{a_0+a_1X}(\Theta) = E(e^{(a_0+a_1X)\Theta}) = E(e^{a_0\Theta} e^{a_1X\Theta}) =$$

$$= e^{a_0\Theta} E(e^{a_1X\Theta}) = e^{a_0\Theta} \cdot M_X(a_1\Theta)$$

Ist $(X_1, X_2, \ldots, X_n)$ eine n-dimensionale Zufallsvariable und sind die Zufallsvariablen $X_1, X_2, \ldots, X_n$ unabhängig, so lautet die momenterzeugende Funktion der Zufallsvariablen $Y = X_1 + X_2 + \ldots + X_n$:

$$M_Y(\theta) = M_{X_1+X_2+\ldots+X_n}(\theta) = E(e^{(X_1+X_2+\ldots X_n)\theta}) =$$

$$= E(e^{X_1\theta} e^{X_2\theta} \ldots e^{X_n\theta})$$

Sind die Zufallsvariablen $X_1, X_2, \ldots, X_n$ unabhängig, so auch die Zufallsvariablen $e^{X_1}, e^{X_2}, \ldots, e^{X_n}$ und man erhält:

$$M_Y(\theta) = E(e^{X_1\theta}) E(e^{X_2\theta}) \ldots E(e^{X_n\theta}) = M_{X_1}(\theta) \cdot M_{X_2}(\theta) \cdot \ldots \cdot M_{X_n}(\theta).$$

Sind insbesondere die Zufallsvariablen X_i identisch verteilt $(i=1,2,\ldots,n)$, so erhält man

$$M_{X_1}(\theta) = M_{X_2}(\theta) = \ldots = M_{X_n}(\theta) = :M_X(\theta) \quad \text{und:}$$

$$M_Y(\theta) = [M_X(\theta)]^n$$

Beispiel:

In einer Urne seien rote und schwarze Kugeln und Π der Anteil der roten sowie $1-\Pi$ der Anteil der schwarzen Kugeln. Aus der Urne werden n Kugeln mit Zurücklegen gezogen. Es sei X_i die Zufallsvariable "Anzahl der bei der i-ten Ziehung gezogenen roten Kugeln" $(i=1,2,\ldots,n)$. Dann hat die Zufallsvariable X_i folgende Wahrscheinlichkeitsfunktion $(i=1,2,\ldots,n)$.

$$f_{X_i}(x_i) = \begin{cases} 1-\Pi & \text{für } x_i=0 \\ \Pi & \text{für } x_i=1 \end{cases}$$

Es ist dann

$$E(X_i) = 0 \cdot (1-\Pi) + 1 \cdot \Pi = \Pi \quad \text{und}$$

$$\text{Var}(X_i) = (0-\Pi)^2 \cdot (1-\Pi) + (1-\Pi)^2 \cdot \Pi = \Pi(1-\Pi)$$

Die momenterzeugende Funktion der Zufallsvariablen X_i lautet $(i=1,2,\ldots,n)$:

$$M_{X_i}(\theta) = e^{0\cdot\theta}(1-\Pi) + e^{\theta}\Pi = \Pi e^{\theta} + (1-\Pi) = 1+\Pi(e^{\theta}-1)$$

Für die Zufallsvariable $Y = X_1+X_2+\ldots+X_n$ "Anzahl der gezogenen roten Kugeln bei n Ziehungen" erhält man die momenterzeugende Funktion:

$$M_Y(\theta) = M_{X_1+X_2+\ldots+X_n}(\theta) = M_{X_1}(\theta) \cdot M_{X_2}(\theta) \cdot \ldots \cdot M_{X_n}(\theta) = [1+\Pi(e^{\theta}-1)]^n$$

Differenzieren nach Θ ergibt:

$$\frac{dM_Y(\Theta)}{d\Theta} = n[1+\Pi(e^\Theta-1)]^{n-1}\Pi e^\Theta$$

$$\left.\frac{dM_Y(\Theta)}{d\Theta}\right|_{\Theta=0} = \mu_1' = n\Pi$$

$$\frac{d^2M_Y(\Theta)}{d\Theta^2} = n(n-1)[1+\Pi(e^\Theta-1)]^{n-2}\Pi e^\Theta \Pi e^\Theta + n[1+\Pi(e^\Theta-1)]^{n-1}\Pi e^\Theta =$$

$$= n[1+\Pi(e^\Theta-1)]^{n-2}\Pi e^\Theta[(n-1)\Pi e^\Theta + 1 + \Pi(e^\Theta-1)] =$$

$$= n[1+\Pi(e^\Theta-1)]^{n-2}\Pi e^\Theta[n\Pi e^\Theta + 1 - \Pi]$$

$$\left.\frac{d^2M_Y(\Theta)}{d\Theta^2}\right|_{\Theta=0} = n\Pi(n\Pi+1-\Pi) = n^2\Pi^2 + n\Pi - n\Pi^2$$

Daher erhält man:

$E(Y) = \mu_1' = n\Pi$

$Var(Y) = \mu_2' - \mu_1'^2 = n^2\Pi^2 + n\Pi - n\Pi^2 - n^2\Pi^2 = n\Pi(1-\Pi)$

Es fällt auf, daß die Varianz der Summe der Zufallsvariablen $(X_1+X_2+\ldots+X_n)$ gleich ist der Summe der Varianzen der Zufallsvariablen $X_1, X_2, \ldots, X_n$:

$Var(X_1+X_2+\ldots+X_n) = n\Pi(1-\Pi) =$

$= \Pi(1-\Pi)+\Pi(1-\Pi)+\ldots+\Pi(1-\Pi) = Var(X_1)+Var(X_2)+\ldots+Var(X_n)$

Im Abschnitt 5.2. wird gezeigt, daß diese Additionsregel für unabhängige Zufallsvariable immer gilt.

Definiert man nun die Zufallsvariable $Z = \frac{1}{n}Y$, so gibt diese Zufallsvariable den "Anteil der gezogenen roten Kugeln bei n Ziehungen" an, und ihre momenterzeugende Funktion ist

$$M_Z(\Theta) = M_{\frac{1}{n}Y}(\Theta) = M_Y(\frac{\Theta}{n}) = [1+\Pi(e^{\frac{\Theta}{n}}-1)]^n$$

Durch Differenzieren wie für die Zufallsvariable Y erhält man $E(Z) = \Pi$
und $Var(Z) = \frac{\Pi(1-\Pi)}{n}$

5.2. MASSZAHLEN FÜR ZWEIDIMENSIONALE ZUFALLSVARIABLEN

Bei der Betrachtung von zweidimensionalen Zufallsvariablen (X_1, X_2) wurde bisher lediglich geprüft, ob die beiden Zufallsvariablen X_1 und X_2 unabhängig sind. Stellte sich heraus, daß sie abhängig waren, wurde die Stärke der Abhängigkeit nicht festgestellt. Dem Ziel der Feststellung der Stärke der Abhängigkeit dienen die Ausführungen dieses Abschnitts. Zunächst wird eine Maßzahl eingeführt, die die Stärke der linearen Abhängigkeit zwischen X_1 und X_2 angibt: die Kovarianz. Der Ausdruck Kovarianz kann als "Stärke der gemeinsamen Variation der Zufallsvariablen X_1 und X_2" verstanden werden.

5.2.1. Die Definition der Kovarianz

Am Beispiel einer diskreten zweidimensionalen Zufallsvariablen (X_1, X_2) soll die Definition der Kovarianz veranschaulicht werden. Man betrachte die Zufallsvariablen X_1 und X_2, die zugehörigen Erwartungswerte $E(X_1)$ und $E(X_2)$ sowie die gemeinsame Wahrscheinlichkeitsfunktion f_{X_1, X_2}. Für ein Paar (x_{1i}, x_{2j}) von Ausprägungen der Zufallsvariablen X_1 und X_2 bildet man die Abweichungen vom jeweiligen Erwartungswert und bildet sodann das Produkt dieser Abweichungen $(x_{1i} - E(X_1))(x_{2j} - E(X_2))$. Das Produkt ist positiv, wenn beide Ausprägungen über den Erwartungswerten liegen; es ist negativ, wenn eine der beiden Ausprägungen über und eine unter dem jeweiligen Erwartungswert liegt bzw. Null, wenn eine Ausprägung mit dem zugehörigen Erwartungswert zusammenfällt. Für alle möglichen Paare (x_{1i}, x_{2j}) von Ausprägungen der beiden Zufallsvariablen werden die Produkte der Abweichungen arithmetisch gemittelt, wobei die Werte der Wahrscheinlichkeitsfunktion als Gewichte dienen, d.h. es wird der Erwartungswert für das Produkt der Abweichungen gebildet. Dieser Erwartungswert wird als Kovarianz der beiden Zufallsvariablen X_1 und X_2 bezeichnet. Man bemerkt, daß die Kovarianz um so stärker positiv ist, je häufiger mit überdurchschnittlichen Werten von X_1 auch überdurchschnittliche Werte von X_2 verbunden sind bzw. unterdurchschnittliche Werte von X_1 mit unterdurchschnittlichen Werten von X_2. Diese Konstellation ist in Teil (a) der folgenden Graphik dargestellt. In der x_1, x_2-Ebene werden durch die Punkte $(E(X_1),0)$ und $(0,E(X_2))$ Parallelen zur X_2-Achse bzw. zur x_1-Achse gezogen. Um die räumliche Darstellung zu vermeiden, werden die Wahrscheinlichkeiten $f_{X_1,X_2}(x_{1i},x_{2j})$ als Punkte in der x_1,x_2-Ebene dargestellt, wobei der Wert der Wahrscheinlichkeit durch die Größe des Punktes repräsentiert wird. Der Wert der Kovarianz wird um so stärker negativ sein, je häufiger unterdurchschnittliche Ausprägungen von X_1 mit überdurchschnittlichen Ausprägungen von X_2 verbunden sind oder umgekehrt. Diese Konstellation ist in Teil (b) der folgenden Graphik dargestellt. Schließlich kann der Fall gegeben sein, daß keine ausgeprägte Kovariation der Zufallsvariablen X_1 und X_2 im Sinne von (a) oder (b) vorliegt. Die Kovarianz ist dann in der Nähe von Null (vgl. Teil (c) der Graphik). Die Teile (a) und (b) der Graphik vermitteln den Eindruck, daß sich bei hoher (positiver oder negativer) Kovarianz die Paare (x_{1i},x_{2j}) von Ausprägungen der Zufallsvariablen X_1 und X_2 um eine Gerade scharen und damit die Kovarianz eine Maßzahl der Stärke des linearen Zusammenhangs zwischen X_1 und X_2 darstellt. Eine exakte Untersuchung der Eigenschaften der Kovarianz findet sich in Kapitel 13.

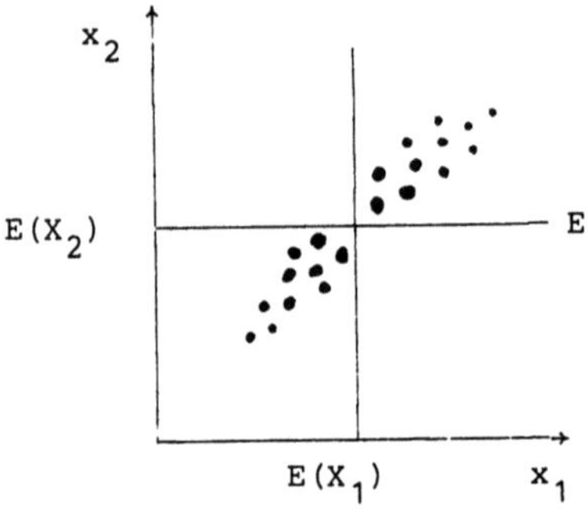

(a) 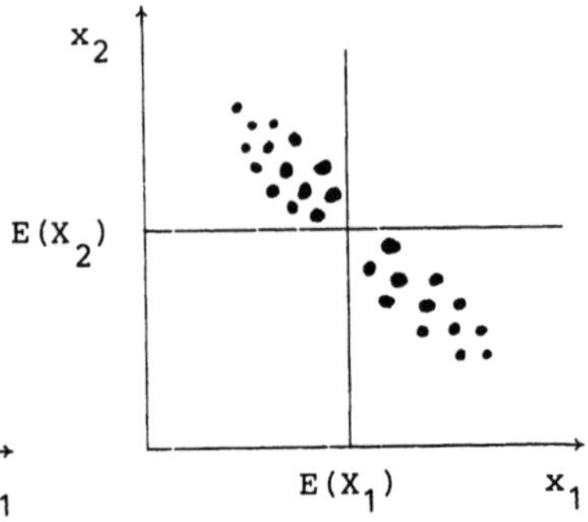 (b)

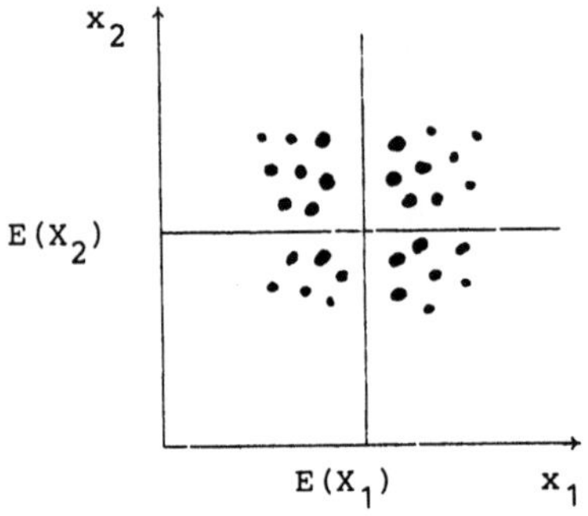

(c)

Im Anschluß an die vorstehenden Ausführungen soll nun die Kovarianz definiert werden. Die Größe

$$\text{Cov}(X_1, X_2) = E[(X_1 - E(X_1))(X_2 - E(X_2))] =$$

$$= \begin{cases} \sum_i \sum_j (x_{1i} - E(X_1))(x_{2j} - E(X_2)) f_{X_1, X_2}(x_{1i}, x_{2j}) & \text{falls } (X_1, X_2) \text{ diskret ist} \\ \int_{-\infty}^{\infty} \int_{-\infty}^{\infty} (x_1 - E(X_1))(x_2 - E(X_2)) f_{X_1, X_2}(x_1, x_2) dx_2 dx_1 & \text{falls } (X_1, X_2) \text{ stetig ist} \end{cases}$$

heißt die Kovarianz der Zufallsvariablen X_1 und X_2.

Die Dimension der Kovarianz lautet Dimension von X_1 mal Dimension von X_2. Die Berechnung der Kovarianz läßt sich einfacher durchführen mit Hilfe der folgenden Formel. Es gilt:

$$Cov(X_1,X_2) = E(X_1 \cdot X_2) - E(X_1)E(X_2)$$

Beweis:

$$Cov(X_1,X_2) = E[(X_1-E(X_1))(X_2-E(X_2))] =$$
$$= E[X_1X_2-X_1E(X_2)-X_2E(X_1)+E(X_1)E(X_2)] =$$
$$= E(X_1X_2)-E(X_1E(X_2))-E(X_2E(X_1))+E(E(X_1)E(X_2)) =$$
$$= E(X_1X_2)-E(X_2)E(X_1)-E(X_1)E(X_2)+E(X_1)E(X_2) =$$
$$= E(X_1X_2)-E(X_1)E(X_2)$$

Aus dieser Formel für die Kovarianz ist ersichtlich, daß sie den Wert Null annimmt, falls X_1 und X_2 stochastisch unabhängig sind, da in diesem Fall $E(X_1X_2) = E(X_1)E(X_2)$ gilt. Darin kommt die Tatsache zum Ausdruck, daß stochastische Unabhängigkeit das Fehlen jeder Art von Funktionalbeziehung, also auch der linearen, impliziert. Umgekehrt folgt aus einem Wert der Kovarianz von Null nicht die stochastische Unabhängigkeit der Zufallsvariablen X_1 und X_2; diese zeigt eben nur das Fehlen einer linearen Funktionalbeziehung zwischen X_1 und X_2; dessen ungeachtet kann ein nichtlinearer Zusammenhang zwischen den beiden Variablen existieren.

Beispiel:

Die gemeinsame Wahrscheinlichkeitsfunktion f_{X_1,X_2} der Zufallsvariablen X_1 und X_2 sei in der folgenden Tabelle dargestellt:

x_{1i} \ x_{2j}	1	2	3	4	$f_{X_1}(x_{1i})$
1	0,25	0,02	0	0	0,27
2	0,01	0,30	0,05	0	0,36
3	0	0,05	0,20	0,12	0,37
$f_{X_2}(x_{2j})$	0,26	0,37	0,25	0,12	1,00

Man erhält:

$E(X_1) = 2,10$

$E(X_2) = 2,23$

$E(X_1 X_2) = \sum_i \sum_j x_{1i} x_{2j} f_{X_1,X_2}(x_{1i}, x_{2j}) =$

$= 1 \cdot 1 \cdot 0,25 + 1 \cdot 2 \cdot 0,02 + 2 \cdot 1 \cdot 0,01 + 2 \cdot 2 \cdot 0,30 + 2 \cdot 3 \cdot 0,05 + 3 \cdot 2 \cdot 0,05 +$

$+ 3 \cdot 3 \cdot 0,20 + 3 \cdot 4 \cdot 0,12 = 5,35$

Daher wird

$\text{Cov}(X_1, X_2) = 5,35 - 2,10 \cdot 2,23 = 0,667$

5.2.2. Die Kovarianz für lineare Funktionen von Zufallsvariablen

Von zwei Zufallsvariablen X_1 und X_2 ausgehend, ist es häufig erforderlich, für die Zufallsvariablen $Y_1 = a_1 + b_1 X_1$ und $Y_2 = a_2 + b_2 X_2$ die Kovarianz zu berechnen. Man erhält dann:

$\text{Cov}(Y_1, Y_2) = b_1 b_2 \text{Cov}(X_1, X_2)$

Beweis:

$\text{Cov}(Y_1, Y_2) = E[(Y_1 - E(Y_1))(Y_2 - E(Y_2))] =$

$= E[(a_1 + b_1 X_1 - a_1 - b_1 E(X_1))(a_2 + b_2 X_2 - a_2 - b_2 E(X_2))] =$

$= E[b_1(X_1 - E(X_1)) b_2(X_2 - E(X_2))] = b_1 b_2 E[(X_1 - E(X_1))(X_2 - E(X_2))] =$

$= b_1 b_2 \text{Cov}(X_1, X_2)$

Derartige lineare Transformationen stellen häufig Maßstabsänderungen dar. Man beachte, daß in einem solchen Falle der Wert der Kovarianz verändert wird. Sind beispielsweise X_1 und X_2 die Variablen Größe in cm und Gewicht in g, die Zufallsvariablen Y_1 und Y_2 die Größe in m bzw. das Gewicht in kg, so ist $Y_1 = 0,01 X_1$ und $Y_2 = 0,001 X_2$ und man erhält

$$Cov(Y_1, Y_2) = 0,01 \cdot 0,001 \cdot Cov(X_1, X_2) = 10^{-5} Cov(X_1, X_2).$$

Von besonderer Bedeutung sind die linearen Transformationen

$$X_1^* = \frac{X_1 - E(X_1)}{\sigma_{X_1}}$$

$$X_2^* = \frac{X_2 - E(X_2)}{\sigma_{X_2}}$$

X_1^* und X_2^* sind dimensionslose Zufallsvariablen mit $E(X_1^*) = E(X_2^*) = 0$. Ferner hat ihre Kovarianz einen normierten Wertebereich. Die Größe

$$Cov(X_1^*, X_2^*) = E[(X_1^* - E(X_1^*))(X_2^* - E(X_2^*))] = E(X_1^* X_2^*) =$$
$$= E\left[(\frac{X_1 - E(X_1)}{\sigma_{X_1}})(\frac{X_2 - E(X_2)}{\sigma_{X_2}})\right] = \frac{E[(X_1 - E(X_1))(X_2 - E(X_2))]}{\sigma_{X_1} \sigma_{X_2}} =$$
$$= \frac{Cov(X_1, X_2)}{\sigma_{X_1} \sigma_{X_2}}$$

kann Werte im Bereich [-1,1] annehmen. Diese Maßzahl heißt Korrelationskoeffizient und wird zur Messung der Stärke des linearen Zusammenhangs verwendet (vgl. Kapitel 13).

5.2.3. Momente von zweidimensionalen Zufallsvariablen

Die Kovarianz gehört zu einer Klasse von Maßzahlen für zweidimensionale Zufallsvariablen, den Produktmomenten von zweidimensionalen Zufallsvariablen. Das Produkt-Moment der Ordnung (r,s) für zwei Zufallsvariablen X_1 und X_2 um den Ursprung ist definiert durch:

$$\mu'_{rs} = E(X_1^r X_2^s) = \begin{cases} \sum_i \sum_j x_{1i}^r x_{2j}^s f_{X_1,X_2}(x_{1i},x_{2j}) & \text{falls } (X_1,X_2) \text{ diskret ist} \\ \int_{-\infty}^{\infty}\int_{-\infty}^{\infty} x_1^r x_2^s f_{X_1,X_2}(x_1,x_2) dx_2 dx_1 & \text{falls } (X_1,X_2) \text{ stetig ist} \end{cases}$$

Das Produkt-Moment der Ordnung (r,s) um den Erwartungswert für die Zufallsvariablen X_1 und X_2 lautet:

$$\mu_{rs} = E[(X_1-E(X_1))^r (X_2-E(X_2))^s] =$$

$$= \begin{cases} \sum_i \sum_j (x_{1i}-E(X_1))^r (x_{2j}-E(X_2))^s f_{X_1,X_2}(x_{1i},x_{2j}) & \text{falls } (X_1,X_2) \text{ diskret ist} \\ \int_{-\infty}^{\infty}\int_{-\infty}^{\infty} (x_1-E(X_1))^r (x_2-E(X_2))^s f_{X_1,X_2}(x_1,x_2) dx_2 dx_1 & \text{falls } (X_1,X_2) \text{ stetig ist} \end{cases}$$

Aus den Formeln ist leicht ersichtlich, daß die Produkt-Momente Verallgemeinerungen der Momente für eindimensionale Zufallsvariablen sind: Es ist $\mu'_{1;0} = E(X_1)$, $\mu'_{0;1} = E(X_2)$, $\mu_{2;0} = Var(X_1)$ und $\mu_{0;2} = Var(X_2)$. Das Produkt-Moment $\mu_{1;1}$ ist die Kovarianz.

5.2.4. Die Varianz einer Summe von Zufallsvariablen

Nach Einführung der Kovarianz ist es nun möglich, die Varianz für eine Summe von Zufallsvariablen zu bestimmen, was inhaltlich in den Abschnitt 5.1.2. gehört.

Gegeben seien die Zufallsvariablen $X_1, X_2, \ldots, X_n$ mit den Varianzen $\sigma_1^2, \sigma_2^2, \ldots, \sigma_n^2$. Dann gilt für die Zufallsvariable $Y = a_1 X_1 + a_2 X_2 + \ldots + a_n X_n$:

$$\text{Var}(Y) = \sum_{i=1}^{n} a_i^2 \sigma_i^2 + 2 \sum_{i=1}^{n-1} \sum_{j=i+1}^{n} a_i a_j \text{Cov}(X_i, X_j)$$

Beweis:

$$\text{Var}(Y) = E[(Y-E(Y))^2] = E([a_1 X_1 + a_2 X_2 + \ldots + a_n X_n - a_1 E(X_1) - \ldots - a_n E(X_n)])^2 =$$

$$= E[a_1(X_1 - E(X_1)) + a_2(X_2 - E(X_2)) + \ldots + a_n(X_n - E(X_n))]^2 =$$

$$= E[a_1^2(X-E(X_1))^2] + E[a_2^2(X_2-E(X_2))^2] + \ldots + E[a_n^2(X_n-E(X_n))^2] +$$

$$+ \sum_{\substack{i\ j \\ i \neq j}} \Sigma E[(a_i(X_i - E(X_i))(a_j(X_j - E(X_j)))] =$$

$$= \sum_{i=1}^{n} a_i^2 \sigma_i^2 + 2 \sum_{i=1}^{n-1} \sum_{j=i+1}^{n} a_i a_j \text{Cov}(X_i, X_j)$$

Folgerung:

Sind speziell die Zufallsvariablen $X_1, X_2, \ldots, X_n$ stochastisch unabhängig, so wird $\text{Cov}(X_i, X_j) = 0$ für alle Paare (X_i, X_j) von Zufallsvariablen $i \neq j$, und es gilt die Additionsregel: die Varianz einer Summe von Zufallsvariablen ist gleich der Summe der Varianzen der Zufallsvariablen.

$$\text{Var}(a_1 X_1 + a_2 X_2 + \ldots + a_n X_n) = a_1^2 \text{Var}(X_1) + a_2^2 \text{Var}(X_2) + \ldots + a_n^2 \text{Var}(X_n)$$

oder kurz:

$$\text{Var}\left(\sum_{i=1}^{n} a_i X_i\right) = \sum_{i=1}^{n} a_i^2 \sigma_i^2$$

Beispiel:
Die Varianz bei drei Münzwürfen, wenn Wappen als Erfolg angesehen
wird, soll berechnet werden. X_1 ist die Zufallsvariable: "Anzahl von
Wappenwürfen beim ersten Münzwurf", X_2 = "Anzahl von Wappenwürfen
beim zweiten Münzwurf" und X_3 ist die "Anzahl beim dritten Münzwurf".
Die Varianzen sind

$$\text{Var}(X_1) = \text{Var}(X_2) = \text{Var}(X_3) = \frac{1}{4}$$

Da die Ergebnisse der drei Münzwürfe voneinander unabhängig sind, ist

$$\text{Var}(X_1+X_2+X_3) = \text{Var}(X_1)+\text{Var}(X_2)+\text{Var}(X_3) = \frac{3}{4}$$

Aufgaben zu Kapitel 5:

5.1. Eine diskrete Zufallsvariable X besitzt den Wertebereich W: = = {-2;-1;0;1;2} und hat für alle Ausprägungen die gleiche Wahrscheinlichkeit. Berechnen Sie E(X) und Var(X)!

5.2. Eine Zufallsvariable nehme die Werte {1;2;3;4} nach folgender Verteilung an:

x_i	1	2	3	4
$f_X(x_i)$	$\frac{1}{2}$	$\frac{1}{8}$	$\frac{1}{4}$	$\frac{1}{8}$

a) Berechnen Sie E(X) und Var(X).
b) Eine Zufallsvariable Y sei definiert als Y: = 2X+1. Berechnen Sie E(Y) und Var(Y).

5.3. Eine faire Münze wird geworfen. Wenn Zahl erscheint, bezahlt Spieler A an Spieler B 1,- DM und das Spiel ist beendet. Wenn dagegen Wappen erscheint, findet keine Auszahlung statt und die Münze wird ein zweites Mal geworfen. Erscheint bei diesem Wurf Zahl, so gibt A an B 1,- DM, erscheint Wappen, so zahlt B an A 2,- DM.

a) Ist in diesem Spiel die Gewinnerwartung beider Spieler gleich?
b) Welche Gewinnerwartungswerte sind bei der Gleichheit der beiden Gewinnerwartungen nur zulässig?

5.4. Auf dem Stichprobenraum des Experiments "Werfen einer Münze, bis Zahl erscheint" wird die Zufallsvariable X = "Anzahl der Versuche bis zum ersten Auftreten von Zahl" definiert.

a) Bestimmen Sie die Wahrscheinlichkeiten für die Ausprägungen von X. Zeigen Sie, daß es sich dabei um eine Wahrscheinlichkeitsfunktion handelt!
b) Bestimmen Sie E(X) und Var(X).
c) Nehmen Sie an, Ihr Freund bietet Ihnen das Spiel "Werfen einer Münze, bis Zahl erscheint" an mit folgender Regelung:

Wenn im ersten oder zweiten Versuch Zahl erscheint, gewinnt er von Ihnen 10,- DM, sind dazu mehr als zwei Versuche erforderlich, gewinnen Sie diesen Betrag. Würden Sie mitspielen?

d) Sie machen den Gegenvorschlag, die Gewinnausschüttung des unter c) beschriebenen Spiels zu ändern, und zwar sollen die Gewinne verdoppelt werden, und Ihr Freund hat Ihnen vor jedem Spiel 10,- DM als Gegenleistung zu übergeben. Ist der Gewinnplan für Sie vorteilhaft?

5.5. Eine stetige Zufallsvariable X sei gleichverteilt im Intervall [0,5[; d.h. die Dichtefunktion f_X habe für jedes $x \in [0,5[$ den gleichen Wert.

a) Geben Sie die Dichtefunktion f_X und die Verteilungsfunktion F_X dieser Zufallsvariablen an und zeichnen Sie beide Funktionen.

b) Bestimmen Sie E(X) und Var(X).

c) Eine Zufallsvariable Y sei stetig gleichverteilt im Intervall [µ-b/2; µ+b/2] mit b>0. Ermitteln Sie einen allgemeinen Ausdruck für Var(Y).

5.6. Eine Urne enthält vier schwarze und zwei weiße Kugeln. Man entnimmt zufällig zwei Kugeln ohne Zurücklegen. Zwei Zufallsvariablen X und Y seien dann wie folgt definiert:

$$X: = \begin{cases} x_1 = 0 & \text{falls die erste Entnahme eine schwarze Kugel liefert} \\ x_2 = 1 & \text{sonst} \end{cases}$$

$$Y: = \begin{cases} y_1 = 3 & \text{falls die zweite Entnahme eine schwarze Kugel liefert} \\ y_2 = 4 & \text{sonst} \end{cases}$$

a) Berechnen Sie die gemeinsame Wahrscheinlichkeitsfunktion $f_{X,Y}$ der beiden Zufallsvariablen.

b) Berechnen Sie E(X), E(Y), Var(X) und Var(Y).

5.7. Eine stetige Zufallsvariable X hat die Dichtefunktion

$$f_X(x) = \begin{cases} -\frac{3}{4}x^2 + \frac{3}{2}x & \text{für } 0<x<2 \\ 0 & \text{sonst} \end{cases}$$

a) Zeichnen Sie f_X und F_X.

b) Zeigen Sie, daß f_X tatsächlich eine Dichtefunktion ist.

c) Berechnen Sie E(X) und Var(X).

5.8. Gegeben sei die Verteilungsfunktion F_X einer stetigen Zufallsvariablen X mit

$$f_X(x) = \begin{cases} -\frac{k}{2}(1+x)^{-2} + 1 & \text{für } 0<x<\infty \\ 0 & \text{sonst} \end{cases}$$

Berechnen Sie k, E(X) und Var(X).

5.9. Eine Urne enthält rote und schwarze Kugeln. Der Anteilswert der roten Kugeln betrage p. Der Urne werden n = 5 Kugeln mit Zurücklegen entnommen. X sei die Zufallsvariable "Anzahl der roten unter den fünf Kugeln". Für p = 0,2 lautet die Wahrscheinlichkeitsfunktion $f_X(x) = \binom{5}{x}0{,}2^x \cdot 0{,}8^{5-x}$; x = 0,1,2,3,4,5.

Berechnen Sie Erwartungswert und Varianz der Zufallsvariablen Y: = "Anteil der roten unter den fünf Kugeln".

5.10. Gegeben sei die Wahrscheinlichkeitsfunktion der Zufallsvariablen X

$$f_X(x) = \begin{cases} q^x(1-q) & x \in \mathbb{N} \cup \{0\} \\ 0 & \text{sonst} \end{cases}$$

Berechnen Sie den Erwartungswert $E(X)$ und die Varianz $Var(X)$ mit Hilfe der momenterzeugenden Funktion. (Die Zufallsvariable $X+1$ folgt einer sog. geometrischen Verteilung.)

5.11. Gegeben sei die momenterzeugende Funktion $M_X(\Theta)$ einer diskreten Zufallsvariablen X mit den Ausprägungen $x = 0,1,2,...$

$$M_X(\Theta) = e^{-\mu} e^{\mu e^{\Theta}}$$

Bestimmen Sie die zugehörige Wahrscheinlichkeitsfunktion sowie Erwartungswert und Varianz von X.

5.12. Dem Meteorologischen Institut eines bekannten Wüstenstaates ist folgende Aussage gelungen:

Die Zeit R, die zwischen zwei Regenfällen in dem betreffenden Gebiet verstreicht, ist eine stetige Zufallsvariable. Bezogen auf die Zeiteinheit Jahr gilt für die Verteilungsfunktion

$$F_R(r) = \begin{cases} 1-e^{-2r} & \text{für } r>0 \\ 0 & \text{für } r\leq 0 \end{cases}$$

a) Bestimmen Sie die zugehörige Wahrscheinlichkeitsdichte.

b) Wie groß ist die Wahrscheinlichkeit dafür, daß zwischen zwei Regenfällen weniger als zwei Jahre liegen?

c) Wie groß ist die Wahrscheinlichkeit dafür, daß die Trockenperiode wenigstens einen Monat (= 1/12 Jahr), aber nicht mehr als ein Jahr beträgt?

d) Bestimmen Sie $E(R)$ und $Var(R)$.

5.13. Man beweise für eine stetige Zufallsvariable die Tchebycheffsche Ungleichung in der Form

$$P(|X-E(X)| \geq \varepsilon) \leq \frac{Var(X)}{\varepsilon^2}$$

Bei der Lösung beachte man die folgende Beziehung:

Aus $|X-E(X)| \geq \varepsilon$ folgt $(X-E(X))^2 \geq \varepsilon^2$ oder $\frac{(X-E(X))^2}{\varepsilon^2} \geq 1$.

Daher gilt $f_X(x) \leq \frac{(x-E(X))^2}{\varepsilon^2} f_X(x)$ und $\int f_X(x) dx \leq \frac{1}{\varepsilon^2} \int (x-E(X))^2 f_X(x) dx$

6. Das schwache Gesetz der großen Zahlen; Konvergenzbegriffe

6.1. EINFÜHRUNG

Die Überlegungen dieses Abschnitts haben Bedeutung sowohl für frühere als auch für später folgende Ausführungen. Sie betreffen allgemein das Schätzen von Parametern von Zufallsvariablen. In sehr vielen praktischen Fragestellungen geht es darum, unbekannte Maßzahlen von Zufallsvariablen wie Erwartungswert oder Varianz zu ermitteln. Die "Ermittlung" der Maßzahlen besteht dann darin, daß man mit Hilfe geeigneter Methoden aus empirischen Beobachtungen Schätzwerte gewinnt. Ein Schätzwert ist also eine Größe, die auf der Grundlage von Beobachtungsergebnissen berechnet wird und anstelle der unbekannten Verteilungsmaßzahl gesetzt wird. Schätzverfahren werden ausführlich in Kapitel 9 behandelt. Die Ausführungen dieses Abschnitts sind jedoch dafür bereits von Bedeutung. Einige Sätze aus dem Bereich der Gesetze der großen Zahlen können als allgemeine Grundlagen für die Schätzung von Maßzahlen der Verteilung einer untersuchten Zufallsvariablen (eines untersuchten Merkmals) mit Hilfe ausgewählter Beobachtungen angesehen werden.

Das Schätzproblem ist uns bereits an früherer Stelle begegnet. Erinnern wir uns an die Ausführungen in Kapitel 2 über Methoden zur Gewinnung von numerischen Werten für Wahrscheinlichkeiten von Ereignissen. Bei der statistischen Methode wurden relative Häufigkeiten aus großen Versuchsserien als Schätzwerte für die unbekannten Wahrscheinlichkeiten eingesetzt. Eine Rechtfertigung für diese Vorgehensweise ergab sich aus der Definition der Wahrscheinlichkeit als "relative Häufigkeit auf lange Sicht". Aussagen über die Genauigkeit dieser Schätzwerte konnten jedoch noch nicht gemacht werden. Mit der Beantwortung dieser Frage soll in diesem Abschnitt begonnen werden.

Es soll noch klargestellt werden, daß das "Schätzen von Wahrscheinlichkeiten" als Problem des "Schätzens einer Maßzahl von Zufallsvariablen" aufgefaßt werden kann, denn eine Wahrscheinlichkeit läßt sich als Erwartungswert einer Zufallsvariablen interpretieren, die die Ausprägungen O und 1 hat. Betrachtet man den Zufallsvorgang "Einmaliger Würfelwurf" und die Zufallsvariable X: "Häufigkeit des Auftretens einer 1", so hat X die Ausprägungen O und 1 mit $P(X=1) = \Pi$ und $P(X=O) = 1-\Pi$, wobei Π die Wahrscheinlichkeit für das Auftreten einer "1" bei einmaligem Würfelwurf ist. Der Erwartungswert der Zufallsvariablen ist $E(X) = O \cdot (1-\Pi) + 1 \cdot \Pi = \Pi$; er ist also gleich der Wahrscheinlichkeit für das Erscheinen einer "1".

Ausgangspunkt bei der Ableitung der Gesetze der großen Zahlen ist eine Folge von Zufallsvariablen $X_1, X_2, \ldots, X_n$, deren Eigenschaften noch zu spezifizieren sind. Zu jeder Zahl n wird das arithmetische Mittel $Y_n = \frac{1}{n} \cdot (X_1 + X_2 + \ldots + X_n)$ der Zufallsvariablen $X_1, X_2, \ldots, X_n$ definiert. Ziel der Analyse ist die Ermittlung der Wahrscheinlichkeitsverteilung für die Zufallsvariable Y_n, falls die Zahl n der Glieder in der Folge unendlich groß wird. Es wird sich herausstellen, daß diese Grenzverteilung eine Einpunktverteilung ist; d.h. für unendlich große Werte von n hat Y_n nur eine Ausprägung, die sie folglich mit Wahrscheinlichkeit 1 annimmt. Anders ausgedrückt: Die Verteilung der Zufallsvariablen Y_n konvergiert gegen eine Konstante.

Die Bedeutung der Zufallsvariablen Y_n soll am Beispiel des Würfelwurfs erhellt werden. Der Würfelwurf werde n-mal durchgeführt, und X_i sei die Zufallsvariable "Häufigkeit des Auftretens der '1' beim i-ten Würfelwurf" (i=1,2,...,n); dann haben alle X_i die gleiche Wahrscheinlichkeitsfunktion $P(X_i=1) = \Pi$ und $P(X_i=O) = 1-\Pi$, und Y_n ist die Zufallsvariable "Anteil der Würfelwürfe mit dem Ergebnis, daß eine '1' geworfen wird". Es interessiert die Wahrscheinlichkeitsverteilung für diese Zufallsvariable, falls n unendlich groß wird.

Im nächsten Abschnitt sollen diejenigen Gesetze der großen
Zahlen betrachtet werden, die unter dem Namen "schwaches Gesetz der großen Zahlen" zusammengefaßt sind.

6.2. DAS SCHWACHE GESETZ DER GROSSEN ZAHLEN

6.2.1. Das schwache Gesetz der großen Zahlen von Bernoulli

Wir betrachten einen Zufallsvorgang, für den eine Zufallsvariable X definiert ist, die die Ausprägungen 0 und 1 hat
(0-1-Variable). Ihre Wahrscheinlichkeitsfunktion laute:

$$f_X(x) = \begin{cases} \pi & \text{für } x = 1 \\ 1-\pi & \text{für } x = 0 \\ 0 & \text{sonst} \end{cases}$$

Die Ausprägung $x = 1$ steht für das Ergebnis "Erfolg" des Zufallsvorgangs, $x = 0$ steht für das Ergebnis "Mißerfolg". Dann
ist bekanntlich $E(X) = \pi$ und $Var(X) = \pi(1-\pi)$.

Der Zufallsvorgang soll nun unter identischen Bedingungen n-mal
durchgeführt werden. Die Zufallsvariablen X_i (i=1,2,...,n) heißen "Anzahl der Erfolge bei der i-ten Durchführung des Zufallsvorgangs". Ihre Wahrscheinlichkeitsfunktionen sind identisch
mit f_X, d.h. es gilt

$$f_{X_1} = f_{X_2} = \ldots = f_{X_n} = f_X$$

Daher ist $E(X_i) = \pi$ und $Var(X_i) = \pi(1-\pi)$ für i=1,2,...,n. Die
Durchführung der Zufallsvorgänge unter gleichen Bedingungen
führt zur Unabhängigkeit der Zufallsvariablen $X_1, X_2, \ldots, X_n$.

Die Zufallsvariable S_n bezeichne die "Anzahl der Erfolge bei n Durchführungen des Zufallsvorganges", also

$$S_n = X_1 + X_2 + \ldots + X_n$$

Schließlich sei Y_n die Zufallsvariable "Anteil der Erfolge bei n Durchführungen des Zufallsvorgangs, d.h.

$$Y_n = \frac{1}{n} S_n = \frac{1}{n}(X_1 + X_2 + \ldots + X_n)$$

Es gilt dann

$$E(Y_n) = E(\frac{1}{n} \cdot S_n) = \frac{1}{n} \cdot E(S_n) = \frac{1}{n} \cdot n\Pi = \Pi$$

$$Var(Y_n) = Var(\frac{1}{n} \cdot S_n) = \frac{1}{n^2} \cdot n\Pi(1-\Pi) = \frac{\Pi(1-\Pi)}{n}$$

Gefragt ist, wie die Wahrscheinlichkeitsverteilung von Y_n lautet, falls n beliebig groß wird. Dies soll an einem Beispiel erläutert werden.

Beispiel:

Der Zufallsvorgang sei "einmaliger Münzwurf", die Zufallsvariable X "Häufigkeit des Auftretens von Wappen bei einmaligem Münzwurf". Dann ist $E(X) = \Pi = \frac{1}{2}$, $Var(X) = \Pi(1-\Pi) = \frac{1}{4}$. Die Zufallsvariable S_n lautet "Häufigkeit des Auftretens von Wappen beim n-fachen Münzwurf" und $Y_n = \frac{1}{n} S_n$ ist die Zufallsvariable "Anteil der Wappenwürfe beim n-fachen Münzwurf". Ist beispielsweise n = 10 und werden beim 10fachen Münzwurf r = 3 Wappenwürfe erzielt (d.h. $S_{10} = r = 3$), so entspricht dies einem Anteil von $\frac{r}{n} = 0{,}30 = 30\%$ Wappenwürfen (d.h. $Y_{10} = \frac{r}{n} = 0{,}30$). Die Wahrscheinlichkeitsverteilung von Y_n ist die Binomialverteilung, die in Kapitel 7 abgeleitet wird. Hier wird ihre Wahrscheinlichkeitsfunktion bereits benötigt. Sie lautet für das vorliegende Zufallsexperiment:

$$f_{Y_n}(y_n = \frac{r}{n}) = \begin{cases} \binom{n}{r} \cdot \frac{1}{2^n} & r = 0,1,2,\ldots,n \\ 0 & \text{sonst} \end{cases}$$

Ferner ist $E(Y_n) = \Pi = \frac{1}{2}$ und $Var(Y_n) = \frac{\Pi(1-\Pi)}{n} = \frac{1}{4n}$. Um die Wahrscheinlichkeitsfunktion von Y_n für $n \to \infty$ zu untersuchen, ist es zweckmäßig, die Abweichungen der einzelnen Ausprägungen vom Erwartungswert zu betrachten, d.h. man betrachtet die Zufallsvariable

$$Z_n = Y_n - E(Y_n) = Y_n - \frac{1}{2}$$

Für alternative Werte von n soll nun die Wahrscheinlichkeitsfunktion von Z_n ermittelt werden, so weit wie möglich ohne Verwendung der Formel für f_{Y_n}.

Sei $n = 2$. Die möglichen Ergebnisse des zweifachen Münzwurfs werden als Pfade von W (Wappen) und Z (Zahl) dargestellt. Im Anschluß daran werden die Ausprägungen s_2, y_2 und z_2 der Zufallsvariablen S_2, Y_2 bzw. Z_2 angegeben.

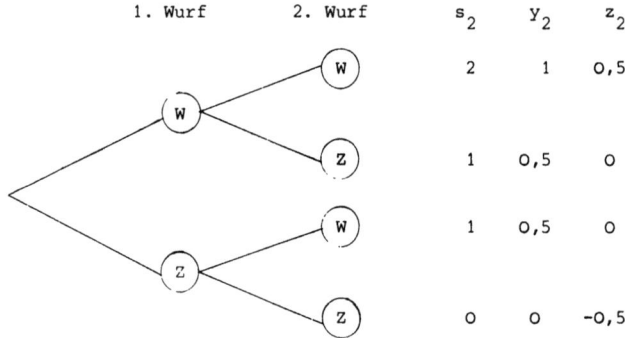

Man beobachtet, daß es insgesamt $2^2 = 4$ verschiedene Pfade gibt, von denen jeder die Wahrscheinlichkeit $\frac{1}{4}$ hat (a-priori-Regel). Damit lautet die Wahrscheinlichkeitsfunktion für die Zufallsvariable Z_2:

z_{2i}	-0,5	0	0,5
$f_{Z_2}(z_{2i})$	$\frac{1}{4}$	$\frac{1}{2}$	$\frac{1}{4}$

Es soll nun die Wahrscheinlichkeit dafür berechnet werden, daß eine Ausprägung der Zufallsvariablen Y_n um einen Wert von ε oder mehr vom Erwartungswert $E(Y_n) = \frac{1}{2}$ abweicht, d.h. es ist die Wahrscheinlichkeit

$$P(|Y_n - E(Y_n)| \geq \varepsilon) = P(|Z_n| \geq \varepsilon)$$

gesucht. Setzt man beispielhaft $\varepsilon = 0,3$, so erhält man für n=2 mit Hilfe der obigen Wahrscheinlichkeitsfunktion:

$$P(|Z_2| \geq 0,3) = \frac{2}{4} = 0,5$$

Wie groß diese Wahrscheinlichkeit für n=4 ist, soll nun ermittelt werden. Man erhält

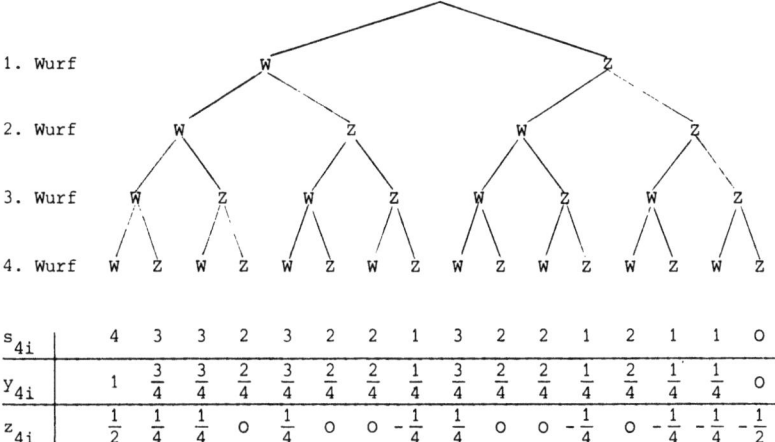

s_{4i}	4	3	3	2	3	2	2	1	3	2	2	1	2	1	1	0
y_{4i}	1	$\frac{3}{4}$	$\frac{3}{4}$	$\frac{2}{4}$	$\frac{3}{4}$	$\frac{2}{4}$	$\frac{2}{4}$	$\frac{1}{4}$	$\frac{3}{4}$	$\frac{2}{4}$	$\frac{2}{4}$	$\frac{1}{4}$	$\frac{2}{4}$	$\frac{1}{4}$	$\frac{1}{4}$	0
z_{4i}	$\frac{1}{2}$	$\frac{1}{4}$	$\frac{1}{4}$	0	$\frac{1}{4}$	0	0	$-\frac{1}{4}$	$\frac{1}{4}$	0	0	$-\frac{1}{4}$	0	$-\frac{1}{4}$	$-\frac{1}{4}$	$-\frac{1}{2}$

Demnach lautet die Wahrscheinlichkeitsfunktion für Z_4, wenn man berücksichtigt, daß es $2^4 = 16$ gleichwahrscheinliche Pfade gibt:

z_{4i}	$-0,5$	$-0,25$	0	0,25	0,5
$f_{Z_4}(z_{4i})$	$\frac{1}{16}$	$\frac{4}{16}$	$\frac{6}{16}$	$\frac{4}{16}$	$\frac{1}{16}$

Man erhält dann für $\varepsilon = 0,3$

$$P(|Z_4| \geq 0,3) = \frac{2}{16} = 0,125$$

Die Wahrscheinlichkeit, daß eine Ausprägung von Y_4 um mindestens 0,3 vom Erwartungswert $E(Y_n) = 0,5$ abweicht, beträgt also 0,125, was bereits deutlich unter dem Wert für $n = 2$ liegt.

Schließlich soll die Wahrscheinlichkeitsfunktion von Z_n für $n = 10$ betrachtet werden. Man erhält unter Verwendung der oben angegebenen Formel $f_{Y_n} = \binom{n}{r} \frac{1}{2^n}$:

$z_{10\,i}$	$-0,5$	$-0,4$	$-0,3$	$-0,2$	$-0,1$	0	0,1	0,2	0,3	0,4	0,5
$f_{Z_{10}}(z_{10\,i})$	$\frac{1}{1024}$	$\frac{10}{1024}$	$\frac{45}{1024}$	$\frac{120}{1024}$	$\frac{210}{1024}$	$\frac{252}{1024}$	$\frac{210}{1024}$	$\frac{120}{1024}$	$\frac{45}{1024}$	$\frac{10}{1024}$	$\frac{1}{1024}$

Damit ergibt sich

$$P(|Z_{10}| \geq 0,3) = \frac{112}{1024} = 0,1094$$

Für n = 15 ermittelt man

$$P(|Z_{15}| \geq 0,3) = 0,0352$$

und schließlich für n = 30:

$$P(|Z_{30}| \geq 0,3) = 0,00143$$

Nach diesen Berechnungsergebnissen läßt sich folgende Tendenz feststellen: Mit steigendem Wert von n verringert sich die Wahrscheinlichkeit ständig, daß eine Ausprägung der Zufallsvariablen Y_n außerhalb eines vorgegebenen Intervalls um $E(Y_n) = \frac{1}{2}$ liegt. Wird n beliebig groß, so wird diese Wahrscheinlichkeit gleich Null.

Dies bedeutet, daß Anteilswerte, die höchstens 0,2 oder mindestens 0,8 betragen, für große Werte von n praktisch nicht vorkommen. Für n = 2 sind es 2 von 4 Pfaden, für n = 4 sind es 2 von 16 Pfaden, für n = 10 sind es 112 von 1024 Pfaden, für n = 15 sind es noch 1152 von 32768 Pfaden, und für n = 30 schließlich nur 143 von 100 000 Pfaden.

Zum gleichen Ergebnis kommt man, wenn man für ε einen beliebigen anderen Wert ε>0 einsetzt. Das bedeutet, daß für alle ε>0 gilt:

$$\lim_{n \to \infty} P(|Y_n - \frac{1}{2}| \geq \varepsilon) = 0$$

oder anders formuliert:

$$\lim_{n \to \infty} P(|Y_n - \frac{1}{2}| < \varepsilon) = 1$$

Das Rechenbeispiel legt folgende Interpretation nahe: Man kann eine maximale Abweichung ε des Anteilswertes Y von seinem Erwartungswert $E(Y) = \frac{1}{2}$ beliebig klein vorgeben und erreichen, daß diese Abweichung bei einer Serie von n Versuchen mit einer Wahrscheinlichkeit beliebig nahe bei 1 unterschritten wird, vorausgesetzt, man wählt die Zahl n der Versuche hinreichend groß. Wenn man berücksichtigt, daß $E(Y_n) = \pi = \frac{1}{2}$ die Wahrscheinlichkeit für einen Erfolg in einem einzelnen Versuch ist, kann man das Ergebnis auch so formulieren: Gibt man eine maximale Abweichung ε des Anteils der Erfolge an der Gesamtzahl n der Versuche von der Wahrscheinlichkeit eines Erfolges bei einem einzigen Versuch beliebig klein vor, so kann man erreichen, daß diese Abweichung in einer Serie von n Versuchen mit einer Wahrscheinlichkeit beliebig nahe bei 1 unterschritten wird, vorausgesetzt, man wählt n hinreichend groß.

Das Ergebnis der vorstehenden Überlegungen ist nicht auf das betrachtete Rechenbeispiel beschränkt, sondern gilt für jede 0-1-Variable X; deren Ausprägungen 0 und 1 sollen mit Wahrscheinlichkeit $P(X=0) = 1-\Pi$ und $P(X=1) = \Pi$ angenommen werden, so daß $E(X) = \Pi$ und $Var(X) = \Pi(1-\Pi)$. Es gilt dann das schwache Gesetz der großen Zahlen von Bernoulli:

Es sei $X_1, X_2, \ldots$ eine Folge von unabhängigen identisch verteilten 0-1-Variablen mit $E(X_i) = \Pi$ und $Y_n = \frac{1}{n}(X_1+X_2+\ldots+X_n)$. Dann gilt $E(Y_n) = \Pi$ und $Var(Y_n) = \frac{\Pi(1-\Pi)}{n}$ und

$$\lim_{n\to\infty} P(|Y_n-\Pi|<\varepsilon) = 1$$

Der allgemeine Beweis dieser Beziehung ist sehr einfach. Man muß dafür nur die Tchebycheffsche Ungleichung heranziehen, nach der für eine beliebige Zufallsvariable X gilt:

$$P(|X-E(X)|<\varepsilon) \geq 1 - \frac{Var(X)}{\varepsilon^2}$$

Angewendet auf die Zufallsvariable Y_n folgt daraus:

$$P(|Y_n-E(Y_n)|<\varepsilon) \geq 1 - \frac{Var(Y_n)}{\varepsilon^2}$$

oder

$$P(|Y_n-\Pi|<\varepsilon) \geq 1 - \frac{\Pi(1-\Pi)}{n\varepsilon^2}$$

Bildet man den Grenzwert für $n\to\infty$, so folgt unmittelbar

$$\lim_{n\to\infty} P(|Y_n-\Pi|<\varepsilon) = 1$$

Bezeichnet man mit Y die Zufallsvariable Y_n, falls n unendlich groß wird, so ist die Wahrscheinlichkeitsfunktion von Y eine Einpunktfunktion:

Es gilt

$$f_Y(y) = \begin{cases} 1 & \text{für } y = \pi \\ 0 & \text{sonst} \end{cases}$$

Die Verteilungsfunktion von Y lautet

$$f_Y(y) = \begin{cases} 0 & \text{für } y < \pi \\ 1 & \text{für } y \geq \pi \end{cases}$$

In graphischer Darstellung:

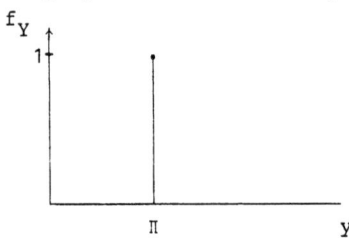
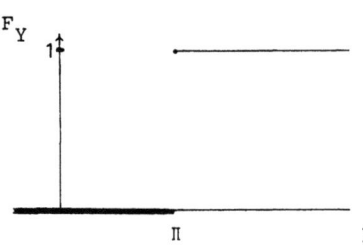

Das Ergebnis des Gesetzes der großen Zahlen von Bernoulli kann in Verallgemeinerung des Falles $\pi = 0,5$ wie folgt interpretiert werden: Gibt man eine maximale Abweichung ε des Anteilswertes Y_n in einer Serie von n Versuchen von seinem Erwartungswert $E(Y_n) = \pi$ beliebig klein vor, so kann man erreichen, daß diese Abweichung mit einer Wahrscheinlichkeit beliebig nahe bei 1 unterschritten wird, vorausgesetzt, man wählt n hinreichend groß.

Bedenkt man, daß π auch die Wahrscheinlichkeit für einen Erfolg in einem einzigen Versuch ist, so lautet die Interpretation entsprechend: Gibt man die maximale Abweichung ε des Anteils der Erfolge an der Gesamtzahl der Versuche von der Wahrscheinlichkeit für einen Erfolg in einem einzigen Versuch beliebig klein vor, so kann man erreichen, daß diese Abweichung unterschritten wird mit einer Wahrscheinlichkeit beliebig nahe bei 1, sofern man n groß genug wählt.

Abschätzungen dieser Art können für beliebige Werte von Π mit Hilfe der Ungleichung von Tchebycheff durchgeführt werden, denn es gilt

$$P(|Y_n - \Pi| < \varepsilon) \geq 1 - \frac{Var(Y_n)}{\varepsilon^2} = 1 - \frac{\Pi(1-\Pi)}{n\varepsilon^2}$$

Wegen $\Pi(1-\Pi) \leq \frac{1}{4}$ erhält man:

$$P(|Y_n - \Pi| < \varepsilon) \geq 1 - \frac{\Pi(1-\Pi)}{n\varepsilon^2} \geq 1 - \frac{1}{4n\varepsilon^2}$$

Wesentlich genauere Abschätzungen als mit der Tchebycheffschen Ungleichung sind in Kapitel 7 möglich, wenn die Normalverteilung eingeführt ist. Setzt man $\varepsilon = 0,01$ und fordert eine Wahrscheinlichkeit von mindestens 0,90, so wird

$$1 - \frac{1}{4n \cdot 0,01^2} = 0,9$$

und damit n = 25000. Bei $\varepsilon = 0,01$ und einer Mindestwahrscheinlichkeit von 0,99 wird der notwendige Umfang der Versuchsserie n = 250 000. Letzteres bedeutet, daß in höchstens 1 von 100 Versuchsserien des Umfangs n = 250 000 die Abweichung des Anteilswertes der Erfolge in der Versuchsserie von der Wahrscheinlichkeit für einen Erfolg in einem Versuch 0,01 oder mehr beträgt. Ist $\varepsilon = 0,01$ und n = 500 000, so weicht der Anteilswert von mindestens 995 von 1000 Versuchsserien dieses Umfangs um weniger als 0,01 von der Wahrscheinlichkeit bei einem einzigen Versuch ab. Ist die Mindestwahrscheinlichkeit 0,95 und n = 300 000, so ermittelt man $\varepsilon = 0,0041$. Zwei der drei Größen n, ε und Mindestwahrscheinlichkeit kann man vorgeben, die dritte wird durch die Ungleichung von Tchebycheff bestimmt.

Die bisherigen Überlegungen bezogen sich darauf, vor Durchführung von Versuchsserien Aussagen über deren Ergebnisse zu machen. Man kann jedoch auch den umgekehrten Weg gehen und von den Ergebnissen her auf die Maßzahl π schließen. Nach Durchführung einer Versuchsserie steht ein Anteilswert der Erfolge an der Gesamtzahl der Versuche zur Verfügung und dieser wird als Schätzwert für π verwendet. Die Berechtigung hierfür leitet man aus dem Bernoullischen Gesetz der großen Zahlen ab. Erinnern wir uns an die statistische Bestimmung von Wahrscheinlichkeiten (Abschnitt 2.4.4.1.2) am Beispiel des Anteils der Knaben an den Lebendgeborenen. Bei 2 988 548 Lebendgeburten in den Jahren 1974 - 78 betrug der Anteil der Knaben 0,5140. Diese relative Häufigkeit verwendet man als Schätzwert $\hat{\pi}$ für die Wahrscheinlichkeit π des Ereignisses: "Ein neugeborenes Kind wird ein Knabe". Die Begründung dafür lautet: In höchstens 1 von 100 Versuchsserien des Umfangs n = 2 988 548 erhält man einen Anteilswert, der um 0,003 oder mehr vom Wert π abweicht. Dies ergibt sich aus der Ungleichung von Tchebycheff. Setzt man $\pi = \hat{\pi} = 0{,}5140$, so kann man mindestens 99 %iges Vertrauen darauf setzen, daß der Wert π um weniger als 0,003 von $\hat{\pi}$ abweicht. Freilich kann die Abweichung auch 0,003 oder mehr betragen; aber dieses Ereignis tritt in höchstens 1 von 100 Versuchsserien auf und ist damit sehr selten (warum sollte in unserer Versuchsserie gerade ein so seltenes Ereignis realisiert worden sein?). Es sei noch einmal darauf hingewiesen, daß die Abschätzungen noch wesentlich genauer werden, wenn die Normalverteilung zur Verfügung steht (vgl. 7.2.2.7.).

6.2.2. Varianten des schwachen Gesetzes der großen Zahlen

Das schwache Gesetz der großen Zahlen von Bernoulli ist ein Spezialfall des schwachen Gesetzes der großen Zahlen, das wie folgt definiert ist:

Eine Folge von Zufallsvariablen $X_1, X_2, X_3, \ldots$ genügt dem schwachen Gesetz der großen Zahlen, wenn sie die Eigenschaft

$$\lim_{n \to \infty} P(|Y_n - E(Y_n)| < \varepsilon) = 1$$

aufweist. Dabei ist $Y_n = \frac{1}{n}(X_1 + X_2 + \ldots + X_n)$.

Beim Bernoullischen schwachen Gesetz der großen Zahlen waren die Zufallsvariablen X_i identisch verteilte unabhängige 0-1-Zufallsvariablen. Die Annahme der 0-1-Variablen kann man fallenlassen. $X_1, X_2, \ldots$ seien unabhängige Zufallsvariablen, die alle dieselbe Verteilung aufweisen mit endlichem Erwartungswert und endlicher Varianz. $Y_n = \frac{1}{n}(X_1 + X_2 + \ldots + X_n)$ ist dann das arithmetische Mittel der Zufallsvariablen $X_1, X_2, \ldots, X_n$, wovon der Anteilswert ein Spezialfall ist. Es gilt dann das verallgemeinerte schwache Gesetz der großen Zahlen von Bernoulli:

Eine Folge $X_1, X_2, X_3, \ldots$ von unabhängigen Zufallsvariablen, die alle dieselbe Verteilung aufweisen und einen endlichen Erwartungswert und eine endliche Varianz besitzen, genügt dem schwachen Gesetz der großen Zahlen.

Der Beweis folgt unmittelbar aus der Ungleichung von Tchebycheff. Die Voraussetzungen können weiter modifiziert werden. Auf die Voraussetzung einer endlichen Varianz kann verzichtet werden. Das Ergebnis ist das schwache Gesetz der großen Zahlen von Chintschin:

Eine Folge $X_1, X_2, X_3, \ldots$ von unabhängigen Zufallsvariablen, die alle dieselbe Verteilung aufweisen mit einem endlichen Erwartungswert, genügt dem schwachen Gesetz der großen Zahlen.

Der Beweis gestaltet sich schwieriger, da die Tchebycheffsche Ungleichung nicht verwendet werden kann. (Zum Beweis vgl. z.B. Feller, W., An Introduction to Probability Theory and its Applications, Vol. I, 3. Aufl., 1968, S. 246 ff.)

Die Voraussetzung der identischen Verteilung der Zufallsvariablen $X_1, X_2, \ldots$ kann ebenfalls fallengelassen werden. Es kann zugelassen werden, daß die Verteilungen der Zufallsvariablen X_i voneinander verschieden sind mit $E(X_i) = \mu_i$ und $Var(X_i) = \sigma_i^2$. Die Voraussetzung der Unabhängigkeit wird aufrechterhalten. Man erhält dann das schwache Gesetz der großen Zahlen von Tchebycheff:

Eine Folge $X_1, X_2, X_3, \ldots$ von unabhängigen Zufallsvariablen mit endlichen Varianzen genügt dem schwachen Gesetz der großen Zahlen.

Schließlich kann man auch die Voraussetzung der stochastischen Unabhängigkeit fallenlassen:

Eine Folge $X_1, X_2, X_3, \ldots$ von Zufallsvariablen, deren Varianzen die Bedingung

$$\lim_{n \to \infty} Var(Y_n) = 0$$

erfüllen, wobei $Y_n = \frac{1}{n} \sum_{i=1}^{n} X_i$, genügt dem schwachen Gesetz der großen Zahlen. Dies ist das schwache Gesetz der großen Zahlen von Markoff.

Schließlich soll eine Folge $X_1, X_2, X_3, \ldots$ von 0-1-Zufallsvariablen mit $P(X_k = 0) = 1 - \Pi_k$ und $P(X_k = 1) = \Pi_k$ betrachtet werden. Es ist dann $Y_n = \frac{1}{n} \cdot (\Pi_1 + \Pi_2 + \ldots + \Pi_n)$, und die Folge $X_1, X_2, \ldots$ genügt dem schwachen Gesetz der großen Zahlen. Dies ist das schwache Gesetz der großen Zahlen von Poisson.

Die Bedeutung der Konvergenzeigenschaft, die das schwache Gesetz der großen Zahlen charakterisiert, soll noch kurz veranschaulicht werden. Eine Ausprägung der Folge $Y_1, Y_2, Y_3 \ldots$ von Zufallsvariablen ist eine Folge (ein Pfad) von Ausprägungen $y_1, y_2, y_3, \ldots$. An das Beispiel "Anteil der Wappenwürfe bei n-fachem Münzwurf" des Abschnitts 5.2.1. sei erinnert. Dort gab es 2^n verschiedene Pfade. Einige Pfade einer Folge $Y_1, Y_2, Y_3, \ldots$ von Zufallsvariablen sind in das folgende Diagramm eingezeichnet.

Ferner sind eine Parallele zur n-Achse für den Wert $E(Y_n) = \mu$ und einige "ε-Fenster" $\mu \pm \varepsilon$ an den Stellen n_1, n_2 und n_3 eingezeichnet.

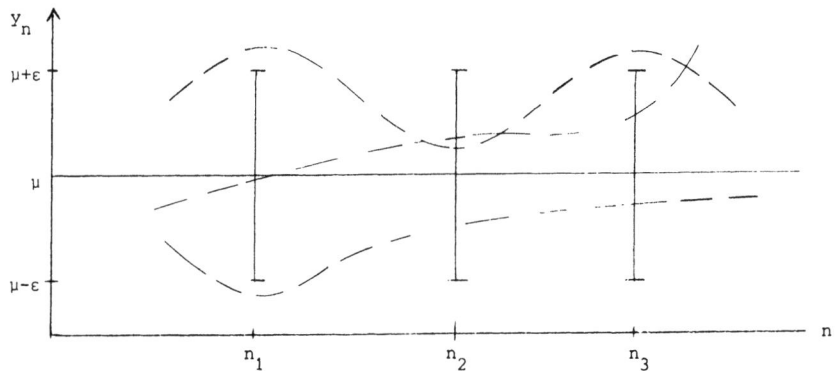

Die Konvergenzeigenschaft besagt, daß mit zunehmendem n ein immer größer werdender Anteil der Pfade um weniger als ε vom Erwartungswert μ abweicht, also durch ein "ε-Fenster" hindurchgeht. Die Wahrscheinlichkeit, daß ein Pfad durch ein ε-Fenster geht, läßt sich durch geeignete Wahl von n beliebig nahe an 1 heranführen. Es ist jedoch durch das schwache Gesetz der großen Zahlen nicht gesichert, daß die Abweichung des Wertes y_n von μ klein bleibt für alle großen Werte von n. Ein Pfad kann durch ein ε-Fenster hindurchgehen und ein anderes für einen größeren Wert von n verfehlen, also wieder stärkere Schwankungen um μ aufweisen. Dieser Tatbestand schlägt sich in der Bezeichnung "schwaches" Gesetz der großen Zahlen nieder.

6.2.3. Der Begriff der stochastischen Konvergenz

Die Konvergenzeigenschaft des schwachen Gesetzes der großen Zahlen ist ein Anwendungsfall der stochastischen Konvergenz. Man sagt, eine Folge $Z_1, Z_2, Z_3, \ldots$ von Zufallsvariablen konvergiert stochastisch (oder konvergiert in Wahrscheinlichkeit) gegen eine Zufallsvariable Z, wenn gilt:

$$\lim_{n \to \infty} P(|Z_n - Z| \geq \varepsilon) = 0 \quad \text{für alle } \varepsilon > 0$$

Z ist in dieser Definition eine Zufallsvariable; sie kann im Spezialfall eine Konstante sein, wie im Falle des schwachen Gesetzes der großen Zahlen. Die betrachteten Varianten des schwachen Gesetzes der großen Zahlen besagen, daß die Folge $Z_n = Y_n - E(Y_n) = \frac{1}{n} \sum_{i=1}^{n} X_i - \frac{1}{n} \sum_{i=1}^{n} E(X_i)$ stochastisch gegen die Konstante $Z \equiv 0$ konvergiert. Sind alle Erwartungswerte $E(X_i) = \mu$ identisch, so ist $E(Y_n) = \mu$ für alle n und die Folge (Y_n) konvergiert gegen μ.

6.3. DIE KONVERGENZ DER VERTEILUNG NACH

Eine Folge $X_1, X_2, X_3, \ldots$ von Zufallsvariablen konvergiert der Verteilung nach gegen eine Zufallsvariable X, wenn für alle reellen Zahlen x, in denen die Verteilungsfunktion F_X stetig ist, gilt:

$$F_X(x) = \lim_{i \to \infty} F_{X_i}(x)$$

Diese Definition bedeutet, daß eine Folge $X_1, X_2, X_3, \ldots$ von Zufallsvariablen genau dann der Verteilung nach gegen eine Zufallsvariable X konvergiert, wenn die Folge $F_{X_1}, F_{X_2}, F_{X_3}, \ldots$ der Verteilungsfunktion punktweise gegen die Verteilungsfunktion F_X konvergiert (eventuell mit Ausnahme der Sprungstellen von F_X). Anzumerken ist noch, daß die punktweise Konvergenz einer Folge von Verteilungsfunktionen nicht notwendigerweise die punktweise Konvergenz der zugehörigen Folge von Dichtefunktionen (bzw. Wahrscheinlichkeitsfunktionen) gegen die Dichtefunktion (bzw. Wahrscheinlichkeitsfunktion) der Zufallsvariablen X zur Folge hat. Wenn jedoch die Dichtefunktionen (bzw. Wahrscheinlichkeitsfunktionen) $f_{X_1}, f_{X_2}, \ldots$ einer Folge von Zufallsvariablen gegen eine Funktion f_X konvergieren und diese Funktion eine Dichte (bzw. Wahrscheinlichkeitsfunktion) ist, dann konvergiert die Folge der zugehörigen Verteilungsfunktionen gegen eine Verteilungsfunktion, die f_X als Dichtefunktion (bzw. Wahrscheinlichkeitsfunktion) hat.

Die Konvergenz der Verteilung nach spielt in den Ausführungen von Kapitel 7 an eine große Rolle. Anwendungen der Konvergenz nach der Verteilung werden in Kapitel 7 behandelt, wenn spezielle Wahrscheinlichkeitsverteilungen eingeführt werden. Hier soll lediglich zur Verdeutlichung der Definition der Konvergenz der Verteilung nach ein Anwendungsbeispiel angeführt werden,

das sich als Konvergenz der hypergeometrischen Verteilung
(vgl. 7.1.2.) zur Binomialverteilung (vgl. 7.1.3.) herausstellt.

Beispiel:

In einer Urne seien N Kugeln, wovon M rot und N-M schwarz seien. Aus dieser Urne werden n Kugeln entnommen und man definiere folgende Zufallsvariable X:="Anzahl der gezogenen roten Kugeln bei Auswahl von n Kugeln mit Zurücklegen".

Die Wahrscheinlichkeitsfunktion der Zufallsvariablen X lautet (vgl. 7.1.3.2.):

$$f_X(x;n,M,N) = \binom{n}{x} (\frac{M}{N})^x (1- \frac{M}{N})^{n-x} \quad x=0,1,2,...n,$$

Es sollen nun mehrere Urnen betrachtet werden. In der Urne 1 seien N_1 Kugeln, davon M_1 rote und N_1-M_1 schwarze. In Urne 2 seien N_2 Kugeln, davon M_2 rote und N_2-M_2 schwarze. Allgemein seien in Urne i (i=1,2,...) N_i Kugeln, davon M_i rote und N_i-M_i schwarze. Für alle i sei

$$\frac{M_i}{N_i} = \frac{M}{N},$$ der Anteil der roten Kugeln also genauso groß wie im obigen Fall.

Wiederum werden n Kugeln ausgewählt, diesmal jedoch ohne Zurücklegen. X_i sei die Zufallsvariable: "Anzahl der gezogenen roten Kugeln bei Auswahl von n Kugeln ohne Zurücklegen". Die Wahrscheinlichkeitsfunktion der Zufallsvariablen X_i lautet (vgl. 7.1.2.2.):

$$f_{X_i}(x;N_i,n,M_i) = \frac{\binom{M_i}{x}\binom{N_i-M_i}{n-x}}{\binom{N_i}{n}} \quad x=0,1,2,...,n$$

Nun sollen für M,N,n Zahlen eingesetzt werden. Es sei N = 5, M = 1 und n = 3. Damit ist $\frac{M}{N}$ = 0,20. Man erhält dann folgende Wahrscheinlichkeitsfunktion f_X für die Zufallsvariable X:

x	$f_X(x,M=1,N=5,n=3)$
0	0,512
1	0,384
2	0,096
3	0,008
	1,000

Zur Berechnung der Wahrscheinlichkeitsfunktion f_{X_1} sei N_1 = 5. Dann erhält man wegen der Annahme $\frac{M_1}{N_1} = \frac{M}{N}$ = 0,2 den Wert M_1 = 1.

Damit erhält man folgende Wahrscheinlichkeitsfunktion für die Zufallsvariable X_1:

x	$f_{X_1}(x;N_1=5,n=3,M_1=1)$
0	0,4
1	0,6
2	0
3	0

Man sieht, die Werte der Wahrscheinlichkeitsfunktion der Zufallsvariablen X_1 sind weit entfernt von denen der Zufallsvariablen X. Nun lassen wir jedoch die Werte von N_i und M_i ständig ansteigen bei Konstanz von $\frac{M_i}{N_i} = \frac{M}{N} = 0,2$ und beobachten eine ständige Annäherung der Wahrscheinlichkeitsfunktion an die Funktion f_X.

Zu ausgewählten Werten von N_i und M_i werden die zugehörigen Wahrscheinlichkeitsfunktionen f_{X_i} in der folgenden Übersicht festgehalten.

x	$N_1=5$ $M_1=1$ $f_{X_1}(x)$	$N_2=10$ $M_2=2$ $f_{X_2}(x)$	$N_3=100$ $M_3=20$ $f_{X_3}(x)$	$N_4=1000$ $M_4=200$ $f_{X_4}(x)$	$N_4=10.000$ $M_4=2.000$ $f_{X_4}(x)$	$N_5=100.000$ $M_5=20.000$ $f_{X_5}(x)$	Zum Vergleich $f_X(x)$
0	0,4	0,4667	0,508101	0,511615	0,511962	0,511996	0,512
1	0,6	0,4667	0,390847	0,384673	0,384067	0,384007	0,384
2	0	0,0667	0,094001	0,095807	0,095981	0,095998	0,096
3	0	0	0,007051	0,007904	0,007990	0,007999	0,008

7. Spezielle Wahrscheinlichkeitsverteilungen

In diesem Kapitel werden einige für Anwendungen besonders wichtige Verteilungen behandelt. Insbesondere werden die Parameter Erwartungswert und Varianz dieser Verteilungen besprochen, ihre Beziehungen zu anderen Verteilungen untersucht und geprüft, ob eine Verteilung symmetrisch ist. Eine Wahrscheinlichkeitsverteilung heißt symmetrisch, falls ein Punkt $a \in R$ existiert, für den gilt:

$$P(X \leq a-x) = P(X \geq a+x) \quad \text{für alle } x \in R$$

Drückt man diese Bedingung durch die Verteilungsfunktion aus, so erhält man:

$$F_X(a-x) = 1 - F_X(a+x) + P(X=a+x)$$

Schließlich läßt sich die Symmetrie wie folgt durch die Wahrscheinlichkeits- bzw. Dichtefunktion ausdrücken:

$$f_X(a-x) = f_X(a+x) \quad \text{für alle } x \in R$$

Der Punkt a heißt Symmetriepunkt der Verteilung von X.

Ist X die Zufallsvariable: "Augenzahl bei einmaligem Münzwurf", dann ist X symmetrisch verteilt und $a = 3,5$ der Symmetriepunkt der Verteilung von X.

Die Behandlung der speziellen Wahrscheinlichkeitsverteilungen ist unterteilt in Wahrscheinlichkeitsverteilungen für diskrete und stetige Zufallsvariablen.

7.1 SPEZIELLE WAHRSCHEINLICHKEITSVERTEILUNGEN FÜR DISKRETE ZUFALLSVARIABLEN

7.1.1. Die diskrete Gleichverteilung

Hat eine Zufallsvariable X genau n Ausprägungen $x_1, x_2, \ldots, x_n$, die sie alle mit der Wahrscheinlichkeit $P(X=x_1)=P(X=x_2) = \ldots = P(X=x_n) = \frac{1}{n}$ annimmt, so spricht man von diskreter Gleichverteilung.

Beispiel:

Sei X die Zufallsvariable "Anzahl der Wappenwürfe beim einfachen Münzwurf", dann hat X die Ausprägungen $x_1=0$ mit $P(X=x_1) = \frac{1}{2}$ und $x_2=1$ mit $P(x=x_2) = \frac{1}{2}$. Dann ist

$$E(X) = \frac{1}{2}$$

$$Var(X) = \frac{1}{4}$$

Häufig werden in Anwendungen Zufallsvariablen verwendet mit den Ausprägungen $x_1=1, x_2=2, \ldots, x_n=n$. In diesem Fall lauten die Parameter:

$$E(X) = \frac{n+1}{2}$$

$$Var(X) = \frac{n^2-1}{12}$$

Für den Beweis verwenden wir die Beziehungen

$$\sum_{i=1}^{n} i = \frac{n}{2}(n+1) \quad \text{und} \quad \sum_{i=1}^{n} i^2 = \frac{n(n+1)(2n+1)}{6}$$

(vgl. Aufgabe 1.2.1).

Beweis:
$$E(X) = \sum_{i=1}^{n} x_i f_X(x_i) = \sum_{i=1}^{n} i \cdot \frac{1}{n} = \frac{1}{n} \sum_{i=1}^{n} i = \frac{1}{n} \cdot \frac{n}{2} \cdot (n+1) = \frac{n+1}{2}$$

$$Var(X) = \sum_{i=1}^{n} (x_i - E(X))^2 \cdot f_X(x_i) = \sum_{i=1}^{n} (i - \frac{n+1}{2})^2 \cdot \frac{1}{n} =$$

$$= \frac{1}{n} \sum_{i=1}^{n} i^2 + \frac{1}{n} \sum_{i=1}^{n} \frac{(n+1)^2}{4} - \frac{2}{n} \sum_{i=1}^{n} \frac{n+1}{2} \cdot i =$$

$$= \frac{1}{n} \cdot \frac{n(n+1)(2n+1)}{6} + \frac{1}{n} \cdot \frac{n(n+1)^2}{4} - \frac{2}{n} \cdot \frac{n+1}{2} \cdot \frac{n}{2} \cdot (n+1) =$$

$$= \frac{(n+1)(2n+1)}{6} + \frac{(n+1)^2}{4} - \frac{(n+1)^2}{2} =$$

$$= \frac{(n+1)[2(2n+1) + 3(n+1) - 6(n+1)]}{12} =$$

$$= \frac{(n+1)[4n+2-3n-3]}{12} = \frac{n^2-1}{12}$$

Beispiele:

a) X sei die Zufallsvariable "Augenzahl bei einfachem Münzwurf". Dann lautet der Stichprobenraum $S = \{1,2,3,4,5,6\}$, und $P(X=i) = \frac{1}{6}$ für $i=1,2,\ldots,6$. Man erhält

$$E(X) = \sum_{i=1}^{6} i \cdot \frac{1}{6} = \frac{6+1}{2} = 3,5$$

$$Var(X) = \sum_{i=1}^{6} (i-3,5)^2 \cdot \frac{1}{6} = \frac{6^2-1}{12} = \frac{35}{12}$$

b) An einem Wettlauf seien 5 etwa gleichstarke Läufer beteiligt. Das Einlauf-Ergebnis kann dann durch zufällige Verteilung der Ränge 1,2, bis 5 an die Teilnehmer dargestellt werden. X sei die Zufallsvariable: "Von einem Teilnehmer erzielter Rang im Laufwettbewerb". Dann ist $S = \{1,2,3,4,5\}$, und $P(X=i) = \frac{1}{5}$ ist die Wahrscheinlichkeit, daß ein bestimmter Läufer den Rang Nr. i (i=1,2,3,4,5) erzielt. Man erhält damit

$$E(X) = \frac{5+1}{2} = 3$$

$$Var(X) = \frac{25-1}{12} = 2$$

7.1.2. Die hypergeometrische Verteilung

7.1.2.1. Die Darstellung der Problemstellung durch ein Urnenmodell

Die hypergeometrische Verteilung läßt sich immer dann anwenden, wenn die vorliegende Problemstellung in das folgende Urnenmodell übertragen werden kann: Wir betrachten eine Urne mit insgesamt N Kugeln, von denen M die Farbe rot, die restlichen N-M die Farbe schwarz aufweisen sollen. Der Anteil der roten Kugeln ist dann $\pi = \frac{M}{N}$, derjenige der schwarzen beträgt $1-\pi = \frac{N-M}{N}$. Aus dieser Gesamtheit von N Kugeln wird eine Stichprobe ohne Zurücklegen im Umfang n gezogen und eine Zufallsvariable X wie folgt definiert: "Anzahl der bei einer Stichprobe im Umfang n ohne Zurücklegen gezogenen roten Kugeln". Die Verteilung dieser Zufallsvariablen wird als hypergeometrische Verteilung bezeichnet. Sie ist abhängig von den Konstanten N, n, M. Man schreibt kurz: $X \sim H(N,n,M)$ (lies X ist eine hypergeometrisch verteilte Zufallsvariable, deren Verteilung bestimmt wird durch die Parameter N,n,M).

Zur Charakterisierung der hypergeometrischen Verteilung soll im folgenden ihre Wahrscheinlichkeitsfunktion ermittelt werden, die mit $f_H(x; N,n,M)$ bezeichnet wird. Der Index H deutet an, daß es sich um die Wahrscheinlichkeitsfunktion einer hypergeometrisch verteilten Zufallsvariablen handelt. Für die folgenden Überlegungen wichtig ist die Zerlegung der Stichprobe im Umfang n in n Einzelziehungen. Die Zufallsvariable X_i (i=1,2,...,n) sei "Anzahl der Erfolge bei der Ziehung des i-ten Elementes". Sie hat die Ausprägungen 0 und 1 mit den Wahrscheinlichkeiten $P(X_i=0)=1-\pi$ bzw. $P(X=1)=\pi$ (vgl. hierzu Aufgabe 8.3). Die Zufallsvariable X läßt sich dann darstellen als Summe der Zufallsvariablen $X_1, X_2, ..., X_n$:

$$X = X_1 + X_2 + \ldots X_n = \sum_{i=1}^{n} X_i$$

Ein Beispiel einer Fragestellung zu diesem Urnen-Modell:
In einer Klasse mit N Schülern sind M Raucher. Davon werden n Schüler ausgewählt und nach der Wahrscheinlichkeit gefragt, daß darunter genau x Raucher sind.

7.1.2.2. Die Wahrscheinlichkeitsfunktion einer hypergeometrisch verteilten Zufallsvariablen

Bezeichnet man das Ziehen einer roten Kugel als Erfolg, das Ziehen einer schwarzen Kugel als Mißerfolg, so gibt $f_H(x;N,n,M)$ die Wahrscheinlichkeit dafür an, bei n Versuchen genau x Erfolge (und n-x Mißerfolge) zu erzielen. Zur Ableitung von $f_H(x;N,n,M)$ soll zunächst angenommen werden, daß zuerst nacheinander x Erfolge, dann nacheinander M-x Mißerfolge gezogen werden. Die zugehörige Wahrscheinlichkeit ermittelt man wie folgt:

- Es gibt insgesamt $\frac{N!}{(N-n)!}$ Möglichkeiten, n Elemente aus N Elementen mit Beachten der Reihenfolge und ohne Zurücklegen auszuwählen.

- In

[M(M-1)·(M-2)·...·(M-x+1)]·[(N-M)·(N-M-1)·...·(N-M-(n-x-1))]

Fällen davon werden zuerst x Erfolge und dann n-x Mißerfolge gezogen.

Daher ist die Wahrscheinlichkeit, zuerst x Erfolge und dann n-x Mißerfolge zu ziehen, gleich

$$P(x) = \frac{M(M-1)\ldots(M-x+1)(N-M)(N-M-1)\ldots(N-M-n+x+1)}{\frac{N!}{(N-n)!}} =$$

$$= \frac{M!}{(M-x)!} \cdot \frac{(N-M)!}{(N-M-n+x)!} = \frac{\binom{M}{x}\binom{N-M}{n-x} x!(n-x)!}{\binom{N}{n} n!} = \frac{\binom{M}{x}\binom{N-M}{n-x}}{\binom{N}{n}\binom{n}{x}}$$

Für das Ereignis "x Erfolge bei n Ziehungen" ist es gleichgültig, in welcher Reihenfolge Erfolge und Mißerfolge auftreten. Es gibt insgesamt $\binom{n}{x}$ verschiedene Reihenfolgen, in denen x Erfolge und n-x Mißerfolge gezogen werden können (vgl. Permutationen mit Wiederholung). Jede dieser Permutationen hat die gleiche Wahrscheinlichkeit aufzutreten, nämlich P(x). Da sie sich gegenseitig ausschließen, erhalten wir die Wahrscheinlichkeit für x Erfolge durch Addition der Wahrscheinlichkeiten für spezielle Reihenfolgen und man erhält:

$$f_H(x;N,n,M) = \binom{n}{x} \cdot P(x) = \frac{\binom{M}{x}\binom{N-M}{n-x}}{\binom{N}{n}}$$

Die Zufallsvariable X kann folgende Werte annehmen: Nach oben ist X beschränkt durch den Stichprobenumfang n. Es ist also $x \leq n$. Daneben kann aber die Zahl der Erfolgskugeln M in der Gesamtheit kleiner als n sein, so daß $x \leq \text{Min}(n,M)$. Nach unten ist X wie folgt beschränkt: Es ist $x \geq 0$ und, falls der Stichprobenumfang n größer ist als die Zahl der Mißerfolgskugeln, gilt $x \geq n-(N-M)$, so daß $x \geq \text{Max}(0, n-(N-M))$.

Beispiele:
a) Aus einem Stapel von N = 32 Karten werden n = 10 Karten ohne Zurücklegen gezogen. In diesem Stapel befinden sich M = 4 Buben. Gefragt ist nach der Wahrscheinlichkeit, bei dieser Stichprobe 0,1,2,3 oder 4 Buben zu ziehen.

$$f_H(0;32,10,4) = \frac{\binom{4}{0}\binom{28}{10}}{\binom{32}{10}} = 0,20 \qquad f_H(3;32,10,4) = \frac{\binom{4}{3}\binom{28}{7}}{\binom{32}{10}} = 0,07$$

$$f_H(1;32,10,4) = \frac{\binom{4}{1}\binom{28}{9}}{\binom{32}{10}} = 0,43 \qquad f_H(4;32,10,4) = \frac{\binom{4}{4}\binom{28}{6}}{\binom{32}{10}} = 0,01$$

$$f_H(2;32,10,4) = \frac{\binom{4}{2}\binom{28}{8}}{\binom{32}{10}} = 0{,}29$$

b) **Erkrankung nach Impfung**

In der Vergangenheit wurde festgestellt, daß durchschnittlich 3 von 1000 Personen trotz Impfung erkrankten. Gefragt ist nach der Wahrscheinlichkeit, daß von 200 geimpften Personen keine erkrankt.

In diesem Anwendungsbeispiel ist der Stichprobenumfang n = 200. Zu überlegen ist noch, wie groß der Umfang N der Gesamtheit ist, aus der die Stichprobe gezogen wird. Man könnte unter N den Umfang einer bevorstehenden Reihenimpfung verstehen oder auch noch umfassender die Menge aller in naher Zukunft in vielen Ländern zu impfenden Personen. Wie groß N auch immer sei, für seine Zusammensetzung aus erkrankten und nicht erkrankten Personen (rote und schwarze Kugeln) wird die Erfahrung aus der Vergangenheit übertragen: $\Pi = 0{,}003 = 0{,}3$ % der Gesamtheit der N Personen werden nach der Impfung erkranken. Man nimmt also an, daß die Erfahrungen aus der Vergangenheit in die Zukunft übertragbar sind. Man erhält dann:

$$f_H(x;N,x=200,M=N\cdot 0{,}003) = \frac{\binom{N\cdot 0{,}003}{x}\binom{N-N\cdot 0{,}003}{200-x}}{\binom{N}{200}}$$

Auf dieses Beispiel werden wir bei der Behandlung der Binomialverteilung im Abschnitt 7.1.3 und der Poisson-Verteilung im Abschnitt 7.1.6.1 zurückkommen.

Setzt man N=10000, so erhält man für x=0:

$$f_H(0;10000;200;30) = \frac{\binom{30}{0}\binom{9970}{200}}{\binom{10000}{200}} = \frac{\binom{9970}{200}}{\binom{10000}{200}} = \frac{9970!\,200!\,9800!}{200!\,9770!\cdot 10000!}$$

Unter Verwendung der Stirlingschen Näherungsformel erhält man:

$$f_H(0;10000;200;30) \doteq \frac{9970^{9970}\cdot e^{-9970}\cdot \sqrt{2\pi 9970}\cdot 9800^{9800}\cdot e^{-9800}\sqrt{2\pi 9800}}{9770^{9770}\cdot e^{-9770}\sqrt{2\pi 9770}\cdot 10000^{10000}\cdot e^{-10000}\sqrt{2\pi 10000}}$$

$$= \left(\frac{9970}{9770}\right)^{9770}\cdot \left(\frac{9970}{10000}\right)^{200}\left(\frac{9800}{10000}\right)^{9800}\cdot \frac{\sqrt{9970\cdot 9800}}{\sqrt{9770\cdot 10000}} =$$

$$= 0{,}5450$$

7.1.2.3. Die Verteilungsfunktion einer hypergeometrisch verteilten Zufallsvariablen

Sie lautet:

$$F_H(x;N,n,M) = \begin{cases} 0 & \text{für } x < 0 \\ \sum\limits_{v=0}^{[x]} \dfrac{\binom{M}{v}\binom{N-M}{n-v}}{\binom{N}{n}} & \text{für } x \geq 0 \end{cases}$$

dabei ist [x] der ganzzahlige Teil von x

7.1.2.4 Der Erwartungswert einer hypergeometrisch verteilten Zufallsvariablen

Eine hypergeometrisch verteilte Zufallsvariable hat den Erwartungswert

$$E(X) = n\Pi$$

Beweis:

Für den Beweis verwenden wir die Beziehung

$$\binom{M}{x} = \frac{M!}{x!(M-x)!} = \frac{M \cdot (M-1)!}{x(x-1)!(M-x)!} = \frac{M}{x}\binom{M-1}{x-1}$$

Es ist:

$$E(X) = \sum_{x=0}^{n} x \frac{\binom{M}{x}\binom{N-M}{n-x}}{\binom{N}{n}} = \sum_{x=1}^{n} x \frac{\frac{M}{x}\binom{M-1}{x-1}\binom{N-M}{n-x}}{\binom{N}{n}} = M \sum_{x=1}^{n} \frac{\binom{M-1}{x-1}\binom{N-M}{n-x}}{\binom{N}{n}} =$$

$$M \sum_{x=1}^{n} \frac{\binom{M-1}{x-1}\binom{N-M}{n-x}}{\frac{N}{n}\binom{N-1}{n-1}} = n \cdot \frac{M}{n} \cdot \sum_{x=1}^{n} \frac{\binom{M-1}{x-1}\binom{N-M}{n-x}}{\binom{N-1}{n-1}} = n \cdot \frac{M}{n} \cdot \sum_{x=0}^{n-1} \frac{\binom{M-1}{x}\binom{N-M}{n-1-x}}{\binom{N-1}{n-1}} =$$

$$n \cdot \frac{M}{N} \cdot \sum_{x=0}^{n-1} f_H(x;N-1,n-1,M-1) = n \cdot \frac{M}{N} = n\Pi$$

Den Beweis für E(X) kann man auch führen, indem man die Stichprobe in n Einzelziehungen zerlegt:

$$X = X_1 + X_2 + \ldots + X_n$$

Für alle X_i gilt (vgl. Aufgabe 8.3):

$$P(X_i = 0) = 1 - \Pi$$
$$P(X_i = 1) = \Pi$$

und damit

$$E(X_i) = 0 \cdot (1-\Pi) + 1 \cdot \Pi = \Pi \quad i = 1, 2, \ldots, n$$

so daß

$$E(X) = E(X_1 + X_2 + \ldots + X_n) = \sum_{i=1}^{n} E(X_i) = n\Pi$$

7.1.2.5 Die Varianz einer hypergeometrisch verteilten Zufallsvariablen

Eine hypergeometrisch verteilte Zufallsvariable hat die Varianz

$$\text{Var}(X) = n\Pi(1-\Pi)\frac{N-n}{N-1}$$

Beweis:

Zum Beweis der Varianz verwenden wir die Beziehungen:

$$\binom{M}{x} = \frac{M}{x}\binom{M-1}{x-1} = \frac{M}{x} \cdot \frac{(M-1)!}{(x-1)!(M-x)!} = \frac{M(M-1)(M-2)!}{x(x-1)(x-2)!(M-x)!} = \frac{M(M-1)}{x(x-1)}\binom{M-2}{x-2} \quad \text{und}$$

$$\binom{N}{n} = \frac{N(N-1)}{n(n-1)}\binom{N-2}{n-2}$$

Dann berechnen wir den Erwartungswert $E[X(X-1)]$:

$$E[X(X-1)] = \sum_{x=0}^{n} x(x-1) \frac{\binom{M}{x}\binom{N-M}{n-x}}{\binom{N}{n}} = \sum_{x=2}^{n} \frac{M(M-1)}{N(N-1)} \cdot \frac{\binom{M-2}{x-2}\binom{N-M}{n-x}}{\binom{N-2}{n-2}} =$$

$$= \frac{M(M-1)n(n-1)}{N(N-1)} \sum_{x=2}^{n} \frac{\binom{M-2}{x-2}\binom{N-M}{n-x}}{\binom{N-2}{n-2}} = \frac{M(M-1)n(n-1)}{N(N-1)} \sum_{x=0}^{n-2} \frac{\binom{M-2}{x}\binom{N-M}{n-2-x}}{\binom{N-2}{n-2}} =$$

$$= \frac{M(M-1)n(n-1)}{N(N-1)} \cdot \sum_{x=0}^{n-2} f_H(x;N-2,n-2,M-2) = \frac{M(M-1)n(n-1)}{N(N-1)} =$$

$$= \frac{n\Pi(n-1)(M-1)}{N-1}$$

Nun ist

$$E(X^2) = E(X^2-X+X) = E(X^2-X)+E(X) = E[X(X-1)]+E(X) = \frac{n\Pi(n-1)(M-1)}{(N-1)} + n\Pi$$

und damit:

$$Var(X) = E(X^2)-[E(X)]^2 = \frac{n\Pi(n-1)(N\Pi-1)}{N-1} + n\Pi-n^2\Pi^2$$

Der letzte Ausdruck läßt sich umformen in:

$$Var(X) = n\Pi(1-\Pi)\frac{N-n}{N-1}$$

Der multiplikative Faktor $\frac{N-n}{N-1}$ liegt in der Nähe von 1, falls N im Vergleich zu n sehr groß ist; er wird als "Korrekturfaktor für endliche Gesamtheiten" bezeichnet. Schreibt man $\frac{N-n}{N-1} \doteq$ $\doteq \frac{N-n}{N} = 1- \frac{n}{N}$, so heißt $\frac{n}{N}$ der Auswahlsatz der Stichprobe in bezug auf die Gesamtheit. Man beachte die Spezialfälle n=1 und n=N. Im ersten Fall wird $\frac{N-n}{N-1} = 1$, im zweiten $\frac{N-n}{N-1} = 0$ und damit Var(X) = 0. Es gilt immer $0 \leq \frac{N-n}{N-1} \leq 1$.

7.1.2.6. Die Verallgemeinerung der hypergeometrischen Verteilung

Die Grundgesamtheit enthalte N Kugeln, davon N_1 der Farbe 1, N_2 der Farbe 2, ..., N_k der Farbe k mit $N_1+N_2+...N_k = N$. Eine Stichprobe ohne Zurücklegen im Umfang n wird gezogen. Gefragt ist nach der Wahrscheinlichkeit $f_H(x_1,...,x_k; N,n,N_1,...,N_k)$, d.h. nach der Wahrscheinlichkeit, in einer solchen Stichprobe genau x_1 Elemente der Farbe 1, x_2 Elemente der Farbe 2, ..., x_k Elemente der Farbe k zu finden. Wenn $\frac{N_1}{N} = \Pi_1$, $\frac{N_2}{N} = \Pi_2$, ..., $\frac{N_k}{N} = \Pi_k$, so ist diese Wahrscheinlichkeit

$$f_{H_1,...,H_k}(x_1,...,x_k;N,n,N_1,...,N_k) = \frac{\binom{N_1}{x_1}\binom{N_2}{x_2}...\binom{N_k}{x_k}}{\binom{N}{n}}$$

und $E(X_k) = n\Pi_k$, k = 1,2,...,n

Beispiel:

Ein Stapel von 52 Karten enthält jeweils 13 Karten der vier verschiedenen Farben. Die Wahrscheinlichkeit, bei einer Auswahl von 13 Karten (ohne Zurücklegen) 4 Herz, 3 Kreuz, 5 Karo, 1 Pique zu erhalten ist

$$\frac{\binom{13}{4}\binom{13}{3}\binom{13}{5}\binom{13}{1}}{\binom{52}{13}}$$

7.1.3. Die Binomialverteilung

7.1.3.1. Die Darstellung der Problemstellung durch ein Urnenmodell

Die Binomialverteilung läßt sich auf alle Probleme anwenden, die in das folgende Urnenmodell übertragen werden können: Wir betrachten eine Urne mit insgesamt N Kugeln. Davon sollen M Kugeln die Farbe rot, die übrigen N-M Kugeln die Farbe schwarz haben. Der Anteil der roten Kugeln ist dann $\Pi = \frac{M}{N}$, der Anteil der schwarzen beträgt $\frac{N-M}{N} = 1 - \frac{M}{N} = 1-\Pi$. Aus dieser Gesamtheit wird eine Stichprobe mit Zurücklegen und Beachten der Reihenfolge im Umfang n gezogen. Die Ziehung einer roten Kugel soll als Erfolg, die einer schwarzen als Mißerfolg bezeichnet werden. Nun wird entsprechend der hypergeometrischen Verteilung folgende Zufallsvariable X definiert: X = "Anzahl der Erfolge bei einer Ziehung mit Zurücklegen von n Kugeln". Die Wahrscheinlichkeitsverteilung dieser Zufallsvariablen wird als Binomialverteilung bezeichnet. Sie ist abhängig von den Konstanten n und Π. Man schreibt kurz: $X \sim B(n,\Pi)$ (lies: X ist eine binomialverteilte Zufallsvariable, deren Verteilung bestimmt ist durch die Parameter n und Π). Zur Charakterisierung der Binomialverteilung soll im folgenden ihre Wahrscheinlichkeitsfunktion ermittelt werden, die mit $f_B(x;n,\Pi)$ bezeichnet wird.

Hilfreich für die folgenden Ableitungen ist die Zerlegung der Stichprobe im Umfang n in Einzelziehungen. Die Zufallsvariable X läßt sich als Summe $X = X_1 + X_2 + \ldots + X_n$ von n Zufallsvariablen definieren, wobei X_i lautet: "Anzahl der Erfolge bei der i-ten Ziehung" (i=1,2,...,n). Jede der n Zufallsvariablen kann die Ausprägungen 0 oder 1 annehmen mit den Wahrscheinlichkeiten $P(X_i=0)=1-\Pi$ bzw. $P(X_i=1)=\Pi$. Wegen der Vorschrift, die gezogenen Kugeln zurückzulegen, sind die Zufallsvariablen $X_1, X_2, \ldots, X_n$ stochastisch unabhängig.

Bei dem geschilderten Zufallsvorgang handelt es sich um einen
Bernoulli-Vorgang. Ein Bernoulli-Vorgang ist eine Folge von
n unabhängigen (Bernoulli-)Versuchen, bei denen der Bedingungskomplex derselbe ist und jeweils nur ein Ereignis und
das dazu komplementäre Ereignis interessiert. In unserem Urnenmodell ist dieses Ereignis das Ziehen einer Erfolgskugel,
das dazu komplementäre Ereignis ist das Ziehen einer Mißerfolgskugel. Ein Bernoulli-Vorgang ist also durch folgende
Eigenschaften charakterisiert:

a) der Stichprobenraum ist für alle Versuche gleich:

$$S_i = \{e_1, e_2\} \quad i=1,2,\ldots,n$$

b) Die n Versuche sind unabhängig

c) Die Wahrscheinlichkeiten für die Elementarereignisse sind
   für alle Versuche gleich. In unserem Beispiel ist S_i =
   = $\{0;1\}$, i=1,2,...,n und $P(\{0\}) = 1-\Pi$, $P(\{1\}) = \Pi$.

7.1.3.2. Die Wahrscheinlichkeitsfunktion einer binomialverteilten Zufallsvariablen

Zur Herleitung der Wahrscheinlichkeit, in einer Stichprobe
im Umfang n genau x Erfolge und n-x Mißerfolge zu erzielen,
gehen wir aus von einer speziellen Reihenfolge der Ziehung.
Es wird nun der Fall betrachtet, daß zuerst x Erfolge und
n-x Mißerfolge gezogen werden. Diese Wahrscheinlichkeit wird
mit P(x) bezeichnet, sie ist gegeben durch

$$P(x) = \underbrace{\frac{M}{N} \cdot \frac{M}{N} \cdot \ldots \cdot \frac{M}{N}}_{x\text{-mal}} \cdot \underbrace{\frac{N-M}{N} \cdot \frac{N-M}{N} \cdot \ldots \cdot \frac{N-M}{N}}_{(n-x)\text{-mal}} = \frac{M^x (N-M)^{n-x}}{N^n}$$

Wegen $\Pi = \frac{M}{N}$ und $1-\Pi = \frac{N-M}{N}$ erhält man:

$$P(x) = \Pi^x (1-\Pi)^{n-x}$$

Es gibt nun insgesamt $\binom{n}{x}$ verschiedene mögliche Anordnungen von x Erfolgen und n-x Mißerfolgen (vgl. Permutationen mit Wiederholung). Jeder dieser Permutationen kommt die gleiche Wahrscheinlichkeit zu, als Stichprobe aufzutreten, nämlich P(x). Da sich diese einzelnen Möglichkeiten gegenseitig ausschließen, erhält man die Wahrscheinlichkeit für x Erfolge und n-x Mißerfolge (unabhängig von der Reihenfolge der Ziehung der Erfolge und Mißerfolge) durch Addition der Wahrscheinlichkeiten für die verschiedenen Reihenfolgen, nämlich durch

$$f_B(x;n,\Pi) = \binom{n}{x} P(x) = \binom{n}{x} \Pi^x (1-\Pi)^{n-x}$$

Die Werte der Wahrscheinlichkeitsfunktion hängen also vom Stichprobenumfang n und vom Parameter $\Pi = \frac{M}{N}$ ab; also dem Anteil der Erfolgskugeln an der Gesamtzahl der Kugeln, nicht jedoch von der Gesamtzahl N der Kugeln in der Urne wie bei der hypergeometrischen Verteilung. Die Zufallsvariable X kann Werte zwischen 0 und n annehmen: $0 \leq x \leq n$. Es bleibt zu zeigen, daß f_B eine Wahrscheinlichkeitsfunktion ist, d.h. daß $\sum_{x=0}^{n} f_B(x;n,\Pi) = 1$. Hierzu verwendet man den binomischen Lehrsatz:

$$\sum_{x=0}^{n} \binom{n}{x} \Pi^x (1-\Pi)^{n-x} = [(1-\Pi)+\Pi]^n = 1$$

Beispiel:

Ein Würfel wird fünfmal geworfen. Gefragt ist nach der Wahrscheinlichkeit, genau 0, 1, 2, 3, 4 oder 5mal eine 1 zu werfen. Das Werfen einer 1 ist als Erfolg anzusehen mit der Wahrscheinlichkeit $\Pi = \frac{1}{6}$; die Wahrscheinlichkeit für den Mißerfolg ist dann $1-\Pi = \frac{5}{6}$. Es ist

$$f_B(0;5,\tfrac{1}{6}) = \binom{5}{0}\left(\tfrac{1}{6}\right)^0\left(\tfrac{5}{6}\right)^5 = 0,4019 \qquad f_B(3;5,\tfrac{1}{6}) = \binom{5}{3}\left(\tfrac{1}{6}\right)^3\left(\tfrac{5}{6}\right)^2 = 0,0321$$

$$f_B(1;5,\tfrac{1}{6}) = \binom{5}{1}\left(\tfrac{1}{6}\right)^1\left(\tfrac{5}{6}\right)^4 = 0,4019 \qquad f_B(4;5,\tfrac{1}{6}) = \binom{5}{4}\left(\tfrac{1}{6}\right)^4\left(\tfrac{5}{6}\right)^1 = 0,0032$$

$$f_B(2;5,\tfrac{1}{6}) = \binom{5}{2}\left(\tfrac{1}{6}\right)^2\left(\tfrac{5}{6}\right)^3 = 0,1608 \qquad f_B(5;5,\tfrac{1}{6}) = \binom{5}{5}\left(\tfrac{1}{6}\right)^5\left(\tfrac{5}{6}\right)^0 = 0,0001$$

7.1.3.3. Die Verteilungsfunktion einer binomialverteilten Zufallsvariablen

Die Verteilungsfunktion lautet

$$F_B(x;n,\Pi) = \begin{cases} 0 & \text{für } x < 0 \\ \sum_{v=0}^{[x]}\binom{n}{v}\Pi^v(1-\Pi)^{n-v} = \sum_{v=0}^{[x]} f_B(v;n,\Pi) & \text{für } x \geq 0 \end{cases}$$

dabei ist [x] der ganzzahlige Teil von x

Beispiel:

Wie groß ist die Wahrscheinlichkeit, bei fünfmaligem Würfelwurf höchstens zweimal die 1 zu werfen? Anders formuliert ist hier nach der Wahrscheinlichkeit gefragt, genau 0-mal oder genau 1-mal oder genau 2-mal die 1 zu werfen, also

$$F_B(2;5,\tfrac{1}{6}) = f_B(0;5,\tfrac{1}{6}) + f_B(1;5,\tfrac{1}{6}) + f_B(2;5,\tfrac{1}{6}) = 0,40+0,40+0,16 = 0,96$$

7.1.3.4. Der Erwartungswert einer binomialverteilten Zufallsvariablen

Die Binomialverteilung hat den Erwartungswert

$$E(X) = n\Pi$$

Beweis:

Man schreibt die Zufallsvariable X als Summe von Zufallsvariablen:
$X = X_1 + X_2 + \ldots + X_n$. Dabei gilt für alle X_i (i=1,2,...,n):

$$E(X_i) = 0 \cdot (1-\Pi) + 1 \cdot \Pi = \Pi,$$

so daß man erhält:

$$E(X) = E(X_1+X_2+\ldots+X_n) = \sum_{i=1}^{n} E(X_i) = \sum_{i=1}^{n} \Pi = n\Pi$$

7.1.3.5. Die Varianz einer binomialverteilten Zufallsvariablen

Die binomialverteilte Zufallsvariable X hat die Varianz:

$$\text{Var}(X) = n\Pi(1-\Pi)$$

Beweis:

Wiederum schreibt man $X = X_1+X_2+\ldots+X_n$. Für jede Zufallsvariable X_i gilt ($i=1,2,\ldots,n$):

$$\text{Var}(X_i) = (0-\Pi)^2(1-\Pi)+(1-\Pi)^2\cdot\Pi = \Pi^2(1-\Pi)+\Pi(1-\Pi)^2 = \Pi(1-\Pi)[\Pi+1-\Pi] =$$

$$= \Pi(1-\Pi)$$

Daher wird wegen der Unabhängigkeit der Zufallsvariablen $X_1,X_2,\ldots,X_n$

$$\text{Var}(X) = \text{Var}(X_1+X_2+\ldots+X_n) = \text{Var}(X_1)+\text{Var}(X_2)+\ldots+\text{Var}(X_n) = n\Pi(1-\Pi)$$

Alternativ kann der Beweis auch mit Hilfe der momenterzeugenden Funktion geführt werden. Man vergleiche hierzu das Beispie des Abschnitts 5.1.5.3.

7.1.3.6. Die Reproduktivitätseigenschaft der Binomialverteilung

Man sagt, eine Wahrscheinlichkeitsverteilung habe die Reproduktivitätseigenschaft, wenn eine Summe von unabhängigen Zufallsvariablen dieses Verteilungsgesetzes selbst wieder gemäß diesem Verteilungsgesetz verteilt ist. Die Binomialverteilung hat diese Eigenschaft in folgendem Sinne: Sind zwei Zufallsvariablen X_1 und X_2 binomialverteilt mit Stichprobenumfängen n_1 bzw. n_2 und gleichem Wert Π, also $X_1 \sim B(n_1,\Pi)$ und $X_2 \sim B(n_2,\Pi)$, so ist auch deren Summe $X = X_1+X_2$ binomialverteilt mit Stichprobenumfang $n = n_1+n_2$ und Parameter Π.

also $X \sim B(n = n_1+n_2, \Pi)$. Mit Hilfe des in 7.1.3.1. besprochenen Urnen-Modells kann man dies leicht einsehen: Aus einer Urne mit einem Anteil Π von Erfolgskugeln werden n_1 bzw. n_2 Kugeln mit Zurücklegen entnommen; X_1 und X_2 sind die Anzahl der Erfolgskugeln bei Stichprobe Nr 1 bzw. Stichprobe Nr 2. Beide Zufallsvariablen sind binomialverteilt. $X = X_1+X_2$ ist die Gesamtzahl der Erfolgskugeln in beiden Stichproben. Dies ist aber die Zufallsvariable "Anzahl der Erfolgskugeln bei Ziehung einer Stichprobe mit Zurücklegen im Umfang $n = n_1+n_2$", die gemäß den bisherigen Ausführungen einer Binomialverteilung $B(n = n_1+n_2, \Pi)$ folgt.

7.1.3.7. Die Binomialverteilung als Grenzverteilung der hypergeometrischen Verteilung

Die im Abschnitt 6.3. definierte Konvergenz der Verteilung nach findet nun erstmals Anwendung im Vergleich der Binomial- und der hypergeometrischen Verteilung. Die Urnenmodelle, die beiden Verteilungen zugrundeliegen, unterscheiden sich darin, daß im Falle der Binomialverteilung mit Zurücklegen, im Falle der hypergeometrischen Verteilung ohne Zurücklegen gezogen wird. Es wird nun der Frage nachgegangen, unter welchen Voraussetzungen sich die hypergeometrische Verteilung an die Binomialverteilung annähert, der Effekt des Ziehens ohne Zurücklegen also vernachlässigt werden kann. Dazu soll angenommen werden, daß M und N sehr groß wird, wobei $\frac{M}{N}$ stets einen konstanten Wert Π haben soll. Für feste Werte von n und x wird nun die Wahrscheinlichkeitsfunktion der hypergeometrischen Verteilung betrachtet:

$$f_H(x;N,n,M) = \binom{n}{x} \frac{M(M-1)\ldots(M-x+1)(N-M)(N-M-1)\ldots(N-M-n+x+1)}{N(N-1)\ldots(N-n+1)}$$

Läßt man nun M und N immer größer werden, so gelten folgende Näherungen:

$N(M-1)\ldots(M-x+1) \doteq M^x$

$(N-M)(N-M-1)\ldots(N-M-n+x+1) \doteq (N-M)^{n-x}$

$N(N-1)\ldots(N-n+1) \doteq N^n$

Eingesetzt in die Wahrscheinlichkeitsfunktion ergibt sich:

$$f_H(x;N,n,M) \doteq \binom{n}{x} \frac{M^x(N-M)^{n-x}}{N^x N^{n-x}}$$

Machen wir nun noch die zusätzliche Annahme, daß N und M wachsen bei konstantem Wert $\Pi = \frac{M}{N}$, so folgt:

$$f_H(x;N,m,M) \doteq \binom{n}{x}\left(\frac{M}{N}\right)^x\left(\frac{N-M}{N}\right)^{n-x} = \binom{n}{x}\Pi^x(1-\Pi)^{n-x} = f_B(x;n,\Pi)$$

Falls also n klein ist im Verhältnis zu N und M, wird die Grundgesamtheit durch die fortgesetzten Ziehungen ohne Zurücklegen praktisch nicht verändert, beide Modelle sind dann äquivalent. In der Varianz der hypergeometrischen Verteilung äußert sich die Übereinstimmung darin, daß der Korrekturfaktor $\frac{N-n}{N-1}$ gleich 1 wird. Als Faustregel für eine sinnvolle Anwendung der Binomialverteilung anstelle der hypergeometrischen gilt ein Auswahlsatz $\frac{n}{N}$ von höchstens 5 %. Graphische Veranschaulichung der Näherung:

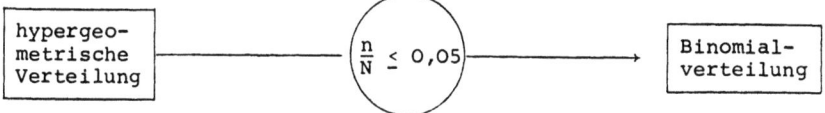

Beispiele:

a) Für die Annäherung der hypergeometrischen Verteilung an die Binomialverteilung betrachte man das Illustrationsbeispiel der Konvergenz der Verteilung nach im Abschnitt 6.3.

b) Erkrankung nach Impfung
Im Impfbeispiel des Abschnitts 7.1.2.2. war N = 10000, n=200 und $\Pi=0,003$.
Wegen $\frac{n}{N} = \frac{200}{10000} = 0,02 < 0,05$ kann man die Binomialverteilung als Näherung verwenden. Die Wahrscheinlichkeit, daß von 200 geimpften Personen keine erkrankt, ist dann:

$f_B(0;n=200;\Pi=0,003) = \binom{200}{0} \cdot 0,003^0 \cdot 0,997^{20} = 0,5483$

7.1.3.8. Die Verallgemeinerung der Binomialverteilung

Die Grundgesamtheit von N Elementen bestehe aus N_1 Elementen der Farbe 1, N_2 Elementen der Farbe 2, ..., N_k Elementen der Farbe k, mit $N_1+N_2+\ldots N_k = N$. Eine Stichprobe mit Zurücklegen im Umfang n wird gezogen. Gefragt ist nach der Wahrscheinlichkeit, in einer solchen Stichprobe genau x_1 Elemente der Farbe 1,...,x_k Elemente der Farbe k zu finden, wobei $x_1+x_2+\ldots x_k = n$.

Wenn $\frac{N_1}{N} = \Pi_1, \frac{N_2}{N} = \Pi_2, \ldots, \frac{N_k}{N} = \Pi_k$, so ist diese Wahrscheinlichkeit:

$$f_{B_1,\ldots,B_k}(x_1,\ldots,x_k;n,\Pi_1,\ldots,\Pi_k) = \frac{n!}{x_1!x_2!\ldots x_k!} \Pi_1^{x_1} \cdot \Pi_2^{x_2} \cdot \ldots \cdot \Pi_k^{x_k}$$

Dies ist die Wahrscheinlichkeitsverteilung der Multinomialverteilung. Sie hat die Erwartungswerte $E(X_i) = n\Pi_i$ für $x=1,2,\ldots,k$.

7.1.4. Die geometrische Verteilung

7.1.4.1. Die Darstellung der Problemstellung als Urnenmodell

Aus einer Urne mit zwei Arten von Kugeln, die als "Erfolgskugeln" bzw. "Mißerfolgskugeln" bezeichnet werden, werden Kugeln mit Zurücklegen gezogen. Die Wahrscheinlichkeit, eine Erfolgskugel zu ziehen, sei gleich Π, die einer Mißerfolgskugel gleich $1-\Pi$. Insofern stimmt die Ziehungsvorschrift mit jener der Binomialverteilung überein. Im Unterschied zur Binomialverteilung ist jedoch der Stichprobenumfang nicht fest vorgegeben, sondern vom Ziehungsergebnis abhängig und damit zufällig. Man definiert die Zufallsvariable X: "Anzahl der Versuche bis zum ersten Erfolg". Diese Zufallsvariable kann jede natürliche Zahl als Ausprägung annehmen. Die Verteilung der Zufallsvariablen X wird als geometrische Verteilung bezeichnet. Man schreibt kurz: $X \sim GE(\Pi)$. Es soll nun die Wahrscheinlichkeits- und Verteilungsfunktion der Zufallsvariablen X ermittelt werden.

7.1.4.2 Die Wahrscheinlichkeits- und Verteilungsfunktion einer geometrisch verteilten Zufallsvariablen

Nimmt die Zufallsvariable X: "Anzahl der Versuche bis zum ersten Erfolg" den Wert X=x an, so bedeutet dies, daß zunächst x-1 Mißerfolge, dann ein Erfolg eintritt. Die Wahrscheinlichkeit hierfür beträgt

$$P(X=x) = (1-\Pi)^{x-1} \cdot \Pi$$

Man definiert daher:

Eine Zufallsvariable X heißt geometrisch verteilt, wenn ihre Wahrscheinlichkeitsfunktion wie folgt lautet:

$$f_{GE}(x;\Pi) = \begin{cases} \Pi(1-\Pi)^{x-1} & \text{für } x=1,2,\ldots \\ 0 & \text{sonst} \end{cases}$$

Hinweis:
Gelegentlich wird die folgende Funktion als Wahrscheinlichkeitsfunktion der geometrischen Verteilung eingeführt:

$$f_{GE'}(x;\Pi) = \begin{cases} \Pi(1-\Pi)^{x} & \text{für } x=0,1,2,\ldots \\ 0 & \text{sonst} \end{cases}$$

Die Zufallsvariable X lautet dann: "Anzahl der Fehlversuche bis zum Auftreten des ersten Erfolgs".

Diese Verteilung heißt geometrische Verteilung, weil die Werte der Wahrscheinlichkeitsfunktion eine geometrische Reihe bilden, f_{GE} ist eine Wahrscheinlichkeitsfunktion, denn es gilt

$$\sum_{x=1}^{\infty} f_{GE}(x;\Pi) = \sum_{x=1}^{\infty} \Pi(1-\Pi)^{x-1} = \Pi \cdot \frac{1}{1-(1-\Pi)} = 1$$

Die Verteilungsfunktion der geometrischen Verteilung lautet

$$F_{GE}(x;\Pi) = P(X \leq x) = \begin{cases} 0 & \text{für } x < 1 \\ 1-(1-\Pi)^{[x]} & \text{für } x \geq 1 \\ \text{wobei } [x] = \text{ganzzahliger Teil von } x \end{cases}$$

Beweis:

Für $x \geq 1$ gilt

$$P(X \leq x) = \sum_{i=1}^{[x]} \Pi(1-\Pi)^{i-1} = \Pi \sum_{i=0}^{[x]-1} (1-\Pi)^i = \Pi \cdot \frac{1-(1-\Pi)^{[x]}}{1-(1-\Pi)} = 1-(1-\Pi)^{[x]}$$

Beispiel:

Die Wahrscheinlichkeit, daß eine Person die Führerscheinprüfung besteht, sei $\Pi = 2/3$. Gesucht ist

a) Die Wahrscheinlichkeit, daß eine Person die Führerscheinprüfung beim 3. Versuch besteht.

Sie lautet: $f_{GE}(3;\Pi=\frac{2}{3}) = \frac{2}{3} \cdot (\frac{1}{3})^2 = \frac{2}{27}$

b) Die Wahrscheinlichkeit, daß ein Kandidat bei den ersten fünf Versuchen die Prüfung nicht besteht.

Sie lautet:

$$P(X \geq 6) = f_{GE}(6;\frac{2}{3}) + f_{GE}(7;\frac{2}{3}) + \ldots = 1 - F_{GE}(5;\frac{2}{3}) = 1-[1-(1-\frac{2}{3})^5] =$$

$$= 1-0,9959 = 0,0041$$

c) Wieviele Versuche muß eine Person mindestens einkalkulieren, wenn sie die Prüfung mit einer Wahrscheinlichkeit von mindestens 0,95 bestehen will?

Gesucht ist die kleinste ganze Zahl x, so daß gilt:

$$\sum_{x=1}^{x} f_{GE}(i;\tfrac{2}{3}) = \Pi + \Pi(1-\Pi) + \Pi(1-\Pi)^2 + \ldots + \Pi(1-\Pi)^{x-1} \geq 0,95$$

Man erhält

für x=2: $\tfrac{2}{3} + \tfrac{2}{3} \cdot \tfrac{1}{3} = 0,8889 < 0,95$

für x=3: $\tfrac{2}{3} + \tfrac{2}{3} \cdot \tfrac{1}{3} + \tfrac{2}{3} \cdot (\tfrac{1}{3})^2 = 0,9630 > 0,95$

Ein Prüfling muß also x=3 Prüfungsversuche einkalkulieren.

7.1.4.3. Der Erwartungswert einer geometrisch verteilten Zufallsvariablen

Eine geometrisch verteilte Zufallsvariable X hat den Erwartungswert

$$E(X) = \tfrac{1}{\Pi}$$

Beweis:

$$E(X) = \sum_{x=1}^{\infty} x \cdot \Pi(1-\Pi)^{x-1} = \sum_{x=0}^{\infty} (x+1)\Pi(1-\Pi)^{x} = \sum_{x=0}^{\infty} x\Pi(1-\Pi)^{x} + \sum_{x=0}^{\infty} \Pi(1-\Pi)^{x} =$$

$$= \sum_{x=1}^{\infty} x\Pi(1-\Pi)^{x} + \sum_{x=1}^{\infty} \Pi(1-\Pi)^{x-1} = (1-\Pi)\sum_{x=1}^{\infty} x\Pi(1-\Pi)^{x-1} + 1 = (1-\Pi)E(X)+1$$

Also erhält man:

$$E(X) = (1-\Pi)E(X)+1$$

$$E(X) = \tfrac{1}{\Pi}$$

Alternativ kann der Beweis mit Hilfe der momenterzeugenden Funktion geführt werden. Man erhält:

$$M_{GE}(\Theta) = E(e^{\Theta X}) = \sum_{x=1}^{\infty} e^{\Theta x} \cdot \Pi(1-\Pi)^{x-1} = \frac{\Pi}{1-\Pi} \sum_{x=1}^{\infty} e^{\Theta x}(1-\Pi)^{x} =$$

$$= \frac{\Pi}{1-\Pi} \sum_{x=1}^{\infty} [(1-\Pi)e^{\Theta}]^{x} = \frac{\Pi}{1-\Pi} \cdot \frac{(1-\Pi)e^{\Theta}}{1-(1-\Pi)e^{\Theta}} = \frac{\Pi e^{\Theta}}{1-(1-\Pi)e^{\Theta}}$$

Differenzieren nach Θ ergibt:

$$\frac{dM_{GE}(\Theta)}{d\Theta} = \frac{[1-(1-\Pi)e^{\Theta}]\Pi e^{\Theta}+\Pi e^{\Theta}(1-\Pi)e^{\Theta}}{[1-(1-\Pi)e^{\Theta}]^{2}} = \frac{\Pi e^{\Theta}}{[1-(1-\Pi)e^{\Theta}]^{2}}$$

$$\left.\frac{dM_{GE}(\Theta)}{d\Theta}\right|_{\Theta=0} = \frac{\Pi}{\Pi^{2}} = \frac{1}{\Pi}$$

Beispiele:

a) Die Wahrscheinlichkeit, daß eine Person am 6. Mai Geburtstag hat, sei $\Pi = \frac{1}{365}$. Wieviele Personen muß man durchschnittlich auswählen, bis man eine Person findet, die am 6. Mai Geburtstag hat?

Die Zufallsvariable X bezeichne die Anzahl der Personen, die man auswählen muß, bis eine Person mit Geburtstag am 6. Mai ausgewählt wird. Dann ist $X \sim GE(\frac{1}{365})$ verteilt. Wegen $E(X) = \frac{1}{\Pi} = 365$ müssen durchschnittlich 365 Personen ausgewählt werden.

b) Die Dauer eines Telefongespräches sei ein ganzzahliges Vielfaches einer Minute. Sie sei durch folgenden Zufallsmechanismus bestimmt: Am Ende einer Minute wird durch eine Zufallsziehung entschieden, ob ein Gespräch beendet ist (die Wahrscheinlichkeit für dieses Ergebnis ist Π) oder noch andauert (die Wahrscheinlichkeit hierfür ist $1-\Pi$). Die Dauer eines Telefongespräches X ist dann geometrisch verteilt: $X \sim GE(\Pi)$.

Gesucht ist die erwartete fernere Dauer eines Gesprächs unter der Bedingung, daß es bereits k Minuten andauert. Man erhält die erwartete fernere Dauer mit Hilfe der Beziehung:

$$E(X|k)-k = \sum_{x=k+1}^{\infty} x \cdot \frac{\Pi(1-\Pi)^{x-1}}{P(X>k)} -k = \frac{1}{P(X>k)} \cdot \Pi \cdot \sum_{x=k+1}^{\infty} x(1-\Pi)^{x-1} -k$$

Man ermittelt:
$$P(X>k) = \sum_{x=k+1}^{\infty} \Pi(1-\Pi)^{x-1} = \Pi[(1-\Pi)^k + (1-\Pi)^{k+1} + \ldots] =$$

$$= \Pi(1-\Pi)^k[1+(1-\Pi)+(1-\Pi)^2+\ldots] = \Pi(1-\Pi)^k \cdot \frac{1}{1-(1-\Pi)} = (1-\Pi)^k$$

Ferner gilt:
$$\sum_{x=k+1}^{\infty} x(1-\Pi)^{x-1} = \frac{d}{d(1-\Pi)} \left(\sum_{x=k+1}^{\infty} (1-\Pi)^x \right) = \frac{d}{d(1-\Pi)} \left(\frac{(1-\Pi)^{k+1}}{1-(1-\Pi)} \right) =$$

$$= \frac{\Pi(k+1)(1-\Pi)^k + (1-\Pi)^{k+1}}{[1-(1-\Pi)]^2} = \frac{(1-\Pi)^k(1+k\Pi)}{\Pi^2}$$

Damit wird:
$$E(X|k)-k = \frac{1}{(1-\Pi)^k} \cdot \Pi \cdot \frac{(1-\Pi)^k(1+k\Pi)}{\Pi^2} - k = \frac{1}{\Pi}$$

Man kommt damit zu folgendem Ergebnis: Die erwartete fernere Dauer des Gesprächs ist gleich der erwarteten Dauer bei Beginn des Gesprächs und damit unabhängig von der bisherigen Dauer des Gesprächs. Gleichgültig, wie lange ein Gespräch schon gedauert hat, die erwartete fernere Dauer beträgt $\frac{1}{\Pi}$. Man sagt, die geometrische Verteilung hat "kein Gedächtnis".

7.1.4.4. Die Varianz einer geometrisch verteilten Zufallsvariablen

Eine geometrisch verteilte Zufallsvariable X hat die Varianz

$$Var(X) = \frac{1-\Pi}{\Pi^2}$$

Beweis:
$$E(X^2) = \sum_{x=1}^{\infty} x^2 \Pi(1-\Pi)^{x-1} = \sum_{x=0}^{\infty} (x+1)^2 \Pi(1-\Pi)^x =$$

$$= \sum_{x=0}^{\infty} x^2 \Pi(1-\Pi)^x + \sum_{x=0}^{\infty} 1^2 \cdot \Pi(1-\Pi)^x + 2 \sum_{x=0}^{\infty} x\Pi(1-\Pi)^x =$$

$$= (1-\Pi) \cdot \sum_{x=1}^{\infty} x^2 \Pi(1-\Pi)^{x-1} + \sum_{x=1}^{\infty} \Pi(1-\Pi)^{x-1} + 2(1-\Pi) \sum_{x=1}^{\infty} x\Pi(1-\Pi)^{x-1}$$

$E(X^2) = (1-\Pi) \cdot E(X^2) + 1 + 2(1-\Pi) \cdot E(X)$

$E(X^2) [1-(1-\Pi)] = 2(1-\Pi)E(X)+1$

$E(X^2) = \frac{2(1-\Pi)E(X)}{\Pi} + \frac{1}{\Pi} = \frac{2(1-\Pi)}{\Pi^2} + \frac{1}{\Pi}$

$Var(X) = E(X^2) - [E(X)]^2 = \frac{2(1-\Pi)}{\Pi^2} + \frac{1}{\Pi} - \frac{1}{\Pi^2} = \frac{2-2\Pi+\Pi-1}{\Pi^2} = \frac{1-\Pi}{\Pi^2}$

Mit Hilfe der momenterzeugenden Funktion läßt sich Var(X) wie folgt ableiten:

$\frac{d^2 M_{GE}(\Theta)}{d\Theta^2} = \frac{[1-(1-\Pi)e^\Theta]^2 \Pi e^\Theta + 2\Pi e^\Theta (1-(1-\Pi)e^\Theta)e^\Theta(1-\Pi)}{[1(1-\Pi)e^\Theta]^4} =$

$= \frac{\Pi e^\Theta [1-(1-\Pi)^2 e^{2\Theta}]}{[1-(1-\Pi)e^\Theta]^4}$

$\left. \frac{d^2 M_{GE}(\Theta)}{d\Theta^2} \right|_{\Theta=0} = \frac{\Pi[1-(1-\Pi)^2]}{[1-(1-\Pi)]^4} = \frac{\Pi-\Pi(1-\Pi)^2}{\Pi^4} = \frac{1}{\Pi^3} - \frac{(1-\Pi)^2}{\Pi^3}$

$Var(X) = E(X)^2 - [E(X)]^2 = \frac{1}{\Pi^3} - \frac{(1-\Pi)^2}{\Pi^3} - \frac{\Pi}{\Pi^3} =$

$= \frac{1-\Pi-(1-\Pi)^2}{\Pi^3} = \frac{1-\Pi}{\Pi^2}$

7.1.5. Die negative Binomialverteilung

7.1.5.1. Die Darstellung der Problemstellung durch ein Urnenmodell

Aus einer Urne mit "Erfolgskugeln" und "Mißerfolgskugeln" werden nacheinander Kugeln mit Zurücklegen gezogen. Die Beendigung der Ziehung ist wiederum zufallsbedingt. Man definiert zunächst die Zufallsvariable Y: "Anzahl der durchgeführten Ziehungen bis zum r-ten Erfolg". Betrachtet man die Zufallsvariablen X_i: "Anzahl der Ziehungen vom (i-1)-ten bis zum i-ten Erfolg" (i=1,2,...,r), so sind die X_i geometrisch verteilt und wegen der Voraussetzung der Ziehung mit Zurücklegen auch unabhängig. Die oben definierte Zufallsvariable Y läßt sich dann als Summe von unabhängigen Zufallsvariablen darstellen:

$$Y = X_1 + X_2 + \ldots + X_r$$

Sie kann die Ausprägungen r, r+1, r+2, ... annehmen. Die Zufallsvariable X = Y-r gibt die Anzahl der Mißerfolge an, die bis zum Eintreten des r-ten Erfolges auftreten. Die Wahrscheinlichkeitsverteilung der Zufallsvariablen X heißt negative Binomialverteilung. Sie ist von zwei Parametern r und Π abhängig und hat die Ausprägungen 0,1,2,.... Man sagt, X sei negativ binomialverteilt mit Parametern r und Π und schreibt X ~ NB(r,Π). Im folgenden soll die Wahrscheinlichkeits- und Verteilungsfunktion einer negativ binomialverteilten Zufallsvariablen ermittelt werden.

7.1.5.2. Die Wahrscheinlichkeitsfunktion und Verteilungsfunktion einer negativ binomialverteilten Zufallsvariablen

Sind Y=y Versuche erforderlich bis zum Auftreten von r Erfolgen, so bedeutet dies, daß insgesamt r Erfolge und y-r Mißerfolge aufgetreten sind. Eine der möglichen Reihenfolgen des Auftretens von Erfolgen und Mißerfolgen besteht darin, daß zuerst y-r Mißerfolge und dann r Erfolge erzielt wurden. Die Wahrscheinlichkeit hierfür beträgt

$$P(y) = (1-\Pi)^{y-r} \cdot \Pi^r$$

Dies ist jedoch nicht die einzige mögliche Anordnung für y-r Mißerfolge und r Erfolge. Jede andere Anordnung ist möglich, bei der an der letzten Stelle ein Erfolg steht. Es gibt damit so viele verschiedene Anordnungen wie es unterschiedliche Permutationen von r-1 Erfolgen und y-r Mißerfolgen gibt, also insgesamt

$$\binom{y-r+r-1}{r-1} = \binom{y-1}{r-1} = \binom{y-1}{y-r}$$

verschiedene Anordnungen, von denen jede die Wahrscheinlichkeit $(1-\Pi)^{y-r}\Pi^r$ hat. Man erhält daher

$$P(Y=y) = \binom{y-1}{y-r} \cdot P(y) = \binom{y-1}{y-r}\Pi^r(1-\Pi)^{y-r}$$

für $y = r, r+1, r+2, \ldots$

Nun gehen wir über auf die Zufallsvariable $X = Y-r$. Es ergibt sich:

$$P(Y=y) = P(X+r=y) = P(X=y-r) = \binom{y-1}{y-r}\Pi^r(1-\Pi)^{y-r}$$

Setzt man $x=y-r$ in diese Beziehung ein, so erhält man

$$P(X=x) = \binom{x+r-1}{x}\Pi^r(1-\Pi)^x$$

Dabei gibt X die Zahl der Mißerfolge an, die bis zum Eintreten des r-ten Erfolges auftreten. Diese abgeleitete Beziehung ergibt die Wahrscheinlichkeitsfunktion der negativen Binomialverteilung

$$f_{NB}(x;r,\Pi) = \begin{cases} \binom{x+r-1}{x}\Pi^r(1-\Pi)^x & x = 0,1,2,\ldots \\ 0 & \text{sonst} \end{cases}$$

Den Binomialkoeffizienten kann man etwas umformen:

$$\binom{x+r-1}{x} = (-1)^{2x}\binom{x+r-1}{x} = (-1)^{2x} \cdot \frac{(x+r-1)(x+r-2)\cdots r}{x!}$$

$$= (-1)^k \frac{(-r)(-r-1)\ldots(-r-x+1)}{x!} = (-1)^x\binom{-r}{x}$$

Daher kann man die Wahrscheinlichkeitsfunktion der negativen Binomialverteilung auch wie folgt schreiben:

$$f_{NB}(x;r,\Pi) = \binom{-r}{x}\Pi^r[-(1-\Pi)]^x$$

Ihre Verteilungsfunktion lautet dann:

$$F_{NB}(x;r,\Pi) = \begin{cases} 0 & \text{für } x < 0 \\ \sum_{v=0}^{[x]}\binom{v+r-1}{v}\Pi^r(1-\Pi)^v & \text{für } x \geq 0 \\ \text{Dabei ist } [x] \text{ der ganzzahlige Teil von } x \end{cases}$$

Beispiel:

Der Anteil der normgerechten Produktion einer Maschine betrage 90 %. Pro Zeiteinheit werde 1 Werkstück hergestellt. Zu berechnen ist die Wahrscheinlichkeit, daß 3 fehlerhafte Werkstücke nach genau 8 Perioden auftreten.

Es ist r=3, x=8-3=5, Π=0,1 und damit

$$f_{NB}(5;r=3,\Pi=0,1) = \binom{5+3-1}{5}0,1^3 \cdot 0,9^5 = \frac{7!}{5!2!}0,1^3 \cdot 0,9^5 = 0,0124$$

7.1.5.3 Erwartungswert und Varianz einer negativ binomialverteilten Zufallsvariablen

Wegen der Beziehungen zur geometrischen Verteilung sind Erwartungswert und Varianz der negativen Binomialverteilung besonders einfach zu berechnen. Es gilt

$$X = X_1+X_2+\ldots+X_r-r$$

wobei $X_1, X_2, \ldots, X_r$ unabhängig geometrisch verteilt und identisch verteilt sind. Daher erhält man

$$E(X) = \frac{r(1-\Pi)}{\Pi}$$

$$Var(X) = \frac{r(1-\Pi)}{\Pi^2}$$

Beweis:
$$E(X) = E(X_1+X_2+\ldots+X_r-r) = \sum_{i=1}^{r} E(X_i)-r = r \cdot \frac{1}{\Pi} - r = \frac{r(1-\Pi)}{\Pi}$$

$$\text{Var}(X) = \text{Var}(X_1+X_2+\ldots+X_r-r) = \text{Var}(\sum_{i=1}^{r} X_i-r) = \text{Var}(\sum_{i=1}^{r} X_i) = \sum_{i=1}^{r} \text{Var}(X_i) =$$

$$= r \cdot \frac{1-\Pi}{\Pi^2}$$

Erwartungswert und Varianz der negativen Binomialverteilung können alternativ mit Hilfe der momenterzeugenden Funktion berechnet werden. Dazu schreibt man die Zufallsvariable X wiederum als

$$X = \sum_{i=1}^{r} X_i - r.$$

Die Zufallsvariablen X_i sind geometrisch verteilt und haben die momenterzeugende Funktion

$$M_{X_i}(\Theta) = \frac{\Pi e^\Theta}{1-(1-\Pi)e^\Theta} \qquad \text{(vgl. 7.1.4.3.)}$$

Damit lautet die momenterzeugende Funktion für die Summe $X_1+X_2+\ldots+X_r$:

$$M_{\Sigma X_i}(\Theta) = \left[\frac{\Pi e^\Theta}{1-(1-\Pi)e^\Theta}\right]^r \qquad \text{(vgl. 5.1.5.3.)}$$

und ferner (vgl. 5.1.5.3.) erhält man die momenterzeugende Funktion der negativen Binomialverteilung zu

$$M_X(\Theta) = M_{\Sigma X_i - r}(\Theta) = e^{-r\Theta} \cdot \frac{[\Pi e^\Theta]^r}{[1-(1-\Pi)e^\Theta]^r} = \frac{\Pi^r}{[1-(1-\Pi)e^\Theta]^r}$$

Durch die entsprechenden Operationen mit dieser Funktion erhält man dann Erwartungswert und Varianz der negativen Binomialverteilung.

7.1.6. Die Poisson-Verteilung

Die Poisson-Verteilung ist eine weitere wichtige Wahrscheinlichkeitsverteilung, die zur Erklärung empirischer Vorgänge herangezogen werden kann. Sie hat in zweierlei Hinsicht empirische Bedeutung: einmal als Formalisierung des sog. Poissonschen Prozesses, zum anderen als Grenzverteilung (Binomialverteilung, hypergeometrische Verteilung, negative Binomialverteilung). Zunächst sollen ihre Wahrscheinlichkeitsfunktion und Verteilungsfunktion eingeführt werden. Man sagt, eine Zufallsvariable sei poissonverteilt und schreibt $X \sim P(\mu)$, da die Verteilung lediglich von einer Konstanten μ abhängt.

7.1.6.1. Wahrscheinlichkeitsfunktion und Verteilungsfunktion einer poissonverteilten Zufallsvariablen

Die Poisson-Verteilung hat die Wahrscheinlichkeitsfunktion:

$$f_p(x;\mu) = e^{-\mu} \frac{\mu^x}{x!}$$

Man sieht, daß sie nur vom Parameter μ abhängt. Es wird später gezeigt, daß dieser Parameter gleich dem Erwartungswert und der Varianz der Verteilung der Variablen X ist. Die Zufallsvariable X kann jede nichtnegative ganze Zahl als Ausprägung annehmen. Sie ist im Gegensatz zur Binomial- und hypergeometrischen Verteilung nicht nach oben beschränkt.

Um zu zeigen, daß $f_p(x;\mu)$ eine Wahrscheinlichkeitsfunktion ist, muß noch bewiesen werden, daß

$$\sum_{x=0}^{\infty} e^{-\mu} \cdot \frac{\mu^x}{x!} = e^{-\mu} \sum_{x=0}^{\infty} \frac{\mu^x}{x!} = 1$$

Dazu schreibt man e^μ als Taylorsche Reihe

$$e^\mu = 1+\mu+ \frac{\mu^2}{2!} + \frac{\mu^3}{3!} +\ldots = \sum_{x=0}^{\infty} \frac{\mu^x}{x!}$$

Dann wird:

$$e^{-\mu} \sum_{x=0}^{\infty} \frac{\mu^x}{x!} = e^{-\mu}e^\mu = 1$$

Die Verteilungsfunktion der Poisson-Verteilung lautet:

$$F_P(x;\mu) = \begin{cases} 0 & \text{für } x < 0 \\ \sum_{v=0}^{[x]} \frac{e^{-\mu}\mu^v}{v!} & \text{für } x \geq 0 \end{cases}$$

dabei ist [x] der ganzzahlige Teil von x

7.1.6.2. Der Erwartungswert einer poissonverteilten Zufallsvariablen

Eine poissonverteilte Zufallsvariable X hat den Erwartungswert:

$$E(X) = \mu$$

Beweis:
$$E(X) = \sum_{x=0}^{\infty} x e^{-\mu} \frac{\mu^x}{x!} = e^{-\mu} \sum_{x=0}^{\infty} x \frac{\mu^x}{x!} = e^{-\mu} \sum_{x=1}^{\infty} \frac{\mu^x}{(x-1)!} = \mu e^{-\mu} \sum_{x=1}^{\infty} \frac{\mu^{x-1}}{(x-1)!} =$$

$$= \mu e^{-\mu} \sum_{x=0}^{\infty} \frac{\mu^x}{x!} = \mu e^{-\mu} e^\mu = \mu$$

Die Berechnung des Erwartungswertes kann auch sehr leicht mit Hilfe der momenterzeugenden Funktion berechnet werden. Für die Poisson-Verteilung erhält man die momenterzeugende Funktion:

$$M_X(\theta) = E(e^{\theta X}) = \sum_{x=0}^{\infty} e^{\theta x} \cdot e^{-\mu} \cdot \frac{\mu^x}{x!} = e^{-\mu} \sum_{x=0}^{\infty} \frac{(\mu e^\theta)^x}{x!}$$

Nach der Taylorschen Reihenentwicklung gilt:

$$e^z = 1+z+ \frac{z^2}{2!} + \frac{z^3}{3!} + \ldots = \sum_{x=0}^{\infty} \frac{z^x}{x!}$$

Setzt man

$$z = \mu e^{\Theta}$$

so wird

$$M_X(\Theta) = e^{-\mu} e^z = e^{-\mu} \cdot e^{\mu e^{\Theta}} = e^{\mu(e^{\Theta}-1)}$$

Differenzieren ergibt

$$\frac{dM_X(\Theta)}{d\Theta} = e^{\mu(e^{\Theta}-1)} \cdot \mu e^{\Theta}$$

und man erhält:

$$E(X) = \left. \frac{dM_X(\Theta)}{d\Theta} \right|_{\Theta=0} = \mu$$

7.1.6.3. Die Varianz einer poissonverteilten Zufallsvariablen

Eine poissonverteilte Zufallsvariable hat die Varianz:

$$\text{Var}(X) = \mu$$

Beweis:

$$\text{Var}(X) = E(X^2) - [E(X)]^2 = E(X^2) - \mu^2$$

$$E(X^2) = \sum_{x=0}^{\infty} x^2 \frac{e^{-\mu} \mu^x}{x!} = \mu \sum_{x=1}^{\infty} x \frac{e^{-\mu} \mu^{x-1}}{(x-1)!} = \mu \sum_{x=1}^{\infty} (x-1+1) \frac{e^{-\mu} \mu^{x-1}}{(x-1)!} =$$

$$= \mu \left[\underbrace{\sum_{x=1}^{\infty} (x-1) \frac{e^{-\mu} \mu^{x-1}}{(x-1)!}}_{= \mu} + \underbrace{\sum_{x=1}^{\infty} \frac{e^{-\mu} \mu^{x-1}}{(x-1)!}}_{= 1} \right] = \mu(\mu+1) = \mu^2 + \mu$$

Dann wird:

$$\text{Var}(X) = E(X^2) - [E(X)]^2 = \mu^2 + \mu - \mu^2 = \mu$$

Mit Hilfe der momenterzeugenden Funktion kann man die Varianz wie folgt berechnen:

$$\frac{d^2 M_X(\Theta)}{d\Theta^2} = e^{\mu(e^\Theta - 1)} \cdot \mu e^\Theta + e^{\mu(e^\Theta - 1)} \cdot (\mu e^\Theta)^2$$

$$E(X^2) = \left.\frac{d^2 M_X(\Theta)}{d\Theta^2}\right|_{\Theta=0} = \mu + \mu^2$$

$$\text{Var}(X) = E(X^2) - [E(X)]^2 = \mu + \mu^2 - \mu^2 = \mu$$

7.1.6.4. Die Poisson-Verteilung als Grenzverteilung der Binomialverteilung, der hypergeometrischen Verteilung und der negativen Binomialverteilung

Die Anwendung der Binomialverteilung verursacht oft großen Rechenaufwand wegen der Binomialkoeffizienten. So sucht man die Berechnung zu vereinfachen. Unter bestimmten Voraussetzungen kann man dazu die formelmäßig einfachere Poisson-Verteilung als Näherung heranziehen.

Um die Bedingungen für den Übergang der Binomialverteilung zur Poisson-Verteilung aufzuzeigen, wird zunächst ein fester Wert x der Zufallsvariablen X vorgegeben und der Wert der Wahrscheinlichkeitsfunktion der Binomialverteilung an dieser Stelle etwas umgeformt. Der zu einem Stichprobenwert n gehörende Anteilswert wird mit Π_n bezeichnet. Man erhält dann:

$$f_B(x;n,\Pi_n) = \frac{n!}{x!(n-x)!} \Pi_n^x (1-\Pi_n)^{n-x}$$

$$= \frac{1}{x!} n(n-1)(n-2)\ldots(n-x+1) \Pi_n^x (1-\Pi_n)^n (1-\Pi_n)^{-x}$$

$$= \frac{n^x}{n^x} \cdot \frac{1}{x!} n(n-1)\ldots(n-x+1) \Pi_n^x (1-\Pi_n)^n (1-\Pi_n)^{-x}$$

$$= \frac{(n\Pi_n)^x}{x!} (1-\frac{1}{n})(1-\frac{2}{n})\ldots(1-\frac{x-1}{n})(1-\Pi_n)^n (1-\Pi_n)^{-x}$$

Es wird nun angenommen, daß n sehr groß wird und Π_n dabei nach 0 strebt, derart, daß der Ausdruck $n\Pi_n$ einem endlichen Wert μ zustrebt. Dann gilt bei einem festen Wert von X für die einzelnen Faktoren von $f_B(x;n,\Pi_n)$:

$$n\Pi_n \to \mu \Rightarrow (n\Pi_n)^x \to \mu^x$$

$$\Pi_n \to 0 \Rightarrow (1-\Pi_n)^{-x} \to 1$$

$$n \to \infty \Rightarrow (1-\frac{1}{n})\ldots(1-\frac{x-1}{n}) \to 1$$

$$\left.\begin{array}{l} n \to \infty \\ \Pi_n \to 0 \\ n\Pi_n \to \mu \end{array}\right\} \Rightarrow (1-\Pi_n)^n = (1-\frac{\mu}{n})^n \to e^{-\mu} \quad \text{(vgl. Aufgabe 7.14)}$$

Damit erhält man für $n \to \infty$:

$$f_B(x;n,\Pi_n) \to \frac{\mu^x}{x!} e^{-\mu} = f_P(x;\mu)$$

Aus dieser Ableitung ergibt sich unmittelbar, wann die Poisson-Verteilung eine sinnvolle Approximation der Binomialverteilung darstellt. Der Stichprobenumfang n muß groß und die Erfolgswahrscheinlichkeit Π nahe bei Null liegen. Die Verbesserung der Approximation durch Vergrößerung von n und Verringerung von Π wird nun an einem Beispiel veranschaulicht.

Beispiel:

X	Binomialverteilung			Poisson-Verteilung
	$n=4, \Pi=\frac{1}{4}$	$n=8, \Pi=\frac{1}{8}$	$n=100, \Pi=\frac{1}{100}$	$\mu = 1$
0	0,316	0,344	0,366	0,368
1	0,422	0,393	0,370	0,368
2	0,211	0,196	0,185	0,184
3	0,047	0,056	0,061	0,061
4	0,004	0,010	0,015	0,015
5	-	0,001	0,003	0,003

Als Faustregel wird häufig $n \geq 50$ und $\Pi \leq 0,05$ verlangt.

Will man Wahrscheinlichkeiten einer hypergeometrischen Verteilung durch eine Poisson-Verteilung annähern, so sind die Bedingungen zu beachten, die den Übergang von der hypergeometrischen zur Binomialverteilung und den Übergang von der Binomialverteilung zur Poisson-Verteilung zulassen. Es gilt demnach

$$f_H(x;N,n,M) \doteq f_P(x;n \cdot \frac{M}{N})$$

falls $\frac{n}{N}$ hinreichend klein, n groß und Π klein ist. Als Faustregel wird häufig $\frac{n}{N} \leq 0,05$, $n \geq 50$, $\Pi \leq 0,05$ verlangt.

Beispiel:

Erkrankung nach Impfung

Aus einer Gesamtheit von 10.000 Personen, von denen 0,3 % nach der Impfung erkrankten, wird eine Stichprobe von n = 200 Personen gezogen. Gefragt ist nach der Wahrscheinlichkeit, daß von diesen niemand erkrankt. Die exakte Lösung dieser Frage wird durch die hypergeometrische Verteilung bereitgestellt (vgl. 7.1.2.2.), zur Bestimmung einer Näherungslösung wurde die Binomialverteilung verwendet (vgl. 7.1.3.8.).

Wegen $\frac{n}{N}$ = 0,02 < 0,05, n = 200 > 50 und Π = 0,003 < 0,05 kann man auch die Poisson-Verteilung zur Bestimmung einer Näherungslösung verwenden. Man erhält wegen $n\Pi$ = 200·0,003 = 0,6:

$$f_p(0;0,6) = e^{-0,6} \cdot \frac{0,6^0}{0!} = 0,5488$$

Auch die negative Binomialverteilung kann unter bestimmten Bedingungen durch die Poisson-Verteilung approximiert werden. Man kann $f_{NB}(x;r,\Pi_r)$ wie folgt umformen:

$$f_{NB}(x;r,\Pi_r) = \binom{x+r-1}{x}\Pi_r^r(1-\Pi_r)^x = \frac{(x+r-1)!}{x!(r-1)!}\Pi_r^r(1-\Pi_r)^x$$

Für große r und kleine Werte $1-\Pi_r$ soll das Produkt $\mu_r = r(1-\Pi_r)$ gegen einen Wert $\mu > 0$ konvergieren. Man kann dann schreiben:

$$f_{NB}(x;r,\Pi_r) = \frac{(x+r-1)!}{x!(r-1)!} \cdot (1-\frac{\mu_r}{r})^r \left(\frac{\mu_r}{r}\right)^x =$$

$$= (1-\frac{\mu_r}{r})^r \cdot \frac{1}{x!}[(r+x-1)(r+x-2)\cdot \ldots \cdot r] \cdot \frac{\mu_r^x}{r^x} =$$

$$= (1-\frac{\mu_r}{r})^r \cdot \frac{1}{x!}[(1+\frac{x-1}{r})(1+\frac{x-2}{r}) \cdot \ldots \cdot 1] \cdot \mu_r^x$$

Für $r \to \infty$ erhält man dann

$$f_{NB}(x;r,\Pi_r) \to e^{-\mu} \cdot \frac{1}{x!} \cdot \mu^x = f_p(x;\mu)$$

Man kommt damit zu dem Ergebnis, daß man für große Werte von r und große Werte von Π die negative Binomialverteilung durch die Poisson-Verteilung approximieren kann.

Die in diesem Abschnitt besprochenen Approximationen sind in der folgenden Graphik veranschaulicht:

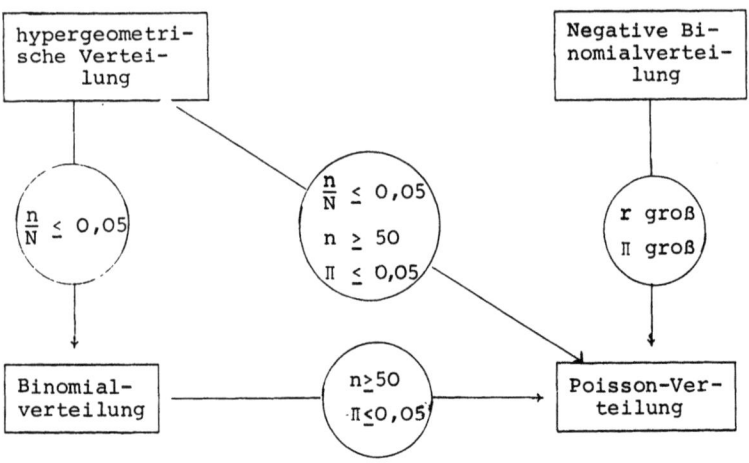

7.1.6.5. Die Ableitung der Poisson-Verteilung aus dem Poisson-Prozeß

7.1.6.5.1. Die Grundidee des Poisson-Prozesses

Der Poisson-Prozeß soll anhand eines Beispiels veranschaulicht werden. Wir betrachten eine Folge von Zufallsereignissen im Zeitablauf, z.B. Telefonanrufe innerhalb eines vorgegebenen Intervalls bei einer Vermittlungsstelle. Jeder Anruf wird als Punkt auf der Zeitachse abgetragen. Es soll plausibel gemacht werden, daß die Wahrscheinlichkeit für genau x Telefonanrufe innerhalb eines vorgegebenen Zeitintervalls gleich $f_p(x;\mu)$ ist.

Für diesen Zufallsvorgang werden zwei wichtige Annahmen gemacht:

(1) Die Bedingungen für das Experiment sind im Zeitablauf konstant, d.h. die Eintrittswahrscheinlichkeit für 0, 1, 2,... Ereignisse innerhalb einer gegebenen Zeitintervallgröße ist im Zeitablauf konstant.

(2) Zeitintervalle, die sich nicht überlappen, sind stochastisch unabhängig in dem Sinne, daß die Zahl der Ereignisse (Anrufe) in einem Intervall keinen Einfluß auf die Zahl der Ereignisse im anderen Intervall haben.

Diesen (hier unexakt formulierten) Prozeß nennt man einen Poisson-Prozeß.

Wir wählen nun ein Einheitsintervall der Zeit (z.B. 1 Stunde, 1 Minute usw.) und teilen es in n Teilintervalle, jeweils mit der Länge $\frac{1}{n}$. Dann ist jedes Teilintervall entweder leer (kein Anruf) oder es kommt mindestens ein Anruf an. Die erste Möglichkeit nennen wir Mißerfolg, die zweite Erfolg. Dieser Sachverhalt ist für ein Einheitsintervall (1 Stunde), das in fünf Teilintervalle unterteilt ist, graphisch dargestellt.

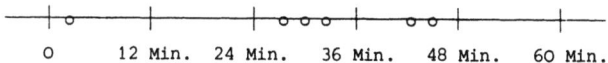

0   12 Min.   24 Min.   36 Min.   48 Min.   60 Min.

Die zur Einteilung in n Teilintervalle gehörende Erfolgswahrscheinlichkeit Π_n muß für jedes Teilintervall gleich sein, wegen der beiden gemachten Voraussetzungen und weil die Teilintervalle die gleiche Länge haben. Wird nun die Zahl n der Teilintervalle immer größer, d.h. die Länge der Teilintervalle immer kleiner gewählt, wird die Wahrscheinlichkeit von mehr als einem Ereignis (Anruf) pro Teilintervall vernachlässigbar gering. (Dazu ist allerdings erforderlich, daß die Ereignisse einzeln auftreten und nicht z.B. in Paaren. Wenn das Ereignis lautet: "bei Verkehrsunfällen beschädigte Autos", ist diese Voraussetzung nicht erfüllt, da zumeist zwei Autos gleichzeitig beschädigt werden.) Mit diesen Annahmen tritt dann in jedem der n Teilintervalle entweder das Ereignis "1 Anruf" (mit der Wahrscheinlichkeit Π_n) oder das Ereignis "kein Anruf" (mit der Wahrscheinlichkeit $1-\Pi_n$) ein. Die Wahrscheinlichkeit für genau x Ereignisse im *gesamten Einheitsintervall* kann dann beschrieben werden durch die binomische Formel

$$f_B(x;n,\Pi_n) = \binom{n}{x} \Pi_n^x (1-\Pi_n)^{n-x}$$

Bei dem in 7.1.4.4. beschriebenen Konvergenzprozeß
$(n \to \infty, \; \Pi_n \to 0, \; n\Pi_n \to \mu)$ geht $f_B(x;n\Pi_n)$ über in $f_p(x;\mu) =$
$= \dfrac{e^{-\mu} \mu^x}{x!}$.

7.1.6.5.2. Die Schätzung des Parameters µ

Die Konstante µ gibt die durchschnittliche Anzahl von Ereignissen je Einheitsintervall an. Sie muß bekannt sein, um die Poisson-Verteilung auf Probleme anwenden zu können, die die Voraussetzungen des Poisson-Prozesses erfüllen. Da diese Voraussetzung zumeist nicht erfüllt ist, muß µ aus den Daten einer Häufigkeitsverteilung geschätzt werden. Es soll im folgenden erläutert werden, wie man µ schätzen kann.

Anzahl der Ereignisse je Intervall i	Anzahl der Intervalle mit i Ereignissen je Intervall
0	n_0
1	n_1
2	n_2
.	.
.	.
.	.
k	n_k
	n

Es werden insgesamt n Intervalle beobachtet; in n_0 Intervallen wird kein Ereignis je Intervall, in n_1 Intervallen 1 Ereignis je Intervall, in n_2 Intervallen 2 Ereignisse je Intervall beobachtet usw. Die Gesamtzahl der in allen Intervallen beobachteten Ereignisse beträgt:

$$h = 0 \cdot n_0 + 1 \cdot n_1 + 2 \cdot n_2 + 3 \cdot n_3 + \ldots$$

Bei gegebenen μ ist $f_p(i;\mu)$ eindeutig bestimmt. Dann sind bei n Beobachtungsintervallen insgesamt $c_i = nf_p(i;\mu)$ Intervalle mit i Ereignissen je Intervall zu erwarten. Diesem Wert c_i steht die beobachtete Häufigkeit von n_i Intervallen gegenüber. Wenn μ sehr groß ist, kann nach dem Gesetz der großen Zahlen $n_i \doteq c_i$ (i=0,1,2,...) angenommen werden. Eingesetzt in die obige Beziehung erhält man dann:

$$h = n_1 + 2n_2 + 3n_3 + \ldots \doteq c_1 + 2c_2 + 3c_3 + \ldots =$$

$$= n[f_p(1;\mu) + 2f_p(2;\mu) + 3f_p(3;\mu) + \ldots] =$$

$$= ne^{-\mu}[\mu + 2\frac{\mu^2}{2!} + 3\frac{\mu^3}{3!} + \ldots] =$$

$$= ne^{-\mu}\mu[1 + \mu + \frac{\mu^2}{2!} + \frac{\mu^3}{3!} + \ldots] =$$

$$= n\mu e^{-\mu}e^{\mu} = n\mu$$

Es ergibt sich also:

$$h \doteq n\mu$$

$$\mu \doteq \frac{h}{n}$$

Das Ergebnis dieser Ableitung bedeutet folgendes: Wenn die Anzahl n von Beobachtungsintervallen hinreichend groß ist, kann die aus der Häufigkeitsverteilung ermittelte durchschnittliche Anzahl von Ereignissen je Beobachtungseinheit $\frac{h}{n}$ als Schätzwert für den Parameter μ in die Wahrscheinlichkeitsfunktion der Poisson-Verteilung eingesetzt werden. Damit können dann - wie in den folgenden Beispielen gezeigt wird - theoretische Häufigkeiten berechnet werden.

Beispiele:

a) Verkehrszählung (vgl. E. Kreyszig: Statistische Methoden und ihre Anwendungen, 2. Aufl., 1967, S. 118).

Die Verkehrszählung wurde über eine Periode von 50 Minuten durchgeführt. Als Beobachtungsintervall wurden 30 Sekunden gewählt, so daß insgesamt n = 100 Beobachtungsintervalle zur Verfügung stehen. In der Gesamtzeit von 50 Minuten wurden insgesamt h = 277 Pkw gezählt, so daß

$$\mu \doteq \frac{h}{n} = \frac{277}{100} = 2,77 \text{ Pkw je 30-Sekunden-Intervall.}$$

Empirische und theoretische Häufigkeiten sind in der folgenden Tabelle dargestellt:

X = Anzahl von Pkw je 30-Sekunden-Intervall	Anzahl von Zeitintervallen der Länge 30 Sekunden mit x_i Pkw und zwar	
	n_i = beobachtet	c_i = theoretisch
0	6	6
1	18	17
2	21	24
3	26	22
4	16	15
5	8	9
6	2	4
7	1	2
8	2	1
$\geq$ 9	0	0

b) Materialfehler

Die Idee des Poisson-Prozesses kann auch auf andere Dimensionen als die Zeit angewendet werden, z.B. Raum, Fläche, Strecke. Anstelle des Einheitszeitintervalls wird dann z.B. eine Einheitsfläche in Teilflächen unterteilt.

Metallplatten werden auf Materialfehler untersucht. Als Einheit wählt man 1 m^2. Es werden 1.000 m^2 untersucht und im Durchschnitt 0,71 Fehler/m^2 festgestellt. Im einzelnen hat sich folgende empirische Verteilung und angepaßte Poisson-Verteilung ergeben:

X = Anzahl von Materialfehlern je m^2	Anzahl von m^2 Metallplatten mit x_i Fehlern	
	n_i = beobachtet	c_i = theoretisch
0	500	497
1	340	348
2	120	122
3	30	28
4	10	5
	1.000	1.000

7.1.6.6. Die Reproduktivitätseigenschaft der Poisson-Verteilung

Die Poisson-Verteilung reproduziert sich selbst in folgendem Sinne: Die Summe $X = X_1+X_2$ von zwei unabhängigen poissonverteilten Zufallsvariablen $X_1 \sim P(\mu_1)$ und $X_2 \sim P(\mu_2)$ ist wiederum poissonverteilt mit $\mu = \mu_1+\mu_2$, also $X \sim P(\mu=\mu_1+\mu_2)$. Dies läßt sich beispielsweise mit Hilfe der Formel für die Faltung zeigen. Die Zufallsvariable X nimmt einen Wert $X = x$ an, wenn $X_1 = z$ und $X_2 = x-z$ ist, so daß $X_1+X_2 = z+x-z = x(z=0,1,...,x)$
Die Wahrscheinlichkeit, daß $X_1 = z$ und $X_2 = x-z$ ist, beträgt wegen der Unabhängigkeit von X_1 und X_2:

$$P(X_1=z, X_2=x-z) = P(X_1=z) \cdot P(X_2=x-z) = f_P(z;\mu_1) f_P(x-z;\mu_2)$$

Die Wahrscheinlichkeit $P(X=x)$ lautet dann:

$$P(X=x) = \sum_{z=0}^{x} P(X_1=z, X_2=x-z) = \sum_{z=0}^{x} f_P(z;\mu_1) f_P(x-z;\mu_2) =$$

$$= \sum_{z=0}^{x} e^{-\mu_1} \cdot \frac{\mu_1^z}{z!} \cdot e^{-\mu_2} \cdot \frac{\mu_2^{x-z}}{(x-z)!} =$$

$$= e^{-(\mu_1+\mu_2)} \sum_{z=0}^{x} \frac{1}{z!(x-z)!} \mu_1^z \mu_2^{x-z} =$$

$$= e^{-(\mu_1+\mu_2)} \sum_{z=0}^{x} \frac{1}{x!} \frac{x!}{z!(x-z)!} \mu_1^z \mu_2^{x-z} =$$

$$= \frac{e^{-(\mu_1+\mu_2)}}{x!} \sum_{z=0}^{x} \frac{x!}{z!(x-z)!} \mu_1^z \mu_2^{x-z} =$$

$$= \frac{e^{-(\mu_1+\mu_2)}}{x!} (\mu_1+\mu_2)^x = f_P(x;\mu=\mu_1+\mu_2)$$

Das gleiche Ergebnis erhält man sehr schnell mit Hilfe der momenterzeugenden Funktionen. Sie lauten für X_1 und X_2:

$$M_{X_1}(\theta) = e^{\mu_1(e^\theta-1)}$$

bzw.
$$M_{X_2}(\theta) = e^{\mu_2(e^\theta-1)}$$

Da X_1 und X_2 unabhängig sind, ist die momenterzeugende Funktion der Zufallsvariablen $X = X_1+X_2$ gleich dem Produkt der beiden momenterzeugenden Funktionen (vgl. 5.1.5.3.).

$$M_X(\theta) = M_{X_1+X_2}(\theta) = M_{X_1}(\theta)M_{X_2}(\theta) = e^{\mu_1(e^\theta-1)} e^{\mu_2(e^\theta-1)} =$$

$$= e^{(\mu_1+\mu_2)(e^\theta-1)} = e^{\mu(e^\theta-1)}$$

Das Ergebnis ist die momenterzeugende Funktion einer Poisson-Verteilung mit $\mu = \mu_1+\mu_2$.

Beispiele:

a) In zwei Telefonzentralen wird die Zahl der vermittelten Gespräche je Zeitintervall untersucht. Es sei:

X_1: die Anzahl der Anrufe je 10-Sekunden-Intervall in Telefonzentrale 1

X_2: die Anzahl der Anrufe je 10-Sekunden-Intervall in Telefonzentrale 2

Beide Zufallsvariablen seien unabhängig und poissonverteilt mit $X_1 \sim P(\mu_1=1)$ und $X_2 \sim P(\mu_2=3)$. Gefragt ist nach der Wahrscheinlichkeit, daß je 10-Sekunden-Intervall in beiden Telefonzentralen insgesamt 2 Anrufe eintreffen.

1. Lösungsmöglichkeit:

Die Zufallsvariable X: "Anzahl der Anrufe in beiden Telefonzentralen insgesamt ist $X = X_1+X_2$. Das Ergebnis X = 2 kommt in folgenden Fällen zustande:

$\{X=2\} = \{(X_1=0,X_2=2),(X_1=1,X_2=1),(X_1=2,X_2=0)\}$

Dann erhält man:

$P(X=2) = P(X_1=0,X_2=2)+P(X_1=1,X_2=1)+P(X_1=2,X_2=0) =$

$= f_P(0;1)f_P(2;3)+f_P(1;1)f_P(1;3)+f_P(2;1)f_P(0;3) =$

$= 0,3679 \cdot 0,2240+0,3679 \cdot 0,1494+0,1839 \cdot 0,0498 = 0,1465$

2. Lösungsmöglichkeit:

Die Zufallsvariable $X = X_1+X_2$ ist poissonverteilt mit $\mu = \mu_1+\mu_2 = $ 4 Anrufe je 10-Sekunden-Intervall. Dann ist $P(X=2) = f_P(2;4) = $

$$e^{-4} \cdot \frac{4^2}{2!} = 0,1465$$

b) Die Anzahl der in einer Telefonzentrale ankommenden Telefongespräche sei poissonverteilt mit $\mu=3$ Gesprächen je Minute. Gefragt ist nach der Wahrscheinlichkeit, daß in zwei Minuten mindestens zwei Gespräche ankommen. Sei X_1 und X_2 die Anzahl der in der ersten bzw. zweiten Minute ankommenden Gespräche. Dann ist $X = X_1+X_2$ "Die Anzahl der in beiden Minuten ankommenden Gespräche" poissonverteilt mit $\mu=\mu_1+\mu_2 = 6$ Gespräche je Zwei-Minuten-Intervall und

$$P(X\geq 2) = 1-P(X\leq 1) = 1-F_P(1;6) = 1-0,0174 = 0,9826.$$

c) Die Wahrscheinlichkeit, daß in einer Telefonzentrale kein Anruf je Minute ankommt, sei $f_P(0;\mu) = 0,0302$. Gesucht ist die Länge des Zeitintervalls, in dem $\mu^* = 2$ Anrufe zu erwarten sind. Aus $f_P(0;\mu) = 0,0302$ erhält man

$$f_P(0;\mu) = e^{-\mu} \cdot \frac{\mu^0}{0!} = e^{-\mu} = 0,0302$$

$-\mu = \ln 0,0302 = -3,5$

$\mu = 3,5$

$\mu = 3,5$ ist die erwartete Anzahl von Anrufen je Minute = 60 Sekunden. Dann ist $60 \cdot \frac{\mu^*}{\mu} = 34,29$

Sekunden die Länge des Zeitintervalls, in dem 2 Anrufe zu erwarten sind.

7.2. SPEZIELLE WAHRSCHEINLICHKEITSVERTEILUNGEN FÜR STETIGE ZUFALLSVARIABLEN

Entsprechend dem Vorgehen in Abschnitt 7.1. sollen nun einige der für die empirische Anwendung und induktive Statistik wichtigsten stetigen Wahrscheinlichkeitsverteilungen besprochen werden. Bei der Reihenfolge der Diskussion der einzelnen Verteilungen sind Verwandtschaften in den Dichtefunktionen von Bedeutung. An den Anfang der Betrachtung wird die Wahrscheinlichkeitsverteilung mit der einfachsten Form der Dichtefunktion gestellt, die stetige Gleichverteilung, die in der Literatur auch als Rechteckverteilung bezeichnet wird.

7.2.1. Die stetige Gleichverteilung

7.2.1.1. Wahrscheinlichkeitsdichtefunktion und Verteilungsfunktion einer stetig gleichverteilten Zufallsvariablen

Gegeben seien zwei reelle Zahlen a und b mit a < b.
Eine Zufallsvariable X mit der Dichtefunktion

$$f_X(x) = \begin{cases} \frac{1}{b-a} & \text{für } a \leq x \leq b \\ 0 & \text{sonst} \end{cases}$$

heißt stetig gleichverteilt im Intervall [a,b].

Die Verteilungsfunktion der Zufallsvariablen X hat dann die Gestalt

$$F_X(x) = \begin{cases} 0 & \text{für } x < a \\ \frac{x-a}{b-a} & \text{für } a \leq x \leq b \\ 1 & \text{für } x > b \end{cases}$$

Zur graphischen Darstellung der Dichte- und Verteilungsfunktion vgl. 4.1.4.1. und 4.1.4.2.

7.2.1.2. Erwartungswert und Varianz einer stetig gleichverteilten Zufallsvariablen

Eine Zufallsvariable X, die gleichverteilt ist im Intervall [a,b], hat den Erwartungswert

$$E(X) = \frac{a+b}{2}$$

und die Varianz

$$Var(X) = \frac{(b-a)^2}{12}$$

Beweis:
$$E(X) = \int_a^b x \cdot \frac{1}{b-a} \, dx = \left[\frac{1}{2(b-a)} x^2\right]_a^b = \frac{b^2-a^2}{2(b-a)} = \frac{a+b}{2}$$

$$Var(X) = E(X^2) - [E(X)]^2 = \int_a^b x^2 \cdot \frac{1}{b-a} \, dx - \frac{(a+b)^2}{4}$$

$$= \left[\frac{1}{3(b-a)} x^3\right]_a^b - \frac{(a+b)^2}{4} = \frac{b^3-a^3}{3(b-a)} - \frac{(a+b)^2}{4} =$$

$$= \frac{b^2+a^2+ab}{3} - \frac{(a+b)^2}{4} = \frac{4(b^2+a^2+ab)-3(a+b)^2}{12} =$$

$$= \frac{4(b+a)^2-4ab-3(b+a)^2}{12} = \frac{(b+a)^2-4ab}{12} = \frac{(b-a)^2}{12}$$

7.2.2. Die Normalverteilung

Die Normalverteilung, auch "Gaußsche Verteilung" genannt, gehört zu den wichtigsten stetigen Verteilungen. Sie hat einerseits Bedeutung als empirische Verteilung, weil in der Realität häufig Merkmale beobachtet werden können, deren Verteilung der einer normalverteilten Zufallsvariablen annähernd entspricht. Diese empirische Bedeutung ergibt sich aus der Tatsache, daß die Normalverteilung Grenzverteilung vieler anderer Verteilungen ist und so unter bestimmten Bedingungen empirische Vorgänge beschreiben kann, die streng genommen anderen Verteilungsgesetzen folgen. Daneben hat die Normalverteilung große Bedeutung als Prüfverteilung, wie bei der Behandlung der induktiven Statistik (Kapitel 8 ff.) deutlich wird. Dort wird versucht, mit Hilfe von Stichprobenparametern Rückschlüsse auf unbekannte Parameter der Verteilung von Zufallsvariablen zu ziehen. Die verwendeten Stichprobenparameter sind selbst wieder Zufallsvariablen und folgen einer Wahrscheinlichkeitsverteilung - häufig eben einer Normalverteilung.

7.2.2.1. Die Dichtefunktion und Verteilungsfunktion einer normalverteilten Zufallsvariablen

Eine Zufallsvariable X heißt normalverteilt mit den Parametern μ und σ^2 ($\sigma>0$), wenn sie die Dichtefunktion

$$f_N(x;\mu,\sigma^2) = \frac{1}{\sigma\sqrt{2\pi}} e^{-\frac{(x-\mu)^2}{2\sigma^2}} \quad \text{für} \quad -\infty<x<+\infty$$

besitzt. Man schreibt dann abkürzend $X\sim N(\mu,\sigma^2)$. Die Gestalt der Normalverteilung hängt nur von den beiden Parametern μ und σ^2 ab. Sind zwei Zufallsvariablen X_1 und X_2 normalverteilt mit $\sigma_1^2 = \sigma_2^2$ und $\mu_1 \neq \mu_2$, so haben ihre Dichtefunktionen die gleiche Gestalt, sind jedoch in Höhe der Differenz $\mu_1-\mu_2$ auf der Abszisse parallel verschoben. Gilt $\mu_1 = \mu_2$ und $\sigma_1^2 \neq \sigma_2^2$, so ist der Abszissenwert mit der maximalen Dichte in beiden Fällen gleich, die Dichtefunktion wird jedoch mit steigendem Wert von σ flacher. Die Gestalt der Dichte der Normalverteilung und die geschilderten Zusammenhänge sind in den folgenden Graphiken veranschaulicht.

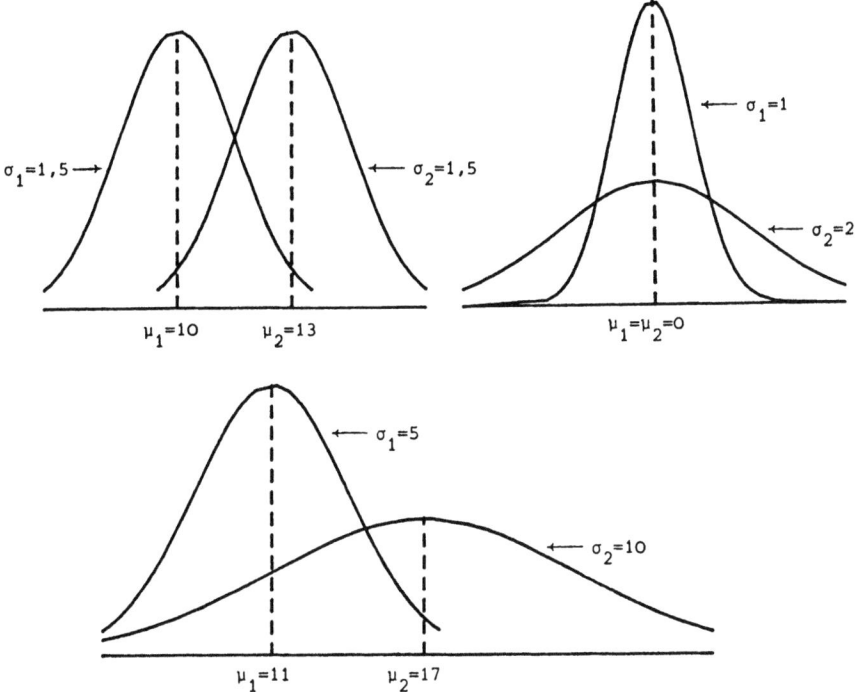

Wenn $f_N(x; \mu, \sigma^2)$ eine Dichtefunktion sein soll, muß gelten

$$\int_{-\infty}^{\infty} \frac{1}{\sigma\sqrt{2\pi}} e^{-\frac{(x-\mu)^2}{2\sigma^2}} dx = \frac{1}{\sigma\sqrt{2\pi}} \int_{-\infty}^{\infty} e^{-\frac{(x-\mu)^2}{2\sigma^2}} dx = 1$$

Beweis:

Es gilt

$$\left[\frac{1}{\sigma\sqrt{2\pi}} \int_{-\infty}^{\infty} e^{-\frac{(x-\mu)^2}{2\sigma^2}} dx\right]^2 = \frac{1}{\sigma^2 2\pi} \int_{-\infty}^{+\infty}\int_{-\infty}^{+\infty} e^{-\left[\frac{(x_1-\mu)^2}{2\sigma^2} + \frac{(x_2-\mu)^2}{2\sigma^2}\right]} dx_1 dx_2$$

An früherer Stelle (vgl. Abschnitt 4.2.5.) wurde gezeigt, daß dieses Integral den Wert 1 hat. Daher gilt auch

$$\int_{-\infty}^{\infty} f_N(x; \mu, \sigma^2) = 1$$

Die Verteilungsfunktion einer normalverteilten Zufallsvariablen X lautet:

$$F_N(x;\mu,\sigma^2) = \frac{1}{\sigma\sqrt{2\pi}} \int_{-\infty}^{x} e^{-\frac{(v-\mu)^2}{2\sigma^2}} dv$$

Dieses Integral ist nicht mit elementaren Mitteln berechenbar. Um Wahrscheinlichkeiten für normalverteilte Zufallsvariablen berechnen zu können, muß man die vorliegende Normalverteilung in eine Standardnormalverteilung transformieren, deren Verteilungsfunktion tabelliert ist (vgl. Abschnitt 7.2.2.6.).

Es sollen nun einige Eigenschaften der Normalverteilung behandelt werden.

a) Die Dichtefunktion der Normalverteilung hat ihr Maximum im Punkte $x = \mu$, wie man leicht nachprüfen kann. Der zugehörige Funktionswert ist $f_N(\mu;\mu,\sigma^2) = \frac{1}{\sigma\sqrt{2\pi}}$

b) Die Dichtefunktion der Normalverteilung ist symmetrisch bezüglich des Punktes μ, denn es gilt

$$f_N(\mu+x;\mu,\sigma^2) = f_N(\mu-x;\mu,\sigma^2) \quad \text{für alle } x\varepsilon\mathbb{R}$$

Daher erhält man

$$P(X \leq \mu-x) = P(X \geq \mu+x) \quad \text{für alle } x\varepsilon\mathbb{R}$$

oder durch die Verteilungsfunktion ausgedrückt

$$F_N(\mu-x;\mu,\sigma^2) = 1-F_N(\mu+x;\mu,\sigma^2)$$

c) Die Dichtefunktion hat an den Stellen $x_1 = \mu-\sigma$ und $x_2 = \mu+\sigma$ je einen Wendepunkt.

7.2.2.2. Der Erwartungswert einer normalverteilten Zufallsvariablen

Eine normalverteilte Zufallsvariable X hat den Erwartungswert

$$E(X) = \mu$$

Die Konstante μ der Dichtefunktion ist also der Erwartungswert.

Beweis:
$$E(X) = \frac{1}{\sigma\sqrt{2\pi}} \int_{-\infty}^{\infty} x e^{-\frac{(x-\mu)^2}{2\sigma^2}} dx$$

Setzt man $z = \frac{x-\mu}{\sigma}$, so ist $dz = \frac{1}{\sigma} dx$ und

$$E(X) = \frac{1}{\sigma\sqrt{2\pi}} \int_{-\infty}^{\infty} (\sigma z + \mu) e^{-\frac{z^2}{2}} \cdot \sigma \cdot dz =$$

$$= \frac{1}{\sqrt{2\pi}} \left[\sigma \int_{-\infty}^{\infty} z e^{-\frac{z^2}{2}} dz + \mu \underbrace{\int_{-\infty}^{\infty} e^{-\frac{z^2}{2}} dz}_{=\sqrt{2\pi}} \right] = \frac{\sigma}{\sqrt{2\pi}} \underbrace{\int_{-\infty}^{\infty} z e^{-\frac{z^2}{2}} dz}_{= 0} + \mu = \mu$$

Es ist noch zu zeigen, daß das letzte Integral den Wert 0 hat:

Setzen wir $z^2 = t$, so ist $\frac{dz}{dt} = \frac{1}{2z}$ und es wird:

$$\int z e^{-\frac{z^2}{2}} dz = \frac{1}{2} \int e^{-\frac{t}{2}} dt = -e^{-\frac{t}{2}}$$

Damit wird

$$\int_{-\infty}^{\infty} z e^{-\frac{z^2}{2}} dz = \left[-e^{-\frac{z^2}{2}} \right]_{-\infty}^{\infty} = 0$$

und somit

$$E(X) = \mu$$

7.2.2.3. Die Varianz einer normalverteilten Zufallsvariablen

Eine normalverteilte Zufallsvariable hat die Varianz

$$\text{Var}(X) = \sigma^2$$

Beweis:

$$\text{Var}(X) = E(X-E(X))^2 = E(X-\mu)^2 = \frac{1}{\sigma\sqrt{2\pi}} \int_{-\infty}^{\infty} (x-\mu)^2 e^{-\frac{(x-\mu)^2}{2\sigma^2}} dx$$

Wir setzen $z = \frac{x-\mu}{\sigma}$ und erhalten

$$\text{Var}(X) = \frac{1}{\sigma\sqrt{2\pi}} \int_{-\infty}^{+\infty} \sigma^2 z^2 e^{-\frac{z^2}{2}} \sigma dz = \frac{\sigma^2}{\sqrt{2\pi}} \int_{-\infty}^{\infty} z^2 e^{-\frac{z^2}{2}} dz =$$

$$= \frac{\sigma^2}{\sqrt{2\pi}} \int_{-\infty}^{\infty} (-z)(-ze^{-\frac{z^2}{2}}) dz$$

Mit Hilfe partieller Integration erhält man:

$$\int (-z)(-ze^{-\frac{z^2}{2}}) dz = (-z) \int (-z) e^{-\frac{z^2}{2}} dz - \int \left[\int z e^{-\frac{z^2}{2}} dz \right] dz =$$

$$= (-z) e^{-\frac{z^2}{2}} + \int e^{-\frac{z^2}{2}} dz = -ze^{-\frac{z^2}{2}} + \int e^{-\frac{z^2}{2}} dz$$

Damit wird

$$\text{Var}(X) = \frac{\sigma^2}{\sqrt{2\pi}} \left[\underbrace{\left[-ze^{-\frac{z^2}{2}}\right]_{-\infty}^{\infty}}_{= 0} + \underbrace{\int_{-\infty}^{\infty} e^{-\frac{z^2}{2}} dz}_{= \sqrt{2\pi}} \right] = \frac{\sigma^2}{\sqrt{2\pi}} \cdot \sqrt{2\pi} = \sigma^2$$

7.2.2.4. Die momenterzeugende Funktion einer normalverteilten Zufallsvariablen

Die momenterzeugende Funktion der Normalverteilung lautet:

$$M_X(\Theta) = e^{\mu\Theta + \frac{1}{2}\sigma^2\Theta^2}$$

Beweis:

$$M_X(\Theta) = \frac{1}{\sigma\sqrt{2\pi}} \int_{-\infty}^{\infty} e^{\Theta x} e^{-\frac{(x-\mu)^2}{2\sigma^2}} dx = \frac{e^{\mu\Theta}}{\sigma\sqrt{2\pi}} \int_{-\infty}^{\infty} e^{\Theta x - \mu\Theta} e^{-\frac{(x-\mu)^2}{2\sigma^2}} dx$$

Substituiert man

$$z = \frac{x-\mu}{\sigma}$$

so ist

$$\frac{dz}{dx} = \frac{1}{\sigma}$$

und man erhält

$$M_X(\Theta) = \frac{e^{\mu\Theta}}{\sigma\sqrt{2\pi}} \int_{-\infty}^{\infty} e^{\sigma z\Theta - \frac{z^2}{2}} \cdot \sigma dz$$

Der Exponent läßt sich wie folgt schreiben:

$$\sigma\Theta z - \frac{z^2}{2} = -\frac{1}{2}(z-\sigma\Theta)^2 + \frac{1}{2}\Theta^2\sigma^2$$

Dann wird

$$M_X(\Theta) = \frac{e^{\mu\Theta + \frac{1}{2}\Theta^2\sigma^2}}{\sqrt{2\pi}} \int_{-\infty}^{\infty} e^{-\frac{1}{2}(z-\sigma\Theta)^2} dz$$

Substituiert man weiter:

$$t = z - \sigma\Theta$$

so ist

$$\frac{dt}{dz} = 1$$

und man erhält

$$M_X(\Theta) = \frac{e^{\mu\Theta + \frac{1}{2}\Theta^2\sigma^2}}{\sqrt{2\pi}} \int_{-\infty}^{\infty} e^{-\frac{t^2}{2}} dt$$

Im Abschnitt 7.2.2.3. wurde ermittelt:

$$\int_{-\infty}^{\infty} e^{-\frac{t^2}{2}} dt = \sqrt{2\pi}$$

Daher wird

$$M_X(\Theta) = e^{\mu\Theta + \frac{1}{2}\Theta^2\sigma^2}$$

Diese Funktion kann unmittelbar zur Bestimmung der Momente angewendet werden. Sie ist jedoch auch von Wert im folgenden Abschnitt, wenn die Reproduktionseigenschaft der Normalverteilung untersucht wird.

7.2.2.5. Die Reproduktivitätseigenschaft der Normalverteilung

Wir gehen aus von n unabhängigen Zufallsvariablen $X_1, X_2, \ldots, X_n$, die alle normalverteilt sein sollen und zwar $X_1 \sim N(\mu_1, \sigma_1^2)$, $X_2 \sim N(\mu_2, \sigma_2^2), \ldots, X_n \sim N(\mu_n, \sigma_n^2)$. Die Normalverteilung besitzt dann die Reproduktivitätseigenschaft im folgenden Sinne:
Eine Linearkombination

$$Y = a_0 + a_1 X_1 + \ldots + a_n X_n = a_0 + \sum_{i=1}^{n} a_i X_i$$

der normalverteilten Zufallsvariablen ist wiederum normalverteilt mit den Parametern

$$\mu_Y = a_0 + \sum_{i=1}^{n} a_i \mu_i$$

$$\sigma_Y^2 = \sum_{i=1}^{n} a_i^2 \sigma_i^2$$

also gilt $Y \sim N(\mu_Y = a_0 + \sum_{i=1}^{n} a_i \mu_i, \sigma_Y^2 = \sum_{i=1}^{n} a_i^2 \sigma_i^2)$

Bei der Erörterung dieser Zusammenhänge wird zunächst der einfachere Fall betrachtet, daß Y eine lineare Funktion von nur einer normalverteilten Zufallsvariablen $X \sim N(\mu_X, \sigma_X^2)$ ist, daß also gilt:

$$Y = a_0 + a_1 X$$

Dann ist auch Y normalverteilt mit $Y \sim N(\mu_Y = a_0 + a_1 \mu_X; \sigma_Y^2 = a_1^2 \sigma_X^2)$

Beweis:

Für den Beweis bieten sich zwei Möglichkeiten an.

a) Man verwendet die im Abschnitt 7.2.2.4. abgeleitete momenterzeugende Funktion der Normalverteilung. Sie lautet für die Zufallsvariable X:

$$M_X(\Theta) = e^{\mu_X \Theta + \frac{1}{2} \sigma^2 \Theta^2}$$

Dann gilt nach den Ergebnissen des Abschnitts 5.1.5.3.:

$$M_{a_0 + a_1 X}(\Theta) = e^{a_0 \Theta} M_X(a_1 \Theta) = e^{a_0 \Theta} e^{\mu_X a_1 \Theta + \frac{1}{2} \sigma_X^2 a_1^2 \Theta^2} = e^{(a_0 + a_1 \mu_X) \Theta + \frac{1}{2} a_1^2 \sigma_X^2 \Theta^2}$$

Die resultierende momenterzeugende Funktion ist wiederum die einer Normalverteilung mit

$$\mu_Y = a_0 + a_1 \mu_X \qquad \sigma_Y^2 = a_1^2 \sigma_X^2 \qquad \sigma_Y = |a_1| \sigma_X$$

b) Nach den Ergebnissen des Abschnitts 4.1.5. ist

$$f_Y(y) = \frac{1}{|a_1|} f_X(\frac{y - a_0}{a_1}) = \frac{1}{|a_1|} \cdot \frac{1}{\sigma_X \sqrt{2\pi}} e^{-\frac{\left(\frac{y - a_0}{a_1} - \mu_X\right)^2}{2\sigma_X^2}}$$

$$= \frac{1}{|a_1| \sigma_X \sqrt{2\pi}} e^{-\frac{[y - (a_0 + a_1 \mu_X)]^2}{2 a_1^2 \sigma_X^2}}$$

Man erhält also die Dichtefunktion einer Normalverteilung mit den Parametern

$$\mu_Y = a_0 + a_1 \mu_X \qquad \sigma_Y^2 = a_1^2 \sigma_X^2 \qquad \sigma_Y = |a_1| \sigma_X$$

Es sollen nun allgemein n unabhängige normalverteilte Zufallsvariablen $X_1 \sim N(\mu_1, \sigma_1^2), \ldots, X_n \sim N(\mu_n, \sigma_n^2)$ betrachtet werden. Dann lautet die eingangs gemachte Behauptung, daß die Summe $Y = a_0 + \sum_{i=1}^{n} a_i X_i$ ebenfalls normalverteilt sei mit

$$Y \sim N(\mu_Y = a_0 + \sum_{i=1}^{n} a_i X_i, \quad \sigma_Y^2 = \sum_{i=1}^{n} a_i^2 \sigma_i^2).$$

Diese Beziehung wird beispielsweise in Kapitel 8 zur Bestimmung des Verteilungsgesetzes für das arithmetische Mittel der Stichprobe benötigt.

Beweis:

a) Bei Verwendung der momenterzeugenden Funktion erhält man (gemäß 5.1.5.3.):

$$M_{a_0 + a_1 X_1 + \ldots + a_n X_n}(\Theta) = e^{a_0 \Theta} \cdot e^{\mu_1 a_1 \Theta + \frac{1}{2} a_1^2 \sigma_1^2 \Theta^2} \cdot \ldots \cdot e^{\mu_n a_n \Theta + \frac{1}{2} a_n^2 \sigma_n^2 \Theta^2}$$

$$= e^{(a_0 + a_1 \mu_1 + \ldots + a_n \mu_n) \Theta + \frac{1}{2}(a_1^2 \sigma_1^2 + \ldots + a_n^2 \sigma_n^2) \Theta^2}$$

Man erhält also sofort die momenterzeugende Funktion einer Normalverteilung mit

$$\mu_Y = a_0 + \sum_{i=1}^{n} a_i \mu_i \qquad \sigma_Y^2 = \sum_{i=1}^{n} a_i^2 \sigma_i^2$$

b) Alternativ kann man den Beweis mit Hilfe der in 4.2.9. eingeführten Formel für die Faltung von unabhängigen Zufallsvariablen führen. Sei $Y = X_1 + X_2$, dann gilt

$$f_Y(y) = \int_{-\infty}^{\infty} f_{X_1}(x_1) f_{X_2}(y - x_1) dx_1$$

Für den Beweis, daß f_y die Dichte einer Normalverteilung ist, vgl.
Aufgabe 7.9. Wiederholte Anwendung dieser Formel führt zum Beweis
der obigen Behauptung.

7.2.2.6. Die Standardnormalverteilung

Die Verteilungsfunktion der Normalverteilung ist kompliziert
und für Berechnungen von Wahrscheinlichkeiten für Ereignisse
nicht unmittelbar zugänglich. Eine Tabellierung dieser Funktionen für alle in praktischen Fragestellungen vorkommenden
Werte für Erwartungswert und Varianz ist nicht möglich. Es ist
jedoch möglich, jede gegebene Normalverteilung in eine spezielle Normalverteilung zu transformieren und diese zu tabellieren.
Es bietet sich an, als spezielle Verteilung diejenige Normalverteilung zu wählen, die den Erwartungswert 0 und die Varianz
1 hat. Man bezeichnet sie als Standardnormalverteilung. Für sie
ist die Dichte- und Verteilungsfunktion tabelliert, man kann
sie also für empirische Berechnungen unmittelbar verwenden.

Ist eine Zufallsvariable X normalverteilt mit dem Mittelwert μ
und der Varianz σ^2, so können wir die Standardnormalverteilung
durch eine spezielle lineare Transformation erreichen. Ist die
Zufallsvariable X normalverteilt, so ist auch die Zufallsvariable $Z = \frac{X-\mu}{\sigma} = \frac{\mu}{\sigma} + \frac{1}{\sigma} X$ normalverteilt, und sie hat nach den Ergebnissen des Abschnitts 7.2.2.5. den Erwartungswert $E(Z) = -\frac{\mu}{\sigma} + \frac{\mu}{\sigma} = 0$ und die Varianz $Var(Z) = \frac{1}{\sigma^2} \cdot \sigma^2 = 1$. Anschaulich gesehen gibt der für einen bestimmten Wert x_0 errechnete Standardwert z_0 an, wie weit der Wert x_0 vom Erwartungswert μ abweicht, wobei diese Differenz in Standardabweichungen der gegebenen Verteilung ausgedrückt wird. Die Maßeinheit der Variablen Z heißt daher auch Standardeinheit. Ist z.B. eine Normalverteilung mit $\mu = 100$ und $\sigma = 10$ gegeben, so ist der zu
$x_0 = 105$ gehörende Z-Wert gleich $z_0 = \frac{105-100}{10} = 1/2$, d.h. der
Wert $x = 105$ ist 1/2 Standardabweichung vom Mittelwert der Verteilung der Zufallsvariablen X entfernt.

Wenn man die Transformation $Z = \frac{X-\mu}{\sigma}$ verwendet und die soeben ermittelten Parameter $\mu_Z = 0$ und $\sigma_Z^2 = 1$ in die allgemeine Formel für die Dichtefunktion und Verteilungsfunktion der Normalverteilung einsetzt, erhält man die Verteilungsfunktion

$$F_N(z;0,1) = \frac{1}{\sqrt{2\pi}} \int_{-\infty}^{z} e^{-\frac{u^2}{2}} du$$

und die Dichtefunktion:

$$f_N(z;0,1) = \frac{1}{\sqrt{2\pi}} e^{-\frac{z^2}{2}}$$

Die Änderung der Gestalt der Funktion f_N durch die Transformation Z wird durch einen Vergleich der beiden Dichtefunktionen $f_N(x;\mu,\sigma^2)$ und $f_N(z;0,1)$ klar. Betrachten wir einen speziellen Wert x_0 und den zugehörigen Wert $z_0 = \frac{x_0-\mu}{\sigma}$, so ist

$$f_N(x_0;\mu,\sigma^2) = \frac{1}{\sigma\sqrt{2\pi}} e^{-\frac{(x_0-\mu)^2}{2\sigma^2}} = \frac{1}{\sigma\sqrt{2\pi}} e^{-\frac{z_0^2}{2}}$$

$$f_N(z_0;0,1) = \frac{1}{\sqrt{2\pi}} e^{-\frac{z_0^2}{2}}$$

Daraus ergibt sich sofort

$$f_N(x_0;\mu,\sigma^2) = \frac{1}{\sigma} f_N(z_0;0,1) \quad \text{oder}$$

$$\sigma f_N(x_0;\mu,\sigma^2) = f_N(z_0;0,1)$$

Das bedeutet, daß der Wert der Dichtefunktion für jede Ausprägung von Z gleich dem σ-fachen des Wertes der entsprechenden Ausprägung von X ist. Ist $\sigma > 1$, so erscheint wegen dieser Multiplikation die Dichtefunktion der standardisierten Variablen Z komprimierter als die der ursprünglichen Variablen X. Ist $\sigma < 1$, so erscheint sie flacher.

Bei Verwendung der Tabelle der Dichtefunktion und Verteilungsfunktion der Standardnormalverteilung ist zu beachten, daß zumeist nur positive Werte von Z tabelliert sind. Die Tabellierung von $f_N(-z)$ und $F_N(-z)$ ist nicht notwendig, da wegen der Symmetrie der Normalverteilung $f_N(-z) = f_N(z)$ und $F_N(-z) = 1 - F_N(z)$.

Daher ist auch $P(Z \geq 0) = P(Z \leq 0) = 0,5$. Die Verwendung der beiden Tabellen soll an Beispielen veranschaulicht werden.

Beispiele:

a) Der Intelligenzquotient von Rekruten sei normalverteilt mit $\mu = 100$ und $\sigma = 10$. Gefragt ist nach der Wahrscheinlichkeitsdichte im Punkt $x = 105$. Der zugehörige Z-Wert ist
$z = \frac{105-100}{10} = 0,5$ und für $f_N(0,5;0,1)$ lesen wir den Wert 0,3521 ab. Der gesuchte Wert ist $f_N(x;100,100) = \frac{1}{\sigma} f_N(z;0,1) \doteq \frac{0,3521}{10} = 0,03521$.

b) Verteilung wie bei Beispiel a); gefragt ist nach der Wahrscheinlichkeit, daß ein zufällig ausgewählter Rekrut einen IQ im Bereich von 98<X<104 hat. Es ist $P(98 \leq X \leq 104) = P(\frac{98-100}{10} \leq \frac{X-100}{10} \leq \frac{104-100}{100}) = P(-0,2 \leq Z \leq 0,4)$.
Wir verwenden eine Tabelle, in der die Wahrscheinlichkeit $P(Z \geq z) = 1-F_N(z)$ tabelliert ist. Dort findet man $P(Z>0,4) \doteq 0,3446$. Daraus ergibt sich $P(0<Z<0,4) \doteq 0,50-0,3446 = 0,1554$. Für $P(Z>0,2)$ liest man den Wert 0,4207 ab und errechnet daraus $P(-0,2<Z<0) \doteq 0,50-0,4207 = 0,0793$. Dann ist die gesuchte Wahrscheinlichkeit $P(-0,2<Z<0,4) = P(-0,2<Z<0)+P(0<Z<0,4) \doteq$
$\doteq 0,1554+0,0793 = 0,2347$.

Kontinuitätsberichtigung: Nimmt man in diesem Beispiel an, die IQ-Berechnungen werden nicht beliebig genau gemessen, sondern auf ganze Werte auf- bzw. abgerundet, dann erstreckt sich das vorgegebene Intervall in Wirklichkeit auf den Bereich 97,5<X<104,5 und für dieses Intervall ist die Wahrscheinlichkeit abzulesen. Wäre gefragt nach P(98<X<104), so würde das abzulesende Intervall lauten: (98,5<X<104,5). Diese Addition bzw. Subtraktion von ½ wird nötig, weil die Variable X durch die Meßgenauigkeit eine diskrete Variable wird. Sie heißt Stetigkeitskorrektur (Kontinuitätsberichtigung). Die Stetigkeitskorrektur beträgt immer die Hälfte der Differenz von zwei benachbarten Ausprägungen der Zufallsvariablen.

7.2.2.7. Die Normalverteilung als Grenzverteilung für die Verteilung einer Summe von unabhängigen Zufallsvariablen: Der Zentrale Grenzwertsatz von Lindeberg-Levy

Wir wenden uns in diesem und im folgenden Abschnitt der Frage zu, welche Bedeutung der Normalverteilung als Grenzverteilung anderer Verteilungen zukommt. Viele der dabei dargestellten Ergebnisse beruhen auf dem Zentralen Grenzwertsatz von Lindeberg und Levy, der nun eingeführt werden soll.

Es sei $X_1, X_2, \ldots, X_n, \ldots$ eine Folge von unabhängigen Zufallsvariablen, die alle derselben Verteilung folgen mit dem Erwartungswert $E(X_i) = \mu$ und der Varianz $Var(X_i) = \sigma^2$ $(i=1,2,\ldots)$. Damit hat die Zufallsvariable

$$S_n = \sum_{i=1}^{n} X_i$$

den Erwartungswert $E(S_n) = n\mu$ und die Varianz $Var(S_n) = n\sigma^2$.

Dann besagt der Zentrale Grenzwertsatz, daß die Folge der standardisierten Variablensummen

$$Z_n = \frac{\sum_{i=1}^{n} X_i - n\mu}{\sigma\sqrt{n}} = \frac{S_n - n\mu}{\sigma\sqrt{n}}$$

der Verteilung nach gegen die Standardnormalverteilung konvergiert.

Für die Zufallsvariable S_n bedeutet dieses Ergebnis, daß sich ihre Verteilung mit steigendem n einer $N(n\mu; n\sigma^2)$-Verteilung annähert. Die Verteilung einer Summe unabhängiger, identisch verteilter Zufallsvariabler entfernt sich mit wachsendem n immer mehr vom Ursprung (falls $\mu \neq 0$) und nimmt in zunehmendem Maße die Gestalt einer flachen und breiten Normalverteilung an.

Die Bedeutung de ·entralen Grenzwertsatzes wird im folgenden Abschnitt noch deutlicher, wenn die Approximation ausgewählter Verteilungen durch die Normalverteilung besprochen wird. Die Grenzwertsätze, auf denen diese Approximationen beruhen, sind fast alle Spezialfälle des Zentralen Grenzwertsatzes. An dieser Stelle soll der Zentrale Grenzwertsatz zur Begründung der Verwendung der relativen Häufigkeit in großen Versuchsserien als Schätzwert für die Wahrscheinlichkeit eines Ereignisses herangezogen werden. Dabei soll an die Ausführungen des Abschnitts 6.2.1. angeknüpft werden. Es sei $X_1, X_2, X_3,$ ... eine Folge von Zufallsvariablen, die alle die Werte 0 oder 1 (X_i: "Anzahl der Erfolge bei einmaliger Durchführung des Experiments") mit den Wahrscheinlichkeiten $P(X_i=0) = 1-\Pi$ bzw. $P(X_i=1) = \Pi$ annehmen. Dann ist $E(X_i) = \Pi$, $Var(X_i) = \Pi(1-\Pi)$ und $Y_n = \frac{1}{n} \sum_{i=1}^{n} X_i$ der Anteil der Erfolge bei n Versuchen mit den Parametern $E(Y_n) = \Pi$ und $Var(Y_n) = \frac{\Pi(1-\Pi)}{n}$. Die Zufallsvariable Y_n ist eine Summe von unabhängigen Zufallsvariablen und daher ist nach dem Zentralen Grenzwertsatz

$$Z_n = \frac{Y_n - E(Y_n)}{\sqrt{Var(Y_n)}} = \frac{Y_n - \Pi}{\sqrt{\frac{\Pi(1-\Pi)}{n}}}$$

asymptotisch standardnormalverteilt.

Die Schätzung von Π wurde in Abschnitt 6.2.1. mit Hilfe der Tchebycheffschen Ungleichung vorgenommen:

$$P(|Y_n - \Pi| < \varepsilon) \geq 1 - \frac{\Pi(1-\Pi)}{n\varepsilon^2}$$

Ist $\varepsilon = 0,01$ und $n = 10000$, so gilt

$$P(|Y_n - \Pi| < 0,01) \geq 1 - \Pi(1-\Pi) \geq 1 - \frac{1}{4} = 0,75$$

d.h. in mindestens 75 von 100 Fällen ist die Abweichung des Stichprobenanteilswertes kleiner als $\varepsilon=0,01$. Mit Hilfe des Zentralen Grenzwertsatzes kann diese Abschätzung wesentlich verfeinert werden, denn damit ist das Verteilungsgesetz von Y_n bekannt. Für die gleichen Werte $\varepsilon=0,01$ und $n=10000$ erhält man bei Verwendung der Normalverteilung

$$P(|Y_n-\Pi|<0,01) = P\left(\left|\frac{Y_n-\Pi}{\sqrt{\frac{\Pi(1-\Pi)}{n}}}\right| < \frac{0,01}{\sqrt{\frac{\Pi(1-\Pi)}{n}}} \leq 2\right) = P(|Z_n|<2) \doteq$$

$$\doteq 0,9545$$

Das bedeutet, nur in 5 von 100 Fällen ist die Abweichung des Stichprobenanteilswertes vom Erwartungswert Π größer oder gleich $\varepsilon=0,01$. Verlangt man $\varepsilon=0,01$ und eine Wahrscheinlichkeit von 0,99, ist also gefordert

$$P(|Z_n| < \frac{0,01}{\sqrt{\frac{\Pi(1-\Pi)}{n}}} \leq 0,02\sqrt{n} = z_{0,995}) = 0,99$$

so erhält man durch Auflösen der inneren Gleichung

$$0,02\sqrt{n} = z_{0,995} \doteq 2,58$$

$$\sqrt{n} \doteq 129$$

$$n \doteq 16641$$

Ist also $\Pi=0,5$, so weicht der Stichprobenanteil der Erfolge bei $n = 16641$ nur in 1 von 100 Fällen um 0,01 oder mehr von diesem Wert ab. Nimmt man an, die Wahrscheinlichkeit, daß ein neugeborenes Kind ein Knabe wird, sei $\Pi=0,5$ und betrachtet, wie im Beispiel des Abschnitts 2.4.4.1.2., etwa n=3.000.000 Lebendgeborene, so ergibt sich bei einer Wahrscheinlichkeit von 0,99:

$$P(|Z_n| < \frac{\varepsilon}{\sqrt{\frac{\Pi(1-\Pi)}{n}}} = 2\sqrt{n}\varepsilon = 3464,1\varepsilon = z_{0,995}) = 0,99$$

Durch Auflösen der inneren Gleichung nach ε erhält man:

$$3464,1\varepsilon = z_{0,995} \doteq 2,58$$

$$\varepsilon \doteq 0,0007447$$

Mithin weicht in nur 1 von 100 Fällen der Anteilswert um 0,0007 oder mehr vom vermuteten Wert $\Pi=0,5$ ab. Dieses Ergebnis ist so unwahrscheinlich, daß man die Vermutung, es sei $\Pi=0,5$ aufgibt und als Schätzwert den in der Stichprobe beobachteten Wert $\hat{\Pi}=0,514$ verwendet.

7.2.2.8. Die Normalverteilung als Grenzverteilung ausgewählter diskreter Verteilungen

Die Normalverteilung hat große Bedeutung als Grenzverteilung anderer Verteilungen. Von den bisher behandelten Verteilungen für diskrete Zufallsvariablen sollen für die Binomialverteilung, die hypergeometrische Verteilung, die negative Binomialverteilung und die Poisson-Verteilung die Bedingungen untersucht werden, unter denen eine Annäherung an die Normalverteilung erfolgt.

7.2.2.8.1. Die Normalverteilung als Grenzverteilung der Binomialverteilung

Die Bedingungen für die Annäherung der Binomialverteilung an die Normalverteilung ergeben sich aus dem folgenden Grenzwertsatz von de Moivre und Laplace:

Sei $X_1, X_2, X_3, \ldots$ eine Folge von Zufallsvariablen, die alle einer Binomialverteilung mit Parameter Π folgen, so daß $X_n \sim B(n,\Pi)$ gilt für $n=1,2,\ldots$, dann konvergiert die Folge $Z_1, Z_2, Z_3 \ldots$ der standardisierten Zufallsvariablen

$$Z_n = \frac{X_n - n\Pi}{\sqrt{n\Pi(1-\Pi)}}$$

der Verteilung nach gegen eine Standardnormalverteilung. Da eine binomialverteilte Zufallsvariable die Summe von n 0-1-verteilten Zufallsvariablen ist, ist dieser Grenzwertsatz ein Spezialfall des Zentralen Grenzwertsatzes.

Die Wahrscheinlichkeit

$$P(x_1 \leq X \leq x_2) = \sum_{x=x_1}^{x_2} f_B(x;n,\Pi)$$

läßt sich dann für hinreichend große Werte von n abschätzen durch

$$\sum_{x=x_1}^{x_2} f_B(x;n,\Pi) \doteq P(z_1 \leq Z \leq z_2) = \frac{1}{\sqrt{2\pi}} \int_{z_1}^{z_2} e^{-\frac{z^2}{2}} dz =$$

$$= F_N(z_2;0;1) - F_N(z_1;0;1)$$

wobei

$$z_1 = \frac{x_1 - \frac{1}{2} - n\Pi}{\sqrt{n\Pi(1-\Pi)}} \quad ; \quad z_2 = \frac{x_2 + \frac{1}{2} - n\Pi}{\sqrt{n\Pi(1-\Pi)}}$$

In diesen Integrationsgrenzen ist die Zahl $\frac{1}{2}$ als Kontinuitätsberichtigung eingesetzt (die Hälfte des Abstandes zwischen zwei benachbarten Ausprägungen der Zufallsvariablen X). Das Vorzeichen der Kontinuitätsberichtigung wird dabei durch die Art der Ungleichung bestimmt. Dies sei am Beispiel der binomialverteilten Zufallsvariablen X~B(n=100;Π=0,50) veranschaulicht. Zu berechnen sei die Wahrscheinlichkeit $P(x_1 \leq X \leq x_2) = P(47 \leq X \leq 52) = \sum_{x=47}^{52} f_B(x;n=100;\Pi=0,5)$. In der folgenden Graphik ist die Wahrscheinlichkeit repräsentiert durch die Summe der Höhen der Stäbe in den Punkten 47 bis 52 oder, was gleichbedeutend ist, durch die Summe der Flächen der eingezeichneten Rechtecke. Diese Wahrscheinlichkeit wird gemäß Grenzwertsatz von de Moivre

und Laplace approximiert durch die Normalverteilung mit
$\mu_X = n\Pi = 100 \cdot 0,5 = 50$ und Varianz $\sigma_X^2 = n\Pi(1-\Pi) = 25$, also durch
$N(\mu_X=50; \sigma_X^2=25)$. In der Graphik bedeutet dies, daß die Fläche der Rechtecke angenähert wird durch die Fläche zwischen der Abszisse der eingezeichneten Normalverteilung und den Abszissenwerten $x_1 - \frac{1}{2} = 46,5$ und $x_2 + \frac{1}{2} = 52,5$, also durch

$$\sum_{x=47}^{52} f_B(x; n=100, \Pi=0,5) \doteq \int_{46,5}^{52,5} f_N(x; 50; 25) = \int_{z_1}^{z_2} f_N(z; 0; 1)$$

wobei

$$z_1 = \frac{x_1 - n\Pi - \frac{1}{2}}{\sqrt{n\Pi(1-\Pi)}} = \frac{47 - \frac{1}{2} - 50}{\sqrt{100 \cdot 0,5 \cdot 0,5}} = -0,7$$

$$z_2 = \frac{x_2 + \frac{1}{2} - n\Pi}{\sqrt{n\Pi(1-\Pi)}} = \frac{52 + \frac{1}{2} - 50}{\sqrt{100 \cdot 0,5 \cdot 0,5}} = 0,5$$

Bei der Annäherung einer diskreten Verteilung durch eine stetige ist ein Punkt x_i durch das Intervall $x_i - 0,5 \leq X < x_i + 0,5$ er setzt. Insbesondere sind die Grenzen $x_1 = 47$ und $x_2 = 52$ zu ersetzen. Da beide Intervallgrenzen in dem Intervall eingeschlossen sind, lautet bei einer Approximation durch eine stetige Verteilung das Intervall $46,5 \leq X \leq 52,5$. Wäre die Wahrscheinlichkeit $P(47<X<52)$ zu berechnen, so wäre für die Annäherung durch eine stetige Verteilung das Intervall $47 + \frac{1}{2} \leq X \leq 52 - \frac{1}{2}$ zugrundezulegen.

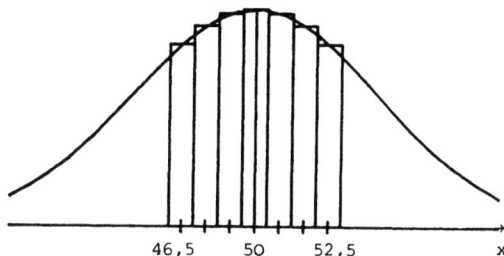

Die Güte der Annäherung der Binomialverteilung durch die Normalverteilung steigt gemäß dem Grenzwertsatz von de Moivre und Laplace mit steigendem Stichprobenumfang n. Bei gegebenem Stichprobenumfang ist die Annäherung um so besser, je näher der Wert Π bei 0,5 liegt. Dies ist naheliegend, denn für $\Pi=0,5$ ist die Binomialverteilung symmetrisch, und je weiter Π von 0,5 abweicht, desto schiefer ist die Binomialverteilung, desto schlechter damit die Approximation durch die Normalverteilung, die ebenfalls eine symmetrische Verteilung ist. Je weiter Π von 0,5 abweicht, um so größer muß der Stichprobenumfang sein, damit eine vorgegebene Güte der Annäherung durch die Normalverteilung erreicht wird. Als Faustregel für die Approximation verwendet man häufig die Bedingung:

$$n > \frac{9}{\Pi(1-\Pi)}$$

Beispiele:

a) Wahrscheinlichkeitsfunktion $f_B(x;n,\Pi)$ und Näherung $f_N(x;n\Pi;n\Pi(1-\Pi))$ für verschiedene Werte von n und Π.

x	n = 8, Π = 0,2 Näherung	exakt	n = 8, Π = 0,5 Näherung	exakt	n = 25, Π = 0,2 Näherung	exakt
0	0,130	0,168	0,005	0,004	0,009	0,004
1	0,306	0,336	0,030	0,031	0,027	0,024
2	0,331	0,294	0,104	0,109	0,065	0,071
3	0,164	0,147	0,220	0,219	0,121	0,136
4	0,037	0,046	0,282	0,273	0,176	0,187
5	0,004	0,009	0,220	0,219	0,199	0,196
6	0,000	0,001	0,104	0,109	0,176	0,163
7	0,000	0,000	0,030	0,031	0,121	0,111
8	0,000	0,000	0,005	0,004	0,065	0,062
9					0,027	0,029
10					0,009	0,012
11					0,002	0,004

Das obige Beispiel zeigt, daß für kleine Werte von Π die Anpassung wesentlich schlechter ist als für Werte in der Nähe von Π = 0,5.

b) Sei $\Pi = \frac{1}{10}$, $n = 500$, $x_1 = 50$, $x_2 = 55$. Dann ist der exakte Wert

$$\sum_{x=50}^{55} f_B(x;500,\frac{1}{10}) = 0,3176.$$

Wegen

$$\sigma = \sqrt{n\Pi(1-\Pi)} = \sqrt{45} = 6,67, \quad z_1 = \frac{50-\frac{1}{2}-50}{6,67} \doteq -0,075, \quad z_2 = \frac{55+\frac{1}{2}-50}{6,67} = 0,825$$

ergibt sich als Näherung:

$$F_N(0,825;0,1) - F_N(-0,075;0,1) \doteq 0,3235 \doteq P(49,5 \leq x \leq 55,5).$$

Die Differenz ist also sehr gering. Auf die Kontinuitätsberichtigung kann hier nicht verzichtet werden, da ihr Einfluß zu groß ist.

7.2.2.8.2. Die Normalverteilung als Grenzverteilung der hypergeometrischen Verteilung

Auch die hypergeometrische Verteilung kann unter bestimmten Voraussetzungen durch die Normalverteilung approximiert werden. Ist $\frac{n}{N} \leq 0,05$, kann die hypergeometrische Verteilung durch die Binomialverteilung angenähert werden und für hinreichend große Stichprobenumfänge n die Binomialverteilung durch die Normalverteilung. Für $\frac{n}{N} > 0,05$ ist der indirekte Weg von der hypergeometrischen Verteilung zur Normalverteilung über die Binomialverteilung nicht möglich. Aber auch hier besteht eine Approximationsmöglichkeit durch die Normalverteilung. Ist $n > \frac{9}{\Pi(1-\Pi)}$ und $\frac{n}{N}$ nicht zu nahe bei 1 (symbolisiert durch $\frac{n}{N} << 1$), so kann eine hypergeometrisch verteilte Zufallsvariable $X \sim H(N,n,M=N\Pi)$ durch die Normalverteilung mit den entsprechenden Parametern approximiert werden, nämlich durch $N(\mu=n\Pi;\sigma^2=n\Pi(1-\Pi)\frac{N-n}{N-1})$. Die Berechtigung für dieses Vorgehen bildet eine Variante des Zentralen Grenzwertsatzes (vgl. 8.3.3.2.). Bei Berechnungen ist die Kontinuitätsberichtigung zu berücksichtigen. Ist die Zufallsvariable X hypergeometrisch verteilt und $P(x_1 \leq X \leq x_2)$ zu berechnen, so kann dies angenähert werden durch

$$\sum_{x=x_1}^{x_2} f_N(x;N,n,M) =$$

$$F_N(x_2+0,5;n\pi;n\pi(1-\pi)\cdot\frac{N-n}{N-1}) - F_N(x_1-0,5;n\pi;n\pi(1-\pi)\cdot\frac{N-n}{N-1}) =$$

$$= F_N(z_2;0;1) - F_N(z_1;0;1)$$

wobei

$$z_2 = \frac{x_2+0,5-n\pi}{\sqrt{n\pi(1-\pi)\frac{N-n}{N-1}}} \qquad z_1 = \frac{x_1-0,5-n\pi}{\sqrt{n\pi(1-\pi)\frac{N-n}{N-1}}}$$

7.2.2.8.3. Die Normalverteilung als Grenzverteilung der Poissonverteilung

Auch für die Poissonverteilung gibt es eine Approximationsmöglichkeit durch die Normalverteilung. Sie basiert auf folgendem Satz:

Sei $X_1, X_2, X_3, \ldots, X_n \ldots$ eine Folge von Zufallsvariablen, die alle poissonverteilt sind mit Parameter $\mu_1, \mu_2, \mu_3, \ldots, \mu_n, \ldots$, also $X_n \sim P(\mu_n)$, wobei die Folge der Parameter μ_n gegen ∞ strebt. Dann konvergiert die Folge $Z_1, Z_2, Z_3, \ldots, Z_n, \ldots$ der Zufallsvariablen

$$Z_n = \frac{X_n - \mu_n}{\sqrt{\mu_n}}$$

der Verteilung nach gegen eine standardnormalverteilte Zufallsvariable. Die poissonverteilte Zufallsvariable $X \sim P(\mu)$ ist also für große Werte von μ annähernd normalverteilt mit $E(X) = \mu$ und $Var(X) = \mu$, also $X \sim N(\mu,\mu)$ verteilt. Als Faustregel für die Approximation der Poissonverteilung durch die Normalverteilung verwendet man häufig $\mu > 9$.

Bei Berechnungen von Wahrscheinlichkeiten ist die Stetigkeitskorrektur zu beachten: Ist $P(x_1 \leq X \leq x_2)$ zu berechnen, so ermittelt man:

$$\sum_{x=x_1}^{x_2} f_P(x;\mu) \doteq F_N(x_2+0,5;\mu,\mu) - F_N(x_1-0,5;\mu,\mu) =$$

$$= F_N(z_2;0;1) - F_N(z_1;0;1)$$

wobei

$$z_1 = \frac{x_1 - 0,5 - \mu}{\sqrt{\mu}} \qquad z_2 = \frac{x_2 + 0,5 - \mu}{\sqrt{\mu}}$$

Der Illustration der Genauigkeit der Approximation soll die folgende Beispielrechnung dienen:

Erwartungswert μ	Wahrscheinlichkeit	Exakter Wert	Normalapproximation
1	$P(2 \leq X \leq 4)$	0,2606	0,3083
3	$P(0 \leq X \leq 2)$	0,4232	0,3647
5	$P(3 \leq X \leq 7)$	0,7420	0,7364
10	$P(8 \leq X \leq 12)$	0,5713	0,5710
50	$P(45 \leq X \leq 55)$	0,5635	0,5634
100	$P(95 \leq X \leq 105)$	0,4176	0,4176

7.2.2.8.4. Die Normalverteilung als Grenzverteilung der negativen Binomialverteilung

Eine Zufallsvariable X, die einer negativen Binomialverteilung $NB(r,\Pi)$ folgt, ist für große Werte von r annähernd normalverteilt nach $N(r \cdot \frac{1-\Pi}{\Pi}; r \cdot \frac{1-\Pi}{\Pi^2})$, d.h. die Zufallsvariable

$$Z = \frac{X - r \cdot \frac{1-\Pi}{\Pi}}{\sqrt{r \cdot \frac{1-\Pi}{\Pi^2}}}$$

konvergiert für n→∞ zu einer Standardnormalverteilung. Bei der Durchführung von Wahrscheinlichkeitsberechnungen ist auch hier die Kontinuitätsberichtigung zu verwenden. Da eine negativ binomialverteilte Zufallsvariable als Summe von geometrisch verteilten Zufallsvariablen abzüglich der Konstanten r darstellbar ist, beruht diese Approximation auf dem Zentralen Grenzwerttheorem.

7.2.2.8.5. Zusammenfassende Übersicht über Approximationsmöglichkeiten zwischen einzelnen Verteilungen

Die bisher besprochenen Approximationsmöglichkeiten von diskreten Verteilungen durch andere diskrete Verteilungen und durch die Normalverteilung sind in der folgenden Übersicht zusammen mit den Faustregeln zusammenfassend dargestellt.

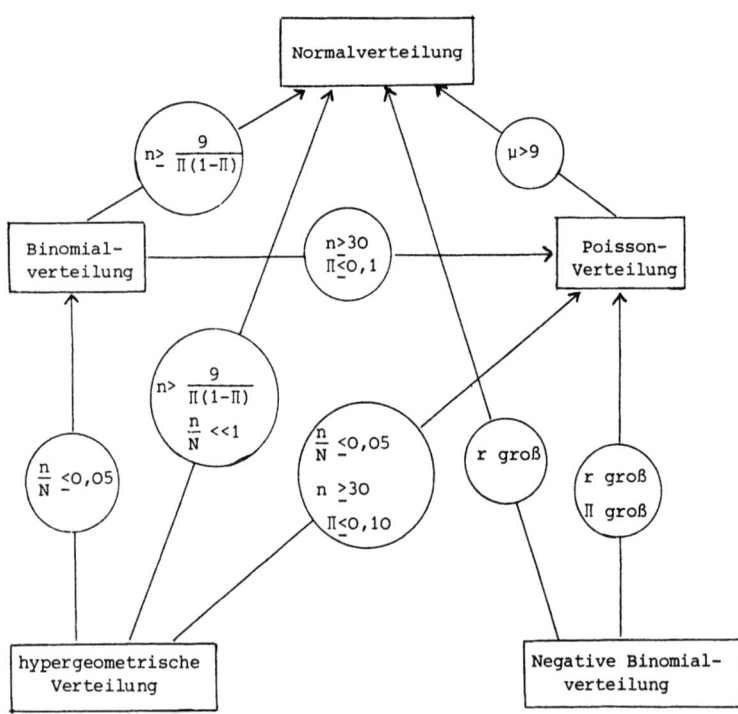

7.2.3. Die Gamma-Verteilung und ihre Spezialfälle Exponentialverteilung und χ^2-Verteilung

7.2.3.1. Die Gamma-Verteilung

Die Gamma-Verteilung ist neben der Normalverteilung eine weitere Wahrscheinlichkeitsverteilung von grundlegender Bedeutung. Sie hat ihren Namen von der Gammafunktion erhalten, die in die Dichtefunktion der Gamma-Verteilung eingeht. Die Gamma-Verteilung kann herangezogen werden zur Erklärung empirischer Vorgänge, wie z.B. von Lebensdauerverteilungen industrieller Produktionsanlagen. Für diesen Zweck wird häufig die Exponentialverteilung, ein Spezialfall der Gamma-Verteilung, verwendet. Außerdem hat die Gamma-Verteilung Bedeutung als Prüfverteilung. Die χ^2-Verteilung, ein Spezialfall der Gamma-Verteilung, wird als Prüfverteilung verwendet. Schließlich dient die Gamma-Verteilung als grundlegende Verteilung zur Ableitung weiterer Prüfverteilungen (t-Verteilung und F-Verteilung).

Eine Zufallsvariable X folgt der Gammaverteilung, kurz: X~GA(α,β), wenn ihre Dichtefunktion gegeben ist durch

$$f_{GA}(x;\alpha,\beta) = \begin{cases} \dfrac{x^{\alpha-1} e^{-\frac{x}{\beta}}}{\beta^\alpha \Gamma(\alpha)} & \text{für } x>0,\ \alpha>0,\ \beta>0 \\ 0 & \text{für } x \leq 0 \end{cases}$$

Dabei sind α und β Parameter der Verteilung. $\Gamma(\alpha)$ ist der Wert der Gammafunktion im Punkt α, die im Abschnitt 1.5.1. definiert wurde.

Zur weiteren Verwendung bei der Exponential- und der χ^2-Verteilung sei an dieser Stelle die momenterzeugende Funktion der Gamma-Verteilung abgeleitet. Man erhält:

$$M_X(\theta) = \frac{1}{(1-\beta\theta)^\alpha}$$

Beweis:
$$M_X(\Theta) = \frac{1}{\beta^\alpha \Gamma(\alpha)} \int_0^\infty e^{\Theta x} x^{\alpha-1} e^{-\frac{x}{\beta}} dx = \frac{1}{\beta^\alpha \Gamma(\alpha)} \int_0^\infty x^{\alpha-1} e^{(\Theta - \frac{1}{\beta})x} dx$$

Setzt man
$$t = (\frac{1}{\beta} - \Theta)x,$$

so ist
$$\frac{dt}{dx} = \frac{1}{\beta} - \Theta,$$

und man erhält
$$M_X(\Theta) = \frac{1}{\beta^\alpha \Gamma(\alpha)(\frac{1}{\beta} - \Theta)^{\alpha-1}(\frac{1}{\beta} - \Theta)} \underbrace{\int_0^\infty t^{\alpha-1} e^{-t} dt}_{\Gamma(\alpha)} = \frac{\Gamma(\alpha)}{\beta^\alpha (\frac{1}{\beta} - \Theta)^\alpha \Gamma(\alpha)} = \frac{1}{(1-\beta\Theta)^\alpha}$$

Weitere Aussagen zur Gamma-Verteilung sind an dieser Stelle nicht erforderlich. Im folgenden werden die beiden speziellen Verteilungen Exponential- und χ^2-Verteilung betrachtet.

7.2.3.2. Die Exponentialverteilung

Sie ist ein Spezialfall der Gamma-Verteilung und wird vor allem zur Approximation der Verteilung von Lebensdauern für Lebewesen oder Maschinen verwendet (vgl. das Beispiel der Lebensdauer von Glühlampen in Abschnitt 4.1.4.1.) oder zur Beschreibung der Zeitspanne, die zwischen zwei Störfällen an einer Maschine verstreicht. Sie hat damit eine Bedeutung, die unter den diskreten Verteilungen der geometrischen Verteilung zukommt (vgl. 7.1.4.).

7.2.3.2.1. Die Dichte- und Verteilungsfunktion der Exponentialverteilung

In der Dichtefunktion der Gamma-Verteilung sei speziell $\alpha = 1$. Dann lautet die Dichtefunktion der Gamma-Verteilung

$$f_{EX}(x;\beta) = \begin{cases} \dfrac{1}{\beta} e^{-\frac{x}{\beta}} & x > 0,\ \beta > 0 \\ 0 & \text{sonst} \end{cases}$$

Eine Zufallsvariable X mit dieser Dichtefunktion heißt exponentialverteilt: $X \sim EX(\beta)$. Ihre Verteilungsfunktion erhält man für $x>0$ aus dem Integral:

$$F_{EX}(x;\beta) = \int_0^x \frac{1}{\beta} e^{-\frac{v}{\beta}} dv = \left[-e^{-\frac{v}{\beta}}\right]_0^x = 1 - e^{-\frac{x}{\beta}}$$

Damit lautet die Verteilungsfunktion:

$$F_{EX}(x;\beta) = \begin{cases} 1 - e^{-\frac{x}{\beta}} & \text{für } x > 0 \\ 0 & \text{sonst} \end{cases}$$

Im nächsten Abschnitt wird gezeigt, daß die Konstante β den Erwartungswert der Zufallsvariablen X darstellt.

Beispiel:

Die Zeitspanne, die zwischen zwei Störfällen an einer Maschine verstreicht, sei exponentialverteilt mit $\beta = 160$ [Stunden]. Gesucht ist die Wahrscheinlichkeit, daß diese Zeitspanne

a) höchstens 40 Stunden

b) zwischen 60 und 160 Stunden

c) mehr als 200 Stunden beträgt.

Die Verteilungsfunktion lautet dann für $x > 0$:

$$F_{EX}(x;160) = 1 - e^{-\frac{1}{160}x}$$

Damit erhält man:

a) $P(X \leq 40) = F_{EX}(40;160) = 1-e^{-\frac{1}{4}} = 0,2212$

b) $P(60 < X \leq 160) = F_{EX}(160;160) - F_{EX}(60;160) =$

$= 1-e^{-1} -1+e^{-\frac{3}{8}} = e^{-\frac{3}{8}} - e^{-1} = 0,3194$

c) $P(X > 200) = 1-F_{EX}(200;160) = e^{-\frac{5}{4}} = 0,2865$

7.2.3.2.2. Der Erwartungswert und die Varianz einer exponentialverteilten Zufallsvariablen

Eine exponentialverteilte Zufallsvariable hat den Erwartungswert

$$E(X) = \beta$$

Beweis:

$$E(X) = \int_0^\infty x \cdot \frac{1}{\beta} e^{-\frac{x}{\beta}} dx = \frac{1}{\beta} \int_0^\infty xe^{-\frac{x}{\beta}} dx$$

Durch partielle Integration erhält man:

$$E(X) = \frac{1}{\beta}\left[-\beta xe^{-\frac{x}{\beta}} + \int \beta e^{-\frac{x}{\beta}} dx\right]_0^\infty = \left[-xe^{-\frac{x}{\beta}} - \beta e^{-\frac{x}{\beta}}\right]_0^\infty = \beta$$

Stellt X die Zufallsvariable "Lebensdauer" dar, so ist E(X) als "mittlere Lebensdauer" oder als "Lebenserwartung" zu interpretieren.

Die erwartete Lebensdauer unter der Bedingung, daß mindestens das Alter X = x erreicht wird, ist der bedingte Erwartungswert $E(X|X \geq x)$. Man erhält:

$$E(X|X\geq x) = \int_x^\infty v \cdot \frac{\frac{1}{\beta}e^{-\frac{v}{\beta}}}{P(X\geq x)} dv = \frac{1}{P(X\geq x)} \cdot \frac{1}{\beta} \int_x^\infty v e^{-\frac{v}{\beta}} dv =$$

$$= \frac{1}{1-F_{EX}(x;\beta)} \left[-ve^{-\frac{v}{\beta}} - \beta e^{-\frac{v}{\beta}} \right]_x^\infty = \frac{xe^{-\frac{x}{\beta}} + \beta e^{-\frac{x}{\beta}}}{e^{-\frac{x}{\beta}}} = x + \beta$$

Ist X die Zufallsvariable "Lebensdauer von Menschen", so ist $E(X|X\geq x)$ die "erwartete Lebensdauer einer x-jährigen Person" oder die "Lebenserwartung einer x-jährigen Person". Dann ist $E(X|X\geq x)-x$ die "fernere Lebenserwartung einer x-jährigen Person". Man erhält

$$E(X|X\geq x)-x = \beta$$

Man sieht, daß diese fernere Lebenserwartung unabhängig ist vom bereits erreichten Lebensalter, ein ungewöhnliches Ergebnis. Wir erinnern uns, daß unter den diskreten Zufallsvariablen die geometrisch verteilten Zufallsvariablen ebenfalls diese Eigenschaft besitzen (vgl. 7.1.4.3., Beispiel (6)).

Eine exponentialverteilte Zufallsvariable X hat die Varianz:

$$Var(X) = \beta^2$$

Beweis:
$$E(X^2) = \int_0^\infty x^2 \cdot \frac{1}{\beta} e^{-\frac{x}{\beta}} dx$$

Setzt man $y = \frac{x}{\beta}$, so folgt $x = \beta \cdot y$ und $dx = \beta\, dy$ und man erhält:

$$E(X^2) = \int_0^\infty (\beta y)^2 \cdot \frac{1}{\beta} \cdot e^{-y} \beta\, dy = \beta^2 \int_0^\infty y^2 e^{-y} dy = \beta^2 \cdot \Gamma(3) = \beta^2 \cdot 2! = 2\beta^2$$

$$Var(X) = E(X^2) - [E(X)]^2 = 2\beta^2 - \beta^2 = \beta^2$$

7.2.3.2.3. Die Reproduktivitätseigenschaft der Exponentialverteilung

Die Exponentialverteilung ist reproduktiv im folgenden Sinne:

Sind $X_1, X_2, \ldots, X_n$ identisch exponentialverteilte unabhängige Zufallsvariablen mit dem Parameter β, so folgt die Summe dieser Zufallsvariablen, also

$$Y = X_1 + X_2 + \ldots + X_n,$$

einer Gamma-Verteilung mit den Parametern β und $\alpha = n$.

Das bedeutet, daß eine Summe identisch exponentialverteilter unabhängiger Zufallsvariabler zwar nicht wieder exponentialverteilt ist, ihr Verteilungsgesetz aber doch innerhalb der Familie der Gamma-Verteilungen bleibt.

Beweis:

Um dies zu zeigen, verwendet man zweckmäßigerweise die momenterzeugende Funktion. Sie lautet für die Gamma-Verteilung:

$$M_{X_\Gamma}(\theta) = \frac{1}{(1-\beta\theta)^\alpha}$$

Daraus folgt für die Exponentialverteilung wegen $\alpha = 1$:

$$M_{X_{EX}}(\theta) = \frac{1}{1-\beta\theta}$$

Für eine Summe von identisch exponentialverteilten unabhängigen Zufallsvariablen folgt dann

$$M_{X_1 + \ldots + X_n}(\theta) = \frac{1}{(1-\beta\theta)^n}$$

Dies ist die momenterzeugende Funktion einer Gamma-Verteilung mit den Parametern β und $\alpha = n$.

7.2.3.3. Die χ^2-Verteilung

Die χ^2-Verteilung ist ein weiterer wichtiger Spezialfall der Gamma-Verteilung. Im Gegensatz zur Exponentialverteilung liegt ihre Hauptbedeutung in der Verwendung als Prüfverteilung in der induktiven Statistik, wie aus den Kapiteln 8 ff. deutlich werden wird.

7.2.3.3.1. Die Wahrscheinlichkeitsdichte und Verteilungsfunktion einer χ^2-verteilten Zufallsvariablen

In der Dichtefunktion der Gamma-Verteilung sei $\beta=2$ und $\alpha=\frac{\nu}{2}$, wobei ν eine positive reelle Zahl ist. Man erhält dann die Dichtefunktion

$$f_{\chi^2}(x;\nu) = \begin{cases} \dfrac{x^{\frac{\nu}{2}-1} e^{-\frac{x}{2}}}{2^{\frac{\nu}{2}} \Gamma(\frac{\nu}{2})} & \text{für } x>0 \\ 0 & \text{für } x \leq 0 \end{cases}$$

Dabei ist $\Gamma(\frac{\nu}{2}) = \int_0^\infty x^{\frac{\nu}{2}-1} e^{-x} dx$

Eine Zufallsvariable X mit dieser Dichtefunktion heißt χ^2-verteilt mit Parameter ν, kurz: $X \sim \chi^2(\nu)$.

Setzt man

$$c_\nu = \frac{1}{2^{\frac{\nu}{2}} \Gamma(\frac{\nu}{2})}$$

so lautet die Dichtefunktion der χ^2-Verteilung für ausgewählte Werte von ν:

$$f_{\chi^2}(x;1) = c_1 x^{-\frac{1}{2}} e^{-\frac{x}{2}} \qquad f_{\chi^2}(x;4) = c_4 x e^{-\frac{x}{2}}$$

$$f_{\chi^2}(x;2) = c_2 e^{-\frac{x}{2}} \qquad f_{\chi^2}(x;5) = c_5 x^{\frac{3}{2}} e^{-\frac{x}{2}}$$

$$f_{\chi^2}(x;3) = c_3 x^{\frac{1}{2}} e^{-\frac{x}{2}} \qquad f_{\chi^2}(x;6) = c_6 x^2 e^{-\frac{x}{2}}$$

Für die Werte von $\nu = 1,2,\ldots,6$ ist die χ^2-Verteilung graphisch dargestellt. Es fällt in der Graphik auf, daß sie mit steigenden Werten von ν der Gestalt der Normalverteilung näher kommt.

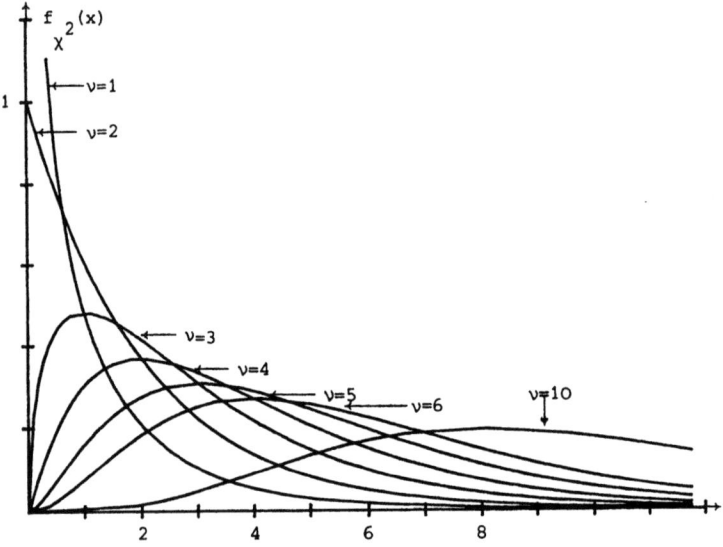

Die Verteilungsfunktion einer χ^2-verteilten Zufallsvariablen X lautet:

$$F_{\chi^2}(x;\nu) = \begin{cases} c_\nu \int_0^x u^{\frac{\nu}{2}-1} \cdot e^{-\frac{u}{2}} du & \text{für } x>0 \\ 0 & \text{sonst} \end{cases}$$

Derjenige Wert von X, für den gilt $F_{\chi^2}(x;\nu)=\alpha$, wird mit $\chi^2_{\alpha,\nu}$ bezeichnet.

7.2.3.3.2. Der Erwartungswert und die Varianz einer χ^2-verteilten Zufallsvariablen

Eine χ^2-verteilte Zufallsvariable X mit Parameter ν hat den Erwartungswert

$$E(X) = \nu$$

und die Varianz

$$Var(X) = 2\nu$$

Beweis:

Den Beweis führt man sehr leicht mit Hilfe der momenterzeugenden Funktion. Für die Gamma-Verteilung lautet die momenterzeugende Funktion:

$$M_{X_\Gamma}(\theta) = \frac{1}{(1-\beta\theta)^\alpha}$$

Mit $\beta=2$ und $\alpha=\frac{\nu}{2}$ erhält man daraus für die χ^2-Verteilung:

$$M_X(\theta) = \frac{1}{(1-2\theta)^{\frac{\nu}{2}}} = (1-2\theta)^{-\frac{\nu}{2}}$$

Differenzieren nach θ führt zu:

$$\frac{dM}{d\theta} = -\frac{\nu}{2}(1-2\theta)^{-\frac{\nu}{2}-1}(-2) = \nu(1-2\theta)^{-\frac{\nu}{2}-1}$$

$$E(X) = \frac{dM}{d\theta}\bigg|_{\theta=0} = \nu$$

Die zweite Ableitung ergibt:

$$\frac{d^2M}{d\theta^2} = \nu(-\frac{\nu}{2}-1)(1-2\theta)^{-\frac{\nu}{2}-2}(-2)$$

$$E(X^2) = \frac{d^2M}{d\theta^2}\bigg|_{\theta=0} = 2\cdot\nu(\frac{\nu}{2}+1) = \nu^2+2\nu$$

$$Var(X) = E(X^2)-[E(X)]^2 = \nu^2+2\nu-\nu^2 = 2\nu$$

7.2.3.3.3. Die Reproduktivitätseigenschaft der χ^2-Verteilung

Die χ^2-Verteilung besitzt die Reproduktivitätseigenschaft im folgenden Sinne: Sind $X_1, X_2, \ldots, X_n$ χ^2-verteilte Zufallsvariablen mit den Parametern $\nu_1, \nu_2, \ldots, \nu_n$ und unabhängig, so ist auch die Zufallsvariable

$$Y = \sum_{i=1}^{n} X_i$$

χ^2-verteilt mit Parameter

$$\nu = \sum_{i=1}^{n} \nu_i$$

Beweis:

Der Beweis läßt sich sehr leicht mit Hilfe der momenterzeugenden Funktion führen. Sie lautet für die Zufallsvariable X_i:

$$M_{X_i}(\theta) = (1-2\theta)^{-\frac{\nu_i}{2}}$$

und für die Zufallsvariable $Y = \sum_{i=1}^{n} X_i$ bei Unabhängigkeit von $X_1, \ldots, X_n$:

$$M_Y(\theta) = \prod_{i=1}^{n} (1-2\theta)^{-\frac{\nu_i}{2}} = (1-2\theta)^{-\frac{\Sigma \nu_i}{2}}$$

Dies ist die momenterzeugende Funktion einer χ^2-verteilten Zufallsvariablen mit Parameter $\nu = \Sigma \nu_i$.

7.2.3.3.4. Die Beziehungen der χ^2-Verteilung zur Normalverteilung

7.2.3.3.4.1. Die Verteilung einer Summe von unabhängigen quadrierten Standardnormalvariablen

Gegeben sei eine standardnormalverteilte Zufallsvariable Z. Dann ist die Zufallsvariable

$$X = Z^2$$

χ^2-verteilt mit Parameter $\nu = 1$.

Beweis:

Für $x \geq 0$ gilt:

$$F_X(x) = F_{Z^2}(x) = P(Z^2 \leq x) = P(|Z|^2 \leq x) = P(|Z| \leq \sqrt{x}) =$$

$$P(-\sqrt{x} \leq Z \leq \sqrt{x}) = F_Z(\sqrt{x}) - F_Z(-\sqrt{x}) = \frac{1}{\sqrt{2\pi}} \int_{-\sqrt{x}}^{\sqrt{x}} e^{-\frac{z^2}{2}} dz = \frac{2}{\sqrt{2\pi}} \int_0^{\sqrt{x}} e^{-\frac{z^2}{2}} dz$$

Setzt man

$$z^2 = x$$

so ergibt sich

$$dz = \frac{1}{2z} dx = \frac{1}{2\sqrt{x}} dx,$$

und die neuen Integrationsgrenzen lauten 0 und x, so daß man erhält:

$$F_X(x) = \frac{1}{\sqrt{2\pi}} \int_0^{\sqrt{x}} e^{-\frac{z^2}{2}} dz = \frac{2}{\sqrt{2\pi}} \int_0^x e^{-\frac{x}{2}} \cdot \frac{1}{2\sqrt{x}} dx =$$

$$= \frac{1}{\sqrt{2}\sqrt{\pi}} \int_0^x x^{-\frac{1}{2}} e^{-\frac{x}{2}} dx = \int_0^x \frac{1}{2^{\frac{1}{2}} \Gamma(\frac{1}{2})} x^{-\frac{1}{2}} e^{-\frac{x}{2}} dx$$

Unter dem Integral steht nun die Dichtefunktion einer χ^2-verteilten Zufallsvariablen mit Parameter $\nu = 1$. Folglich folgt das Quadrat X einer standardnormalverteilten Zufallsvariablen Z einer χ^2-Verteilung mit Parameter $\nu = 1$. Man vgl. hierzu die Beweisführung in 8.5.3.

Unter Verwendung dieses Ergebnisses zusammen mit der Reproduktivitätseigenschaft der χ^2-Verteilung kann man sofort den folgenden Zusammenhang feststellen:

Gegeben seien n unabhängige standardnormalverteilte Zufallsvariablen $Z_1, Z_2, \ldots, Z_n$. Dann folgt die Zufallsvariable $X = Z_1^2 + Z_2^2 + \ldots + Z_n^2$ einer χ^2-Verteilung mit Parameter $\nu = n$. Der Parameter ν wird auch als Anzahl der Freiheitsgrade bezeichnet. Es ist die Anzahl der Zufallsvariablen in der obigen Summe, deren Ausprägungen man unabhängig voneinander festlegen kann. Da die Zufallsvariablen Z_i^2 (i=1,2,...,n) unabhängig sind, ist $\nu = n$ die Anzahl der Freiheitsgrade.

7.2.3.3.4.2. Die Normalverteilung als Grenzverteilung der χ^2-Verteilung

Ist X eine χ^2-verteilte Zufallsvariable mit ν Freiheitsgraden, so ist ihr Erwartungswert $E(X) = \nu$ und ihre Varianz $Var(X) = 2\nu$.

Aus dem Zentralen Grenzwertsatz folgt, daß die Zufallsvariable

$$Z = \frac{X-\nu}{\sqrt{2\nu}}$$

asymptotisch standardnormalverteilt ist. Als Faustregel gilt, daß die Verteilung von X für $\nu > 100$ recht gut mit der Normalverteilung $X \sim N(\nu, 2\nu)$ übereinstimmt. Eine bessere Approximation erhält man durch die Zufallsvariable

$$Z^* = \sqrt{2X} - \sqrt{2\nu-1}$$

deren Verteilung bereits für $\nu > 30$ gut mit der Standardnormalverteilung übereinstimmt.

Eine noch bessere Approximation an die χ^2-Verteilung liefert für $\nu > 30$ die näherungsweise standardnormalverteilte Zufallsvariable

$$Z^{**} = \sqrt{\frac{9\nu}{2}} \cdot [\,(\frac{X}{\nu})^{\frac{1}{3}} - (1 - \frac{2}{9\nu})\,]$$

Beispiel:

Es sei X_2 eine χ^2-verteilte Zufallsvariable mit $\nu_2 = 40$ Freiheitsgraden, also $X \sim \chi^2(40)$. Aus der Verteilungsfunktion der χ^2-Verteilung erhält man $P(X \leq 51,805057) \doteq 0,90$. Zur Approximation durch die Standardnormalverteilung erhält man den Standardwert $z^* = \sqrt{2 \cdot 51,805057} - \sqrt{2 \cdot 40 - 1} \doteq 1,29071$ und ermittelt $P(Z \leq 1,291) \doteq 0,9016$ aus der Tabelle der Standardnormalverteilung. Die genaueste Annäherung erhält man durch

$$z^{**} = \sqrt{\frac{9 \cdot 40}{2}} \cdot [\,(\frac{51,805057}{40})^{\frac{1}{3}} - (1 - \frac{2}{9 \cdot 40})\,] = 1,28238$$

$P(Z \leq 1,28238) \doteq 0,90015$

7.2.4. Die t-Verteilung von Student

7.2.4.1. Die Wahrscheinlichkeitsdichtefunktion und die Verteilungsfunktion einer t-verteilten Zufallsvariablen

Ist Z eine standardnormalverteilte Zufallsvariable, Q eine davon unabhängige χ^2-verteilte Zufallsvariable mit ν Freiheitsgraden, so heißt die Verteilung der Zufallsvariablen

$$X = \frac{Z}{\sqrt{\frac{Q}{\nu}}}$$

die t-Verteilung von Student mit ν Freiheitsgraden. Man schreibt kurz: $X \sim T(\nu)$. Daraus läßt sich die Wahrscheinlichkeitsdichtefunktion der Zufallsvariablen X ableiten als

$$f_T(x;\nu) = c_\nu (1 + \frac{x^2}{\nu})^{-\frac{1}{2}(\nu+1)} \qquad \text{für } -\infty < x < \infty$$

wobei die Konstante c_ν gegeben ist durch:

$$c_\nu = \frac{\Gamma(\frac{\nu+1}{2})}{\sqrt{\pi\nu}\,\Gamma(\frac{\nu}{2})}$$

Zum Beweis dieser Dichtefunktion vgl. Aufgabe 7.10. Man sieht sofort, daß die t-Verteilung symmetrisch ist bezüglich des Wertes x=0, da $f_T(-x;\nu) = f_T(x;\nu)$.

Die Verteilungsfunktion einer mit ν Freiheitsgraden t-verteilten Zufallsvariablen lautet:

$$F_T(x;\nu) = c_\nu \int_{-\infty}^{x} (1+\frac{u^2}{\nu})^{-\frac{1}{2}(\nu+1)} du \quad \text{für } -\infty<x<\infty$$

Die Ausprägung der Zufallsvariablen X mit der Eigenschaft $F_T(x;\nu) = \alpha$, wird mit $t_{\alpha,\nu}$ bezeichnet.

7.2.4.2. Der Erwartungswert einer t-verteilten Zufallsvariablen

Eine t-verteilte Zufallsvariable X hat den Erwartungswert

$$E(X) = 0 \quad \text{für } \nu \geq 2$$

Beweis:

$$E(X) = c_\nu \int_{-\infty}^{\infty} \frac{x}{(1+\frac{x^2}{\nu})^{\frac{1}{2}(\nu+1)}} dt$$

Setzt man $1+\frac{x^2}{\nu} = u$ so ist $dx = \frac{\nu}{2x} du$ und

$$\int \frac{x}{(1+\frac{x^2}{\nu})^{\frac{1}{2}(\nu+1)}} dx = \frac{\nu}{2}\int u^{-\frac{1}{2}(\nu+1)} du = \frac{\nu}{1-\nu} \cdot \frac{1}{u^{\frac{1}{2}(\nu-1)}}$$

Damit wird:

$$E(X) = c_\nu \cdot \left[\frac{\nu}{1-\nu} \cdot \frac{1}{(1+\frac{x^2}{\nu})^{\frac{1}{2}(\nu-1)}} \right]_{-\infty}^{+\infty} =$$

$$= \frac{\nu c_\nu}{1-\nu} \cdot \left[\lim_{x_2 \to \infty} \frac{1}{(1+\frac{x_2^2}{\nu})^{\frac{1}{2}(\nu-1)}} - \lim_{x_1 \to -\infty} \frac{1}{(1+\frac{x_1^2}{\nu})^{\frac{1}{2}(\nu-1)}} \right] =$$

$$= 0 \quad \text{für} \quad \nu > 1.$$

Für $\nu = 1$ erhalten wir die spezielle Dichtefunktion

$$f_T(x;1) = \frac{\Gamma(1)}{\sqrt{\pi}\,\Gamma(\frac{1}{2})} (1+x^2)^{-1}$$

Da $\Gamma(1) = 1$ und $\Gamma(\frac{1}{2}) = \sqrt{\pi}$, so ergibt sich

$$f_T(x;1) = \frac{1}{\pi} \frac{1}{1+x^2}$$

Der Graph dieser Funktion ähnelt dem der Normalverteilung; er nähert sich jedoch der x-Achse so langsam an, daß der Erwartungswert nicht existiert. Dieser Spezialfall der t-Verteilung heißt Cauchy-Verteilung. Der Erwartungswert lautet:

$$E(X) = \frac{1}{\pi} \int_{-\infty}^{\infty} x \, \frac{1}{1+x^2} \, dx$$

Da $\int x \frac{1}{1+x^2} dt = \frac{1}{2} \ln(1+x^2)$, ergibt sich:

$$E(X) = \frac{1}{2\pi} \lim_{\substack{x_1 \to -\infty \\ x_2 \to \infty}} \left[\ln(1+x_2^2) - \ln(1+x_1^2) \right]$$

Da x_1 und x_2 unabhängig voneinander nach $-\infty$ bzw. ∞ gehen, existiert dieser Grenzwert nicht.

7.2.4.3. Die Varianz einer t-verteilten Zufallsvariablen

Eine t-verteilte Zufallsvariable X hat die Varianz

$$Var(X) = \frac{\nu}{\nu-2} \quad (\nu>2),$$

d.h. die Varianz existiert, mit Ausnahme der Fälle $\nu = 1$ und $\nu = 2$.

Beweis:

Es ist $Var(X) = c_\nu \cdot \int_{-\infty}^{+\infty} x^2 \cdot (1+\frac{x^2}{\nu})^{-\frac{\nu+1}{2}} dx = 2c_\nu \cdot \int_0^{+\infty} x^2 \cdot (1+\frac{x^2}{\nu})^{-\frac{\nu+1}{2}} dx$

Mit der Substitution $u = \left[1+\frac{x^2}{\nu}\right]^{-1} = \frac{\nu}{\nu+x^2}$ folgt $x = \left[\nu \cdot (\frac{1}{u} - 1)^{\frac{1}{2}}\right]$,

$$dx = -\frac{(\nu+x^2)^2}{2\nu x} du = -\frac{1}{2} \cdot \nu^{1/2} \cdot u^{-3/2} \cdot (1-u)^{-1/2} du.$$

Mit den daraus resultierenden neuen Grenzen +1 und 0 ergibt sich:

$Var(X) = -2c_\nu \int_1^0 \nu \cdot (\frac{1}{u} - 1) \cdot u^{\frac{\nu+1}{2}} \cdot \frac{1}{2} \cdot \nu^{\frac{1}{2}} \cdot u^{-\frac{3}{2}} \cdot (1-u)^{-\frac{1}{2}} du =$

$= c_\nu \cdot \nu^{3/2} \cdot \int_0^1 u^{\frac{\nu}{2}-2} \cdot (1-u)^{\frac{1}{2}} du = c_\nu \cdot \nu^{3/2} \cdot B(\frac{\nu}{2} - 1, \frac{3}{2}) =$

$= \frac{\Gamma(\frac{\nu+1}{2})}{\sqrt{\nu\pi} \cdot \Gamma(\frac{\nu}{2})} \cdot \nu^{3/2} \cdot \frac{\Gamma(\frac{\nu}{2} - 1) \cdot \Gamma(\frac{3}{2})}{\sqrt{\pi} \, \Gamma(\frac{\nu+1}{2})} = \nu \cdot \frac{\Gamma(\frac{\nu}{2} - 1) \cdot \Gamma(\frac{3}{2})}{\sqrt{\pi} \cdot \Gamma(\frac{\nu}{2})}.$

Nun ist $\Gamma(\frac{1}{2}) = \sqrt{\pi}$, $\Gamma(\frac{\nu}{2}) = (\frac{\nu}{2} - 1) \cdot \Gamma(\frac{\nu}{2} - 1)$ und $\Gamma(\frac{3}{2}) = \frac{1}{2} \cdot \Gamma(\frac{1}{2})$; daher:

$$Var(X) = \nu \cdot \frac{\Gamma(\frac{\nu}{2} - 1) \cdot \frac{1}{2} \cdot \Gamma(\frac{1}{2})}{\Gamma(\frac{1}{2}) \cdot (\frac{\nu}{2} - 1) \cdot \Gamma(\frac{\nu}{2} - 1)} = \frac{\nu}{\nu-2}.$$

7.2.4.4. Die Normalverteilung als Grenzverteilung der t-Verteilung

Da die t-Verteilung symmetrisch bezüglich der x-Achse ist, bietet sich ein Vergleich mit der Standardnormalverteilung an. Die t-Verteilung für $\nu = 3$ und die Standardnormalverteilung sind in der folgenden Graphik dargestellt. Natürlich ist die Normalverteilung konzentrierter, da sie die Varianz 1 hat, die t-Verteilung aber hat die größere Varianz $\frac{\nu}{\nu-2} = 3$ für $\nu = 3$.

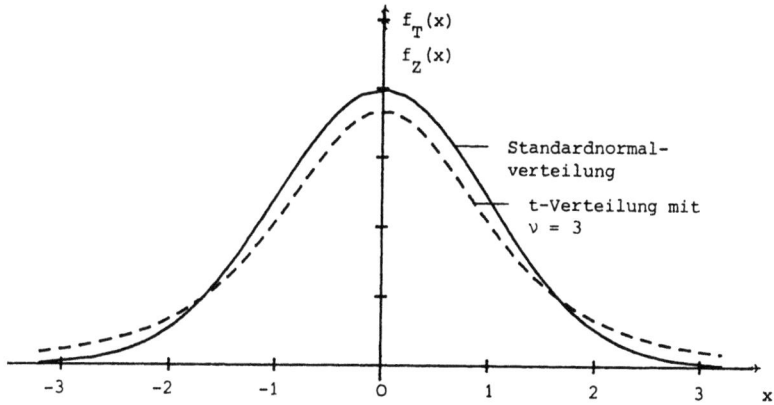

Für $\nu \to \infty$ strebt die Verteilung der Zufallsvariablen X gegen die Standardnormalverteilung. Zum Beweis dieser Konvergenz vgl. Aufgabe 7.11. Eine brauchbare Annäherung der t-Verteilung durch die Standardnormalverteilung ist bereits für $\nu \geq 30$ möglich.

7.2.5. Die F-Verteilung

7.2.5.1. Die Wahrscheinlichkeitsdichtefunktion einer F-verteilten Zufallsvariablen

Gegeben seien zwei unabhängige Zufallsvariable Q_1 und Q_2, die beide χ^2-verteilt sind mit ν_1 bzw. ν_2 Freiheitsgraden. Wir bilden daraus die Zufallsvariable

$$X = \frac{Q_1/\nu_1}{Q_2/\nu_2}$$

Die Variable X hat die Wahrscheinlichkeitsdichtefunktion:

$$f_F(x;\nu_1,\nu_2) = \begin{cases} c(\nu_1,\nu_2) \cdot x^{\frac{1}{2}(\nu_1-2)} (\nu_2+\nu_1 x)^{-\frac{1}{2}(\nu_1+\nu_2)} & \text{für } x>0 \\ 0 & \text{sonst} \end{cases}$$

wobei $c(\nu_1,\nu_2)$ gegeben ist durch:

$$c(\nu_1,\nu_2) = \frac{\nu_1^{\frac{\nu_1}{2}} \nu_2^{\frac{\nu_2}{2}} \Gamma(\frac{\nu_1+\nu_2}{2})}{\Gamma(\frac{\nu_1}{2}) \Gamma(\frac{\nu_2}{2})}$$

Eine Zufallsvariable X mit dieser Dichtefunktion heißt F-verteilt mit den Parametern ν_1,ν_2, kurz: $X \sim F(\nu_1,\nu_2)$.

Als Verhältnis zweier Quadrate kann die Zufallsvariable nur Werte zwischen null und unendlich annehmen. Sie ist abhängig von den beiden Parametern ν_1 und ν_2. Der Verlauf der Dichtefunktion ist in der folgenden Graphik für ausgewählte Werte von ν_1 und ν_2 dargestellt.

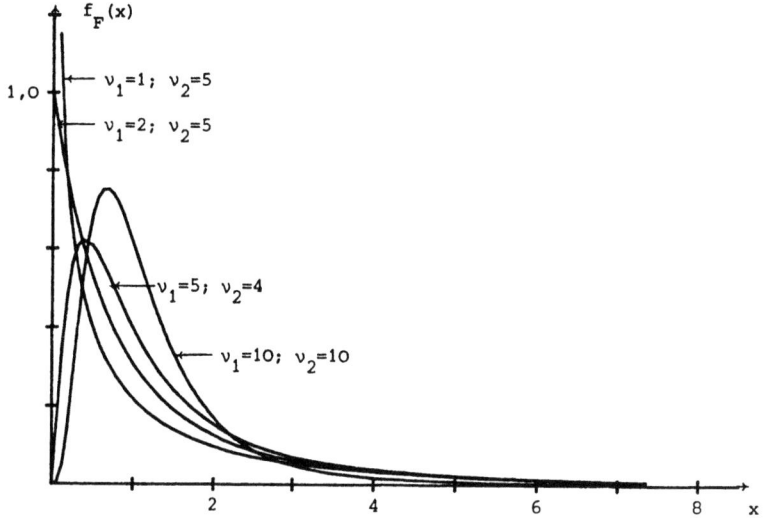

Zur Herleitung der Dichtefunktion vgl. Aufgabe 7.12.

7.2.5.2. Der Erwartungswert einer F-verteilten Zufallsvariablen

Eine F-verteilte Zufallsvariable X hat den Erwartungswert:

$$E(X) = \frac{\nu_2}{\nu_2 - 2} \qquad \nu_2 > 2$$

Zum Beweis dieser Beziehung vgl. Aufgabe 7.13.

7.2.5.3. Die Varianz einer F-verteilten Zufallsvariablen

Eine F-verteilte Zufallsvariable X hat die Varianz

$$\text{Var}(X) = \frac{2(\nu_1 + \nu_2 - 2)}{\nu_1 (\nu_2 - 4)} \cdot \left(\frac{\nu_2}{\nu_2 - 2}\right)^2 \qquad \nu_2 > 4$$

Zum Beweis dieser Beziehung vgl. Aufgabe 7.13.

7.2.5.3. Die Beziehungen der F-Verteilung zur Normalverteilung, χ^2-Verteilung und t-Verteilung

Eine F-verteilte Zufallsvariable wird nun mit F_{ν_1,ν_2}, eine χ^2-verteilte Zufallsvariable mit Q_ν, eine t-verteilte Zufallsvariable mit T_ν bezeichnet.

(a) Für $\nu_1 = 1$ und $\nu_2 = \nu$ wird die Zufallsvariable F_{ν_1,ν_2} zu:

$$F_{1,\nu} = \frac{Q_1}{\frac{Q_2}{\nu}}$$

In diesem Fall ist Q_1 eine χ^2-Verteilung mit 1 Freiheitsgrad, also das Quadrat Z^2 einer Standardnormalvariablen Z^2. Dann ist

$$F_{1,\nu} = \left(\frac{Z}{\sqrt{\frac{Q_2}{\nu}}}\right)^2 = T_\nu^2 \quad \text{oder}$$

$$\sqrt{F_{1,\nu}} = T_\nu$$

Damit folgt also die Zufallsvariable $\sqrt{F_{1,\nu}}$ einer t-Verteilung mit ν Freiheitsgraden.

(b) $\nu_1 = 1$, $\nu_2 \to \infty$

Dann wird

$$F_{1,\nu_2} = \frac{Z^2}{\frac{Q_2}{\nu_2}} = \left(\frac{Z}{\sqrt{\frac{Q_2}{\nu_2}}}\right)^2 = (T_{\nu_2})^2$$

$$F_{1,\infty} = \lim_{\nu_2 \to \infty} (T_{\nu_2})^2$$

Da $\lim_{\nu_2 \to \infty} T_{\nu_2}$ existiert und gleich Z ist, gilt

$$F_{1,\infty} = \left(\lim_{\nu_2 \to \infty} T_{\nu_2}\right)^2 = Z^2 \quad \text{oder} \quad \sqrt{F_{1,\infty}} = Z$$

Das bedeutet, daß sich für $\nu_1 = 1$, $\nu_2 \to \infty$ die Zufallsvariable $\sqrt{F_{1,\nu_2}}$ einer Standardnormalverteilung annähert.

(c) $\nu_1 = \nu$, $\nu_2 \to \infty$

Dann ist

$$F_{\nu,\nu_2} = \frac{Q_1/\nu}{Q_2/\nu_2} \quad \text{oder}$$

$$F_{\nu,\nu_2} = \frac{Q_1}{\frac{Q_2}{\nu_2}} = \left(\frac{Z_1}{\sqrt{\frac{Q_2}{\nu_2}}}\right)^2 + \ldots + \left(\frac{Z_\nu}{\sqrt{\frac{Q_2}{\nu_2}}}\right)^2 = (T_{1,\nu_2})^2 + \ldots + (T_{\nu,\nu_2})^2$$

Dann ist

$$\nu F_{\nu,\infty} = \lim_{\nu_2 \to \infty}[(T_{1,\nu_2})^2 + \ldots + (T_{\nu,\nu_2})^2] =$$

$$= \lim_{\nu_2 \to \infty}(T_{1,\nu_2})^2 + \ldots + \lim_{\nu_2 \to \infty}(T_{\nu,\nu_2})^2 =$$

$$= (\lim_{\nu_2 \to \infty} T_{1,\nu_2})^2 + \ldots + (\lim_{\nu_2 \to \infty} T_{\nu,\nu_2})^2 =$$

$$= Z_1^2 + \ldots + Z_\nu^2 = Q_\nu$$

Für $\nu_1 = \nu$ und $\nu_2 \to \infty$ wird die Verteilung der Zufallsvariablen $\nu F_{\nu,\infty}$ identisch mit einer χ^2-Verteilung mit ν Freiheitsgraden.

7.2.5.4. Die reziproke Symmetrie der F-Verteilung

Es ist zu beachten, daß die Werte $f_F(x;\nu_1,\nu_2)$ und $f_F(x;\nu_2,\nu_1)$ sehr wohl verschieden sind. Dies ersieht man unmittelbar aus der Dichtefunktion für F. Die F-Verteilung hat eine Eigenschaft, die man als reziproke Symmetrie bezeichnet. Es gilt nämlich die Beziehung:

$$F_{1-\alpha;\nu_1,\nu_2} = \frac{1}{F_{\alpha;\nu_2,\nu_1}}$$

Dabei ist $F_{1-\alpha;\nu_1,\nu_2}$ derjenige Wert der Zufallsvariablen F mit der Eigenschaft $P(F_{\nu_1,\nu_2} \leq F_{1-\alpha;\nu_1,\nu_2}) = 1-\alpha$. Entsprechend ist $F_{\alpha;\nu_2,\nu_1}$ der Wert der Zufallsvariablen F mit der Eigenschaft $P(F_{\nu_2,\nu_1} \leq F_{\alpha;\nu_2,\nu_1}) = \alpha$.

Beweis:

Es ist

$$P(F_{\nu_1,\nu_2} \leq F_{1-\alpha;\nu_1,\nu_2}) = P(\frac{Q_1}{\nu_1} : \frac{Q_2}{\nu_2} \leq F_{1-\alpha;\nu_1,\nu_2}) = 1-\alpha$$

Durch Umformung ergibt sich:

$$P(\frac{Q_2}{\nu_2} : \frac{Q_1}{\nu_1} \geq \frac{1}{F_{1-\alpha;\nu_1,\nu_2}}) = 1-\alpha$$

Dann ist aber

$$P(\frac{Q_2}{\nu_2} : \frac{Q_1}{\nu_1} \leq \frac{1}{F_{1-\alpha;\nu_1,\nu_2}}) = P(F_{\nu_2,\nu_1} \leq \frac{1}{F_{1-\alpha;\nu_1,\nu_2}}) = \alpha$$

Nach Definition der F-Verteilung ist aber auch

$$P(F_{\nu_2,\nu_1} \leq F_{\alpha;\nu_2,\nu_1}) = \alpha$$

Also ist

$$F_{\alpha;\nu_2,\nu_1} = \frac{1}{F_{1-\alpha;\nu_1,\nu_2}}$$

Die soeben abgeleitete reziproke Symmetrie der F-Verteilung erleichtert ihre Tabellierung, die wegen der Abhängigkeit von zwei Freiheitsgraden ν_1 und ν_2 sehr umfangreich ist. Man braucht die F-Verteilung nur für solche Werte von F_{ν_1,ν_2} zu tabellieren, für die die Verteilungsfunktion Werte von 0,5 oder mehr annimmt, also für $P(F_{\nu_1,\nu_2} \leq F_{1-\alpha;\nu_1,\nu_2}) = 1-\alpha$ mit $\alpha \leq 0,5$. Gewöhnlich ist die F-Verteilung für Werte $1-\alpha = 0,90; 0,95; 0,975$ und $0,99$ tabelliert. Ist z.B. gefragt nach den Grenzpunkten des 90 %-Intervalls für F, so können wir dies schreiben als $P(F_{0,05;\nu_1,\nu_2} < F_{\nu_1,\nu_2} < F_{0,95;\nu_1,\nu_2})$. Den Wert $F_{0,95;\nu_1,\nu_2}$ können wir bei gegebenen Freiheitsgraden ν_1 und ν_2 sofort aus der Tabelle für $1-\alpha = 0,95$ ablesen; den Wert $F_{0,05;\nu_1,\nu_2}$ ermitteln wir als $F_{0,05;\nu_1,\nu_2} = \frac{1}{F_{0,95;\nu_2,\nu_1}}$.

Aufgaben zu Kapitel 7:

7.1. Die Erfahrung zeigt, daß 10 % der Tischreservierungen in einem Lokal nicht eingehalten werden. Der Besitzer hat 5 Tische zur Verfügung und nimmt 7 Tischreservierungen an.

a) Wie groß ist die Wahrscheinlichkeit W, daß er für seine Gäste genügend Platz hat?

b) Bestimmen Sie Erwartungswert und Varianz der Zufallsvariablen X = Anzahl der Absagen.

(Unterstellen Sie, daß die einzelnen Entscheidungen der Gäste über Einhalten oder Absagen der Reservation voneinander unabhängig sind.)

7.2. In der Trommel eines Losverkäufers befinden sich noch 10 Lose, darunter fünf Nieten. Ein Vater kauft für seine drei Kinder vier Lose.

a) Wie groß ist die Wahrscheinlichkeit dafür, daß der Vater jedem Kind genau einen Gewinn geben kann?

b) Wie groß ist die Wahrscheinlichkeit, daß er höchstens ein Gewinnlos zieht?

c) Berechnen Sie Erwartungswert und Varianz der Zufallsvariablen X = Anzahl der Gewinne.

7.3. Der Chef der Rockerbande von Mausheim, Heinz, besitzt ein schweres Motorrad. Leider machen ihm die häufigen Reifenpannen Kummer, denn pro Fahrstunde treten durchschnittlich zwei Reifendefekte auf, und jede Panne erfordert 18 Minuten Reparaturzeit.

Sein Vater hat ihm erklärt, die Defekte pro Fahrstunde seien wahrscheinlichkeitsverteilt, und wenn er eine Zufallsvariable X definiert, deren Wertebereich die Anzahl der möglichen stündlichen Pannen ist, dann stellt sich zwar heraus, daß die Varianz von X 2 ist, aber die zugehörige Wahrscheinlichkeitsverteilung hat er vergessen. (Anmerkung: Der Vater ist schon 78 Jahre alt.)

Der Weiler Heinzelberg liegt 80 Kilometer von Mausheim entfernt, für Heinz eine Stunde Fahrzeit. Er fährt häufig dorthin, denn in Heinzelberg wohnt seine Freundin Katrin.

Heute verläßt Heinz Mausheim um 17 Uhr, denn er hat sich um 19 Uhr mit Katrin verabredet. Wie groß ist die Wahrscheinlichkeit W, daß sich Heinz verspätet?

Hinweis: Versuchen Sie, aus den Daten der Parameter von X eine Annahme über die zugrundeliegende Wahrscheinlichkeitsverteilung zu treffen, und verwenden Sie diese zur Lösung.

7.4. In einer Nahrungsmittelfabrik stehen drei Maschinen, die Haferflockenpakete abfüllen. Der verantwortliche Betriebsingenieur weiß aus langen Meßreihen, daß die Füllgewichte der Pakete normalverteilt sind:

Maschine 1: $f_N(x_1;201;0,81)$
Maschine 2: $f_N(x_2;203;3,24)$
Maschine 3: $f_N(x_3;202;1,69)$

Das Abfüllgewicht darf 199 g nicht unterschreiten, andernfalls wird das Paket von der Endkontrolle zurückgewiesen.

a) Annahme: Es treten keine Meßungenauigkeiten auf.

aa) Welche Maschine liefert den größten Anteil an ordnungsgemäß gefüllten Paketen, und wie groß ist dieser?

ab) Der Betriebsingenieur kann durch Änderung der Standardabweichung die Produktionsqualität der einzelnen Maschinen variieren. Wie groß muß er das neue σ_i^* (i=1,2,3) wählen, damit bei der i-ten Maschine die Wahrscheinlichkeit, daß die Endkontrolle ein Paket zurückweist, genau 0,5 % beträgt?

b) Annahme: Die Meßeinrichtungen des Betriebes sind nur in der Lage, auf ein Gramm genau zu messen.

ba) Welche Maschine liefert den größten Anteil an ordnungsgemäß gefüllten Paketen, und wie groß ist dieser?

bb) Wie groß ist bei Maschine 3 die Wahrscheinlichkeit dafür, daß ein abgefülltes Paket als 202 g schwer eingestuft wird?

7.5. An einem Fahrkartenschalter der Bundesbahn kann das Eintreffen der Kunden als poissonverteilte Zufallsvariable X betrachtet werden. Berechnungen der Verwaltung ergeben, daß die größte Wahrscheinlichkeit jeweils dafür besteht, daß entweder sieben oder acht Kunden pro Minute eintreffen?

a) Wieviele Kunden werden im Durchschnitt pro Stunde erwartet?

b) Pro Minute können am Schalter maximal elf Personen abgefertigt werden. Wenn zu Beginn eines Beobachtungszeitraums kein Kunde am Schalter steht, wie groß ist dann die Wahrscheinlichkeit dafür, daß sich nach Ablauf einer Minute eine Schlange gebildet hat?

7.6. Aus einer Urne mit 49 roten und einer schwarzen Kugel werden 100 Kugeln mit Zurücklegen gezogen. Wie groß ist die Wahrscheinlichkeit dafür, daß der Anteil der schwarzen Kugeln in der Stichprobe nicht größer als 5 % ist?

7.7. Ein Architekt bezieht von einer einschlägigen Firma monatlich N = 10.000 Glühbirnen, von denen nach langjährigen Erfahrungen 20 % defekt sind.

Die beiden Partner schließen einen Vertrag, der vorsieht, daß aus jeder Lieferung zufällig n = 1.000 Lampen geprüft werden sollen (Modell mit Zurücklegen).

Sind mehr als 220 Birnen defekt, muß der Lieferant 5.000,- DM Konventionalstrafe zahlen, sind mehr als 180, aber weniger als 220 Birnen defekt, beträgt die Konventionalstrafe 2.000,- DM, sind genau 220 Birnen defekt, muß der Lieferant 4.000,- DM bezahlen.

In allen anderen Fällen geht der Architekt leer aus. Wie hoch ist der durchschnittliche Betrag an Konventionalstrafen, die der Lieferant pro Lieferung bezahlen muß?

7.8. Bei einer Reihenuntersuchung ist der Beobachtungsfehler X beim Messen der Körpergröße der Patienten normalverteilt mit Erwartungswert $E(X) = 1$ cm und der Varianz $Var(X) = 0,25$ cm^2.

Wie groß ist die Wahrscheinlichkeit dafür, daß ein gemessener Wert um mehr als zwei Zentimeter vom wahren Wert abweicht?

Hinweis:

Zu den Testverteilungen werden an dieser Stelle noch keine Aufgaben gestellt. Anwendungen hierzu erfolgen an den geeigneten Stellen in der induktiven Statistik.

7.9. Gegeben seien zwei unabhängige normalverteilte Zufallsvariablen $X_1 \sim N(\mu_1, \sigma_1^2)$ und $X_2 \sim N(\mu_2, \sigma_2^2)$. Man zeige mit Hilfe der Formel für die Faltung, daß die Zufallsvariable $X_2 = X_1 + X_2$ ebenfalls normalverteilt ist mit

$X \sim N(\mu_X = \mu_1 + \mu_2, \sigma_X^2 = \sigma_1^2 + \sigma_2^2)$, d.h. daß gilt:

$$f_X(x) = \int_{-\infty}^{\infty} f_{X_1}(x_1) f_{X_2}(x-x_1) dx_1 = \frac{1}{\sqrt{\sigma_1^2+\sigma_2^2}\sqrt{2\pi}} e^{-\frac{[x-(\mu_1+\mu_2)]^2}{2(\sigma_1^2+\sigma_2^2)}}$$

7.10. Es sei Z eine standardnormalverteilte, Q eine χ^2-verteilte Zufallsvariable mit ν Freiheitsgraden. Man zeige, daß die Zufallsvariable

$$X = \frac{Z}{\sqrt{\frac{Q}{\nu}}}$$

einer t-Verteilung mit ν Freiheitsgraden folgt.

7.11. Man zeige, daß für $\nu \to \infty$ die t-Verteilung zur Standardnormalverteilung konvergiert, d.h. daß gilt:

$$\lim_{\nu \to \infty} f_T(x;\nu) = f_N(x;0,1) \quad \text{für } x \in \mathbb{R}$$

7.12. X_1 und X_2 seien unabhängige, χ^2-verteilte Zufallsvariablen mit ν_1 bzw. ν_2 Freiheitsgraden. Man zeige, daß die Zufallsvariable

$$X = \frac{\nu_2}{\nu_1} \cdot \frac{X_1}{X_2}$$

die Dichtefunktion

$$f_X(x) = \frac{\nu_1^{\frac{\nu_1}{2}} \nu_2^{\frac{\nu_2}{2}} \Gamma(\frac{\nu_1+\nu_2}{2}) x^{\frac{1}{2}(\nu_1-2)}}{\Gamma(\frac{\nu_1}{2}) \Gamma(\frac{\nu_2}{2}) (\nu_2+\nu_1 x)^{\frac{1}{2}(\nu_1+\nu_2)}}$$

aufweist.

7.13. Man zeige, daß eine mit ν_1 und ν_2 Freiheitsgraden F-verteilte Zufallsvariable X

a) den Erwartungswert

$$E(X) = \frac{\nu_2}{\nu_2-2} \quad \text{für } \nu_2 > 2$$

b) die Varianz

$$\text{Var}(X) = \frac{2(\nu_1+\nu_2-2)}{\nu_1(\nu_2-4)} \cdot \left(\frac{\nu_2}{\nu_2-2}\right)^2 \quad \text{für } \nu_2 > 4$$

aufweist.

7.14. Man zeige die Gültigkeit der Beziehung

$$\lim_{n \to \infty} (1 - \frac{\mu}{n})^n = e^{-\mu}$$

Anhang

Lösungshinweise zu den Aufgaben

Lösungen zu Kapitel 1:

Abschnitt 1.1.

1.1.1.

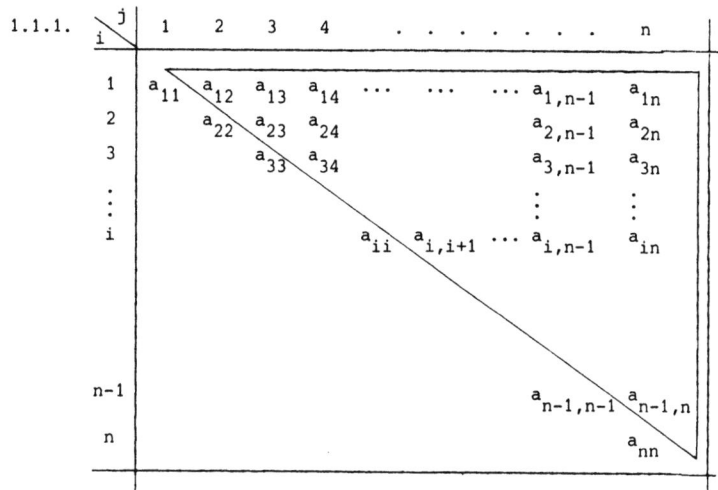

Es werden addiert:

Zeilensummen:

$$a_{12} + a_{13} + \ldots + a_{1n} \qquad \sum_{j=2}^{n} a_{1j}$$

$$+ a_{23} + \ldots + a_{2n} \qquad \sum_{j=3}^{n} a_{2j}$$

$$\vdots \qquad \vdots$$

$$+ a_{i,i+1} + \ldots + a_{in} \qquad \sum_{j=i+1}^{n} a_{ij}$$

$$\vdots \qquad \vdots$$

$$+ a_{n-1,n} \qquad \sum_{j=n}^{n} a_{n-1,j}$$

Zusammenfassung der Zeilensummen ergibt:

$$\sum_{i=1}^{n-1} \sum_{j=i+1}^{n} a_{ij}$$

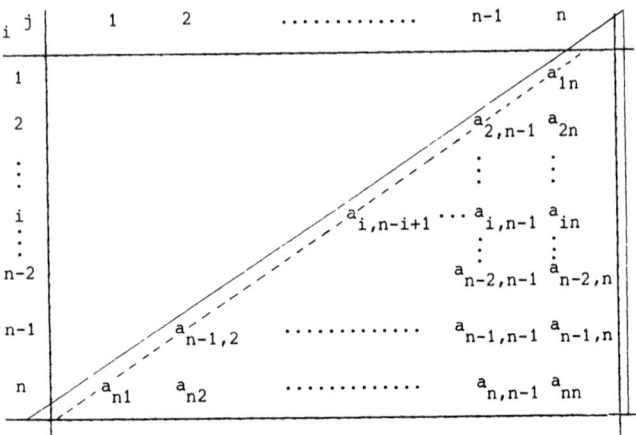

Es werden addiert:　　　　　　　　Zeilensummen:

$$
\begin{array}{l}
\phantom{+ a_{n1} + a_{n2} + \ldots + a_{nn}} a_{1n} \\
\phantom{+ a_{n1} + a_{n2} + \ldots} + a_{2,n-1} + a_{2n} \\
 \cdots \cdots \\
\phantom{+ a_{n1}} + a_{i,n-i+1} + \ldots + a_{in} \\
\cdots \cdots \cdots \cdots \\
+ a_{n1} + a_{n2} + \ldots + a_{nn}
\end{array}
\Bigg|
\begin{array}{l}
\sum_{j=n}^{n} a_{1j} \\[4pt]
+ \sum_{j=n-1}^{n} a_{2j} \\[2pt]
\cdots \cdots \\
+ \sum_{j=n-i+1}^{n} a_{ij} \\[2pt]
\cdots \cdots \\
+ \sum_{j=1}^{n} a_{nj}
\end{array}
$$

Zusammenfassung der Zeilensummen ergibt:

$$\sum_{i=1}^{n} \sum_{j=n-i+1}^{n} a_{ij}$$

1.1.2.

i \ j	0	1	2	3	...
0	a_{00}	a_{01}	a_{02}	a_{03}	
1	a_{10}	a_{11}	a_{12}		
2	a_{20}	a_{21}			
3	a_{30}				
⋮	⋮				

Die Elemente innerhalb der Klammern haben gleiche Indexsummen, d.h. i+j=k oder j=k-i.
Die Elemente a_{ij} können also auch durch $a_{i,k-i}$ ausgedrückt werden.

$$\begin{array}{l|l}
a_{00} & \sum\limits_{i=0}^{0} a_{i,0-i} \\
+(a_{10}+a_{01}) & + \sum\limits_{i=0}^{1} a_{i,1-i} \\
+(a_{20}+a_{11}+a_{02}) & + \sum\limits_{i=0}^{2} a_{i,2-i} \\
\cdots & \cdots
\end{array}$$

Zusammenfassung der Summen:

$$\sum_{k=0}^{\infty} \sum_{i=0}^{k} a_{i,k-i}$$

1.1.3. $1 + \frac{1}{3} + \frac{1}{9} + \frac{1}{27} + \ldots = \sum\limits_{i=0}^{\infty} (\frac{1}{3})^i = \frac{1}{1-\frac{1}{3}} = 1,5$

1.1.4. $\prod\limits_{i=1}^{n} \frac{a_i}{a_{i-1}} = \frac{a_1}{a_0} \cdot \frac{a_2}{a_1} \cdot \frac{a_3}{a_2} \cdot \frac{a_4}{a_3} \cdot \ldots \cdot \frac{a_n}{a_{n-1}} = \frac{a_n}{a_0}$

1.1.5. k=i+1. Setzt man dies in den Ausdruck

$\sum\limits_{k=1}^{6} (3k+2)$ ein, so erhält man:

$\sum\limits_{k=1}^{6} (3k+2) = \sum\limits_{i+1=1}^{6} [3(i+1)+2] = \sum\limits_{i=0}^{5} (3i+5)$

Somit erhält man

$\sum\limits_{k=1}^{6} (3k+2) + \sum\limits_{i=0}^{5} (3i+2) = \sum\limits_{i=0}^{5} (3i+5) + \sum\limits_{i=0}^{5} (3i+2) = \sum\limits_{i=0}^{5} (6i+7)$

1.1.6. $s = 1 + x + x^2 + x^3 + \ldots$
$\quad + x(1 + x + x^2 + x^3 + \ldots)$
$\quad + x^2(1 + x + x^2 + x^3 + \ldots)$
$\quad + x^3(1 + x + x^2 + x^3 + \ldots)$
$\quad \vdots$
$\quad = (1 + x + x^2 + x^3 + \ldots)(1 + x + x^2 + x^3 + \ldots) = (\sum\limits_{i=0}^{\infty} x^i)^2 = (\frac{1}{1-x})^2$

Abschnitt 1.2.

1.2.1.

a) 1. Schritt: Induktionsbeginn
Die Behauptung ist richtig für n=1, da gilt:
$$\sum_{i=1}^{1} i = 1 = \frac{1 \cdot (1+1)}{2}$$

2. Schritt: Induktion

(α) Induktionsvoraussetzung (Induktionsannahme):
Die Behauptung sei richtig für n=k, d.h.:
$$\sum_{i=1}^{k} i = \frac{k(k+1)}{2}$$

(β) Induktionsbehauptung:
Die Behauptung ist dann auch richtig für n=k+1, d.h.:
$$\sum_{i=1}^{k+1} i = \frac{(k+1)(k+2)}{2}$$

(γ) Induktionsbeweis:
Es gilt (unter Verwendung der Informationen aus (α)):
$$\sum_{i=1}^{k+1} i = \sum_{i=1}^{k} i + (k+1) = \frac{k(k+1)}{2} + \frac{2(k+1)}{2} = \frac{(k+1)(k+2)}{2}$$

Induktionsschluß:
Es wurde gezeigt, daß die Behauptung für n=1 richtig ist.
Außerdem wurde aus der Annahme, daß die Behauptung für n=k richtig sei, bewiesen, daß sie auch für n=k+1 richtig ist.
Die Behauptung ist somit für alle natürlichen Zahlen richtig.

b) 1. Schritt: Induktionsbeginn
Die Behauptung ist richtig für n=1, da gilt:
$$\sum_{i=1}^{1} i^2 = 1^2 = 1 = \frac{1 \cdot (1+1) \cdot (2 \cdot 1+1)}{6}$$

2. Schritt: Induktion

(α) Induktionsvoraussetzung (Induktionsannahme)
Die Behauptung sei richtig für n=k, d.h.:
$$\sum_{i=1}^{k} i^2 = \frac{k(k+1)(2k+1)}{6}$$

(β) Induktionsbehauptung
Die Behauptung ist dann auch richtig für n=k+1, d.h.:
$$\sum_{i=1}^{k+1} i^2 = \frac{(k+1)(k+2)(2k+3)}{6}$$

(γ) Induktionsbeweis
Es gilt (unter Verwendung der Informationen aus (α)):
$$\sum_{i=1}^{k+1} i^2 = \sum_{i=1}^{k} i^2 + (k+1)^2 = \frac{k(k+1)(2k+1)}{6} + \frac{6(k+1)^2}{6} =$$
$$= \frac{(k+1)(2k^2+7k+6)}{6} = \frac{(k+1)(k+2)(2k+3)}{6}$$

Induktionsschluß wie in a).

1.2.2.

a) 1. Schritt: Induktionsbeginn
Die Behauptung ist richtig für n=1, da gilt:
$$\sum_{i=1}^{1} i(i+1) = 1 \cdot 2 = 2 = \frac{1 \cdot (1+1) \cdot (1+2)}{3}$$

2. Schritt: Induktion

(α) Induktionsvoraussetzung (Induktionsannahme)
Die Behauptung sei richtig für n=k, d.h.
$$\sum_{i=1}^{k} i(i+1) = \frac{k(k+1)(k+2)}{3}$$

(β) Induktionsbehauptung
Die Behauptung ist dann auch richtig für n=k+1, d.h.
$$\sum_{i=1}^{k+1} i(i+1) = \frac{(k+1)(k+2)(k+3)}{3}$$

(γ) Induktionsbeweis
Es gilt (unter Verwendung der Informationen aus (α)):
$$\sum_{i=1}^{k+1} i(i+1) = \sum_{i=1}^{k} i(i+1) + (k+1)(k+2) =$$
$$= \frac{k(k+1)(k+2)}{3} + \frac{3(k+1)(k+2)}{3} = \frac{(k+1)(k+2)(k+3)}{3}$$

Induktionsschluß:
Es wurde gezeigt, daß die Behauptung für n=1 richtig ist.
Außerdem wurde aus der Annahme, daß die Behauptung für n=k richtig sei, bewiesen, daß sie auch für n=k+1 richtig ist.
Die Behauptung ist somit für alle natürlichen Zahlen richtig.

b) 1. Schritt: Induktionsbeginn
Die Behauptung ist richtig für n=1, da gilt:
$$\sum_{i=1}^{1} i(i+1)(i+2) = 1 \cdot 2 \cdot 3 = 6 = \frac{1 \cdot 2 \cdot 3 \cdot 4}{4}$$

2. Schritt: Induktion

(α) Induktionsvoraussetzung (Induktionsannahme)
Die Behauptung sei richtig für n=k, d.h.
$$\sum_{i=1}^{k} i(i+1)(i+2) = \frac{k(k+1)(k+2)(k+3)}{4}$$

(β) Induktionsbehauptung
Die Behauptung ist dann auch richtig für n=k+1, d.h.
$$\sum_{i=1}^{k+1} i(i+1)(i+2) = \frac{(k+1)(k+2)(k+3)(k+4)}{4}$$

(γ) Induktionsbeweis
Es gilt (unter Verwendung der Informationen aus (α)):
$$\sum_{i=1}^{k+1} i(i+1)(i+2) = \sum_{i=1}^{k} i(i+1)(i+2)+(k+1)(k+2)(k+3) =$$

$$= \frac{k(k+1)(k+2)(k+3)}{4} + \frac{4(k+1)(k+2)(k+3)}{4} =$$

$$= \frac{(k+1)(k+2)(k+3)(k+4)}{4}$$

Induktionsschluß wie in a).

1.2.3.

a) 1. Schritt: Induktionsbeginn
Die Behauptung ist richtig für n=2, da gilt:
$$\sqrt{2} \approx 1{,}41421356237 < 1{,}5 = \frac{2+1}{2}$$

2. Schritt: Induktion

(α) Induktionsvoraussetzung (Induktionsannahme):
Die Behauptung sei richtig für n=k, d.h. es gelte:
$$\sqrt{k} < \frac{k+1}{2}, \text{ äquivalent: } k < \frac{(k+1)^2}{4} \quad (1)$$

(β) Induktionsbehauptung:
Die Behauptung ist dann auch richtig für n=k+1, d.h.
es gilt:
$$\sqrt{k+1} < \frac{k+2}{2}, \text{ äquivalent: } k+1 < \frac{(k+2)^2}{4}$$

(γ) Induktionsbeweis:
Durch Addition von 1 auf beiden Seiten von Ungleichung
(1) erhält man:
$$k+1 < \frac{(k+1)^2}{4} + 1 = \frac{k^2+2k+5}{4} < \frac{k^2+2k+(2k+4)}{4} = \frac{(k+2)^2}{4},$$
da für k≥2 gilt: 2k+4>5. Somit:
$$k+1 < \frac{(k+2)^2}{4} \text{ bzw. } \sqrt{k+1} < \frac{k+2}{2}$$

Induktionsschluß:
Es wurde gezeigt, daß die Behauptung für n=2 richtig ist.
Außerdem wurde aus der Annahme, daß die Behauptung für n=k
richtig sei, bewiesen, daß sie auch für n=k+1 richtig ist.
Die Behauptung ist somit für alle natürlichen Zahlen n≥2
richtig.

b) 1. Schritt: Induktionsbeginn:
Die Behauptung ist richtig für n=5, da gilt:
$2^5 = 32 > 25 = 5^2$

2. Schritt: Induktion:

(α) Induktionsvoraussetzung (Induktionsannahme)
Die Behauptung sei richtig für n=k, d.h.
$2^k > k^2$

(β) Induktionsbehauptung
Die Behauptung ist dann auch richtig für n=k+1, d.h.
$2^{k+1} > (k+1)^2$

(γ) Induktionsbeweis:
Es gilt (unter Verwendung der Information aus (α)):
$2^{k+1} = 2 \cdot 2^k > 2 \cdot k^2 = k^2 + k^2 > k^2 + 2k + 1 = (k+1)^2$,
da für $k \geq 5$ gilt: $k^2 > 2k+1$

Induktionsschluß:
Es wurde gezeigt, daß die Behauptung für n=5 richtig ist.
Außerdem wurde aus der Annahme, die Behauptung sei für n=k richtig, bewiesen, daß sie dann auch für n=k+1 richtig ist.
Somit ist die Behauptung für alle natürlichen Zahlen, die größer als 4 sind, richtig.

1.2.4. a) 1. Schritt: Induktionsbeginn
Die Behauptung ist richtig für n=1, da gilt:

$$\Gamma(1) = \lim_{h \to \infty} \frac{h! \cdot h^1}{1 \cdot 2 \cdot \ldots \cdot (h+1)} = \lim_{h \to \infty} \frac{h! \cdot h}{h!(h+1)} = \lim_{h \to \infty} \frac{h}{h+1} = 1 = (1-1)!$$

2. Schritt: Induktion

(α) Induktionsvoraussetzung (Induktionsannahme)
Die Behauptung sei richtig für n=k, d.h.

$$\Gamma(k) = \lim_{h \to \infty} \frac{h! \cdot h^k}{k(k+1) \ldots (k+h)} = (k-1)!$$

(β) Induktionsbehauptung
Die Behauptung ist dann auch richtig für n=k+1, d.h.

$$\Gamma(k+1) = \lim_{h \to \infty} \frac{h! \cdot h^{k+1}}{(k+1)(k+2) \ldots (k+h)(k+1+h)} = k!$$

(γ) Induktionsbeweis
Es gilt (unter Verwendung der Informationen aus (α)):

$$\Gamma(k+1) = \lim_{h \to \infty} \frac{h! \cdot h^{k+1}}{(k+1)(k+2) \ldots (k+h)(k+1+h)} =$$

$$= \lim_{h \to \infty} \left[\frac{h! \cdot h^k}{k(k+1) \ldots (k+h)} \cdot \frac{k \cdot h}{k+1+h} \right] =$$

$$= \lim_{h\to\infty} \frac{h! \cdot h^k}{k(k+1)\ldots(k+h)} \cdot \lim_{h\to\infty} \frac{k \cdot h}{k+1+h} =$$

$$= \Gamma(k) \cdot k \cdot \lim_{h\to\infty} \frac{1}{\frac{k+1}{h}+1} = (k-1)! \cdot k \cdot 1 = k!$$

Induktionsschluß:
Es wurde gezeigt, daß die Behauptung für n=1 richtig ist. Außerdem wurde aus der Annahme, daß die Behauptung für n=k richtig sei, bewiesen, daß sie auch für n=k+1 richtig ist. Die Behauptung ist somit für alle natürlichen Zahlen richtig.

b) 1. Schritt: Induktionsbeginn
Die Behauptung ist richtig für n=1, da gilt:

$$\Gamma(1) = \int_0^{+\infty} e^{-t} \cdot t^0 dt = \left[-e^{-t}\right]_0^{\infty} = 1 = 0!$$

2. Schritt: Induktion

(α) Induktionsvoraussetzung (Induktionsannahme)
Die Behauptung sei richtig für n=k, d.h.

$$\Gamma(k) = \int_0^{+\infty} e^{-t} \cdot t^{k-1} dt = (k-1)!$$

(β) Induktionsbehauptung
Die Behauptung ist dann auch richtig für n=k+1, d.h.

$$\Gamma(k+1) = \int_0^{+\infty} e^{-t} \cdot t^k dt = k!$$

(γ) Induktionsbeweis
Durch partielle Integration und Verwendung der Informationen aus (α) erhält man:

$$\Gamma(k+1) = \int_0^{+\infty} e^{-t} \cdot t^k dt = \left[-e^{-t} \cdot t^k\right]_0^{\infty} - \int_0^{+\infty} (-e^{-t}) \cdot k \cdot t^{k-1} dt =$$

$$= \lim_{\tau\to\infty} (-e^{-\tau} \cdot \tau^k) + k \cdot \int_0^{+\infty} e^{-t} \cdot t^{k-1} dt =$$

$$= 0 + k \cdot \Gamma(k) = k \cdot (k-1)! = k!$$

Induktionsschluß wie in a).

Abschnitt 1.3.

1.3.1.
a) $\mathbb{N} = \{1,2,3,\ldots\}$
b) $A = \{x \in \mathbb{R} \mid x<0 \text{ oder } x>0\} = \{x \in \mathbb{R} \mid x \neq 0\} = \mathbb{R} \setminus \{0\}$
c) $B = \{x \in \mathbb{R} \mid x>0\} = \mathbb{R}^+$
d) $C = \{x \in \mathbb{R} \mid -1 < x \leq 5\}$
e) $D = \{x \in \mathbb{N} \mid x \leq 5\} = \{1,2,3,4,5\}$
f) $E = \{2;4;6\}$
g) $F = \{1;3;5\}$
h) $G = \emptyset$
i) $H = \{2\}$

1.3.2.
a) $F \subseteq D \subseteq N \subseteq B \subseteq A$; $H \subseteq E \subseteq N \subseteq B \subseteq A$; $H \subseteq C$; $H \subseteq D$
Die Leermenge ist Bestandteil jeder Menge.
c) Die behaupteten Teilmengenbeziehungen bestehen nicht.

1.3.3.
a) $I_1^{\mathbb{R}} = \{x \mid x \in \mathbb{R}; -\infty < x < -1 \text{ oder } 5 \leq x < +\infty\}$
b) $I_3^{\mathbb{R}} = \{x \mid x \in \mathbb{R}; -\infty < x \leq 1 \text{ oder } 5 \leq x < +\infty\}$
c) $D^{\mathbb{N}} = \{x \mid x \in \mathbb{N}; x>5\} = \{x \mid x \in \mathbb{N}; x \geq 6\}$

1.3.4.
a) $I_1 \cap I_2 = \{x \mid x \in \mathbb{R}; 2 \leq x < 5\} = [2,5[= I_2 \setminus I_3$
b) $M_1 = \{2,4,6\}$; $M_2 = \{1,2,3\}$; $M_1 \cap M_2 = \{2\}$
c) $\emptyset$

1.3.5.
a) $I_1 \cup I_2 = [-1,6]$
$I_2 \cup I_3 = \;]1,6]$
b) $A \cup \bar{A}^E = E$

1.3.6.
a) $I_1 \setminus I_2 = [-1,2[$
b) $M_1 \setminus M_2 = \{4,6\}$

1.3.7.
a) $\overline{A \cup B}^{\mathbb{R}} = [10,\infty[$
b) Assoziativgesetz: x muß nur in A oder B oder C enthalten sein.
c) Hinweis: Wenden Sie die im Text beschriebene Technik der Beweisführung an.

1.3.8.
a) $\{2\}$
b) A
c) $\emptyset$
d) $\{0\}$

1.3.9. Verdeutlichen Sie sich den Sachverhalt mit einem Venn-Diagramm. 1 Person gehört der Blutgruppe 0 negativ an.

1.3.10. a) 1. Schritt: Induktionsbeginn
Die Behauptung ist richtig für n=1, da gilt:

$$\overline{\bigcup_{i=1}^{1} A_i} = \overline{A_1} = \bigcap_{i=1}^{1} \overline{A_i}$$

2. Schritt: Induktion

(α) Induktionsvoraussetzung (Induktionsannahme)
Die Behauptung sei richtig für n=k, d.h.

$$\overline{\bigcup_{i=1}^{k} A_i} = \bigcap_{i=1}^{k} \overline{A_i}$$

(β) Induktionsbehauptung
Die Behauptung ist dann auch richtig für n=k+1, d.h.

$$\overline{\bigcup_{i=1}^{k+1} A_i} = \bigcap_{i=1}^{k+1} \overline{A_i}$$

(γ) Induktionsbeweis
Es gilt (unter Verwendung der Informationen aus (α) und der Beziehung $(A_1 \cup A_2) = \overline{A_1} \cap \overline{A_2}$):

$$\overline{\bigcup_{i=1}^{k+1} A_i} = \overline{\left[(\bigcup_{i=1}^{k} A_i) \cup A_{k+1}\right]} = \overline{(\bigcup_{i=1}^{k} A_i)} \cap \overline{A_{k+1}}$$

$$= (\bigcap_{i=1}^{k} \overline{A_i}) \cap \overline{A_{k+1}} = \bigcap_{i=1}^{k+1} \overline{A_i}$$

Induktionsschluß:
Es wurde gezeigt, daß die Behauptung für n=1 richtig ist. Außerdem wurde aus der Annahme, daß die Behauptung für n=k richtig sei, bewiesen, daß sie auch für n=k+1 richtig ist. Die Behauptung ist somit für alle natürlichen Zahlen richtig.

b) 1. Schritt: Induktionsbeginn
Die Behauptung ist richtig für n=1, da gilt:

$$\overline{\bigcap_{i=1}^{1} A_i} = \overline{A_1} = \bigcup_{i=1}^{1} \overline{A_i}$$

2. Schritt: Induktion

(α) Induktionsvoraussetzung (Induktionsannahme)
Die Behauptung sei richtig für n=k, d.h.

$$\overline{\bigcap_{i=1}^{k} A_i} = \bigcup_{i=1}^{k} \overline{A_i}$$

(β) Induktionsbehauptung
Die Behauptung ist dann auch richtig für n=k+1, d.h.
$$\overline{\bigcap_{i=1}^{k+1} A_i} = \bigcup_{i=1}^{k+1} \overline{A_i}$$

(γ) Induktionsbeweis
Es gilt (unter Verwendung der Informationen aus (α) und der Beziehung $(A_1 \cap A_2) = \overline{A_1} \cup \overline{A_2}$):

$$\overline{\bigcap_{i=1}^{k+1} A_i} = \overline{\left[(\bigcap_{i=1}^{k} A_i) \cap A_{k+1}\right]} = \overline{(\bigcap_{i=1}^{k} A_i)} \cup \overline{A_{k+1}} =$$

$$= (\bigcup_{i=1}^{k} \overline{A_i}) \cup \overline{A_{k+1}} = \bigcup_{i=1}^{k+1} \overline{A_i}$$

Induktionsschluß wie in a).

Abschnitt 1.4.

1.4.1. $\binom{9}{3}\binom{6}{2}\binom{4}{2}\binom{2}{2} = 7.560$

1.4.2. $\binom{7}{4}\binom{4}{3}\binom{5}{3} = 1.400$

1.4.3. Blockbildung!
Dieses Stichwort beschreibt ein nützliches Vorgehen bei der Lösung vieler kombinatorischer Probleme. Wenn verschiedene Elemente unterschiedlich angeordnet werden sollen, einige Elemente dabei aber immer nebeneinander bleiben sollen, dann betrachtet man letztere in einem ersten Schritt als ein Element und multipliziert die so erhaltene Anzahl von Möglichkeiten in einem zweiten Schritt mit der Anzahl der Anordnungsmöglichkeiten, die sich innerhalb dieses "Großelementes" ergeben.

$$\underbrace{4!}_{\text{1. Schritt}}\underbrace{(4!3!3!2!)}_{\text{2. Schritt}} = 41.472$$

1.4.4.
a) $7! = 5.040$
b) $6! = 720$

1.4.5.
a) $5! = 120$
b) Blockbildung: $2!(3!2!) = 24$
c) Blockbildung: $4!2! = 48$

1.4.6.
a) Blockbildung: $2!(4!4!) = 1.152$
b) Blockbildung: $7 \cdot 2!(3!3!) = 504$
c) $1.152 - 504 = 648$

1.4.7.
a) Geordnete Stichproben mit Zurücklegen: n^k Möglichkeiten
b) $(n-1)^k$
c) $k(n-1)^{k-1}$
d) $\dfrac{n!}{(n-k)!}$

1.4.8. Unter Verwendung der Summenformel für die geometrische Reihe ergibt sich

$$\sum_{i=1}^{4} 26^i = 26 \sum_{i=0}^{3} 26^i = 26\frac{26^4-1}{26-1} = 475.254$$

1.4.9.
a) $6^3 = 216$
b) $6 \cdot 5 \cdot 4 = 120$

1.4.10. $\dfrac{5!}{(5-3)!} = 60$

1.4.11. a) $\frac{9!}{(9-5)!} = 15.120$

b) $\frac{5}{9} \cdot \frac{9!}{(9-5)!} = 8.400$

1.4.12. a) $\binom{12}{4} = 495$

b) A und B seien die unverträglichen Personen. Wenn A und B gewählt werden, dann gibt es für die Auswahl der beiden restlichen Delegationsmitglieder noch $\binom{10}{2} = 45$ Möglichkeiten.
Die gesuchte Anzahl von Möglichkeiten ergibt sich also zu
495 - 45 = 450

c) C und D seien verheiratet:
Für die Nichtberücksichtigung von C und D gibt es
$\binom{10}{4} = 210$ Möglichkeiten.
Für die Berücksichtigung von C und D gibt es $\binom{10}{2} = 45$ Möglichkeiten,
insgesamt also 210 + 45 = 255 Möglichkeiten.

1.4.13. Ein reguläres Vieleck mit n-Seiten besitzt n Ecken. Je zwei Ecken bestimmen entweder eine Diagonale oder eine Seite.
Es gibt also Seiten und Diagonalen, zusammen
$\binom{n}{2} = \frac{n(n-1)}{2}$ Stück.

Dann ergibt sich die Anzahl der Diagonalen zu
$\frac{n(n-1)}{2} - n = \frac{n(n-3)}{2}$

1.4.14. $\frac{32!}{10!\,10!\,10!\,2!}$

1.4.15. a) $K^w_{k,n} = \binom{n+k-1}{n-1} = \binom{n+k-1}{k}$

b) Lösung wie a), denn es wird ein zu a) analoger Sachverhalt beschrieben. Vergleichen Sie dazu auch den Beweis zur obigen Formel.

1.4.16. 1. Schritt: Induktionsbeginn
Die Behauptung ist richtig für n=c, da gilt:
$\binom{c+1}{c+1} = 1 \stackrel{.}{=} \sum_{i=c}^{c} \binom{i}{c}$

2. Schritt: Induktion

(α) Induktionsvoraussetzung (Induktionsannahme):
Die Behauptung sei richtig für n=k, d.h. es gelte:
$\binom{k+1}{c+1} = \sum_{i=c}^{k} \binom{i}{c}$

(β) Induktionsbehauptung:
Die Behauptung ist dann auch richtig für n=k+1, d.h. es gilt:
$$\binom{k+2}{c+1} = \sum_{i=c}^{k+1} \binom{i}{c}$$

(γ) Induktionsbeweis:
Es gilt (unter Verwendung der Informationen aus (α)):
$$\binom{k+2}{c+1} = \binom{k+1}{c} + \binom{k+1}{c+1} = \binom{k+1}{c} + \sum_{i=c}^{k} \binom{i}{c} = \sum_{i=c}^{k+1} \binom{i}{c}$$

Induktionsschluß:
Es wurde gezeigt, daß die Behauptung für n=c richtig ist. Außerdem wurde aus der Annahme, daß die Behauptung für n=k≥c richtig sei, bewiesen, daß sich auch für n=k+1 richtig ist. Die Behauptung ist somit für alle natürlichen Zahlen n≥c richtig.

1.4.17. 1. Schritt: Induktionsbeginn
Die Behauptung ist richtig für n=0, da gilt:
$$(x+y)^0 = 1 = \binom{0}{0} \cdot x^0 \cdot y^{0-0} = \sum_{i=0}^{0} \binom{0}{i} \cdot x^i \cdot y^{0-i}$$

2. Schritt: Induktion

(α) Induktionsvoraussetzung (Induktionsannahme):
Die Behauptung sei richtig für n=k, d.h. es gelte:
$$(x+y)^k = \sum_{i=0}^{k} \binom{k}{i} \cdot x^i \cdot y^{k-i}$$

(β) Induktionsbehauptung
Die Behauptung ist dann auch richtig für n=k+1, d.h. es gilt:
$$(x+y)^{k+1} = \sum_{i=0}^{k+1} \binom{k+1}{i} \cdot x^i \cdot y^{k+1-i}$$

(γ) Induktionsbeweis:
Es gilt (unter Verwendung der Informationen aus (α))

$$(x+y)^{k+1} = (x+y) \cdot (x+y)^k = (x+y) \cdot \sum_{i=0}^{k} \binom{k}{i} \cdot x^i \cdot y^{k-i} =$$

$$= \sum_{i=0}^{k} \binom{k}{i} \cdot x^{i+1} \cdot y^{k-i} + \sum_{i=0}^{k} \binom{k}{i} \cdot x^i \cdot y^{k+1-i} =$$

$$= \binom{k}{0} x^1 y^k + \binom{k}{1} x^2 y^{k-1} + \ldots + \binom{k}{k-1} x^k y^1 + \binom{k}{k} x^{k+1} y^0 +$$

$$+ \binom{k}{0} x^0 y^{k+1} + \binom{k}{1} x^1 y^k + \binom{k}{2} x^2 y^{k-1} + \ldots + \binom{k}{k} x^k y^1 =$$

$$= \binom{k}{0} x^0 y^{k+1} + \sum_{i=1}^{k} \left[\binom{k}{i-1} + \binom{k}{i}\right] x^i y^{k+1-i} + \binom{k}{k} x^{k+1} y^0$$

Nun gilt:
$$\binom{k}{i-1} + \binom{k}{i} = \binom{k+1}{i}; \quad \binom{k}{o} = 1 = \binom{k+1}{o}; \quad \binom{k}{k} = 1 = \binom{k+1}{k+1}$$

Daher:
$$(x+y)^{k+1} = \binom{k+1}{o}x^o y^{k+1-o} + \sum_{i=1}^{k} \binom{k+1}{i} x^i y^{k+1-i} + \binom{k+1}{k+1} x^{k+1} y^o =$$
$$= \sum_{i=o}^{k+1} \binom{k+1}{i} x^i y^{k+1-i}$$

Induktionsschluß:
Es wurde gezeigt, daß die Behauptung für n=0 richtig ist. Außerdem wurde aus der Annahme, daß die Behauptung für n=k richtig sei, bewiesen, daß sie auch für n=k+1 richtig ist. Die Behauptung ist somit für alle natürlichen Zahlen und die Null richtig.

Anwendung auf die Anzahl der Elemente der Potenzmenge:
Aus einer Menge S mit n Elementen lassen sich $\binom{n}{1}$ Teilmengen im Umfang r=1, $\binom{n}{2}$ Teilmengen im Umfang r=2 usw. bis $\binom{n}{n}$ Teilmengen im Umfang r=n bilden. Hinzu kommt $\binom{n}{0}$=1 Möglichkeit für die leere Menge, also hat die Potenzmenge insgesamt
$\sum_{r=0}^{n} \binom{n}{r}$ verschiedene Elemente. Für x=y=1 erhält man aus dem binomischen Lehrsatz:

$$\sum_{r=0}^{n} \binom{n}{r} = \sum_{r=0}^{n} \binom{n}{r} \cdot 1^i \cdot 1^{n-i} = (1+1)^n = 2^n$$

Lösungen zu Kapitel 2

2.1. a) Numeriert man die Karten durch von $K_1,\ldots,K_{52}$, so ist
$S = \{K_1, K_2,\ldots,K_{52}\}$

b) Stichprobenraum $S = \{www,wwz,wzw,zww,wzz,zwz,zww,zzz\}$
(Reihenfolge beachtet), oder $S = \{www,wwz,zzw,zzz\}$ (Reihenfolge nicht beachtet).

c) $S = \{(1,5),(1,10),(1,50),(5,1),(5,10),(5,50),$
$(10,1),(10,5),(10,50),(50,1),(50,5),(50,10)\}$
In 4 Fällen ist der Betrag kleiner als 15 Pfennige.

2.2. Unter Beachtung der Reihenfolge ist
$S = \{(1,1),(1,2),(1,3),(1,4),(1,5),(1,6),(2,1),(2,2),(2,3),$
$(2,4),(2,5),(2,6),(3,1),(3,2),(3,3),(3,4),(3,5),(3,6),$
$(4,1),(4,2),(4,3),(4,4),(4,5),(4,6),(5,1),(5,2),(5,3),$
$(5,4),(5,5),(5,6),(6,1),(6,2),(6,3),(6,4),(6,5),(6,6)\}$

$E = \{(x,y) \mid (x,y) \in S \text{ und } (x+y) > 9\} =$
$= \{(4,6),(5,5),(5,6),(6,4),(6,5),(6,6)\}$

$F = \{(x,y) \mid (x,y) \in S \text{ und } x=y\} = \{(1,1),\ldots,(6,6)\}$

a) $E \cap F = \{(5,5),(6,6)\}$

b) $E \cup F = \{(1,1),(2,2),(3,3),(4,4),(4,6),$
$(5,5),(5,6),(6,4),(6,5),(6,6)\}$

c) $\bar{E} = \{(x,y) \mid (x,y) \in S \text{ und } (x+y) \leq 9\}$

d) $\bar{F} = \{(x,y) \mid (x,y) \in S \text{ und } x \neq y\}$

e) $\bar{E} \cap F = \{(1,1),(2,2),(3,3),(4,4)\}$

f) $E \cap \bar{F} = \{(4,6),(5,6),(6,4),(6,5)\}$

2.3. a) $S = \{(u_1,g),(u_2,g),(u_1,w),(u_2,w),(u_1,s),(u_2,s)\}$

b) $E \cap F = \{(u_1,w)\}$; $\bar{E} = \{(u_2,g),(u_2,w),(u_2,s)\}$;
$\bar{E} \cap F = \{(u_2,w)\}$; $\bar{F} = \{(u_1,g),(u_2,g),(u_1,s),(u_2,s)\}$

2.4. a) $G_x = R_y = \{1,2,3,4,5,6\}$; $S = G_x \times R_y$
$A = \{(x,y) \mid (x,y) \in S \text{ und } \frac{x+y}{2} \in \mathbb{N}\}$
$B = \{(x,y) \mid (x,y) \in S, \frac{x}{2} \notin \mathbb{N}\}$

b) $A \cap B = \{(x,y) \mid (x,y) \in S \text{ und } \frac{x}{2} \notin \mathbb{N} \text{ und } \frac{y}{2} \notin \mathbb{N}\}$

c) $A \cup B$ besitzt 27 Elemente.

2.5. A, B, C ⊂ S

a) A ∪ B ∪ C

b) A ∩ $\bar{B}$ ∩ $\bar{C}$

c) A ∩ B ∩ $\bar{C}$

d) A ∩ B ∩ C

e) $\overline{A \cup B \cup C}$

f) (A ∪ B ∪ C) ∖ ((A ∩ B) ∪ (B ∩ C) ∪ (A ∩ C))

g) $\overline{A \cap B \cap C}$

2.6. Axiome der Wahrscheinlichkeitstheorie:

(1) $0 \leq P(E_i) \in \mathbb{R}$

(2) $P(S) = 1$

(3) Wenn für alle $i \neq j$ gilt: $E_i \cap E_j = \emptyset$, dann ist
$$P(\bigcup_{i=1}^{\infty} E_i) = \sum_{i=1}^{\infty} P(E_i)$$

a) 1. Aus Axiom (1) folgt $0 \leq P(A_1)$

2. Es gilt: $A_1 \cup \bar{A}_1 = S$ und $A_1 \cap \bar{A}_1 = \emptyset$; daraus folgt:
$P(A_1 \cup \bar{A}_1) = P(A_1) + P(\bar{A}_1) = 1 \Rightarrow P(A_1) = 1 - P(\bar{A}_1) \leq 1$

b) 1. Für die Wahrscheinlichkeit der Ereignisse gilt:

$P(A_1) = P(A_1 \cap \bar{A}_2) + P(A_1 \cap A_2)$ (1) und
$P(A_2) = P(A_2 \cap \bar{A}_1) + P(A_1 \cap A_2)$ (2)

(1) + (2) = (3)

$P(A_1) + P(A_2) = P(A_1 \cap \bar{A}_2) + P(A_2 \cap \bar{A}_1) + 2P(A_1 \cap A_2)$ (3)

2. Eine disjunkte Zerlegung von $(A_1 \cup A_2)$ ergibt (Veranschaulichung mittels Venn-Diagramm):

$A_1 \cup A_2 = (A_1 \cap \bar{A}_2) \cup (A_2 \cap \bar{A}_1) \cup (A_1 \cap A_2)$ oder
$P(A_1 \cup A_2) = P(A_1 \cap \bar{A}_2) + P(A_2 \cap \bar{A}_1) + P(A_1 \cap A_2)$ (4);

(3) umgeformt liefert $P(A_1) + P(A_2) - P(A_1 \cap A_2) =$
$P(A_1 \cap \bar{A}_2) + P(A_2 \cap \bar{A}_1) + P(A_1 \cap A_2)$ (5)

Gleichung (5) entspricht (4), q.e.d.

c) Aus $A_1 \cup \bar{A}_1 = S$ und $A_1 \cap \bar{A}_1 = \emptyset$ folgt $P(A_1 \cup \bar{A}_1) = P(A_1) + P(\bar{A}_1) = P(S) = 1$

d) Siehe a) und c)

e) Diese Form ist der Sonderfall von Axiom (3) für endliche Ereignisse. Man erhält sie, wenn für alle $i > k$ die $A_i = \emptyset$ gesetzt werden, da $P(\emptyset) = 0$.

2.7. $S = \{e_1, e_2, \ldots, e_k\}$ und $E_i = \{e_i\}$. Für alle i (i = 1,2,...,k)
gilt $P(E_i) = \frac{1}{k}$ (Gleichwahrscheinlichkeit). Ereignis
$A = \{e_1, e_2, \ldots, e_r\} \Rightarrow (r \leq k)$
$P(A) = P(\bigcup_{i=1}^{r} E_i) = \sum_{i=1}^{r} P(E_i) = \frac{r}{k}$.

2.8. a) Der Stichprobenraum enthält 36 Elemente.
b) 1/36
c) $C_1 = \{(1,1),(1,2),(2,1)\}$; $C_2 = \{(1,3),(2,3),(3,1),(3,2)\}$;
$C_3 = \{(1,1),(6,6)\}$
$P(C_1) = 1/12$; $P(C_2) = 1/9$; $P(C_3) = 1/18$

2.9. Stichprobenraum (mit beachteter Reihenfolge) aus 2.1.b).
Bei Gleichwahrscheinlichkeit ist $P(A) = 3/8$, wobei
$A = \{(z,z,w),(z,w,z),(w,z,z)\}$

2.10. a) Ergebnisraum: $S = \{w_1, w_2, s_1, s_2, s_3, s_4\}$, $E_1 = \{w_1\}$, $E_2 = \{w_2\}$,
$E_3 = \{s_1\}, \ldots$ $P(E_i)$ bei Gleichwahrscheinlichkeit 1/6
$P(Gewinn) = P(\bigcup_{i=3}^{6} E_i) = \sum_{i=3}^{6} P(E_i) = 2/3$

b) Ergebnisraum: $S = \{(m_w, w_1)\ldots(m_w, s_4),(m_s, w_1)\ldots(m_s, s_4)\} =$
$= \{e_1, \ldots, e_{12}\}$. $P(E_i)$ bei Gleichwahrscheinlichkeit 1/12;
$E_i = \{e_i\}$
$G = \{(m_w, w_1),(m_w, w_2),(m_s, s_1),(m_s, s_2),(m_s, s_3),(m_s, s_4)\}$
$P(G) = 6/12 = 1/2$

2.11. $P(A) = 0,7$; $P(B) = 0,5$ da $P(\bar{B}) = 0,5$; $P(\bar{A} \cup \bar{B}) = 0,6$
$P(A \cup B) = P(A) + P(B) - P(A \cap B) = P(A) + P(B) - [1-P(\overline{A \cap B})] =$
$= P(A) + P(B) - 1 + P(\bar{A} \cup \bar{B}) = 0,7 + 0,5 - 1 + 0,6 = 0,8$.

2.12. a) $P(\bar{A} \cup \bar{B}) = P(\overline{A \cap B}) = 0,8$
b) $P(A \cup \bar{B}) = P(A) + P(\bar{B}) - P(A \cap \bar{B}) = P(A) + P(\bar{B}) - [P(A) -$
$- P(A \cap B)] = 0,7 + 0,2 = 0,9$
c) $P(\bar{A} \cap B) = P(B) - P(A \cap B) = 0,3 - 0,2 = 0,1$
d) $P(\bar{A} \cap (A \cup B)) = P[(\bar{A} \cap A) \cup (\bar{A} \cap B)] = P[\emptyset \cup (\bar{A} \cap B)] = P(\bar{A} \cap B)$.
$= 0,1$

2.13. a) Blockbildung (vgl. Aufgabe 1.4.3).
10 Blöcke, davon 9 Blöcke aus je einem Land und der Block
(GB, F). Es gibt $10![2!\underbrace{1!,\ldots,1!}_{9\text{mal}}]$ verschiedene Sitzordnungen, bei denen GB und F nebeneinander sitzen. Davon abzuziehen sind die Sitzordnungen, bei denen sowohl GB und F als auch USA und UdSSR nebeneinander sitzen. Dies sind $9![2!2!\underbrace{\cdot 1!,\ldots,1!}_{7\text{mal}}]$ Möglichkeiten. Also erhält man die gesuchte Wahrscheinlichkeit zu:
$$\frac{10!2!-9!2!2!}{11!} = \frac{8}{55}$$

b) Entsprechend findet man:
$$\frac{9!2!-8!2!2!}{10!} = \frac{7}{45}$$

2.14. a) $5^4 = 625$

b) $1 - P(A) - P(B) = 1 - \frac{4^4}{625} - \frac{4\cdot 4^3}{625} = \frac{113}{625}$

wobei A = der ältere Fürther Kraftfahrer wird nicht kontrolliert; B = er wird einmal kontrolliert.

c) $1 - P(C) = 1 - \frac{\frac{5!}{(5-4)!}}{625} = \frac{101}{125}$ wobei C = jeder Autofahrer wird höchstens einmal kontrolliert.

d) $K^W_{4,5} = \binom{5+4-1}{5-1} = 70$

e) $1 - P(A) - P(B) = 1 - \frac{K^W_{4,4}}{70} - \frac{K^W_{3,4}}{70} = \frac{3}{14}$

2.15. Additionssatz der Wahrscheinlichkeitsrechnung für disjunkte Ereignisse:
$$\frac{\binom{4}{2}+\binom{6}{2}+\binom{2}{2}}{\binom{12}{2}} = \frac{1}{3}$$

2.16. a) 365^k

b) $\frac{365!/(365-k)!}{365^k}$

c) $1 - \frac{365!/(365-30)!}{365^{30}} = 1 - \frac{365!}{335!\,365^{30}} =: 1 - C$

Unter Verwendung der Stirling'schen Näherungsformel (vgl. 1.4.2.1) erhält man:

$$c \doteq \frac{365^{365} e^{-365} \sqrt{2\pi \cdot 365}}{335^{335} e^{-335} \sqrt{2\pi \cdot 335} \cdot 365^{30}} = \frac{365^{335}}{335^{335}} e^{-30} \sqrt{\frac{365}{335}} = (\frac{73}{67})^{335,5} e^{-30} \doteq$$

$$\doteq 0,2937$$

Die gesuchte Wahrscheinlichkeit ist folglich

$$1 - c = 1 - 0,2937 = 0,7063.$$

2.17. Es werden nacheinander je zwei der 2n Stäbe ausgewählt. Somit erhält man (vgl. 1.4.4.2) insgesamt

$$\binom{2n}{2}\binom{2n-2}{2} \ldots \binom{4}{2}\binom{2}{2} = \frac{(2n)!}{(2!)^n}$$

verschiedene Möglichkeiten, diese 2n Teile zu n Stäben zusammenzusetzen.

a) Die Reihenfolge der Auswahl der n Paare ist unerheblich; folglich erhält man in n! Fällen ein günstiges Ergebnis im Sinne der Aufgabenstellung. Die gesuchte Wahrscheinlichkeit beträgt daher:

$$\frac{n!}{\frac{(2n)!}{(2!)^n}} = \frac{n! \, 2^n}{(2n)!}$$

b) Gegeben sei eine der n! günstigen Konstellationen von (a). Jede beliebige Permutation der kurzen Stäbe (oder alternativ: der langen Stäbe) ergibt wiederum eine günstige Konstellation im Sinne von (b). Zu der ausgewählten Konstellation aus (a) gibt es also n! günstige Konstellationen im Sinne von (b) und damit zu allen Konstellationen von (a) insgesamt $n! \cdot n! = (n!)^2$ günstige Konstellationen von (b). Daher lautet die gesuchte Wahrscheinlichkeit

$$\frac{(n!)^2 \cdot 2^n}{(2n)!}$$

2.18. $P(A) = \dfrac{\binom{2k}{k}}{2^{(2k)}}$

2.19. Es gibt insgesamt n! Möglichkeiten, jedem Mann einen Hut zuzuordnen. Eine davon ist im Sinne der Aufgabe nur günstig, also

$$p = \frac{1}{n!}$$

Lösungen zu Kapitel 3

3.1. Bezeichne U_i (i=1,2,3) das Ereignis, daß die i-te Urne gewählt wird und F_1 (F_2) das Ereignis, daß eine schwarze (weiße) Kugel gezogen wird.

a) $P(F_1) = \sum_{i=1}^{3} P(F_1|U_i)P(U_i) = \frac{7}{15}$

b) $P(U_2|F_2) = \dfrac{P(F_2|U_2)P(U_2)}{\sum_{i=1}^{3} P(F_2|U_i)P(U_i)} = \frac{1}{4}$

c) $0,4 = P(F_2|U_1) = P(F_2|U_2) \neq P(F_2|U_3) = 0,8$
Die beiden Ereignisse sind nicht voneinander unabhängig.

3.2. Bezeichne B_i (i=1,...,4) das Ereignis, daß eine Besamung mit Sperma des Bullen i durchgeführt wurde und F das Ereignis "trächtige Kuh".

$P(B_1|F) = \dfrac{P(F|B_1)P(B_1)}{\sum_{i=1}^{4} P(F|B_i)P(B_i)} = \frac{20}{69}$

analog errechnen sich

$P(B_2|F) = \frac{21}{69}$

$P(B_3|F) = \frac{18}{69}$

$P(B_4|F) = \frac{10}{69}$

Die größte Wahrscheinlichkeit für die Vaterschaft kommt also dem Bullen 2 zu.

3.3.
b) $P(E|F) = \dfrac{P(F|E) \cdot P(E)}{P(F|E) \cdot P(E) + P(F|\bar{E})P(\bar{E})} = \dfrac{5p}{4p+1}$

c) $P(E|F) = p \cdot (\dfrac{5}{4p+1}) \geq p = P(E)$
Das Gleichheitszeichen gilt genau dann, wenn p = 1 oder p = 0.

d) $P(E|F) = \dfrac{np}{(n-1)p+1}$

$P(E|F)$ ist eine Funktion von n: $P(E|F) = P_n(E|F)$
Für $p \in]0,1[$ gilt:

$\dfrac{P_{n+1}(E|F)}{P_n(E|F)} = \dfrac{p \cdot (n+1)[(n-1)p+1]}{(np+1)np} = \dfrac{n^2p+n+1-p}{n^2p+n} > 1;$ für $0 < p < 1$

3.4. Bezeichne "Z_i rot" bzw. "Z_i grün" das Ereignis, daß im i-ten Zug eine rote (grüne) Kugel gezogen wird.

a) $P(Z_2\text{rot}|Z_1\text{rot}) = \dfrac{P(Z_2\text{rot} \cap Z_1\text{rot})}{P(Z_1\text{rot})} = \dfrac{\frac{r(r+c)}{(r+g)(r+g+c)}}{\frac{r}{r+g}} = \dfrac{r+c}{r+g+c}$

b) $P(Z_1\text{rot} \cap Z_2\text{rot} \cap Z_3\text{rot}) = \dfrac{r(r+c)(r+2c)}{(r+g)(r+g+c)(r+g+2c)}$

3.5. $p = 0{,}2^5 + 5 \cdot 0{,}2^4 \cdot 0{,}8 + \binom{5}{2} 0{,}2^3 \cdot 0{,}8^2 = 0{,}05792$

3.6. Bezeichne Q_1 Feuerwerkskörper hoher, Q_2 Feuerwerkskörper mittlerer und Q_3 solche niedrigerer Qualität.
B_i bezeichne das Ereignis, daß unter 2 getesteten Feuerwerkskörpern i Blindgänger sind.

a) $P(Q_1|B_o) = \dfrac{P(B_o|Q_1)P(Q_1)}{\sum\limits_{i=1}^{3} P(B_o|Q_i)P(Q_i)} = \dfrac{0{,}4250}{0{,}6875} = 0{,}62$

b) Entsprechend dem obigen Ansatz lassen sich die gesuchten Wahrscheinlichkeiten berechnen und in folgender Tabelle zusammenfassen.

Tabelle der $P(Q_i|B_j)$ $i = 1,2,3$
$j = 0,1,2$

$Q_i \backslash B_j$	B_o	B_1	B_2
Q_1	0,62	0,28	0,07
Q_2	0,22	0,31	0,37
Q_3	0,16	0,41	0,56

3.7. Bezeichne K_j das Ereignis, daß die j-te Karteikarte gezogen wurde ($1 \leq j \leq n$) und $A = K_j$ das Ereignis, daß A behauptet, die j-te Karteikarte sei gezogen worden. Die entsprechende Bezeichnung für B sei $B = K_j$.
Bekannt sind folgende Daten:
$P(K_i) = \dfrac{1}{n}; \ P(A=K_i|K_i) = P(B=K_i|K_i) = 0{,}2;$
Die Wahrscheinlichkeit, daß A bzw. B lügt, ist jeweils 0,8. Wird berücksichtigt, daß sich bei einer gezogenen Karte K_j (n-1) Möglichkeiten zur Lüge ergeben, dann wird klar, daß
$P(A=K_i|K_j) = P(B=K_i|K_j) = 0{,}8 \cdot \dfrac{1}{n-1}$ ($1 \leq i \leq n$, $i \neq j$)

a) $P(K_1 | A = K_1 \cap B = K_1) =$

$$= \frac{P(K_1 \cap (A=K_1) \cap (B=K_1))}{P((A=K_1) \cap (B=K_1))} = \frac{P(A=K_1 \cap B=K_1 | K_1)P(K_1)}{\sum_{i=1}^{n} P(A=K_1 \cap B=K_1 | K_i)P(K_i)} =$$

$$= \frac{(0,2)^2 \cdot \frac{1}{n}}{(0,2)^2 \cdot \frac{1}{n} + (n-1)(0,8)^2 (\frac{1}{n-1})^2 \cdot \frac{1}{n}} = \frac{n-1}{n+15}$$

b) für $n \to \infty \Rightarrow \frac{n-1}{n+15} \to 1$

3.8. Bezeichne S das Ereignis "Studienziel erreicht" und $\bar{S}$ das Ereignis "Studienziel nicht erreicht"; weiterhin bezeichne T das Ereignis "Test positiv" und $\bar{T}$ "Test negativ".

$$P(\bar{S}|\bar{T}) = \frac{P(\bar{T}|\bar{S})P(\bar{S})}{P(\bar{T}|S)P(S) + P(\bar{T}|\bar{S})P(\bar{S})} = \frac{0,40500}{0,40775} = 0,99$$

3.9.
a) $\frac{45}{65} = \frac{9}{13}$

b) nein

3.10.
a) $\frac{21}{620}$

b) $\frac{4}{310}$

c) $\frac{28}{155}$

d) $\frac{28}{30}$

3.11.
a) $P(Z_i) = \frac{1}{2}$

b) $P(Z_1 \cap Z_2 \cap Z_3) = 0$

c) ja, denn $P(Z_i | Z_j) = \frac{P(Z_i \cap Z_j)}{P(Z_j)} = \frac{1}{2} = P(Z_i)$
für $i = 1,2,3$; $j = 1,2,3$; $i \neq j$

d) nein, denn $0 = P(Z_1 \cap Z_2 \cap Z_3) \neq P(Z_1)P(Z_2)P(Z_3) = \frac{1}{8}$

3.12.
a) 0,6

b1) $\frac{0,32}{0,60} = \frac{8}{15}$

b2) $\frac{0,04}{0,60} = \frac{1}{15}$

3.13. Es seien mit A, B und C die Augenzahlen der entsprechenden Würfel bezeichnet.

$P(A=3) = 1$
$P(B=2) = 2/3$ $P(B=5) = 1/3$
$P(C=1) = 1/3$ $P(C=4) = 2/3$

a) $P(A>B) = P(A=3) \cdot P(B=2) = 2/3$
b) $P(B>C) = 5/9$
c) $P(C>A) = 2/3$
d) $P[(A>B) \cap (B>C)] = P(A=3)P(B=2)P(C=1) = 2/9$

Lösungen zu Kapitel 4

4.1. Um die Richtigkeit der Behauptung zu beweisen, muß gezeigt werden, daß $F_X(x)$ der Definition und den Eigenschaften einer Verteilungsfunktion gehorcht.

a) $D = \{x \mid -\infty < x < \infty\}$ [D = Definitionsbereich]
b) $W = \{F_X(x) \mid 0 \leq F_X(x) \leq 1\}$ [W = Wertebereich]
c) $\lim\limits_{x \to \infty} F_X(x) = 1$

d) $\lim\limits_{x \to -\infty} F_X(x) = 0$

e) Sei ohne Beschränkung der Allgemeinheit $0 < x_1 \leq x_2$, dann gilt
$$F_X(x_1) = 1 - e^{-\frac{1}{2}x_1^2} = 1 - \frac{1}{e^{\frac{1}{2}x_1^2}} \leq 1 - \frac{1}{e^{\frac{1}{2}x_2^2}} = F_X(x_2)$$

f) $F_X(x)$ ist auf ganz D stetig, also insbesondere rechtsseitig stetig.

4.2. Es ändert sich Eigenschaft (5). Die hier definierte Funktion $F_X(x) = P(X<x)$ ist linksseitig stetig. Auswirkungen dieser Definition zeigen sich in veränderten Werten an den Sprungstellen diskreter Verteilungsfunktionen!

4.3. Häufig dient es der erhöhten Übersicht, die Lösung einer Aufgabe gedanklich in die Lösung dreier Teilprobleme zu zerlegen:
(1) Stichprobenraum bestimmen!
(2) Zufallsvariable definieren!
(3) Wahrscheinlichkeitsfunktion berechnen!

(1) $S = \{(w,w,w,w), (w,w,w,z), (w,w,z,z), (z,z,z,w), (z,z,z,z),$
$(w,w,z,w), (w,z,w,z), (z,z,w,z), (w,z,w,w), (z,w,w,z),$
$(z,w,z,z), (z,w,w,w), (w,z,z,w), (w,z,z,z), (z,w,z,w),$
$(z,z,w,w)\}$
Die Elementarereignisse sind hier als 4-tupel dargestellt, ihre Anzahl ist $2^4 = 16$.

(2) Die Zufallsvariable X wird sinnvoll definiert als eine Vorschrift, die jedem Elementarereignis genau eine Zahl aus der Menge $W = \{0,1,2,3,4\}$ zuordnet, gemäß dem Auftreten von Wappen, kurz:
$X: S \to \mathbb{R}$

Für die Zufallsvariable X gilt also:
Definitionsbereich $D = S$
Wertebereich $W = \{0,1,2,3,4\}$

(3) Jedes Elementarereignis besitzt die gleiche Eintrittswahrscheinlichkeit, hier also 1/16.
Jedem k ε W wird nun eine Wahrscheinlichkeit P(X=k) zugeordnet, indem die Eintrittswahrscheinlichkeit eines Elementarereignisses multipliziert wird mit der Anzahl der Elementarereignisse, deren Bild unter X den Wert k ergibt.

$f_X(0) = f_X(4) = 1/16 = 0{,}0625$

$f_X(1) = f_X(3) = 4/16 = 0{,}25$

$f_X(2) = 6/16 = 0{,}375$

Allgemein: $f_X(k) = \dfrac{\dfrac{4!}{k!(4-k)!}}{2^4}$

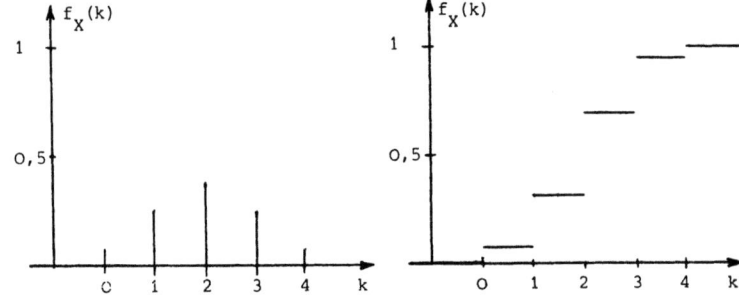

4. Stichprobenraum S enthält abzählbar unendlich viele Elementarereignisse.
Zufallsvariable X: S → ℝ
und zwar wird jedem Elementarereignis diejenige natürliche Zahl zugeordnet, die angibt, beim wievielten Wurf die erste 4 eintritt.
Für die Wahrscheinlichkeitsfunktion gilt

$f_X(x) = P(X=x) = (\dfrac{5}{6})^{(x-1)} (\dfrac{1}{6})$

$f_X(x)$ ist eine Wahrscheinlichkeitsfunktion, denn:

a) $f_X(x) \geq 0$ für alle $x \in \mathbb{R}$

b) $\sum\limits_{x=1}^{\infty} (\dfrac{5}{6})^{x-1} (\dfrac{1}{6}) = 1$

(Summenformel der unendlichen geometrischen Reihe)

5. $a = \dfrac{1}{2}$, da gelten muß: $\int_{-\pi/2}^{\pi/2} a \cos x \, dx = 1$

6. a) $a \cdot b = \dfrac{1}{7}$, $c = 0$

   b) $a = 2$, $b = \dfrac{1}{14}$

4.7. Sei $W_x = \{0,1,2,3\}$ und $W_y = \{0,1,2\}$ und sei $i \in W_x$ und $j \in W_y$

a) Für die zweidimensionale Wahrscheinlichkeitsverteilung von X und Y gilt:

$$P(X=i,Y=j) = \begin{cases} \dfrac{\binom{4}{i}\binom{2}{j}\binom{4}{3-i-j}}{\binom{10}{3}} & \text{für } i+j \leq 3 \\ 0 & \text{für } i+j > 3 \end{cases}$$

b) $P(X=i) = p_{i.} = \sum\limits_{j=0}^{3} P(X=i,Y=j)$

$P(Y=j) = p_{.j} = \sum\limits_{i=0}^{3} P(X=i,Y=j)$

Platzsparend lassen sich die Lösungen in folgender Tabelle angeben:

i \ j	0	1	2	$p_{i.}$
0	$\frac{1}{30}$	$\frac{1}{10}$	$\frac{1}{30}$	$\frac{1}{6}$
1	$\frac{1}{5}$	$\frac{4}{15}$	$\frac{1}{30}$	$\frac{1}{2}$
2	$\frac{1}{5}$	$\frac{1}{10}$	0	$\frac{3}{10}$
3	$\frac{1}{30}$	0	0	$\frac{1}{30}$
$p_{.j}$	$\frac{7}{15}$	$\frac{7}{15}$	$\frac{1}{15}$	1

4.8.

a) $f_X(x) = \begin{cases} \frac{1}{4} & \text{für } 0 \leq x \leq 4 \\ 0 & \text{sonst} \end{cases}$

$f_Y(y) = \begin{cases} 1 & \text{für } 0 \leq y \leq 1 \\ 0 & \text{sonst} \end{cases}$

$f_{X,Y}(x,y) = \begin{cases} f_X(x) \cdot f_Y(y) & \text{für } 0 \leq x \leq 4 \text{ und } 0 \leq y \leq 1 \\ 0 & \text{sonst} \end{cases}$

b) $P(X \leq \frac{1}{2}) = \int\limits_0^{\frac{1}{2}} f_X(x)\,dx = \frac{1}{8}$

$P(Y \leq \frac{1}{2}) = \int\limits_0^{\frac{1}{2}} f_Y(y)\,dy = \frac{1}{2}$

$$P(X \leq \tfrac{1}{2}, Y \leq \tfrac{1}{2}) = \int_0^{\frac{1}{2}} \int_0^{\frac{1}{2}} f_{X,Y}(x,y) \, dx \, dy = \frac{1}{16}$$

$$P(X+Y \leq \tfrac{1}{2}) = \int_0^{\frac{1}{2}} \int_0^{\frac{1}{2}-x} f_{X,Y}(x,y) \, dy \, dx = \int_0^{\frac{1}{2}} \frac{1}{4}(\tfrac{1}{2}-x) \, dx = \frac{1}{32}$$

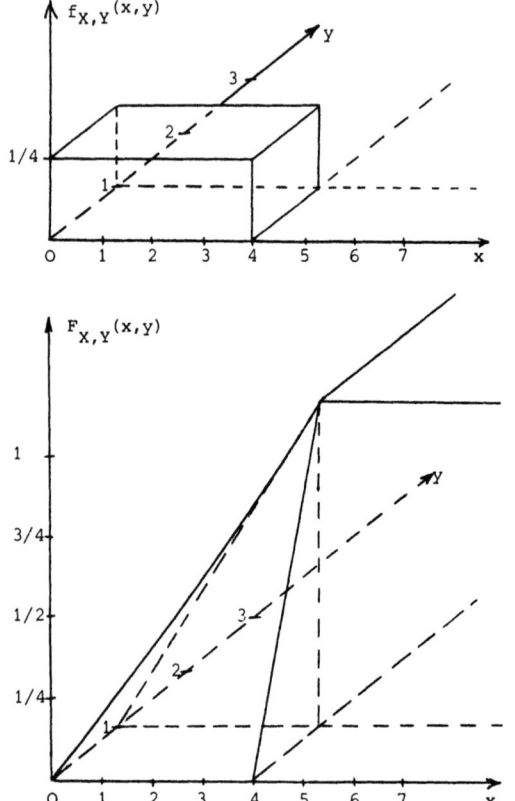

4.9. a) Die gemeinsame Wahrscheinlichkeitsfunktion $f_{X,Y}$ und die Randverteilung f_X sowie f_Y lassen sich in folgender Tabelle darstellen:

$x_i \backslash y_j$	y_1	y_2	y_3	$f_X(x_i)$
x_1	0,02	0,08	0,12	0,4
x_2	0,05	0,02	0,03	0,1
x_3	0,25	0,1	0,15	0,5
$f_Y(y_j)$	0,5	0,2	0,3	1

b) Wegen $f_{X,Y}(x_i,y_j) = f_X(x_i) \cdot f_Y(y_j)$ für alle i,j mit $1 \leq i \leq 3$, $1 \leq j \leq 3$ folgt die Unabhängigkeit der beiden Zufallsvariablen.

4.10. Bei unabhängigen Zufallsvariablen X und Y entsprechen die bedingten Wahrscheinlichkeitsverteilungen den zugehörigen Randverteilungen. Mit dieser Kenntnis kann $f_{X,Y}$ leicht ermittelt werden:

$x_i \backslash y_j$	y_1	y_2	y_3	$f_X(x_i)$
x_1	0,05	0,35	0,1	0,5
x_2	0,03	0,21	0,06	0,3
x_3	0,02	0,14	0,04	0,2
$f_Y(y_j)$	0,1	0,7	0,2	1

(i,j = 1,2,3)

Dabei waren folgende Ausgangsdaten bekannt:

$P(Y=y_1 | X=x_2) = 0,1$

$P(Y=y_2 | X=x_2) = 0,7$

$P(X=x_2) = 0,3$

$P(X=x_1, Y=y_2) = 0,35$

4.11. Vorbemerkungen:

Es sei an folgende Sätze der Infinitesimalrechnung erinnert:
(1) Gegeben sei die reelle Integralfunktion

$$I(x) = \int_a^x f(t)\,dt$$

Dann gilt:

$$\frac{dI(x)}{dx} = \frac{d}{dx}\int_a^x f(t)\,dt = f(x)$$

Entsprechend:

$$\frac{d}{dx}\int_x^b f(t)\,dt = -\frac{d}{dx}\int_b^x f(t)\,dt = -f(x)$$

(2) Es gilt beim Differenzieren die Kettenregel:

$$\frac{d\,f[g(x)]}{dx} = \frac{d\,f[g(x)]}{d\,g(x)} \cdot \frac{d\,g(x)}{dx}$$

(3) Aus (1) und (2) folgt:

$$\frac{d}{dx}\int_a^{g(x)} f(t)\,dt = \frac{d}{d\,g(x)}\int_a^{g(x)} f(t)\,dt \cdot \frac{d\,g(x)}{dx} = f(g(x)) \cdot g'(x)$$

Dies gilt analog auch bei Funktionen mehrerer Veränderlicher:

$$\frac{d}{dx}\int_a^b\int_c^{g(x)} f(x_1,x_2)\,dx_2\,dx_1 = \int_a^b\left[f(x_1,g(x))\cdot\frac{d\,g(x)}{dx}\,dx_1\right]$$

Herleitung der Formeln:

Die gesuchten Wahrscheinlichkeitsdichten werden in den folgenden 4 Fällen jeweils durch Ableitung der entsprechenden Verteilungsfunktion gewonnen.

a) $X = X_1 + X_2$

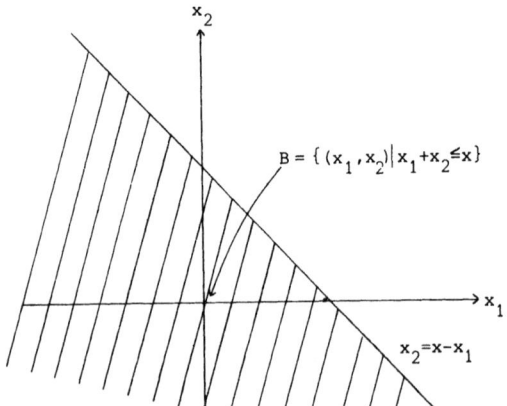

$B = \{(x_1,x_2)\,|\,x_1+x_2 \leq x\}$

$x_2 = x - x_1$

Gesucht ist also zunächst die Verteilungsfunktion $F_X(x)$.
Es ist $F_X(x) = P(X \leq x) = P(X_1+X_2 \leq x)$.
Wie aus der Graphik ersichtlich ist, sind alle Paare (x_1,x_2) zu berücksichtigen, für die $x_1+x_2 \leq x$ ist. x_1 kann jede reelle Zahl sein; für ein gegebenes x_1 muß dann gelten: $x_2 \leq x - x_1$. Über die aus diesen Punkten (x_1,x_2) bestehende Fläche ist die gemeinsame Wahrscheinlichkeitsdichtefunktion zu integrieren. Also:

$$F_X(x) = P(X_1+X_2 \leq x) = P(X_1 \text{ beliebig}, X_2 \leq x-x_1) =$$

$$= P(X_1 < \infty, X_2 \leq x-x_1) = \int_{-\infty}^{+\infty} \int_{-\infty}^{x-x_1} f_{X_1,X_2}(x_1,x_2) dx_2 dx_1$$

Dann gilt für $f_X(x)$:

$$f_X(x) = \frac{d}{dx} F_X(x) = \frac{d}{dx} \int_{-\infty}^{+\infty} \int_{-\infty}^{x-x_1} f_{X_1,X_2}(x_1,x_2) dx_2 dx_1 =$$

$$= \int_{-\infty}^{+\infty} \left[f_{X_1,X_2}(x_1,x-x_1) \cdot 1 \right] dx_1 = \int_{-\infty}^{+\infty} f_{X_1,X_2}(x_1,x-x_1) dx_1$$

b) $Y = X_1 - X_2$

Die Berechnung verläuft analog zu der in (a):

$$F_Y(y) = P(X_1-X_2 \leq y) = P(X_1 < \infty, X_2 \geq x_1-y) =$$

$$= \int_{-\infty}^{+\infty} \int_{x_1-y}^{+\infty} f_{X_1,X_2}(x_1,x_2) dx_2 dx_1$$

$$f_Y(y) = \frac{d}{dy} \int_{-\infty}^{+\infty} \int_{x_1-y}^{+\infty} f_{X_1,X_2}(x_1,x_2) dx_2 dx_1 =$$

$$= \int_{-\infty}^{+\infty} \left[-f_{X_1,X_2}(x_1,x_1-y) \cdot (-1) \right] dx_1 = \int_{-\infty}^{+\infty} f_{X_1,X_2}(x_1,x_1-y) dx_1$$

c) $Z = X_1 \cdot X_2$

Im Laufe der Berechnung ist eine Fallunterscheidung durchzuführen, da sich bei der Division durch x_1 das Relationszeichen umkehrt, falls x_1 negativ ist. Der Fall $x_1=0$ ist auszuschließen.

$$F_Z(z) = P(X_1 \cdot X_2 \leq z) = P(X_1<0, X_2 \geq \frac{z}{x_1}) + P(X_1>0, X_2 \leq \frac{z}{x_1}) =$$

$$= \int_{-\infty}^{0} \int_{z:x_1}^{+\infty} f_{X_1,X_2}(x_1,x_2) dx_2 dx_1 +$$

$$+ \int_{0}^{+\infty} \int_{-\infty}^{z:x_1} f_{X_1,X_2}(x_1,x_2) dx_2 dx_1$$

$$f_Z(z) = \frac{d}{dz}\left[\int_{-\infty}^{0}\int_{z:x_1}^{+\infty} f_{X_1,X_2}(x_1,x_2)dx_2 dx_1 + \right.$$
$$\left. + \int_{0}^{+\infty}\int_{-\infty}^{z:x_1} f_{X_1,X_2}(x_1,x_2)dx_2 dx_1 \right] =$$
$$= \int_{-\infty}^{0}\left[-f_{X_1,X_2}(x_1,\frac{z}{x_1})\cdot\frac{1}{x_1}\right]dx_1 + \int_{0}^{+\infty}\left[f_{X_1,X_2}(x_1,\frac{z}{x_1})\cdot\frac{1}{x_1}\right]dx_1 =$$
$$= \int_{-\infty}^{+\infty}\frac{1}{|x_1|}\cdot f_{X_1,X_2}(x_1,\frac{z}{x_1})dx_1$$

d) $Q = \frac{X_1}{X_2}$

Analog zu (c) gilt:
$$F_Q(q) = P(\frac{X_1}{X_2}\leq q) = P(X_2<0, X_1\geq qX_2) + P(X_2>0, X_1\leq qX_2) =$$
$$= \int_{-\infty}^{0}\int_{qx_2}^{+\infty} f_{X_1,X_2}(x_1,x_2)dx_1 dx_2 + \int_{0}^{+\infty}\int_{-\infty}^{qx_2} f_{X_1,X_2}(x_1,x_2)dx_1 dx_2$$

$$f_Q(q) = \frac{d}{dq}\left[\int_{-\infty}^{0}\int_{qx_2}^{+\infty} f_{X_1,X_2}(x_1,x_2)dx_1 dx_2 + \right.$$
$$\left. + \int_{0}^{+\infty}\int_{-\infty}^{qx_2} f_{X_1,X_2}(x_1,x_2)dx_1 dx_2 \right] =$$
$$= \int_{-\infty}^{0}\left[-f_{X_1,X_2}(qx_2,x_2)\cdot x_2\right]dx_2 + \int_{0}^{+\infty}\left[f_{X_1,X_2}(qx_2,x_2)\cdot x_2\right]dx_2 =$$
$$= \int_{-\infty}^{+\infty}|x_2|\cdot f_{X_1,X_2}(qx_2,x_2)dx_2$$

Da der Name der Integrationsvariablen ohne Belang für den Wert des Integrals ist, kann in der letzten Zeile die Variable x_2 durch x_1 ersetzt werden, so daß sich die Behauptung ergibt.

Lösungen zu Kapitel 5

5.1. $E(X) = 0 \quad Var(X) = 2$

5.2. a) $E(X) = 2$

b) $E(Y) = Var(Y) = 5$

5.3. Man bildet durch Zufallsvariable X und Y den Ereignisraum auf die Menge der Gewinne ab.

Den Gewinn von A beschreibt die Zufallsvariable X mit $W_X := \{-1,2\}$
Den Gewinn von B beschreibt die Zufallsvariable Y mit $W_Y := \{-2,1\}$

a) $E(X) = (-1) \cdot 0,5 + (-1) \cdot 0,25 + 2 \cdot 0,25 = -0,25$

$E(Y) = 1 \cdot 0,5 + 1 \cdot 0,25 - 2 \cdot 0,25 = 0,25$

Da A negative Gewinnerwartung hat, wird man ihm von der Teilnahme am Spiel abraten.

b) $E(X) = E(Y) = 0$ (Stichwort: Nullsummenspiel)

5.4. Der Stichprobenraum lautet:

$$S = \{(z),(w,z),(w,w,z),(w,w,w,z),\ldots\}$$

Für die Zufallsvariable X ist $W_X = \mathbb{N}$ und es gilt

$$f_X(x) = \begin{cases} (\frac{1}{2})^x & x=1,2,\ldots \\ 0 & \text{sonst} \end{cases}$$

a) $\sum_{x=1}^{\infty} f_X(x) = 1$

(Summenformel für die unendliche geometrische Reihe)

b) Berechnung von $E(X)$ und $Var(X)$ über die "momenterzeugende Funktion $M_X(\Theta)$":

$$M_X(\Theta) = E(e^{\Theta X}) = \sum_{x=1}^{\infty} (e^\Theta)^x (\frac{1}{2})^x = \sum_{x=1}^{\infty} (\frac{1}{2} e^\Theta)^x \stackrel{(*)}{=} \frac{1}{2} e^\Theta (\frac{1}{1 - \frac{1}{2} e^\Theta})$$

(*) für $\Theta < \ln 2$ (vgl. Lösung von Aufgabe 5.10.)

$$E(X) = \frac{dM_X(\Theta)}{d\Theta} \bigg|_{\Theta=0} = \frac{\frac{1}{2} e^\Theta}{1 - \frac{1}{2} e^\Theta} (1 + \frac{\frac{1}{2} e^\Theta}{1 - \frac{1}{2} e^\Theta}) \bigg|_{\Theta=0} = 2$$

($\Theta=0$ ist nach (*) zugelassen.)

$$E(X^2) = \frac{d^2 M_x(\theta)}{d\theta^2}\bigg|_{\theta=0} = \frac{\frac{1}{2}e^\theta}{1-\frac{1}{2}e^\theta}(1+\frac{\frac{3}{2}e^\theta}{1-\frac{1}{2}e^\theta}+\frac{\frac{1}{2}(e^\theta)^2}{(1-\frac{1}{2}e^\theta)^2})\bigg|_{\theta=0} = 6$$

$$Var(X) = E(X^2) - (E(X))^2 = 2$$

c) Die Zufallsvariable Y beschreibe den Gewinn Ihres Freundes, die Zufallsvariable Z beschreibe Ihren Gewinn.

$$W_Y = \{-10; 10\} = W_Z$$

$$E(Y) = \sum_{x=1}^{2} 10 \cdot (\frac{1}{2})^x + \sum_{x=3}^{\infty} (-10)(\frac{1}{2})^x = 5$$

$$E(Z) = -5$$

Lassen Sie die Finger von dem Spiel!

d) $Y_1 = 2Y-10$

$Z_1 = 2Z+10$

$E(Y_1) = 2E(Y)-10 = 0$

$E(Z_1) = 2E(Z)+10 = 0$

Ein faires Spiel, das keinen Spieler benachteiligt.

5.5. a) $f_X(x) = \begin{cases} \frac{1}{5} & \text{für } 0 \leq x \leq 5 \\ 0 & \text{sonst} \end{cases}$

$F_X(x) = \begin{cases} 0 & \text{für } x<0 \\ \frac{1}{5}x & \text{für } 0 \leq x \leq 5 \\ 1 & \text{für } x>5 \end{cases}$

b) $E(X) = \frac{5}{2}$ $\quad Var(X) = \frac{25}{12}$

c) $f_Y(y) = \begin{cases} \frac{1}{b} & \text{für } \mu-\frac{b}{2} \leq y \leq \mu+\frac{b}{2} \\ 0 & \text{sonst} \end{cases}$

$E(Y) = \mu$

Für die Berechnung von Var(Y) kann ohne Beschränkung der Allgemeinheit $\mu = 0$ gesetzt werden.

$$Var(Y) = \frac{b^2}{12}$$

5.6. Der Stichprobenraum S enthält folgende Elementarereignisse

$S = \{(s,w),(s,s),(w,s),(w,w)\}$

Dabei bedeutet s = schwarze Kugel und w = weiße Kugel. Die Koordinaten der geordneten Paare sind entsprechend der Ziehungsreihenfolge gewählt.

a) $f_{X,Y}(x_i, y_j)$:

$x_i \backslash y_j$	$y_1 = 3$	$y_2 = 4$
$x_1 = 0$	$\frac{12}{30}$	$\frac{8}{30}$
$x_2 = 1$	$\frac{8}{30}$	$\frac{2}{30}$

b) $E(X) = \frac{1}{3}$ $E(Y) = \frac{10}{3}$

   $Var(X) = \frac{2}{9}$ $Var(Y) = \frac{2}{9}$

5.7. a) $F_X(x) = \int_0^x -\frac{3}{4} u^2 + \frac{3}{2} u \, du = \left[-\frac{1}{4} u^3 + \frac{3}{4} u^2 \right]_0^x = -\frac{1}{4} x^3 + \frac{3}{4} x^2$

also
$$F_X(x) = \begin{cases} 0 & \text{für } x < 0 \\ -\frac{1}{4} x^3 + \frac{3}{4} x^2 & \text{für } 0 \leq x < 2 \\ 1 & \text{für } x \geq 2 \end{cases}$$

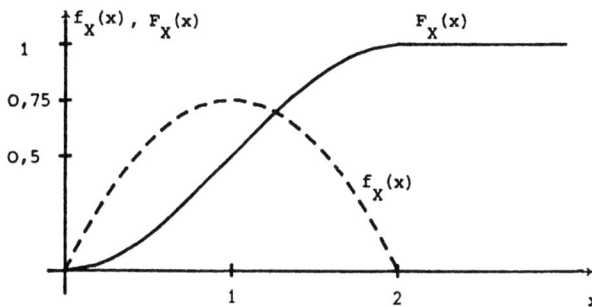

b) Es ist leicht zu zeigen, daß

(1) $f_X(x) \geq 0$ für alle x

(2) $\int_0^2 f_X(x) dx = 1$

c) $E(X) = 1$; $Var(X) = \frac{1}{5}$

5.8. Aus $F_X(0) = 0 \Rightarrow k=2$

Wegen $f_X(x) = F_X'(x) \Rightarrow$

$$f_X(x) = \begin{cases} 2(1+x)^{-3} & \text{für } 0 \le x < \infty \\ 0 & \text{sonst} \end{cases}$$

$E(X) = 1 \quad Var(X) \to \infty$

5.9. $E(X) = \sum_{x=0}^{5} x f_X(x) = \sum_{x=0}^{5} x \binom{5}{x} 0{,}2^x 0{,}8^{5-x} = 1$

$Var(X) = \sum_{x=0}^{5} (x-0{,}2)^2 f_X(x) = 0{,}8$

$E(Y) = \frac{1}{5} E(X) = 0{,}2$

$Var(Y) = \frac{1}{25} Var(X) = 0{,}032$

5.10. 1. Schritt: Bestimmung von $M_X(\Theta)$

$$M_X(\Theta) = E(e^{\Theta X}) = \sum_{x=0}^{\infty} e^{\Theta x} q^x (1-q) = (1-q) \sum_{x=0}^{\infty} (e^{\Theta} q)^x = \frac{1-q}{1-e^{\Theta} q}$$

Beachten Sie bitte, daß hier der Grenzwert der Summe $\sum_{x=0}^{\infty} (e^{\Theta} q)^x$ nur existiert für $e^{\Theta} q < 1$, also für $\Theta < -\ln q$.

2. Schritt: Bestimmung von $E(X)$ und $Var(X)$

$E(X) = \left. \frac{dM_X(\Theta)}{d\Theta} \right|_{\Theta=0} = \left. \frac{(1-q)q e^{\Theta}}{(1-e^{\Theta} q)^2} \right|_{\Theta=0} = \frac{q}{1-q}$

$E(X^2) = \left. \frac{d^2 M_X(\Theta)}{d\Theta^2} \right|_{\Theta=0} = \left. \frac{(1-q)q e^{\Theta}}{(1-e^{\Theta} q)^2} \left(1 + \frac{2q e^{\Theta}}{(1-e^{\Theta} q)}\right) \right|_{\Theta=0} = \frac{q(q+1)}{(1-q)^2}$

$Var(X) = E(X^2) - [E(X)]^2 = \frac{q}{(1-q)^2}$

5.11. f_X sei die gesuchte Wahrscheinlichkeitsfunktion
$M_X(\Theta) = E(e^{\Theta X}) = \sum_{x=0}^{\infty} e^{\Theta x} f_X(x)$

Verwendet man die Taylor-Reihe

$e^z = 1 + z + \frac{z^2}{2!} + \frac{z^3}{3!} + \ldots = \sum_{x=0}^{\infty} \frac{z^x}{x!}$

so wird für $z = \mu e^\Theta$:

$$e^{\mu e^\Theta} = \sum_{x=0}^{\infty} \frac{(\mu e^\Theta)^x}{x!} = \sum_{x=0}^{\infty} e^{\Theta x} \frac{\mu^x}{x!}$$

Damit wird

$$M_X(\Theta) = e^{-\mu} e^{\mu e^\Theta} = \sum_{x=0}^{\infty} e^{\Theta x} \frac{e^{-\mu} \mu^x}{x!}$$

Koeffizientenvergleich liefert

$$f_X(x) = \frac{e^{-\mu} \mu^x}{x!} \quad (\text{für } x \in \mathbb{N} \cup \{0\})$$

(Man nennt diese Wahrscheinlichkeitsverteilung Poissonverteilung, vgl. Kap. 7.)

$$E(X) = \left.\frac{dM_X(\Theta)}{d\Theta}\right|_{\Theta=0} = \left.e^{-\mu} e^{\mu e^\Theta} \cdot \mu e\right|_{\Theta=0} = \mu$$

$$E(X^2) = \left.\frac{d^2 M_X(\Theta)}{d\Theta^2}\right|_{\Theta=0} = \mu(\mu+1)$$

$$\text{Var}(X) = E(X^2) - (E(X))^2 = \mu$$

5.12. a) $\dfrac{dF_R(r)}{dr} = f_R(r) = \begin{cases} 2e^{-2r} & \text{für } r > 0 \\ 0 & \text{sonst} \end{cases}$

b) $F_R(2) = 1 - e^{-4} \doteq 0{,}982$

c) $P(0{,}08\overline{3} < R \leq 1) = F_R(1) - F_R(\tfrac{1}{12}) = e^{-\frac{1}{6}} - e^{-2} \doteq 0{,}7111$

d) $E(R) = 2\int_0^\infty r e^{-2r} dr = \dfrac{1}{2}$

$\text{Var}(R) = 2\int_0^\infty (r-E(R))^2 e^{-2r} dr = \dfrac{1}{4}$

(Die Berechnung der Integrale erfolgt durch partielle Integration.)

5.13. X sei eine stetige Zufallsvariable mit der Dichtefunktion $f_X(x)$. Es gilt:

$$P(|X-E(X)| \geq \varepsilon) = P(X-E(X) \leq -\varepsilon) + P(X-E(X) \geq \varepsilon) =$$
$$= P(X \leq E(X)-\varepsilon) + P(X \geq E(X)+\varepsilon) = \int_{-\infty}^{E(X)-\varepsilon} f_X(x)dx + \int_{E(X)+\varepsilon}^{\infty} f_X(x)dx$$

Aus $|X-E(X)| \geq \varepsilon$ folgt $(X-E(X))^2 \geq \varepsilon^2$ oder $\dfrac{(X-E(X))^2}{\varepsilon^2} \geq 1$

Daher gilt $\int f_X(x) dx \leq \dfrac{1}{\varepsilon^2} \int (x-E(X))^2 f_X(x) dx$

Insbesondere wird

$$\int_{-\infty}^{E(X)-\varepsilon} f_X(x)dx + \int_{E(X)+\varepsilon}^{\infty} f_X(x)dx \leq$$

$$\leq \frac{1}{\varepsilon^2} \int_{-\infty}^{E(X)-\varepsilon} (x-E(X))^2 f_X(x)dx + \frac{1}{\varepsilon^2} \int_{E(X)+\varepsilon}^{\infty} (x-E(X))^2 f_X(x)dx \leq$$

$$\leq \frac{1}{\varepsilon^2} \int_{-\infty}^{\infty} (x-E(X))^2 f_X(x)dx = \frac{Var(X)}{\varepsilon^2}$$

Damit ist gezeigt, daß gilt

$$P(|X-E(X)| \geq \varepsilon) \leq \frac{Var(X)}{\varepsilon^2}$$

Lösungen zu Kapitel 7

7.1. Die Elemente des Ergebnisraums S lassen sich als 7-tupel darstellen von der Form

$$(E,E,A,E,A,A,E)$$

wobei E an der i-ten Koordinate bedeutet, daß die i-te Reservierung eingehalten wird, A steht für Absagen. Eine Zufallsvariable X wird so definiert, daß sie jedem Elementarereignis die Zahl der Absagen zuordnet.

$$W_X = \{0,1,2,3,4,5,6,7\}$$

Wegen der Unabhängigkeit der Entscheidungen wird die Binomialverteilung herangezogen:

a) $W = P(X \geq 2) = 1 - \sum_{x=0}^{1} \binom{7}{x} \cdot 0,1^x 0,9^{(7-x)} \doteq 0,15$

b) $E(X) = n\Pi = 0,7$

$Var(X) = n \cdot \Pi \cdot (1-\Pi) \doteq 0,63$

7.2. Hypergeometrische Verteilung:

a) $f_H(3;10,4,5) \doteq 0,24$

b) $f_H(1;10,4,5) \doteq 0,26$

c) $E(X) = 2;\quad Var(X) = \frac{2}{3}$

7.3. Es kann nur eine diskrete Verteilung in Frage kommen, wegen $E(X) = Var(X) = 2$ wird die Poissonverteilung unterstellt.

Heinz hat von 17 bis 19 Uhr zwei Stunden Zeit, eine davon ist Fahrzeit. Also darf er nicht mehr als eine Stunde für Reifenreparaturen verwenden, das heißt, wenn er mehr als drei Pannen hat, verspätet er sich.

$W = P(X>3) = 1 - F_P(3;2) \doteq 1 - 0,85713 = 0,14287$

Die Wahrscheinlichkeit W, daß sich Heinz verspätet, beträgt etwa 14,3 %.

7.4. aa) Die angegebenen Qualitätsgrenzen müssen standardisiert werden, um die Verwendung der Standardnormalverteilung zu ermöglichen.

$P(X_1 \geq 199) = 1 - P(Z_1 \leq \frac{199-201}{0,9}) \doteq 1 - P(Z_1 \leq -2,22) \doteq 0,987$

$P(X_2 \geq 199) \doteq 1 - P(Z_2 \leq -2,22) \doteq 0,987$

$P(X_3 \geq 199) \doteq 1 - P(Z_3 \leq -2,31) \doteq 0,990$

Der Anteil an ordnungsgemäßen Paketen ist bei Maschine 3 mit etwa 99 % am größten.

ab) $P(X_3 = 202) = 0$

ac) $Z^* = -2,58$, denn $F_N(-2,58;0,1) \doteq 0,005$

$\sigma_1^* = \dfrac{199-201}{-2,58} \doteq 0,78$

$\sigma_2^* = \dfrac{199-203}{-2,58} = 1,55$

$\sigma_3^* = \dfrac{199-202}{-2,58} = 1,16$

b) Diese Annahme erfordert die Verwendung der Kontinuitätsberichtigung. Sie beträgt die Hälfte der kleinsten meßbaren Größe, also 0,5.

ba) $P(X_1 \geq 198,5) \doteq 0,997$

$P(X_2 \geq 198,5) \doteq 0,994$

$P(X_3 \geq 198,5) \doteq 0,996$

Der Anteil an ordnungsgemäßen Paketen ist nun mit Maschine 1 mit etwa 99,7 % am größten.

(Der Vergleich mit aa) zeigt auch, daß man bei ungenauen Eingangsdaten im Ergebnis nicht um die kleinsten Stellen feilschen soll, so daß in der Praxis hier wohl alle drei Maschinen als gleichwertig gesehen werden sollten.)

bb) $P(201,5 \leq X \leq 202,5) \doteq 0,299$

7.5. a) $f_P(7;\mu) = f_P(8;\mu) \Leftrightarrow e^{-\mu} \cdot \dfrac{\mu^7}{7!} = e^{-\mu} \cdot \dfrac{\mu^8}{8!} \Rightarrow \mu = 8 = E(X)$

Pro Stunde werden 60·8 = 480 Kunden erwartet.

b) $P(X>11) = 1 - F_P(11;8) \doteq 0,112$

7.6. Zufallsvariable X = Anzahl der schwarzen Kugeln in der Stichprobe

$P(\dfrac{X}{n} \leq 0,05) = P(X \leq 0,05 \cdot n) = P(X \leq 5)$

Exakte Verteilung ist die Binomialverteilung:

$P(X=x) = f_B(x;100;0,02) = \binom{100}{x} 0,02^x \cdot 0,98^{100-x}$

Wegen großem n und kleinem Π wird als Näherungsverteilung die Poissonverteilung mit Parameter $\mu = n\Pi = 2$ verwendet.

$P(X=x) = f_P(x;2) = \dfrac{2^x}{e^2 \cdot x!}$

also:

$P(X \leq 5) = \sum\limits_{x=0}^{5} \dfrac{2^x}{e^2 \cdot x!} = 0,9834$

7.7. Zufallsvariable X = Anzahl der defekten Birnen einer Stichprobe. Die exakte Wahrscheinlichkeitsverteilung ist die Binomialverteilung

$$P(X=x) = f_B(x;1000;0,2) = \binom{1.000}{x} \cdot 0,2^x \cdot 0,8^{(1.000-x)}$$

Die rechentechnisch aufwendige Lösung kann vereinfacht werden durch die Verwendung der Normalverteilung $f_N(x;n\Pi,n\Pi(1-\Pi))$ als Näherungsverteilung.

Die für kleine Fehler notwendigen Bedingungen sind erfüllt:

n sehr groß und

$$n > \frac{9}{\Pi(1-\Pi)} = 56,25$$

Der Übergang von einer diskreten auf eine stetige Verteilung erfordert überdies die Kontinuitätsberichtigung.

$P(X>220,5) = 1-P(Z\leq 1,62) \doteq 0,053$

$P(219,5\leq X\leq 220,5) \doteq P(Z\leq 1,62)-P(Z\leq 1,54) \doteq 0,009$

$P(180,5\leq X\leq 219,5) \doteq P(Z\leq 1,54)-P(Z\leq 1,54) \doteq 0,876$

Man kann jetzt eine neue Zufallsvariable definieren: Zufallsvariable Y = Höhe der Konventionalstrafe

$E(Y) = 0\cdot 0,062+2.000\cdot 0,876+4.000\cdot 0,009+5.000\cdot 0,053 = 2.053,00$

Der Lieferant muß also pro Lieferung durchschnittlich etwa 2.053,- DM bezahlen.

7.8. $P(|X|>2) = 1-P(-2\leq X\leq 2) = 1-P(-6\leq Z\leq 2) \doteq 0,023$

7.9. $f_X(x) = \int_{-\infty}^{+\infty} f_{X_1}(x_1) \cdot f_{X_2}(x-x_1) dx_1 =$

$$= \int_{-\infty}^{+\infty} \frac{1}{\sqrt{2\pi}\,\sigma_1} \cdot e^{-(x_1-\mu_1)^2/(2\sigma_1^2)} \cdot \frac{1}{\sqrt{2\pi}\,\sigma_2} \cdot e^{-(x-x_1-\mu_2)^2/(2\sigma_2^2)} dx_1 =$$

$$= \int_{-\infty}^{+\infty} \frac{1}{2\pi\sigma_1\sigma_2} \cdot e^{-\frac{1}{2}\left[\frac{x_1^2}{\sigma_1^2} - 2\frac{\mu_1 x_1}{\sigma_1^2} + \frac{\mu_1^2}{\sigma_1^2} + \frac{(x-\mu_2)^2}{\sigma_2^2} - 2\frac{(x-\mu_2)x_1}{\sigma_2^2} + \frac{x_1^2}{\sigma_2^2}\right]} dx_1 =$$

$$= \int_{-\infty}^{+\infty} \frac{1}{2\pi\sigma_1\sigma_2} \cdot e^{-\frac{1}{2}\left[(\frac{1}{\sigma_1^2}+\frac{1}{\sigma_2^2})x_1^2 - 2\cdot(\frac{\mu_1}{\sigma_1^2}+\frac{x-\mu_2}{\sigma_2^2})x_1 + (\frac{\mu_1^2}{\sigma_1^2}+\frac{(x-\mu_2)^2}{\sigma_2^2})\right]} dx_1 =$$

$$= \int_{-\infty}^{+\infty} \frac{1}{2\pi\sigma_1\sigma_2} \cdot e^{-\frac{1}{2}\left[\frac{\sigma_1^2+\sigma_2^2}{\sigma_1^2\sigma_2^2}x_1^2 - 2\cdot\frac{\sigma_1^2 x - \sigma_1^2\mu_2 + \sigma_2^2\mu_1}{\sigma_1^2\sigma_2^2}x_1 + \frac{\sigma_1^2(x-\mu_2)^2+\sigma_2^2\mu_1^2}{\sigma_1^2\sigma_2^2}\right]} dx_1$$

Die Substitution $t = x_1 \cdot \sqrt{\sigma_1^2+\sigma_2^2}/(\sigma_1\sigma_2)$ ergibt:

$$f_X(x) = \int_{-\infty}^{+\infty} \frac{1}{2\pi\sigma_1\sigma_2} \cdot e^{-\frac{1}{2}\left[t^2 - 2\frac{\sigma_1^2(x-\mu_2)+\sigma_2^2\mu_1}{\sigma_1^2\sigma_2^2}\cdot\frac{\sigma_1\sigma_2}{\sqrt{\sigma_1^2+\sigma_2^2}}t + \frac{\sigma_1^2(x-\mu_2)^2+\sigma_2^2\mu_1^2}{\sigma_1^2\sigma_2^2}\right]} \cdot \frac{\sigma_1\sigma_2}{\sqrt{\sigma_1^2+\sigma_2^2}}$$

$$= \int_{-\infty}^{+\infty} \frac{1}{2\pi} \cdot \frac{1}{\sqrt{\sigma_1^2+\sigma_2^2}} \cdot e^{-\frac{1}{2}\left[t^2 - 2\cdot\frac{\sigma_1^2(x-\mu_2)+\sigma_2^2\mu_1}{\sigma_1\sigma_2\sqrt{\sigma_1^2+\sigma_2^2}}t + \frac{\sigma_1^2(x-\mu_2)^2+\sigma_2^2\mu_1^2}{\sigma_1^2\sigma_2^2}\right]} dt$$

Durch quadratische Ergänzung kann der Exponent in eine einfachere Form gebracht werden; es ist:

$$t^2 - 2\cdot\frac{\sigma_1^2(x-\mu_2)+\sigma_2^2\mu_1}{\sigma_1\sigma_2\sqrt{\sigma_1^2+\sigma_2^2}}\cdot t + \frac{\sigma_1^2(x-\mu_2)^2+\sigma_2^2\mu_1^2}{\sigma_1^2\sigma_2^2} =$$

$$= t^2 - 2\frac{\sigma_1^2(x-\mu_2)+\sigma_2^2\mu_1}{\sigma_1\sigma_2\sqrt{\sigma_1^2+\sigma_2^2}}t + \frac{[\sigma_1^2(x-\mu_2)+\sigma_2^2\mu_1]^2}{\sigma_1^2\sigma_2^2\cdot(\sigma_1^2+\sigma_2^2)} - \frac{[\sigma_1^2(x-\mu_2)+\sigma_2^2\mu_1]^2}{\sigma_1^2\sigma_2^2(\sigma_1^2+\sigma_2^2)} + \frac{\sigma_1^2(x-\mu_2)^2+\sigma_2^2\mu_1^2}{\sigma_1^2\sigma_2^2} =$$

$$= \left[t - \frac{\sigma_1^2(x-\mu_2)+\sigma_2^2\mu_1}{\sigma_1\sigma_2\sqrt{\sigma_1^2+\sigma_2^2}}\right]^2 - \frac{\sigma_1^4(x-\mu_2)^2+2\sigma_1^2\sigma_2^2\mu_1(x-\mu_2)+\sigma_2^4\mu_1^2}{\sigma_1^2\sigma_2^2\cdot(\sigma_1^2+\sigma_2^2)} + \frac{\sigma_1^2(x-\mu_2)^2+\sigma_2^2\mu_1^2}{\sigma_1^2\sigma_2^2} =$$

$$= \left[t - \frac{\sigma_1^2(x-\mu_2)+\sigma_2^2\mu_1}{\sigma_1\sigma_2\sqrt{\sigma_1^2+\sigma_2^2}}\right]^2 + \frac{(x-\mu_1-\mu_2)^2}{\sigma_1^2+\sigma_2^2}$$

Somit:

$$f_X(x) = \int_{-\infty}^{+\infty} \frac{1}{\sqrt{2\pi}} \cdot \frac{1}{\sqrt{\sigma_1^2+\sigma_2^2}} \cdot e^{-\frac{1}{2}\left\{\left[t-\frac{\sigma_1^2(x-\mu_2)+\sigma_2^2\mu_1}{\sigma_1\sigma_2\sqrt{\sigma_1^2+\sigma_2^2}}\right]^2 + \frac{(x-\mu_1-\mu_2)^2}{\sigma_1^2+\sigma_2^2}\right\}} dt =$$

$$= \frac{1}{\sqrt{2\pi}} \cdot \frac{1}{\sqrt{\sigma_1^2+\sigma_2^2}} \cdot e^{-\frac{1}{2}\left[\frac{(x-(\mu_1+\mu_2))^2}{\sigma_1^2+\sigma_2^2}\right]} \cdot \int_{-\infty}^{+\infty} \frac{1}{\sqrt{2\pi}} \cdot e^{-\frac{1}{2}\left[t-\frac{\sigma_1^2(x-\mu_2)+\sigma_2^2\mu_1}{\sigma_1\sigma_2\sqrt{\sigma_1^2+\sigma_2^2}}\right]^2} dt =$$

$$= f_N(x;\mu_1+\mu_2,\sigma_1^2+\sigma_2^2) \cdot \int_{-\infty}^{+\infty} f_N\left(t; \frac{\sigma_1^2(x-\mu_2)+\sigma_2^2\mu_1}{\sigma_1\sigma_2\sqrt{\sigma_1^2+\sigma_2^2}}, 1\right) dt =$$

$$= f_N(x;\mu_1+\mu_2,\sigma_1^2+\sigma_2^2) \qquad \text{q.e.d.}$$

7.10. Z sei standardnormalverteilt, Q sei χ^2-verteilt mit ν Freiheitsgraden, Z und Q seien unabhängig.

Dann ist $X: = \dfrac{Z}{\sqrt{\dfrac{Q}{\nu}}} = \dfrac{\sqrt{\nu}\cdot Z}{\sqrt{Q}}$ t-verteilt mit ν Freiheitsgraden.

Gesucht: $f_T(x)$, die Dichtefunktion der Zufallsvariablen X

Lösung: Setze $U: = \sqrt{\nu}Z$, $W: = \sqrt{Q}$

Dann ist $X = \dfrac{U}{W}$

(1) $U = \sqrt{\nu}Z$

Nach dem Transformationssatz gilt:

$$f_U(u) = \frac{1}{\sqrt{\nu}} \cdot f_Z(\frac{u}{\sqrt{\nu}}) = \frac{1}{\sqrt{2\pi\nu}} e^{-u^2/(2\nu)}$$

(2) $W = \sqrt{Q}$

$$F_W(w) = P(W \leq w) = P(\sqrt{Q} \leq w) = P(Q \leq w^2) = F_Q(w^2)$$

$$f_W(w) = \frac{dF_W(w)}{dw} = \frac{dF_Q(w^2)}{dw} = f_Q(w^2) \cdot \frac{d(w^2)}{dw} =$$

$$= \frac{1}{2^{\nu/2} \cdot \Gamma(\frac{\nu}{2})} \cdot e^{-w^2/2} \cdot (w^2)^{(\nu/2)-1} \cdot 2w =$$

$$= \frac{1}{2^{(\nu/2)-1} \cdot \Gamma(\frac{\nu}{2})} \cdot e^{-w^2/2} \cdot w^{\nu-1}$$

(3) $X = \frac{U}{W}$. Nach dem Satz in Abschnitt 4.2.9. gilt:

$$f_X(x) = \int_{-\infty}^{+\infty} f_{U,W}(xu,u) \cdot |u| \, du = \int_{-\infty}^{+\infty} f_U(xu) \cdot f_W(u) \cdot |u| \, du$$

Da $f_W(u) = 0$ für $u<0$, kann die Integration auf den positiven Bereich beschränkt werden:

$$f_X(x) = \int_{-\infty}^{+\infty} \frac{1}{\sqrt{2\pi\nu}} \cdot e^{-(xu)^2/(2\nu)} \cdot \frac{1}{2^{(\nu/2)-1} \cdot \Gamma(\frac{\nu}{2})} \cdot e^{-u^2/2} \cdot u^{\nu-1} \cdot u \, du =$$

$$= \int_{-\infty}^{+\infty} \frac{1}{2^{(\nu-1)/2} \cdot \sqrt{\pi\nu} \cdot \Gamma(\frac{\nu}{2})} \cdot e^{-(1+\frac{x^2}{\nu}) \cdot \frac{u^2}{2}} \cdot u^{\nu} \, du =$$

$$\left[\begin{array}{l} \text{Substitution:} \\[4pt] y = (1+\frac{x^2}{\nu}) \cdot \frac{u^2}{2} \Rightarrow u = \sqrt{2y} \cdot (1+\frac{x^2}{\nu})^{-1/2} \\[4pt] du = 2^{-1/2} \cdot y^{-1/2} \cdot (1+\frac{x^2}{\nu})^{-1/2} \, dy \end{array} \right.$$

$$= \int_0^{+\infty} \frac{1}{2^{(\nu-1)/2} \cdot \sqrt{\pi\nu} \cdot \Gamma(\frac{\nu}{2})} \cdot e^{-y} \cdot y^{(\nu-1)/2} \cdot (1+\frac{x^2}{\nu})^{-\frac{\nu+1}{2}} \cdot 2^{\frac{\nu-1}{2}} \, dy =$$

$$= \frac{1}{\sqrt{\pi\nu} \cdot \Gamma(\frac{\nu}{2}) \cdot (1+x^2/\nu)^{(\nu+1)/2}} \cdot \int_0^{+\infty} e^{-y} \cdot y^{(\frac{\nu+1}{2}-1)} \, dy =$$

$$= \frac{\Gamma(\frac{\nu+1}{2})}{\sqrt{\pi\nu} \cdot \Gamma(\frac{\nu}{2})} \cdot \frac{1}{(1+\frac{x^2}{\nu})^{(\nu+1)/2}}$$

7.11. Zu zeigen: $\lim_{\nu\to\infty} f_T(x;\nu) = f_N(x;0,1)$

Es ist: $\lim_{\nu\to\infty} f_T(x;\nu) = \lim \dfrac{\Gamma(\frac{\nu+1}{2})}{\sqrt{\nu\pi}\cdot\Gamma(\frac{\nu}{2})} \cdot [1+\dfrac{x^2}{\nu}]^{-\frac{\nu+1}{2}} =$

$= \lim_{\nu\to\infty} \dfrac{\Gamma(\frac{\nu+1}{2})}{\sqrt{\nu\pi}\cdot\Gamma(\frac{\nu}{2})} \cdot \left[\lim_{\nu\to\infty}(1+\dfrac{x^2}{\nu})^{\frac{\nu+1}{2}}\right]^{-1}$

wobei die Trennung der Limiten möglich ist, wenn diese endliche Werte haben, was noch zu zeigen ist:

(1) Die Stirlingsche Näherungsformel kann auch für die Gamma-Funktion angewandt werden, wenn die Beziehung $\Gamma(p) = (p-1)!$ beachtet wird, so daß für große p gilt:

$$\Gamma(p) \doteq p^p \cdot e^{-p} \cdot \sqrt{\dfrac{2\pi}{p}}$$

Daher gilt für große ν:

$$\Gamma(\dfrac{\nu+1}{2}) \doteq (\dfrac{\nu+1}{2})^{(\nu+1)/2} \cdot e^{-(\nu+1)/2} \cdot \sqrt{\dfrac{2\pi}{\frac{\nu+1}{2}}} = \dfrac{(\nu+1)^{\frac{\nu}{2}} \cdot e^{-\frac{\nu}{2}-\frac{1}{2}} \cdot \sqrt{\pi}}{2^{\frac{\nu-1}{2}}}$$

$$\Gamma(\dfrac{\nu}{2}) \doteq (\dfrac{\nu}{2})^{\frac{\nu}{2}} \cdot e^{-\frac{\nu}{2}} \cdot \sqrt{\dfrac{2\pi}{\frac{\nu}{2}}} = \dfrac{\nu^{\frac{\nu}{2}-\frac{1}{2}} \cdot e^{-\frac{\nu}{2}} \cdot \sqrt{\pi}}{2^{\frac{\nu}{2}-1}}$$

Dann ist:

$$\dfrac{\Gamma(\frac{\nu+1}{2})}{\sqrt{\nu\pi}\cdot\Gamma(\frac{\nu}{2})} \doteq \dfrac{(\nu+1)^{\frac{\nu}{2}} \cdot e^{-\frac{\nu}{2}} \cdot e^{-\frac{1}{2}} \cdot \sqrt{\pi} \cdot 2^{\frac{\nu}{2}-1}}{\sqrt{\pi}\cdot\nu^{\frac{1}{2}}\cdot\nu^{\frac{\nu}{2}-\frac{1}{2}} \cdot e^{-\frac{\nu}{2}} \cdot \sqrt{\pi} \cdot 2^{\frac{\nu}{2}-\frac{1}{2}}} = \dfrac{1}{\sqrt{2\pi e}} \cdot (\dfrac{\nu+1}{\nu})^{\nu/2} =$$

$$= \dfrac{1}{\sqrt{2\pi}} \cdot e^{-1/2} \cdot [(1+\dfrac{1}{\nu})^{\nu}]^{\frac{1}{2}}$$

Für $\nu\to\infty$ wird die Stirlingsche Formel exakt; daher:

$$\lim_{\nu\to\infty} \dfrac{\Gamma(\frac{\nu+1}{2})}{\sqrt{\nu\pi}\cdot\Gamma(\frac{\nu}{2})} = \lim_{\nu\to\infty} \dfrac{1}{\sqrt{2\pi}}\cdot e^{-1/2}\cdot[(1+\dfrac{1}{\nu})^{\nu}]^{1/2} =$$

$$= \dfrac{1}{\sqrt{2\pi}}\cdot e^{-1/2}\cdot[\lim_{\nu\to\infty}(1+\dfrac{1}{\nu})^{\nu}]^{1/2} = \dfrac{e^{-1/2}\cdot e^{1/2}}{\sqrt{2\pi}} = \dfrac{1}{\sqrt{2\pi}}$$

(2) $\lim_{\nu \to \infty} (1+ \frac{x^2}{\nu})^{\frac{\nu+1}{2}} = [\lim_{\nu \to \infty} (1+ \frac{x^2}{\nu})^{\nu}]^{\frac{1}{2}} \cdot \lim_{\nu \to \infty} (1+ \frac{x^2}{\nu})^{1/2} = e^{x^2/2} \cdot 1$

Also:
$$\lim_{\nu \to \infty} f_T(x;\nu) = \frac{1}{\sqrt{2\pi}} \cdot e^{-\frac{x^2}{2}} = f_N(x;0,1)$$

7.12. X_1 und X_2 sind unabhängig und χ^2-verteilt mit ν_1 bzw. ν_2 Freiheitsgraden.

Dann ist $X: = \dfrac{\frac{X_1}{\nu_1}}{\frac{X_2}{\nu_2}} = \dfrac{\nu_2}{\nu_1} \cdot \dfrac{X_1}{X_2}$ F-verteilt mit ν_1 und ν_2 FG.

Gesucht: $f_X(x)$

Lösung: Setze $R := X_1 : X_2$; dann ist $X = \dfrac{\nu_2}{\nu_1} \cdot R$

(1) $R = X_1 : X_2$. Nach Abschnitt 4.2.9. gilt:

$$f_R(r) = \int_{-\infty}^{+\infty} |x_1| \cdot f_{X_1}(rx_1) \cdot f_{X_2}(x_1) dx_1 =$$

$$= \int_{-\infty}^{+\infty} x_1 \cdot \frac{e^{-rx_1/2}}{2^{\nu_1/2} \cdot \Gamma(\frac{\nu_1}{2})} \cdot (rx_1)^{(\nu_1/2)-1} \cdot \frac{e^{-x_1/2}}{2^{\nu_2/2} \cdot \Gamma(\frac{\nu_2}{2})} \cdot x_1^{(\nu_2/2)-1} dx_1$$

$$= \frac{r^{(\nu_1/2)-1}}{2^{(\nu_1+\nu_2)/2} \cdot \Gamma(\frac{\nu_1}{2})\Gamma(\frac{\nu_2}{2})} \cdot \int_{-\infty}^{+\infty} e^{-\frac{r+1}{2} x_1} \cdot (x_1)^{\frac{\nu_1+\nu_2}{2}-1} dx_1 =$$

[Substitution: $t = \dfrac{r+1}{2} \cdot x_1$

$$= \frac{r^{(\nu_1/2)-1}}{2^{(\nu_1+\nu_2)/2} \cdot \Gamma(\frac{\nu_1}{2})\Gamma(\frac{\nu_2}{2})} \cdot \int_0^{+\infty} e^{-t} \cdot (\frac{2}{r+1})^{\frac{\nu_1+\nu_2}{2}} \cdot t^{\frac{\nu_1+\nu_2}{2}-1} dt =$$

$$= \frac{r^{(\nu_1/2)-1}}{\Gamma(\frac{\nu_1}{2})\Gamma(\frac{\nu_2}{2}) \cdot (r+1)^{(\nu_1+\nu_2)/2}} \cdot \int_0^{+\infty} e^{-t} \cdot t^{\frac{\nu_1+\nu_2}{2}-1} dt =$$

$$= \frac{\Gamma(\frac{\nu_1+\nu_2}{2})}{\Gamma(\frac{\nu_1}{2})\Gamma(\frac{\nu_2}{2})} \cdot \frac{r^{(\nu_1/2)-1}}{(r+1)^{(\nu_1+\nu_2)/2}}$$

(2) $X = \frac{\nu_2}{\nu_1} \cdot R$. Nach dem Transformationssatz gilt:

$$f_X(x) = \frac{\nu_1}{\nu_2} \cdot f_R(\frac{\nu_1}{\nu_2} x) = \frac{\Gamma(\frac{\nu_1+\nu_2}{2})}{\Gamma(\frac{\nu_1}{2})\Gamma(\frac{\nu_2}{2})} \cdot \frac{(\frac{\nu_1}{\nu_2})^{(\nu_1/2)} \cdot x^{(\nu_1/2)-1}}{(1+\frac{\nu_1}{\nu_2} x)^{(\nu_1+\nu_2)/2}} =$$

$$= \frac{\nu_1^{\frac{\nu_1}{2}} \nu_2^{\frac{\nu_1}{2}} \Gamma(\frac{\nu_1+\nu_2}{2}) x^{\frac{1}{2}(\nu_1-2)}}{\Gamma(\frac{\nu_1}{2})\Gamma(\frac{\nu_2}{2})(\nu_2+\nu_1 x)^{\frac{1}{2}(\nu_1+\nu_2)}} = f_F(x;\nu_1,\nu_2).$$

7.13. (a) $E(X) = \int\limits_0^\infty x \cdot c(\nu_1,\nu_2) \cdot x^{\frac{\nu_1}{2}-1} (\nu_2+\nu_1 x)^{-\frac{\nu_1+\nu_2}{2}} dx =$

$$= c(\nu_1,\nu_2) \cdot \int\limits_0^\infty x^{\frac{\nu_1}{2}} \cdot (\nu_2+\nu_1 x)^{-\frac{\nu_1+\nu_2}{2}} dx =$$

$$\left[\begin{array}{c} \text{Substitution: } y = \frac{\nu_1 x}{\nu_2+\nu_1 x} \Rightarrow x = \frac{\nu_2}{\nu_1} \cdot \frac{y}{1-y} \\ dx = \frac{\nu_2}{\nu_1} \cdot \frac{1}{(1-y)^2} dy \\ \text{Neue Obergrenze: } 1 \end{array}\right.$$

$$= \nu_1^{\frac{\nu_1}{2}} \cdot \nu_2^{\frac{\nu_2}{2}} \cdot \frac{\Gamma(\frac{\nu_1+\nu_2}{2})}{\Gamma(\frac{\nu_1}{2})\Gamma(\frac{\nu_2}{2})} \cdot \int\limits_0^1 \frac{\nu_2^{\frac{\nu_1}{2}}}{\nu_1^{\frac{\nu_1}{2}}} \cdot y^{\frac{\nu_1}{2}} \cdot (1-y)^{-\frac{\nu_1}{2}} \cdot [\frac{\nu_2}{1-y}]^{-\frac{\nu_1+\nu_2}{2}} \cdot \frac{\nu_2}{\nu_1} \cdot \frac{1}{(1-y)^2} dy$$

$$= \frac{\nu_2}{\nu_1} \frac{\Gamma(\frac{\nu_1+\nu_2}{2})}{\Gamma(\frac{\nu_1}{2})\Gamma(\frac{\nu_2}{2})} \cdot \int\limits_0^1 y^{\frac{\nu_1}{2}} \cdot (1-y)^{\frac{\nu_2}{2}-2} dy =$$

$$= \frac{\nu_2}{\nu_1} \cdot \frac{\Gamma(\frac{\nu_1+\nu_2}{2})}{\Gamma(\frac{\nu_1}{2})\Gamma(\frac{\nu_2}{2})} \cdot B(\frac{\nu_1}{2}+1, \frac{\nu_2}{2}-1) =$$

$$= \frac{\nu_2}{\nu_1} \cdot \frac{\Gamma(\frac{\nu_1+\nu_2}{2})}{\Gamma(\frac{\nu_1}{2})\Gamma(\frac{\nu_2}{2})} \cdot \frac{\Gamma(\frac{\nu_1}{2}+1)\cdot\Gamma(\frac{\nu_2}{2}-1)}{\Gamma(\frac{\nu_1+\nu_2}{2})} =$$

$$= \frac{\nu_2}{\nu_1} \cdot \frac{\frac{\nu_1}{2}\cdot\Gamma(\frac{\nu_1}{2})\cdot\Gamma(\frac{\nu_2}{2}-1)}{\Gamma(\frac{\nu_1}{2})\cdot(\frac{\nu_2}{2}-1)\Gamma(\frac{\nu_2}{2}-1)} =$$

$$= \frac{\frac{\nu_2}{2}}{\frac{\nu_2}{2}-1} = \frac{\nu_2}{\nu_2-2}$$

(b) $E(X^2) = c(\nu_1,\nu_2)\cdot\int_0^\infty x^2 \cdot x^{\frac{\nu_1}{2}-1} (\nu_2+\nu_1 x)^{-\frac{\nu_1+\nu_2}{2}} dx =$

$$= c(\nu_1,\nu_2)\cdot\int_0^\infty x^{\frac{\nu_1}{2}+1} \cdot (\nu_2+\nu_1 x)^{-\frac{\nu_1+\nu_2}{2}} dx =$$

$$= \nu_1^{\frac{\nu_1}{2}}\cdot\nu_2^{\frac{\nu_1}{2}}\cdot\frac{\Gamma(\frac{\nu_1+\nu_2}{2})}{\Gamma(\frac{\nu_1}{2})\Gamma(\frac{\nu_2}{2})}\int_0^1 \frac{\nu_2^{\frac{\nu_1}{2}+1}\,y^{\frac{\nu_1}{2}+1}\,(1-y)^{-\frac{\nu_1+\nu_2}{2}}}{\nu_1^{\frac{\nu_1}{2}+1}(1-y)^{\frac{\nu_1}{2}+1}\nu_2^{\frac{\nu_1+\nu_2}{2}+1}}\cdot\frac{\nu_2}{\nu_1}\cdot\frac{1}{(1-y)^2}\,dy$$

$$= \frac{\nu_2^2}{\nu_1^2}\cdot\frac{\Gamma(\frac{\nu_1+\nu_2}{2})}{\Gamma(\frac{\nu_1}{2})\Gamma(\frac{\nu_2}{2})}\int_0^1 y^{\frac{\nu_1}{2}+1}\cdot(1-y)^{\frac{\nu_2}{2}-3}\,dy =$$

$$= \frac{\nu_2^2}{\nu_1^2}\cdot\frac{\Gamma(\frac{\nu_1+\nu_2}{2})}{\Gamma(\frac{\nu_1}{2})\Gamma(\frac{\nu_2}{2})}\cdot B(\frac{\nu_1}{2}+2,\frac{\nu_2}{2}-2) =$$

$$= \frac{\nu_2^2}{\nu_1^2}\cdot\frac{\Gamma(\frac{\nu_1+\nu_2}{2})}{\Gamma(\frac{\nu_1}{2})\Gamma(\frac{\nu_2}{2})}\cdot\frac{\Gamma(\frac{\nu_1}{2}+2)\cdot\Gamma(\frac{\nu_2}{2}-2)}{\Gamma(\frac{\nu_1+\nu_2}{2})} =$$

$$= \frac{\nu_2^2}{\nu_1^2}\cdot\frac{\frac{\nu_1}{2}\cdot(\frac{\nu_1}{2}+1)\Gamma(\frac{\nu_1}{2})\cdot\Gamma(\frac{\nu_2}{2}-2)}{\Gamma(\frac{\nu_1}{2})\cdot(\frac{\nu_2}{2}-2)(\frac{\nu_2}{2}-1)\Gamma(\frac{\nu_2}{2}-2)} =$$

$$= \frac{\nu_2^2}{2\nu_1}\cdot\frac{(\frac{\nu_1}{2}+1)}{(\frac{\nu_2}{2}-2)(\frac{\nu_2}{2}-1)} = \frac{\nu_2^2(\nu_1+2)}{\nu_1\cdot(\nu_2-4)(\nu_2-2)}$$

$$\text{Var}(X) = E(X^2) - [E(X)]^2 =$$

$$= \frac{\nu_2^2(\nu_1+2)}{\nu_1(\nu_2-4)(\nu_2-2)} - \frac{\nu_2^2}{(\nu_2-2)^2} =$$

$$= \frac{2\nu_2^2 \cdot (\nu_1+\nu_2-2)}{\nu_1(\nu_2-2)^2(\nu_2-4)} = \frac{2(\nu_1+\nu_2-2)}{\nu_1(\nu_2-4)} \cdot \left(\frac{\nu_2}{\nu_2-2}\right)^2$$

7.14. Zur Lösung verwenden wir die allgemeine binomische Formel (vgl. z.B. Erwe: Differential- und Integralrechnung I, Mannheim 1967, S. 205):

$$(1+t)^a = \sum_{r=0}^{\infty} \binom{a}{r} t^r \qquad (|t|<1, a\varepsilon\mathbb{R})$$

Ist a eine natürliche Zahl, so gilt $\binom{a}{r} = 0$ für r>a. Für eine beliebige reelle Zahl a berechnen sich die Binomialkoeffizienten $\binom{a}{r}$ wie folgt:

$$\binom{a}{r} = \frac{a(a-1)\ldots(a-r+1)}{r!}$$

z.B. ist für a = -1 und r = 3:

$$\binom{-1}{3} = \frac{(-1)(-2)\cdot(-3)}{3!} = -1$$

Für a = -1 erhält man:

$$(1+t)^{-1} = \frac{1}{1+t} = \binom{-1}{0}t^0 + \binom{-1}{1}t + \binom{-1}{2}t^2 + \ldots = 1-t+t^2-t^3+-\ldots$$

Beidseitiges Integrieren ergibt:

$$\ln(1+t) = t - \frac{1}{2}t^2 + \frac{1}{3}t^3 - \frac{1}{4}t^4 +-\ldots$$

Setzt man $t = -\frac{\mu}{n}$, so erhält man:

$$\ln(1-\frac{\mu}{n}) = -\frac{\mu}{n} - \frac{\mu^2}{2n^2} - \frac{\mu^3}{3n^3} - \frac{\mu^4}{4n^4} - \ldots$$

$$\ln(1-\frac{\mu}{n})^n = n \ln(1-\frac{\mu}{n}) = -\mu - \frac{\mu^2}{2n} - \frac{\mu^3}{3n^2} - \frac{\mu^4}{4n^3} - \ldots$$

$$e^{\ln(1-\frac{\mu}{n})^n} = (1-\frac{\mu}{n})^n = e^{-\mu - \frac{\mu^2}{2n} - \ldots}$$

Damit wird:

$$\lim_{n\to\infty} (1-\frac{\mu}{n})^n = e^{-\mu}$$

wie behauptet.

Literaturhinweise:

1. Lehrbücher und Aufsätze

Bleymüller, J., Gehlert, G., H. Gülicher: Statistik für Wirtschaftswissenschaftler, München 1979.

Calot, G.: Cours de calcul de probabilité, 2. Aufl., Paris 1967.

Cramér, H.: Mathematical Methods of Statistics, Princeton 1971.

Feller, W.: An Introduction to Probability Theory and its Applications, Vol. I, 3. Aufl., New York u.a. 1968.

Goldberg, S.: Die Wahrscheinlichkeit. Eine Einführung in Wahrscheinlichkeit und Statistik, Braunschweig 1964.

Heller, W.-D., Lindenberg, H., Nuske, M., K.-H. Schriever: Wahrscheinlichkeitsrechnung, Teil 1 und Teil 2, Basel u.a. 1979.

Hoel, P.: Introduction to Mathematical Statistics, 4. Aufl., New York 1971.

Lorenzen, P.: Eine konstruktive Deutung des Dualismus in der Wahrscheinlichkeitstheorie, in: Zeitschrift für allgemeine Wissenschaftstheorie, IX/2 (1978), S. 256-275.

Schaich, E., Köhler, D., Schweitzer, W., F. Wegner: Statistik I, 2. Aufl., München 1979.

Tsokos, Ch.P.: Probability Distributions: An Introduction to Probability Theory with Applications, Belmont (Kalifornien) 1972.

Wetzel, W.: Statistische Grundausbildung für Wirtschaftswissenschaftler, II. Schließende Statistik, Berlin 1973.

2. Aufgabensammlungen

Calot, G.: Exercices de calcul des probabilités, Paris 1967.

Günter, N.M., R.O. Kusmin: Aufgabensammlung zur höheren Mathematik, Berlin 1966.

Rahman, N.A., Exercises in Probability and Statistics, London 1967.

Schaich, E.: Aufgaben zur Statistik, Band I, 2. Aufl., München 1970.

Spiegel, M.R.: Theory and Problems of Statistics, Schaum's Outline Series, New York 1961.

Sachregister

Abzählregel 88
Additionssatz 84
Assoziativgesetze 35
Axiome der Wahrscheinlichkeitsrechnung 83

Bayes-Theorem 111
Bernoulli-Vorgang 266
Betafunktion 64 f.
Binomialkoeffizient 48
Binomischer Lehrsatz 50

Cauchy-Verteilung 337

De Morgan-Gesetze 35
Disjunkte Ereignisse
(s. unvereinbare Ereignisse)
Distributivgesetze 36

Ereignis 78
- elementares 78
- sicheres 79
- fast sicheres 85
- unmögliches 79
- fast unmögliches 85
- zusammengesetztes 78
- raum 80

Ereignisse
- unabhängige 113 ff.
- unvereinbare 79

Ergebnisraum (s. Stichprobenraum)

Erwartungswert 195
- bedingter 197
- für Funktionen von Zufallsvariablen 200, 201
- für Produkte von Zufallsvariablen 203
- für Summen von Zufallsvariablen 202

Fakultät 48
Faltung 180
Folge unabhängiger Zufallsvorgänge 117 ff.
Freiheitsgrad 334

Gammafunktion 61 ff., 323, 329, 336, 340
Gaußsche Verteilung (s. Normalverteilung)
Gemeinsame Wahrscheinlichkeitsfunktion (s. Wahrscheinlichkeitsfunktion für zweidimensionale Zufallsvariablen)
Geometrische Verteilung 235, 272 ff.
Gesetz der großen Zahlen, schwaches 247
- von Bernoulli 243
- verallgemeinertes von Bernoulli 247
- von Chintschin 247
- von Markoff 248
- von Tchebycheff 248
Grenzwertsatz
- zentraler von Lindeberg-Levy 312
- von de Moivre und Laplace 315

Häufigkeitsinterpretation der Wahrscheinlichkeit 87

Kombinationen
- mit Wiederholung 47, 60
- ohne Wiederholung 47, 54
Kommutativgesetze 35
Kontunuitätsberichtigung 311, 316
Konvergenz
- stochastische 250
- der Verteilung nach 251, 271, 287 ff., 315, 319 ff., 334, 339, 342 f., 395 f.

Korrekturfaktor 263

Korrelationskoeffizient 229

Kovarianz
- Definition 226
- für standardisierte Variablen 229
- und Unabhängigkeit 231

Laplace (s. Grenzwertsatz von de Moivre und Laplace)

Levy (s. Zentraler Grenzwertsatz)

Lindeberg (s. Zentraler Grenzwertsatz)

Momente 211 f., 230

Momenterzeugende Funktion
- Definition 217
- für Summen von unabhängigen Zufallsvariablen 221
- Anwendungen 276, 278, 282, 284 f., 286, 295 f., 305 f., 308, 323, 328, 331, 332, 386 f.

de Moivre (s. Grenzwertsatz von de Moivre und Laplace)

Multinomialkoeffizienten 58

Multinomialverteilung 272

Partition 56

Pascalsches Dreieck 49

Permutationen
- mit Wiederholung 47, 57
- ohne Wiederholung 47, 53

Poisson-Prozeß 290

Potenzmenge 28, 80

Produktzeichen 15 ff.

Randdichtefunktion 168

Randverteilung 165

Randwahrscheinlichkeitsfunktion 166

Sigma-Algebra 41 ff., 80

Summenzeichen 1 ff.

Schätzung der Wahrscheinlichkeit 236 f., 244 ff., 313 ff.

Schiefe 212

Standardabweichung 205

Standardisierte Zufallsvariable 210

Stichproben 51 ff.
- mit Zurücklegen 265, 278
- ohne Zurücklegen 257

Stichprobenraum 76
- diskreter 77
- stetiger 77

Stirlingsche Formel 48

Tchebycheffsche Ungleichung 212 ff., 235, 243, 245, 387 f.

Unabhängigkeit
- Ereignisse 113 ff.
- Vorgänge 117 ff.
- Zufallsvariablen 173 ff.
- und Kovarianz 231
- und Unvereinbarkeit 114 f.

Unmögliches Ereignis 79

Unvereinbare Ereignisse 79

Varianz
- Definition 205
- bedingte 208
- für Anteilswert 223
- für standardisierte Variable 210
- für Summe von Zufallsvariablen 223, 231

Variationen
- mit Wiederholung 47, 51
- ohne Wiederholung 47, 52

Variationskoeffizient 209

Verteilungsfunktion für eindimensionale Zufallsvariablen 130
- diskrete 136
- lineare Transformation 147
- stetige 142

Verteilungsfunktion für zweidimensionale Zufallsvariablen 153
- diskrete 157
- stetige 161

Vollständige Induktion 17 ff.

Wahrscheinlichkeit
- Definition 82 ff.
- a priori 88 f., 94 f.
- bedingte 103 ff.
- Häufigkeitsinterpretation 87
- statistische 89 ff., 96 ff.
- subjektive 93

Wahrscheinlichkeitsdichtefunktion 138 ff., 143
- bedingte 171
- Bedingungen für 142
- für Funktionen von Zufallsvariablen 183, 380 ff.
- für lineare Transformation 148
- für quadrierte Standardnormalvariable 323
- für Quotienten von Zufallsvariablen 393 f., 396 f.
- für Summen von Zufallsvariablen 348
- für zweidimensionale Zufallsvariablen 159
- Bedingungen für 160
- für transformierte Zufallsvariablen 163

Wahrscheinlichkeitsfunktion 133
- bedingte 169 f.
- Bedingungen für 134
- für Funktionen von Zufallsvariablen 180 ff.
- für lineare Transformation 148
- zweidimensionale Zufallsvariablen 155
- Bedingungen für 156

Wahrscheinlichkeitsmaß 83, 125, 135

Wahrscheinlichkeitsraum 83, 125

Wahrscheinlichkeitsverteilung 130, 152
- bedingte 169

Wölbung 212

Zufallsgeneratoren 74 f., 88

Zufallsvariable(n), eindimensionale 126, 130
- Ausprägungen von 130
- diskrete 133
- Funktionen von 128, 179
- lineare Transformationen von 145
- standardisierte 210
- stetige 138
- unabhängige 173 ff.

Zufallsvariable(n), zweidimensionale 151
- diskrete 154
- Transformationen von 162
- stetige 158

Zufallsvorgänge 72 ff.
- unabhängige 117 ff.
- und unabhängige Zufallsvariablen 178

Schätzen und Testen
Eine Einführung in die Wahrscheinlichkeitsrechnung und schließende Statistik
Von O. Anderson, W. Popp, M. Schaffranek, D. Steinmetz, H. Stenger
1976. 68 Abbildungen, 56 Tabellen. XI, 385 Seiten. DM 26,-. (Heidelberger Taschenbücher, Band 177). ISBN 3-540-07679-4

Inhaltsübersicht: Wahrscheinlichkeitsrechnung: Zufallsexperimente und Wahrscheinlichkeiten. Zufallsvariablen. Momente von Zufallsvariablen. Spezielle diskrete Verteilungen. Normalverteilte Zufallsvariablen und Zentraler Grenzwertsatz. - Schätzen: Punktschätzung. Intervallschätzung. - Auswahlverfahren und Schätzung: Uneingeschränkte Zufallsauswahl. Geschichtetes Stichprobenverfahren. Berücksichtigung von Vorkenntnissen in der Schätzfunktion. - Testen: Grundbegriffe. Hypothesen über Erwartungswerte. Hypothesen über Wahrscheinlichkeiten und Massefunktionen. - Regressionsanalyse: Problemstellung. Lineares Modell mit einer erklärenden Variablen. Methode der kleinsten Quadratsumme. Effiziente lineare Schätzfunktionen für die Regressionskoeffizienten. Konfidenzintervalle für die Regressionskoeffizienten. - Prüfung von Hypothesen über die Regressionskoeffizienten. -Anhang: Mathematische Hilfsmittel. Tabellen. - Literatur. - Häufig verwendete Symbole und Approximationen. - Stichwortverzeichnis.

Grundlagen der Statistik
Amtliche Statistik und beschreibende Methoden
Von O. Anderson, W. Popp, M. Schaffranek, H. Stenger, K. Szameitat
1978. 32 Abbildungen, 42 Tabellen. IX, 222 Seiten. DM 19,80. (Heidelberger Taschenbücher, Band 195). ISBN 3-540-08861-X

Inhaltsübersicht: Einige allgemeine Fragen der amtlichen Statistik: Grundbegriffe und Aufgaben der Statistik. Organisation der amtlichen Statistik. Vorbereitung und Auflauf von Statistiken. Verarbeitung und Analyse statistischer Ergebnisse. - Eindimensionale Häufigkeitsverteilung: Häufigkeiten, Histogramme. Mittelwerte und Streuungsmaße bei Klassenbildung. Statistisches Messen der Konzentration. Aufgaben. - Mehrdimensionale Häufigkeitsverteilungen: Streuungsdiagramme. Kontingenztabellen. Aufgaben. - Zeitreihenzerlegung: Ursachenkomplexe, Komponenten von Zeitreihen und Zeitreihenzerlegung. Technik der Zeitreihenzerlegung. Statistische Verfahren zur Eliminierung saisonaler und irregulärer Schwankungen aus wirtschaftlichen Zeitreihen. Aufgaben. - Verhältniszahlen, insbesondere Indexzahlen: Gliederungszahlen. Beziehungszahlen. Meßzahlen. Indexzahlen. Aufgaben. - Anhang.

Springer-Verlag
Berlin
Heidelberg
New York
Tokyo

Bevölkerungs- und Wirtschaftsstatistik
Aufgaben, Probleme und beschreibende Methoden
Von O. Anderson, M. Schaffranek, H. Stenger, K. Szameitat
1983. 74 Abbildungen. XII, 444 Seiten. DM 35,80. (Heidelberger Taschenbücher, Band 223). ISBN 3-540-12059-9

Inhaltsübersicht: Aufgabenschwerpunkte und Organisationsfragen. - Beschreibende Methoden. - Ausgewählte Bereiche der Bevölkerungs- und Wirtschaftsstatistik. - Zitierte Literatur. - Monographien. - Quellenwerke. - Stichwortverzeichnis.

J. Schumann
Grundzüge der mikroökonomischen Theorie
3., neubearbeitete und erweiterte Auflage. 1980. 195 Abbildungen. XV, 409 Seiten (Heidelberger Taschenbücher, Band 92) DM 26,-. ISBN 3-540-10195-0

Auch die 3. Auflage dieses sehr erfolgreichen und beliebten Lehrbuchs für Wirtschaftsstudenten im Grundstudium orientiert sich an dem Ziel, solide Kenntnisse der Mikroökonomie zu vermitteln und methodisch und sachlich auf eine Reihe von Fachgebieten des Hauptstudiums (so auf die makroökonomische Produktionstheorie sowie die Verteilungs-, Wohlfahrts- und Außenhandelstheorie) vorzubereiten. Fast sämtliche Kapitel sind überarbeitet und ergänzt worden. Insbesondere wurden Zeitaspekte verstärkt berücksichtigt, so beispielsweise intertemporale Haushaltsgleichgewichte, Aufbau des Produktionsapparates der Unternehmung durch Investition, Terminmärkte und Spekulation, Innovationen und Marktentwicklung im Zeitablauf. Völlig neu hinzugekommen sind Abschnitte über erschöpfbare Ressourcen, alternative Ansätze zur Theorie der Unternehmung, „Neue Mikroökonomik", Ungleichgewichtstheorie, externe Effekte und Eigentumsrechte.

U. Meyer, J. Diekmann
Arbeitsbuch zu den Grundzügen der mikroökonomischen Theorie
1982. 132 Abbildungen. X, 250 Seiten DM 24,80. ISBN 3-540-11477-7

Das Buch orientiert sich am Lehrbuch von Jochen **Schumann**, Grundzüge der mikroökonomischen Theorie, Heidelberger Taschenbücher, Band 92, 3. Auflage, Berlin-Heidelberg-New York: Springer-Verlag, 1980.

Das Arbeitsbuch enthält einerseits Lern- und Kontrollfragen und andererseits Lösungen. Die Lernfragen eines jeden Kapitels bauen systematisch aufeinander auf und dienen der Erarbeitung des Stoffes anhand von allgemeinen Verständnisfragen und konkreten Beispielen. An mehreren Stellen eines jeden Kapitels werden diese Lernfragen durch einige Kontrollfragen unterbrochen. Die Kontrollfragen geben Gelegenheit, das Gelernte zu überprüfen, auf andere Fragestellungen anzuwenden und zu vertiefen. Die Lösungen sämtlicher Aufgaben sind im zweiten Teil des Buches aufgeführt.

K. Stahl, N. Schulz
Mathematische Optimierung und mikroökonomische Theorie
Hochschultext
1981. 45 Abbildungen. XIII, 235 Seiten DM 28,-. ISBN 3-540-11141-7

Der Text bietet eine integrierte Einführung in die mathematische Optimierung und die Teile der mikroökonomischen Theorie, in denen das Optimierungsmodell eine zentrale Stellung einnimmt: die Haushaltstheorie, die Produktionstheorie und die Wohlfahrtstheorie. Dem Wirtschaftswissenschaftler ermöglicht der Text, sich die auf dem mathematischen Optimierungsmodell basierenden Analysetechniken von Grund auf anzueignen, und zwar zusammen mit einer darauf basierenden eigenständigen Entwicklung der entsprechenden Teile der Mikrotheorie. Umgekehrt findet der Mathematiker eine in sich abgeschlossene Einführung in die Optimierungstheorie in endlichen Räumen, die speziell hinsichtlich der Sensitivitätsanalyse über übliche Entwicklungen hinausgeht.

Springer-Verlag
Berlin
Heidelberg
New York
Tokyo

MIX
Papier aus verantwortungsvollen Quellen
Paper from responsible sources
FSC® C105338

If you have any concerns about our products,
you can contact us on
ProductSafety@springernature.com

In case Publisher is established outside the EU,
the EU authorized representative is:
**Springer Nature Customer Service Center GmbH
Europaplatz 3, 69115 Heidelberg, Germany**

Printed by Libri Plureos GmbH
in Hamburg, Germany